대학강의

하

原本大學微言, 南懷瑾 著

2014년 11월 7일 초판 1쇄 인쇄
2014년 11월 17일 초판 1쇄 펴냄

지은이 남회근
옮긴이 설순남

펴낸곳 부키 (주)
펴낸이 박윤우
등록일 2012년 9월 27일
등록번호 제312-2012-000045호
주소 120-836 서울 서대문구 신촌로 3길 15 산성빌딩 6층
전화 02. 325. 0846 팩스 02. 3141. 4066
홈페이지 www.bookie.co.kr
이메일 webmaster@bookie.co.kr
ISBN CODE 978-89-6051-434-8 04140
ISBN CODE 978-89-6051-039-5 (세트)

잘못된 책은 바꿔 드립니다.
책값은 뒤표지에 있습니다.

남회근 저작선 12

대학 강의 하

ㄹ

남회근 지음 설순남 옮김

부·키

차례

제8편 유학의 변화와 국가 발전

제9편 서양 문화와 중국

원본 대학

대학의 도는 밝은 덕을 밝히는 데 있으며, 백성과 친하게 함에 있으며, 지극히 선한 데 머무르게 하는 데 있다. 알고 멈춘 뒤에야 정함이 있고, 정한 뒤에야 흔들리지 않을 수 있고, 흔들림이 없는 뒤에야 편안할 수 있고, 편안한 뒤에야 생각할 수 있고, 생각한 뒤에야 얻을 수 있다. 모든 사물은 근본과 말단이 있고 일에는 끝과 시작이 있다. 먼저 하고 나중에 할 바를 알면 도에 가까워질 것이다.

大學之道, 在明明德, 在親民, 在止於至善. 知止而后有定, 定而后能靜, 靜而后能安, 安而后能慮, 慮而后能得. 物有本末, 事有終始, 知所先後, 則近道矣.

옛날에 밝은 덕을 천하에 밝히려는 자는 먼저 그 나라를 다스리고, 그 나라를 다스리려는 자는 먼저 그 집안을 바로잡고, 그 집안을 바로잡으려는 자는 먼저 그 몸을 닦고, 그 몸을 닦으려는 자는 먼저 그 마음을 바르게 하고, 그 마음을 바르게 하려는 자는 먼저 그 뜻을 성실하게 하고, 그 뜻을 성실하게 하려는 자는 먼저 그 지식에 이르렀으니, 지식에 이르는 것은 사물의 이치를 궁구하는 데 있다.

古之欲明明德於天下者, 先治其國, 欲治其國者, 先齊其家, 欲齊其家者,先脩其身, 欲脩其身者, 先正其心, 欲正其心者, 先誠其意, 欲誠其意者, 先致其知, 致知在格物.

사물의 이치를 궁구한 뒤에야 지식이 지극해지고, 지식이 지극해진 뒤에야 뜻이 성실해지고, 뜻이 성실해진 뒤에야 마음이 바르게 되고, 마음이 바르게 된 뒤에야 몸이 닦이고, 몸이 닦인 뒤에야 집안이 바로잡히고, 집안이 바로잡힌 뒤에야 나라가 다스려지고, 나라가 다스려진 뒤에야 천하가 화평해진다.

物格而後知至, 知至而後意誠, 意誠而後心正, 心正而後身脩, 身脩而後家齊, 家齊而後國治, 國治而後天下平.

천자로부터 서민에 이르기까지 한결같이 몸을 닦는 것을 근본으로 삼아야 한다. 그 근본이 어지러운데 말단이 다스려지는 경우는 없다. 그 후하게 해야 할 데에 박하게 하고, 그 박하게 해야 할 데에 후하게 한 경우는 지금껏 없었다. 이것을 일러 근본을 안다고 하고, 이것을 일러 지식이 지극하다고 한다.

自天子以至於庶人, 壹是皆以脩身爲本. 其本亂, 而末治者否矣. 其所厚者薄, 而其所薄者厚, 未之有也. 此謂知本, 此謂知之至也.

소위 그 뜻을 성실하게 한다는 것은 자기 스스로를 속이지 않는 것이다. 마치 독한 냄새를 싫어하듯 하며 좋은 색을 좋아하듯 하니 이것을 일러 스스로 겸손함이라 한다. 그러므로 군자는 반드시 홀로 있는 곳에서도 삼가야 한다. 소인은 혼자 있을 때 선하지 않은 행동을 함이 이르지 않는 데가 없다. 군자를 본 후에는 숨기려 하여 그 선하지 못한 일은 가리고 그 선한 일만 드러내려 한다. 남들이 자신을 보기를 제 몸의 허파나 간을 보듯 하니 무슨 이익이 있겠는가. 이것을 일러 안에서 성실하면 밖으로 나타난다고 한다. 그러므로 군자는 반드시 홀로 있는 곳에서도 삼가야 한다. 증자가 말하기를 "열 눈으로 보는 바와 열 손가락으로 가리키는 바가 무섭구나!" 하였다. 부는 집을 윤택하게 하고 덕은 몸을 윤택하게 하니, 마음이 넓어지고 몸도 살찐다. 그러므로 군자는 반드시 그 뜻을 성실하게 해야 한다.

所謂誠其意者, 毋自欺也. 如惡惡臭, 如好好色, 此之謂自謙. 故君子必愼其獨也. 小人閒居爲不善, 無所不至. 見君子而後厭然, 揜其不善, 而著其善. 人之視己, 如見其肺肝然, 則何益矣. 此謂誠於中, 形於外. 故君子必愼其獨也. 曾子曰, 十目所視, 十手所指, 其嚴乎. 富潤屋, 德潤身, 心廣體胖, 故君子必誠其意.

『시경』에 말하기를 "저 기수 모퉁이를 보니, 푸른 대나무가 무성하구나! 아름다운 군자여, 잘라 놓은 듯하고 켜 놓은 듯하고, 쪼아 놓은 듯하고 갈아 놓은 듯하다. 엄숙하고 굳세구나! 빛나고 점잖구나! 아름다운 군자여! 끝내 잊을 수 없구나" 하였다. 잘라 놓은 듯하고 켜 놓은 듯하다는 것은 학문을 말한 것이다. 쪼아 놓은 듯하고 갈아 놓은 듯하다는 것은 스스로를 수양함이다. 엄숙하고 굳세다는 것은 마음으로 두려워함이다. 빛나고 점잖다는 것은 겉으로 나타나는 위풍이다. 아름다운 군자를 끝내 잊을 수 없다는 것은 풍성한 덕과 지극한 선을 백성이 잊을 수 없음을 말한 것이다.

詩云, 瞻彼淇澳, 菉竹猗猗. 有斐君子, 如切如磋, 如琢如磨. 瑟兮僴兮, 赫兮喧兮. 有斐君子, 終不可諠兮. 如切如磋者, 道學也. 如琢如磨者, 自脩也. 瑟兮僴兮者, 恂慄也. 赫兮喧兮者, 威儀也. 有斐君子, 終不可諠兮者, 道盛德至善, 民之不能忘也.

『시경』에 말하기를 "아! 전대의 성왕들을 잊지 못하네!" 하였다. 군자는 그들의 어짊을 어질게 여기고 그 친한 사람을 친하게 여기지만, 소인은 즐겁게 해 주심을 즐거워하고 이롭게 해 주심을 이롭게 여긴다. 이런 까닭에 세상에 없어도 잊지 못하는 것이다. 「강고」에 말하기를 "덕을 밝히기를 잘하라" 하였고, 「태갑」에 말하기를 "하늘의 밝은 명령을 늘 돌아본다" 하였으며, 「제전」에 말하기를 "큰 덕을 밝히기를 잘한다" 하였다. 이 모두가 스스로 밝히는 것이다.

詩云, 於戱, 前王不忘. 君子賢其賢而親其親, 小人樂其樂而利其利, 此以沒世不忘也. 康誥曰, 克明德. 大甲曰, 顧諟天之明命. 帝典曰, 克明峻德. 皆自明也.

탕왕의 반명에 말하기를 "진실로 어느 날 새로울 수 있다면 나날이 새롭게 하고 또 나날이 새롭게 하라" 하였다. 「강고」에 말하기를 "새로워지는 백성을 격려하라" 하였다. 『시경』에는 말하기를 "주나라는 비록 옛 나라이지만 그 천명이 새롭다" 하였다. 그러므로 군자는 그 최선을 다하지 않은 바가 없다.

湯之盤銘曰, 苟日新, 日日新, 又日新. 康誥曰, 作新民. 詩云, 周雖舊邦, 其命惟新. 是故君子無所不用其極.

『시경』에 말하기를 "서울 땅 천 리는 오직 백성들이 머무르는 곳이다" 하였다. 『시경』에 말하기를 "울어 대는 황조여! 언덕 한구석에 머물렀구나" 하였다. 이에 공자가 말씀하시기를 "머무름에 있어 그 머무를 곳을 아니, 사람이 새만도 못해서 되겠는가" 하였다. 『시경』에 말하기를 "덕이 높으신 문왕이시여! 한없이 밝으시며 공경하여 편안히 머무셨구나" 하였다. 그는 남의 왕이 되어서는 인에 머물렀고, 남의 신하가 되어서는 공경에 머물렀고, 남의 아들이 되어서는 효도에 머물렀고, 남의 아버지가 되어서는 자애로움에 머물렀고, 남들과 사귐에 있어서는 믿음에 머물렀다. 공자께서 말씀하시기를 "송사를 처리함은 나도 남과 같지만 반드시 송사가 생기지 않도록 하리라!" 하였다. 진실이 없는 사람들로 하여금 그 거짓말을 다 하지 못하게 함은 백성들의 마음을 크게 두렵게 하기 때문이니, 이것을 일러 근본을 안다고 한다.

詩云, 邦畿千里, 惟民所止. 詩云, 緡蠻黃鳥, 止於丘隅. 子曰, 於止知其所止, 可以人而不如鳥乎. 詩云, 穆穆文王, 於緝熙敬止. 爲人君, 止於仁. 爲人臣, 止於敬. 爲人子, 止於孝. 爲人父, 止於慈. 與國人交, 止於信. 子曰, 聽訟, 吾猶人也. 必也使無訟乎. 無情者, 不得盡其辭. 大畏民志, 此謂知本.

소위 몸을 닦는 것이 그 마음을 바르게 함에 있다는 것은 마음에 노여워하는 바가 있으면 그 바르게 함을 얻지 못하고, 두려워하는 바가 있으면 그 바르게 함을 얻지 못하고, 좋아하고 즐기는 바가 있으면 그 바르게 함을 얻지 못하고, 근심하는 바가 있으면 그 바르게 함을 얻지 못한다는 것이다. 마음이 있지 않으면 보아도 보이지 않으며, 들어도 들리지 않으며, 먹어도 그 맛을 알지 못한다. 이것을 일러 몸을 닦음이 그 마음을 바르게 함에 있다고 하는 것이다.

所謂脩身在正其心者, 身有所忿懥, 則不得其正. 有所恐懼, 則不得其正. 有所好樂, 則不得其正. 有所憂患, 則不得其正. 心不在焉, 視而不見, 聽而不聞, 食而不知其味. 此謂脩身在正其心.

소위 그 집안을 바로잡음이 그 몸을 닦음에 있다는 것은 사람들이 친애하는 바에 편벽되고, 천히 여기고 미워하는 바에 편벽되고, 두려워하고 존경하는 바에 편벽되고, 가엾고 불쌍히 여기는 바에 편벽되고, 거만하고 게으른 바에 편벽되기 때문이다. 그러므로 좋아하면서도 그 나쁨을 알고, 미위하면서도 그 아름다움을 아는 사람은 천하에 드물다. 그러므로 속담에 이런 말이 있으니 "사람은 그 자식의 악함을 알지 못하고, 그 모종의 충실함을 알지 못한다" 하였다. 이것을 일러 몸이 닦이지 않으면 그 집안을 바로잡지 못한다고 하는 것이다.

所謂齊其家在脩其身者, 人, 之其所親愛而辟焉, 之其所賤惡而辟焉, 之其所畏敬而辟焉, 之其所哀矜而辟焉, 之其所敖惰而辟焉. 故好而知其惡, 惡而知其美者, 天下鮮矣. 故諺有之曰, 人莫知其子之惡, 莫知其苗之碩. 此謂身不脩, 不可以齊其家.

소위 나라를 다스림이 반드시 그 집안을 바로잡음에 있다는 것은, 그 집안을 가르치지 못하면서 다른 사람들을 가르칠 수 있는 사람은 없기 때문이다. 그러므로 군자는 집을 나서지 않고서도 나라에 가르침을 이룬다.

所謂治國必齊其家者, 其家不可敎, 而能敎人者, 無之. 故君子不出家, 而成敎於國.

효는 군주를 섬기는 것이고, 제는 어른을 섬기는 것이고, 자는 백성들을 부리는 것이다. 「강고」에 말하기를 "어린아이를 보호하듯이 한다" 하였으니, 마음에 진실로 구하면 비록 딱 들어맞지는 않더라도 멀지 않을 것이다. 자식 기르는 것을 배운 뒤에 시집가는 사람은 없다.

孝者, 所以事君也. 弟者, 所以事長也. 慈者, 所以使衆也. 康誥曰, 如保赤子, 心誠求之, 雖不中, 不遠矣. 未有學養子, 而後嫁者也.

한 집안이 인하면 한 나라에 인이 흥하고, 한 집안이 사양하면 한 나라에 사양함이 흥하고, 한 사람이 탐하고 어그러지면 한 나라가 난을 일으키니, 그 기틀이 이와 같다. 이것을 일러 한마디 말이 일을 그르치며, 한 사람이 나라를 안정시킨다고 하는 것이다.

一家仁, 一國興仁. 一家讓, 一國興讓. 一人貪戾, 一國作亂, 其機如此. 此謂一言僨事, 一人定國.

요순이 천하를 인으로써 거느리자 백성들이 그를 따랐고, 걸주가 천하를 포악함으로써 거느리자 백성들이 그를 따랐으니, 그 명령하는 바가 자기가 좋아하는 바와 반대되면 백성들이 따르지 않는다. 그러므로 군자는 자기에게 선이 있은 뒤에 다른 사람에게 선을 구하며, 자기에게 악이 없어진 뒤에 다른 사람의 악을 비난하는 것이다. 자기 자신에게 간직하고 있는 것이 어질지 못하고서 남을 깨우칠 수 있는 사람은 없다. 그러므로 나라를 다스림이 그 집안을 바로잡음에 있는 것이다.

堯舜率天下以仁, 而民從之. 桀紂率天下以暴, 而民從之. 其所令反其所好, 而民不從. 是故君子有諸己, 而後求諸人. 無諸己, 而後非諸人. 所藏乎身不恕, 而能喻諸人者, 未之有也. 故治國在齊其家.

『시경』에 말하기를 "복숭아꽃이 예쁘고 그 잎은 무성하구나. 그 아가씨 시집가니 그 집안 식구에게 마땅하네" 하였으니, 그 집안 식구에게 마땅한 후에야 나라 사람들을 가르칠 수 있는 것이다. 『시경』에 말하기를 "형에게도 마땅하고 아우에게도 마땅하다" 하였으니, 형에게 마땅하고 아우에게 마땅한 후에야 나라 사람을 가르칠 수 있는 것이다. 『시경』에 말하기를 "그 위의가 어그러지지 않는지라 이 사방 나라를 바르게 한다" 하였으니, 그 부자와 형제 된 자가 족히 본받을 만한 후에야 백성들이 본받는 것이다. 이것을 일러 나라를 다스림이 그 집안을 바로잡음에 있다는 것이다.

詩云, 桃之夭夭, 其葉蓁蓁. 之子于歸, 宜其家人. 宜其家人, 而后可以教國人. 詩云, 宜兄宜弟. 宜兄宜弟, 而后可以教國人. 詩云, 其儀不忒, 正是四國. 其爲父子兄弟足法, 而后民法之也. 此謂治國在齊其家.

　소위 천하를 화평하게 함이 그 나라를 다스림에 있다는 것은, 윗사람이 늙은이를 늙은이로 대우함에 백성들이 효를 일으키며, 윗사람이 어른을 어른으로 대우함에 백성들이 제를 일으키며, 윗사람이 고아를 구휼함에 백성들이 저버리지 않는다는 것이다. 이런 까닭에 군자는 혈구지도를 지니고 있는 것이다. 윗사람에게서 싫었던 것으로써 아랫사람을 부리지 말며, 아랫사람에게서 싫었던 것으로써 윗사람을 섬기지 말며, 앞사람에게서 싫었던 것으로써 뒷사람에게 가하지 말며, 뒷사람에게서 싫었던 것으로써 앞사람을 따르지 말며, 오른쪽 사람에게서 싫었던 것으로써 왼쪽 사람을 사귀지 말며, 왼쪽 사람에게서 싫었던 것으로써 오른쪽 사람을 사귀지 말 것이니, 이것을 일러 혈구지도라고 하는 것이다.

所謂平天下在治其國者, 上老老, 而民興孝, 上長長, 而民興弟, 上恤孤, 而民不倍. 是以君子有絜矩之道也. 所惡於上, 毋以使下, 所惡於下, 毋以事上, 所惡於前, 毋以先後, 所惡於後, 毋以從前, 所惡於右, 毋以交於左, 所惡於左, 毋以交於右, 此之謂絜矩之道.

　『시경』에 말하기를 "즐거우신 군자여, 백성의 부모로다" 하였는데, 백성들이 좋아하는 바를 좋아하고 백성들이 싫어하는 바를 싫어하니, 이것을 일러 백성들의 부모라 하는 것이다. 『시경』에 말하기를 "깎아지른 저 남산이여, 돌이 쌓여 험하구나. 밝게 빛나는 사윤이여, 백성들이 모두 너를 바라본다" 하였는데, 국가를 소유한 사람은 삼가지 않으면 안 되니, 편벽되면 천하 사람들에게 죽임을 당하게 된다.

詩云, 樂只君子, 民之父母. 民之所好好之, 民之所惡惡之, 此之謂民之父母. 詩云, 節彼南山, 維石巖巖. 赫赫師尹, 民具爾瞻. 有國者不可以不愼,辟, 則爲天下僇矣.

『시경』에 말하기를 "은나라가 사람들을 잃지 않았을 때에는 능히 상제에게 짝했네. 마땅히 은나라를 거울로 삼을지니 큰 명은 보존하기 쉽지 않네" 하였는데, 사람들을 얻으면 나라를 얻고 사람들을 잃으면 나라를 잃음을 말한 것이다. 이런 까닭에 군자는 먼저 덕을 삼가는 것이니, 덕이 있으면 이에 사람들이 있고, 사람들이 있으면 이에 토지가 있고, 토지가 있으면 이에 재물이 있고, 재물이 있으면 이에 사용함이 있는 것이다. 덕이라는 것은 근본이요 재물이라는 것은 말단이다. 근본을 밖으로 하고 말단을 안으로 하면, 백성을 다투게 하여 겁탈하는 가르침을 베푸는 것이다. 이런 까닭에 재물이 모이면 백성이 흩어지고, 재물이 흩어지면 백성이 모이는 것이다. 이런 까닭에 말이 도리에 어긋나게 나간 것은 또한 도리에 어긋나게 들어오고, 재물이 도리에 어긋나게 들어온 것은 또한 도리에 어긋나게 나가는 것이다.

詩云, 殷之未喪師, 克配上帝. 儀監于殷, 峻命不易. 道得衆則得國, 失衆則失國. 是故君子先愼乎德, 有德此有人, 有人此有士, 有士此有財, 有財此有用. 德者, 本也, 財者, 末也. 外本內末, 爭民施奪. 是故財聚則民散, 財散則民聚. 是故言悖而出者, 亦悖而入, 貨悖而入者, 亦悖而出.

「강고」에 말하기를 "천명은 일정한 곳에 있지 않다" 하였는데, 선하면 그것을 얻고 선하지 못하면 그것을 잃음을 말한 것이다. 「초서」에 말하기를 "초나라는 보배로 여길 것이 없고 오직 선을 보배로 여긴다" 하였다. 구범이 말하기를 "도망 온 사람은 보배로 여길 것이 없고 친한 사람을 사랑함을 보배로 여긴다" 하였다. 「진서」에 말하기를 "만일 어떤 한 신하가 성실하고 다른 기예가 없으나 그 마음이 곱고 용납함이 있는 듯하여, 남이 가지고 있는 기예를 자기가 소유한 것처럼 여기며 남의 훌륭하고 성스러움을 그 마음에 좋아하여 자기 입에서 나온 것보다 낫게 여긴다면, 이는 남을 포용할 수 있음이다. 이로써 나의 자손과 여민을 보전할 수 있으니 오히려 또한 이로움이 있구나! 남이 가지고 있는 기예를 시기하고 미워하며, 남의 훌륭하고 성스러움을 어겨서 그로 하여금 통하지 못하게 하면, 이것은 포용하지 못함이다. 이로써 나의 자손과 여민을 보전할 수 없으니 또한 위태롭구나!" 하였다.

康誥曰, 惟命不于常. 道善則得之, 不善則失之矣. 楚書曰, 楚國無以爲寶, 惟善以爲寶. 舅犯曰, 亡人無以爲寶, 仁親以爲寶. 秦誓曰, 若有一個臣, 斷斷兮, 無他技, 其心休休焉, 其如有容焉, 人之有技, 若己有之, 人之彦聖, 其心好之, 不啻若自其口出, 寔能容之. 以能保我子孫黎民, 尚亦有利哉! 人之有技, 媢嫉以惡之, 人之彦聖, 而違之俾不通, 寔不能容. 以不能保我子孫黎民, 亦曰殆哉!

오직 인한 사람이라야 이들을 추방하여 유배하되 사방 오랑캐의 땅으로 내쫓아 더불어 중국에 함께 있지 않으니, 이를 일러 오직 인한 사람이라야 남을 사랑할 수 있고 남을 미워할 수 있다고 하는 것이다. 어진 사람을 보고도 선발하여 쓰지 못하고, 선발하여 쓰되 먼저 하지 못함은 명이고, 선하지 못한 사람을 보고도 물리치지 못하고, 물리치되 멀리하지 못함은 과실이다. 다른 사람이 싫어하는 바를 좋아하고 다른 사람이 좋아하는 바를 싫어하니, 이것을 일러 사람의 본성을 거스른다고 하는데, 재앙이 반드시 그 몸에 미칠 것이다. 이런 까닭에 군자는 큰 도가 있으니, 반드시 충과 신으로써 그것을 얻고 교만함과 방자함으로써 그것을 잃는다.

唯仁人放流之, 迸諸四夷, 不與同中國. 此謂唯仁人爲能愛人, 能惡人. 見賢而不能擧, 擧而不能先, 命也, 見不善而不能退, 退而不能遠, 過也. 好人之所惡, 惡人之所好, 是謂拂人之性, 菑必逮夫身. 是故君子有大道, 必忠信以得之, 驕泰以失之.

　　재물을 생산함에 큰 도가 있으니, 그것을 생산하는 사람은 많고 그것을 먹는 사람은 적으며, 그것을 생산하는 사람은 빠르고 그것을 쓰는 사람은 느리면 재물이 항상 풍족할 것이다. 인한 사람은 재물로써 몸을 일으키고, 인하지 못한 사람은 몸으로써 재물을 일으킨다. 윗사람이 인을 좋아하고서 아랫사람들이 의를 좋아하지 않는 경우는 없고, 아랫사람들이 의를 좋아하고서 그 일이 끝마쳐지지 않는 경우는 없으며, 창고에 재물이 그의 재물이 아닌 경우가 없다. 맹헌자가 말하기를 "마승을 기르는 사람은 닭과 돼지를 살피지 않고, 얼음을 쓰는 집안은 소와 양을 기르지 않고, 백승의 집안은 재물을 모으고 거둬들이는 신하는 기르지 않으니, 재물을 모으고 거둬들이는 신하를 기르느니 차라리 도둑질하는 신하를 두라" 하였다. 이것을 일러 나라는 이를 이로움으로 여기지 않고 의를 이로움으로 여긴다고 한다. 국가의 어른이 되어 재용에 힘쓰는 사람은 반드시 소인으로부터 시작된다. 저를 잘한다고 여겨 소인으로 하여금 국가를 다스리게 하면 재앙과 해가 함께 이르게 되니, 비록 잘하는 사람이 있더라도 또한 어찌할 수가 없다. 이것을 일러 나라는 이를 이로움으로 여기지 않고 의를 이로움으로 여긴다고 한다.

　　生財有大道, 生之者衆, 食之者寡, 爲之者疾, 用之者舒, 則財恆足矣. 仁者以財發身, 不仁者以身發財. 未有上好仁, 而下不好義者也. 未有好義, 其事不終者也, 未有府庫財, 非其財者也, 孟獻子曰, 畜馬乘, 不察於雞豚, 伐冰之家, 不畜牛羊, 百乘之家, 不畜聚斂之臣, 與其有聚斂之臣, 寧有盜臣. 此謂國不以利爲利, 以義爲利也. 長國家而務財用者, 必自小人矣. 彼爲善之. 小人之使爲國家, 菑害並至, 雖有善者, 亦無如之何矣. 此謂國不以利爲利, 以義爲利也.

일러두기 ───────────

1. 이 책은 대만 노고문화공사에서 나온 『원본대학미언(原本大學微言)』을 번역한 것이다. 상권은 2013년에 나온 13쇄를, 하권은 2012년에 나온 13쇄를 번역 대본으로 하였다.

2. 원서 『원본대학미언』에 나오는 『대학』 원문은 청 말 완원(阮元)이 중간(重刊)한 『송본예기소본(宋本禮記疏本)』에 의거하였다.

3. 『대학강의』 상권과 하권 본문 시작 전에 증자가 저술한 원본 『대학』 전문을 해석과 함께 실었다. 상권에는 전체 원문을 넣고 그다음에 해석을, 하권에는 단락별로 해석과 원문을 실어 찾아보기 쉽도록 하였다.

4. 『대학강의』 본문에 나오는 다양한 출처의 인용문들은 모두 원서의 한자를 따랐다. 다만 원서의 오류가 분명한 경우는 교정하여 실었다. 문장 부호는 우리말 문장 부호로 바꾸었다.

5. 『대학강의』 상권에 '이 책을 읽기 전에'라는 제목으로 원서 편집자의 말을 넣었다. 그 내용을 읽으면 책이 나오게 된 배경, 각 편의 핵심 내용 등을 간략히 알 수 있다.

6. 본문 중간중간에 나오는 『대학』 원문과 해석은 상하 괘선을 넣어 다른 인용문과 구별하였다. 또 『대학』에 나오는 주요 용어는 모두 큰따옴표로 처리하여 다른 용어와 구분하였다.

7. 중국어 인명과 지명은 신해혁명 전후를 구분하지 않고 모두 한자음으로 읽었다. 다만 널리 통용되는 일본, 몽골, 만주, 티베트 등의 일부 인명과 지명은 원지음대로 표기하였다.

8. 각주에서 원주 표시가 없는 것은 모두 옮긴이 주이다. 다만 일부 지명에 대한 각주는 원서 본문 괄호 안의 것을 각주로 넣었으며 따로 표시하지 않았다.

제7편

나라를 다스리고
천하를 화평하게 하다

인간 세상은 화평하게 하기 어렵다

"천하를 화평하게 함이 그 나라를 다스림에 있다(平天下在治其國)"라는 구절을 살펴보기 전에 먼저 원문을 읽어 보도록 하겠습니다.

소위 천하를 화평하게 함이 그 나라를 다스림에 있다는 것은, 윗사람이 늙은 이를 늙은이로 대우함에 백성들이 효를 일으키며, 윗사람이 어른을 어른으로 대우함에 백성들이 제를 일으키며, 윗사람이 고아를 구휼함에 백성들이 저버리지 않는다는 것이다. 이런 까닭에 군자는 혈구지도를 지니고 있는 것이다. 윗사람에게서 싫었던 것으로써 아랫사람을 부리지 말며, 아랫사람에게서 싫었던 것으로써 윗사람을 섬기지 말며, 앞사람에게서 싫었던 것으로써 뒷사람에게 가하지 말며, 뒷사람에게서 싫었던 것으로써 앞사람을 따르지 말며, 오른쪽 사람에게서 싫었던 것으로써 왼쪽 사람을 사귀지 말며, 왼쪽 사람에게서 싫었던 것으로써 오른쪽 사람을 사귀지 말 것이니, 이것을 일러 혈구지도라고 하는 것이다. (1)

所謂平天下在治其國者, 上老老, 而民興孝, 上長長, 而民興弟, 上恤孤, 而民不倍. 是以君子有絜矩之道也. 所惡於上, 毋以使下, 所惡於下, 毋以事上, 所惡於前, 毋以先後, 所惡於後, 毋以從前, 所惡於右, 毋以交於左, 所惡於左, 毋以交於右, 此之謂絜矩之道.

『시경』에 말하기를 "즐거우신 군자여, 백성의 부모로다" 하였는데, 백성들이 좋아하는 바를 좋아하고 백성들이 싫어하는 바를 싫어하니, 이것을 일러 백성들의 부모라 하는 것이다. 『시경』에 말하기를 "깎아지른 저 남산이여, 돌이 쌓여 험하구나. 밝게 빛나는 사윤이여, 백성들이 모두 너를 우러러본다" 하였는데, 국가를 소유한 사람은 삼가지 않으면 안 되니, 편벽되면 천하 사람들에게 죽임을 당한다. (2)

詩云, 樂只君子, 民之父母. 民之所好好之, 民之所惡惡之, 此之謂民之父母. 詩云, 節彼南山, 維石巖巖. 赫赫師尹, 民具爾瞻. 有國者不可以不愼, 辟, 則爲天下僇矣.

『시경』에 말하기를 "은나라가 사람들을 잃지 않았을 때에는 능히 상제에게 짝했네. 마땅히 은나라를 거울로 삼을지니 큰 명은 보존하기 쉽지 않네" 하였는데, 사람들을 얻으면 나라를 얻고 사람들을 잃으면 나라를 잃음을 말한 것이다. 이런 까닭에 군자는 먼저 덕을 삼가는 것이니, 덕이 있으면 이에 사람들이 있고, 사람들이 있으면 이에 토지가 있고, 토지가 있으면 이에 재물이 있고, 재물이 있으면 이에 사용함이 있는 것이다. 덕이라는 것은 근본이요 재물이라는 것은 말단이다. 근본을 밖으로 하고 말단을 안으로 하면, 백성을 다투게 하여 겁탈하는 가르침을 베푸는 것이다. 이런 까닭에 재물이 모이면 백성이 흩어지고, 재물이 흩어지면 백성이 모이는 것이다. 이런 까닭에 말이 도리에 어긋나게 나간 것은 또한 도리에 어긋나게 들어오고, 재물이 도리에 어긋나게

들어온 것은 또한 도리에 어긋나게 나가는 것이다. (3)

詩云, 殷之未喪師, 克配上帝. 儀監於殷, 峻命不易. 道得衆則得國, 失衆則失國. 是故君子先愼乎德, 有德此有人, 有人此有士, 有士此有財, 有財此有用. 德者, 本也, 財者, 末也. 外本內末, 爭民施奪. 是故財聚則民散, 財散則民聚. 是故言悖而出者, 亦悖而入, 貨悖而入者, 亦悖而出.

「강고」에 말하기를 "천명은 일정한 곳에 있지 않는다" 하였는데, 선하면 그것을 얻고 선하지 못하면 그것을 잃음을 말한 것이다. 「초서」에 말하기를 "초나라는 보배로 여길 것이 없고 오직 선을 보배로 여긴다" 하였다. 구범이 말하기를 "도망 온 사람은 보배로 여길 것이 없고 친한 사람을 사랑함을 보배로 여긴다" 하였다. 「진서」에 말하기를 "만일 어떤 한 신하가 성실하고 다른 기예가 없으나 그 마음이 곱고 용납함이 있는 듯하여, 남이 가지고 있는 기예를 자기가 소유한 것처럼 여기며 남의 훌륭하고 성스러움을 그 마음에 좋아하여 자기 입에서 나온 것보다 낫게 여긴다면, 이는 남을 포용할 수 있음이다. 이로써 나의 자손과 여민을 보전할 수 있으니 오히려 또한 이로움이 있구나! 남이 가지고 있는 기예를 시기하고 미워하며, 남의 훌륭하고 성스러움을 어겨서 그로 하여금 통하지 못하게 하면, 이것은 포용하지 못함이다. 이로써 나의 자손과 여민을 보전할 수 없으니 또한 위태롭구나!" 하였다. (4)

康誥曰, 惟命不于常. 道善則得之, 不善則失之矣. 楚書曰, 楚國無以爲寶, 惟善以爲寶. 舅犯曰, 亡人無以爲寶, 仁親以爲寶. 秦誓曰, 若有一個臣, 斷斷兮, 無他技, 其心休休焉, 其如有容焉, 人之有技, 若己有之, 人之彦聖, 其心好之, 不啻若自其口出, 寔能容之. 以能保我子孫黎民, 尙亦有利哉! 人之有技, 媢嫉以惡之, 人之彦聖, 而違之俾不通, 寔不能容. 以不能保我子孫黎民, 亦曰殆哉.

오직 인한 사람이라야 이들을 추방하여 유배하되, 사방 오랑캐의 땅으로 내쫓아 더불어 중국에 함께 있지 않으니, 이를 일러 오직 인한 사람이라야 남을 사랑할 수 있고 남을 미워할 수 있다고 하는 것이다. 어진 사람을 만나고도 선발하여 쓰지 못하고, 선발하여 쓰되 먼저 하지 못함은 명이고, 선하지 못한 사람을 보고도 물리치지 못하고, 물리치되 멀리하지 못함은 과실이다. 다른 사람이 싫어하는 바를 좋아하고 다른 사람이 좋아하는 바를 싫어하니, 이것을 일러 사람의 본성을 거스른다고 하는데, 재앙이 반드시 그 몸에 미칠 것이다. 이런 까닭에 군자는 큰 도가 있으니, 반드시 충과 신으로써 그것을 얻고 교만함과 방자함으로써 그것을 잃는다.(5)

唯仁人放流之, 迸諸四夷, 不與同中國. 此謂唯仁人爲能愛人, 能惡人. 見賢而不能擧, 擧而不能先, 命也, 見不善而不能退, 退而不能遠, 過也. 好人之所惡, 惡人之所好, 是謂拂人之性, 菑必逮夫身. 是故君子有大道, 必忠信以得之, 驕泰以失之.

재물을 생산함에 큰 도가 있으니, 그것을 생산하는 사람은 많고 그것을 먹는 사람은 적으며, 그것을 생산하는 사람은 빠르고 그것을 쓰는 사람은 느리면 재물이 항상 풍족할 것이다. 인한 사람은 재물로써 몸을 일으키고, 인하지 못한 사람은 몸으로써 재물을 일으킨다. 윗사람이 인을 좋아하고서 아랫사람들이 의를 좋아하지 않는 경우는 없고, 아랫사람들이 의를 좋아하고서 그 일이 끝마쳐지지 않는 경우는 없으며, 창고에 재물이 그의 재물이 아닌 경우가 없다. 맹헌자가 말하기를 "마승을 기르는 사람은 닭과 돼지를 살피지 않고, 얼음을 쓰는 집안은 소와 양을 기르지 않고, 백승의 집안은 재물을 모으고 거둬들이는 신하는 기르지 않으니, 재물을 모으고 거둬들이는 신하를 기르느니 차라리 도둑질하는 신하를 두라"하였다. 이것을 일러 나라는 이를 이로움으로 여기지 않고 의를 이로움으로 여긴다고 한다. 국가의 어른이 되어 재용에 힘쓰는 사람은 반드시 소인으로부터 시작된다. 저를 잘한다고 여겨 소인으로 하여금 국가를 다스리게 하면 재앙과 해가 함께 이르게 되니, 비록 잘하는 사람이 있더라도 또한 어찌할 수가 없다. 이것을 일러 나라는 이를 이로움으로 여기지 않고 의를 이로움으로 여긴다고 한다.(6)

生財有大道, 生之者衆, 食之者寡, 爲之者疾, 用之者舒, 則財恒足矣. 仁者以財發身, 不仁者以身發財. 未有上好仁, 而下不好義者也. 未有好義, 其事不終者也, 未有府庫財, 非其財者也. 孟獻子曰, 畜馬乘, 不察於雞豚, 伐冰之家, 不畜牛羊, 百乘之家, 不畜聚斂之臣, 與其有聚斂之臣, 寧有盜臣. 此謂國不以利爲利, 以義爲利也. 長國家而務財用者, 必自小人矣. 彼爲善之. 小人之使爲國家, 菑害並至, 雖有善者, 亦無如之何矣. 此謂國不以利爲利, 以義爲利也.

"나라를 다스림이 그 집안을 가지런히 함에 있다[治國在齊其家]"라는 구절 다음에 이어지는 것은 바로 "천하를 화평하게 함이 그 나라를 다스림에 있다[平天下在治其國]"라는 큰 이치인데, 말하자면 이 책의 결론인 셈입니다. 이것이 바로 증자가 스승인 공자의 가르침을 계승하여 터득한 바였으며, 외왕(外王)의 학문에서 위정(爲政)의 큰 도를 설명하고 있습니다. 이로 인해 송대의 유학자들을 위시한 많은 사람들이 『대학』과 『중용』을 '제왕학(帝王學)'이요 '치국평천하'의 경전이라고 여기게 되었습니다. 요즘 말로 하면 '영도학(領導學)'의 대원칙이라고 하겠습니다. 하지만 이 단락의

함의 역시 시간적(시대적)이거나 공간적(지역적)인 제한이 없을 수 없으므로, 반드시 "신중하게 생각하고[愼思]" "명확하게 판단해야[明辨]" 합니다. 송대 이학가들처럼 『대학』과 『중용』, 『논어』의 절반만 읽으면 천하를 다스릴 수 있다고 생각해서는 안 됩니다. 그것은 정말 우스운 이야기입니다.

만약 진정으로 그렇게 생각한다면 그것은 "백성들이 있고 사직이 있는데 어찌하여 반드시 책을 읽은 다음에 정치를 해야 한단 말인가[有人民焉, 有社稷焉, 何必讀書而後爲政]"라는 자로의 농담이나 "책을 다 믿는다면 책이 없는 것만 못하다[盡信書, 則不如無書]"라는 맹자의 탄식을 빌려 와서 오직 천재(天才)와 운명에 의지해야 가능하다고 말하는 것보다도 못합니다. 사실은 결코 그렇지가 않습니다. 편의상 원문을 여섯 단락으로 나누어서 살펴보겠습니다. 여섯 단락은 곧 여섯 가지 요점이기도 합니다.

'천하'의 원래 의미를 이해하다

하지만 반드시 먼저 이해해야 할 명사가 하나 있습니다. 주 왕조 당시에 이른바 국가라고 할 때의 '국(國)' 자는 주 왕실이 분봉(分封)하여 나라를 세우던 체제 하에서 각 제후들이 다스리던 땅을 가리킵니다. 어떤 사람은 그것을 '방(邦)'이라고 일컫기도 했습니다. '천하'라는 말이야말로 후세와 현재의 통일된 중화 대국(大國)의 대명사라고 하겠습니다. 『대학』 원문에서 말하는 천하 역시 바로 그런 뜻입니다. 당시는 희씨(姬氏) 주 왕조가 모든 제후국의 공통된 주인이었습니다. 주 왕조가 통치하던 백성과 토지가 이른바 하나의 천하였습니다. 그러니 오늘날의 '세계' 혹은 '지구촌'이라는 개념과 동일한 것이 결코 아닙니다.

하지만 다음의 사실 또한 알아야 합니다. 주·진 이전의 전통문화에서는 간혹 어떤 문헌이나 서적에서 말하는 천하가 오늘날의 세계와 같은 경우도 있습니다. 특히 한대 유학자들이 도가 서적으로 분류한 책에서는 그러한 예가 심심찮게 보입니다. 예를 들어 전국 시기의 음양가 추연(鄒衍)은 "천하에는 구주(九洲)가 있다"라고 말했습니다. 그러면서 중국은 구주 가운데 하나의 주에 불과하다고 하면서 '적현신주(赤縣神洲)'라 칭했습니다. 그러므로 당시 사람들은 그의 설법을 괴탄(怪誕)하다고 여겼습니다. 즉 괴상하고 거짓된 설법이라는 것입니다.

십오 세기 이후로 천문, 지리, 과학이 발달하면서 인류는 차츰 지구상에 팔대주가 있음을 알게 되었습니다. 이천여 년 전 추연이 말했던 것과 비교해서 겨우 한 주(洲)밖에 차이가 없습니다. 만약 『산해경(山海經)』과 중국 원시 신화를 비교 연구해 본다면, 원시 시대 이후로 지구의 지질이 큰 변화를 겪으면서 대륙과 대륙이 분열하고 새로 결합한 결과 대륙이 하나 적어졌을 가능성도 있습니다. 그러니 함부로 추연의 말을 괴탄하다고 부정해서는 안 될 것입니다. 이런 것이야말로 과학적 정신이라 할 수 있습니다. 남들이 하는 말에 맹목적으로 따르고 동조해서는 안 됩니다.

이러한 자료들을 잘 이해한다면 『대학』에 나오는 '평천하' 관념이 실제로는 당시 주 왕조에 의해 통일된 중국 전체에 대한 말임을 알 것입니다. 우리가 이를 더 확대하여 전 인류의 '이상 국가'나 '대동 세계' 관념으로 사용한다 하더라도 제 생각에는 증자가 저작권을 주장하지는 않을 것입니다. 여러분 모두 편하게 자유로이 사용해도 좋은데, 다만 "말하는 사람은 별다른 속셈이 없는데〔言者無心〕", "듣는 사람이 딴 뜻이 있어〔聽者有意〕" 뜻밖의 다툼이 일어날까 걱정스러울 뿐입니다.

무엇을 "혈구지도"라고 하는가

그러면 이제 첫 번째 단락을 보겠습니다. 우리가 먼저 토론할 부분은 "천하를 화평하게 함이 그 나라를 다스림에 있다〔平天下在治其國〕"라는 첫 단락 중에서 첫 항목으로, 바로 "윗사람이 늙은이를 늙은이로 대우함에 백성들이 효를 일으키며, 윗사람이 어른을 어른으로 대우함에 백성들이 제를 일으키며, 윗사람이 고아를 구휼함에 백성들이 저버리지 않는다. 이런 까닭에 군자는 혈구지도를 지니고 있는 것이다〔上老老, 而民興孝, 上長長, 而民興弟, 上恤孤, 而民不倍. 是以君子有絜矩之道也〕"라는 구절입니다.

"윗사람이 늙은이를 늙은이로 대우함에 백성들이 효를 일으킨다〔上老老, 而民興孝〕"라는 말을 요즘 식으로 옮기면 이런 뜻입니다. 고위층 지도자가 노인을 존중할 줄 알면, 즉 지도자가 먼저 자기 부모 윗대의 조부모와 숙부 및 백부 등 노인을 효로써 공경하고 그것을 더 넓혀 천하의 노인을 잘 돌볼 줄 알면—역사상 많은 사람들의 추앙을 받는 "서백 창(주 문왕)은 노인을 잘 돌봤다〔西伯昌善養老〕"라는 경우가 바로 그런 예입니다—백성들은 자연히 그의 행위를 본받아 부모와 웃어른에게 효성을 다할 것입니다.

그다음의 이른바 "윗사람이 어른을 어른으로 대우함에 백성들이 제를 일으킨다〔上長長, 而民興弟〕"라는 말 역시 마찬가지입니다. 당신이 연장자들을 존경할 줄 알면 자연히 백성들도 당신의 행위를 본받아 "어른을 잘 섬기고〔善事長者〕" 형제간의 우애로운 덕행이 일어나게 될 것입니다.

그다음은 "윗사람이 고아를 구휼함에 백성들이 저버리지 않는 것이다〔上恤孤, 而民不倍〕"라는 말입니다. 여기에서 저버린다는 뜻의 '배(倍)' 자는 원시 문자에서는 위배(違背)라는 뜻도 내포하고 있었습니다. 이 말은 당신이 고아를 가엾이 여길 줄 알아서 어리고 외로운 아이들을 자기 자식처럼 기른다면 백성들도 당신의 덕행을 본받을 것이며, 당신을 자기 부모처럼 여겨서 배반할 생각을 하지 않을 것이라는 뜻입니다.

그렇다면 "이런 까닭에 군자는 혈구지도를 지니고 있는 것이다[是以君子有絜矩之道也]"라는 마지막 구에서 '혈구(絜矩)'는 무슨 뜻일까요? '혈(絜)' 자는 상고 시대 문자학에서 중심의 평형점이라는 뜻을 지니고 있었습니다. 바꾸어 말하면 저울의 지렛대가 기울어지지 않고 평형을 이루고 있는 상태와 같은 것입니다. '구(矩)' 자는 여러분도 아시다시피 규구(規矩)의 구입니다. '규(規)'는 원을 그리는 제구이고 '구(矩)'는 네모를 그리는 제구입니다. 자고이래 공정(工程)에 사용되는 방원(方圓)의 기본 표준을 측량하거나 제도하는 데 필요한 공구들을 한데 모아서 '규구'라고 불렀습니다.

따라서 '혈구(絜矩)'라는 말은 대인이나 군자는 모름지기 "독립적이고 의존하지 않는[獨立而不倚]" 공평하고 올바른 내심의 수양을 갖춰야만, "지혜가 만물을 두루 관통하고[智周萬物]" "도량이 태허와 같아[量同太虛]"질 수 있어서 만민을 포용하고 함양하여 그 은택이 창생에 미칠 수 있게 된다는 뜻입니다. 증자가 『대학』에서 제기한 혈구의 도는 후일 자사가 저술한 『중용』의 '중(中)'의 유래이기도 합니다. 간단히 말하면 중용(中庸)은 바로 "혈구지도(絜矩之道)"를 설명한 것입니다. 못 믿겠으면 다음 단락을 계속해서 읽어 보면 알 수 있습니다.

"윗사람에게서 싫었던 것으로써 아랫사람을 부리지 말며, 아랫사람에게서 싫었던 것으로써 윗사람을 섬기지 말며, 앞사람에게서 싫었던 것으로써 뒷사람에게 가하지 말며, 뒷사람에게서 싫었던 것으로써 앞사람을 따르지 말며, 오른쪽 사람에게서 싫었던 것으로써 왼쪽 사람을 사귀지 말며, 왼쪽 사람에게서 싫었던 것으로써 오른쪽 사람을 사귀지 말 것이니, 이것을 일러 혈구지도라고 하는 것이다[所惡於上, 毋以使下, 所惡於下, 毋以事上, 所惡於前, 毋以先後, 所惡於後, 毋以從前, 所惡於右, 毋以交於左, 所惡於

左, 毋以交於右, 此之謂絜矩之道〕.” 여기에 나오는 상하, 전후, 좌우의 여섯 방향은 바로 인사(人事)나 물리(物理) 등에서 옛사람들이 말한 육합(六合)의 의미를 지니고 있습니다. 『역경』에서 후천괘(後天卦) 중효(重爻)에 사용되는 육효(六爻)의 의미도 지니고 있습니다. ‘육합(六合)’은 사방에 상하를 더한 것으로서 상고 시대에는 공간의 대명사였습니다. ‘육효(六爻)’는 여섯 개의 단계가 모여드는 점의 중심적인 작용입니다. 그렇기 때문에 혈구지도라고 부릅니다. 이른바 혈구지도는 바로 평형이고 중용입니다. 여러분이 이 점에 유의한다면 참으로 다행이겠습니다.

원문에서 말한 상하, 전후, 좌우의 함의에 대해 절대로 소홀히 생각해서는 안 됩니다. 척 보면 그 뜻을 알 수 있으니 더 이상 토론할 필요가 없다고 생각했다가는 잘못을 저지르기 쉽습니다. 예를 들어 “윗사람에게서 싫었던 것으로써 아랫사람을 부리지 말며, 아랫사람에게서 싫었던 것으로써 윗사람을 섬기지 말라〔所惡於上, 毋以使下, 所惡於下, 毋以事上〕”라는 말이 의미하는 바는 이러합니다. 여러분이 윗자리의 지도자가 되었다면, 이를테면 황제가 되었건 관리가 되었건 혹은 사장이 되었건 스승이 되었건 심지어 부모나 형이 되었다 하더라도, 어떤 일을 하든지 간에 윗자리에 있는 사람들은 자신이 싫어하거나 어렵게 여기거나 혹은 해서는 안 된다고 생각해서 피하고 싶어 하는 일을 도리어 아랫사람에게 하라고 시킨다면, 그것은 바로 ‘덕이 부족한〔缺德〕’ 것으로서 “뜻이 성실하지 못하고〔意不誠〕”, “마음이 바르지 못하고〔心不正〕”, “몸을 닦지 못한〔身不修〕” 것이므로 절대로 그렇게 해서는 안 됩니다.

반대로 만약 여러분이 남의 아랫자리에 있다면, 어떤 일이나 행위를 싫어하는 마음이 있으면서도 윗사람 마음에 들려고 방법을 바꾼다거나, 혹은 나쁜 부분을 감언이설로 포장하여 윗사람이 그 일을 하도록 부추긴다거나, 혹은 자기 잘못을 일부러 윗사람에게 덮어씌운다면 그 또한 “뜻이 성실하지 못하고, 마음이 바르지 못하고, 몸을 닦지 못한" 것입니다. 이는 덕이 가장 크게 부족한 것이니 절대로 그렇게 해서는 안 됩니다.

하지만 이러한 이해는 일면적인 것일 뿐입니다. 만약 세상 인심의 음흉한 심리를 근거로 분석하고 거기다가 과거 역사에서의 고사를 참조해 본다면, 이 두 구절이 얼마나 많은 내용을 포함하고 있는지 알 수 있을 것입니다. 여러분 스스로 즐겨 배우고 깊이 생각하기 바랍니다!

"앞사람에게서 싫었던 것으로써 뒷사람에게 가하지 말며, 뒷사람에게서 싫었던 것으로써 앞사람을 따르지 말라[所惡於前, 毋以先後, 所惡於後, 毋以從前]." 그냥 봐서는 또 얼마나 간단한지 모릅니다. 하지만 곰곰이 생각해 보면 꼭 그렇지만은 않습니다. 이를테면 예전에 우리가 매우 하기 싫어하던 일을 지금 또다시 만났다고 합시다. 조금도 망설이지 않고 그 일을 한쪽으로 밀쳐놓았다가 일을 그르치는 경우가 종종 있습니다. 모든 일은 시간과 공간에 따라 변하는 법이므로, 예전에 싫어했던 일이라고 해서 지금도 여전히 싫어할 것이라고 단정 지어서는 안 됩니다. 혹은 여러분이 예전에 몹시 미워했던 사람이 지금은 새사람이 되었는데도, 여러분은 여전히 예전 감정으로 그를 인정해 주지 않거나 함부로 대한다면 그것도 옳지 않은 일입니다.

"뒷사람에게서 싫었던 것으로 앞사람을 따르지 말라"라는 말의 예를 든다면, 어떤 일이나 혹은 어떤 사람이 여러분 보기에 앞으로의 결과가 안 좋을 게 뻔히 보여 여러분이 알아서 처리해 버린다고 합시다. 옳건 옳지 않건 무조건 먼저 처리해 놓고 보자는 그런 방식 역시 후회막급의 결과를 가져오기 십상입니다. 이와 같은 이해를 바탕으로 하고 나서 과거의 경험을 떠올려 본다면 그런 경우는 대단히 많을 것입니다.

이제 제가 재미있는 이야기를 하나 들려 드리지요. 예전에 학군단 부대를 이끌고 산보를 하던 때의 일입니다. 얼굴빛이 별로 좋지 못한 어떤 학생이 제가 부주의한 틈에 얼른 대열에서 빠져나와 한 자리 앞으로 옮겨 가는 것이었습니다. 그 모습을 본 저는 그 학생을 불러내어 따끔하게 혼내야겠다고 생각하고 먼저 그에게 이렇게 말했습니다. "정식 행군이 아니므로 약간의 자유는 허용되네. 하지만 자네는 평소 규율을 잘 지키는 학생인데 오늘은 어째서 이렇게 규칙을 어겼는가?" 그러자 그가 "제 앞에 있는 친구가 가는 동안 내내 썩은 방귀를 뀌는 바람에 정말 참을 수가 없었습니다! 처분을 달게 받겠습니다"라고 말하는 것이었습니다. 그 말은 들은 저는 웃음을 참지 못하고 이렇게 말했습니다. "게다가 자네는 어제 나와 『대학』에 나오는 이치에 관해 이야기하지 않았나! '뒷사람에게서 싫었던 것으로써 앞사람을 따르지 말라'라는 말을 잊었단 말인가?" 내 말에 그 학생과 저는 모두 큰 소리로 웃고 말았습니다. 그런 다음에 그에게 앞의 친구가 소화 불량인 것은 아닌지, 혹은 다른 무슨 병이 있는지 빨리 의무소에 가서 진찰을 받아 보게 하라고 말했습니다.

그다음은 "오른쪽 사람에게서 싫었던 것으로써 왼쪽 사람을 사귀지 말며, 왼쪽 사람에게서 싫었던 것으로써 오른쪽 사람을 사귀지 말 것이니, 이것을 일러 혈구지도라고 하는 것이다〔所惡於右, 毋以交於左, 所惡於左, 毋以交於右, 此之謂絜矩之道〕"라는 구절입니다. 이 구절의 좌우 대비는 간단히 말하면, 사람이 살면서 자기가 하기 싫어하는 일을 만났을 때 함부로 동년배의 사람에게 떠넘겨서는 안 된다는 말입니다.

예를 들면 직장 동료나 사업상 동업자 심지어 형제자매처럼 친한 친구에게 자신이 하기 싫어하는 일을 떠넘겨 그로 하여금 마지못해 하게 만드는 것입니다. 하지만 더 확대해서 "치국평천하"라는 크나큰 원칙에 입각해서 말한다면 동서고금을 막론하고 모든 왕조, 모든 정체(政體), 모든 제도(制度)에는 좌우의 의견 차이로 인한 갈등이 형성되기 마련입니다. 하지만 최고 지도자는 원칙상 우파가 싫어하는 일이나 주장을 좌파에게 하라고 강요해서는 안 됩니다. 마찬가지로 좌파가 싫어하는 일이나 주장을 우파에게 하라고 강요해서도 안 됩니다. 최고 지도층의 지위에 있는 사람이 상하, 전후, 좌우의 각종 갈등을 바르고 순리에 맞게 조정하고 해결할 수 있으려면 반드시 스스로가 큰 지혜, 큰 인덕(仁德), 큰 용기를 지닌 그릇이라야 합니다.

악무목(岳武穆)[1]이 말한 용병(用兵)의 도와 마찬가지로 "운용의 묘는 오로지 마음 하나에 달려 있다(運用之妙, 存乎一心)"라고 할 수 있습니다. 이 말의 의미는 진실로 마음으로 깨달아야 말로 전해 주기는 어렵습니다. 또 선종 대사들이 말한 "구슬이 쟁반 위를 굴러다니는 것 같아서(如珠之走盤)" 정해진 방법이 없습니다. 만약 고정된 방법이 있다면 이미 상하, 전후, 좌우의 변방으로 떨어져 버렸을 것입니다. 지나온 역사의 이야기들과 현대사의 새로운 이야기들 가운데 사례가 적지 않지만 다음 기회로 미루겠습니다.

어떤 사람은 『대학』의 이 구절을 놓고 바로 공자가 "자신이 원하지 않는 것을 다른 사람에게 시키지 말라(己所不欲, 勿施於人)"라고 말한 이치라고 합니다. 하지만 사실은 그렇지 않습니다. "자신이 원하지 않는 것을 다른 사람에게 시키지 말라"라는 것은 단지 개인적인 학문 수양을 말하고 있을 뿐입니다. 이 절에서 말하는 상하, 전후, 좌우에 관한 내용은 시종일관 "대학지도"의 "명덕(明德)" 및 내명(內明)의 학문에서 출발한 후에 그것을 외용(外用) 및 "친민(親民)"에까지 소급하고 있습니다. 지도자가 되려면 대인 관계, 일 처리, 처세를 놓고 말하더라도 그 속에 들어 있는 내외(內外), 표리(表裏), 정조(精粗)의 문제에 실로 적절히 대처하는 대(大)학문을 지니고 있어야 합니다.

---

1 악비(岳飛)를 말한다. 상권 364쪽 악가군 각주 참조.

만약 『대학』 자체의 주지(主旨)를 가지고서 설명한다면, 모름지기 먼저 "머무를 곳을 안 뒤에야 정함이 있다〔知止而后有定〕"로부터 말미암아 "생각한 뒤에야 얻을 수 있다〔慮而后能得〕"에 도달한 다음, "격물(格物)" "치지(致知)"에 통달하고 "성의(誠意)" "정심(正心)" "수신(脩身)"이라는 전 과정의 학문 수양을 잘 섞어야만 진정으로 혈구지도의 묘용(妙用)을 깨달을 수 있습니다.

저울은 저절로 오르내리지 않는다

두 번째 단락을 보겠습니다. 이어서 증자는 『시경』「소아(小雅)」 '남산유대(南山有臺)'의 구절을 인용하였는데, "즐거우신 군자여, 백성의 부모로다(樂只君子, 民之父母)"라는 두 구입니다. 그런 다음 스스로 해설을 붙여놓았습니다. 이른바 백성들이 부모처럼 우러러 존경하는 훌륭한 지도자가 되려면 반드시 진정한 민주(民主)의 '주(主)'가 되어야 한다는 것입니다. 바로 "백성들이 좋아하는 바를 좋아하고 백성들이 싫어하는 바를 싫어하니, 이것을 일러 백성들의 부모라 하는 것이다(民之所好好之, 民之所惡惡之, 此之謂民之父母)"라는 구절입니다. 사실 이 부분은 그 자체가 백화이기 때문에 해석을 덧붙일 필요가 없습니다. 단지 '호(好)' '오(惡)' 두 글자의 독음과 뜻에만 주의하면 됩니다.

위정자가 공평하고 올바르지 않으면

다음으로 증자는 또다시 『시경』「소아」의 '절남산(節南山)'의 전고를 인용했습니다. "『시경』에 말하기를 '깎아지른 저 남산이여, 돌이 쌓여 험하

구나. 밝게 빛나는 사윤이여, 백성들이 모두 너를 우러러본다' 하였는데,
국가를 소유한 사람은 삼가지 않으면 안 되니, 편벽되면 천하 사람들에게
죽임을 당한다〔詩云, 節彼南山, 維石巖巖. 赫赫師尹, 民具爾瞻. 有國者不可以
不愼, 辟, 則爲天下僇矣〕."

먼저 그가 부분 인용한 시구의 문자상의 본의에 관해 설명하겠습니다.
앞의 두 구는 예전의 제왕 제도 및 관부(官府)의 관습에서 중시했던 '좌북
향남(坐北向南)' '남면이왕(南面而王)'의 기개를 이용했습니다. 사람들이
높고 험준한 남산을 마주하였을 때 가장 빼어난 것은 바로 문 앞을 막아선
그 흠 없이 깨끗하고 가파르게 높이 솟은 큰 석암(石巖)인데, 보는 사람으
로 하여금 숙연함을 넘어서 신성한 위대함과 숭고함을 느끼게 합니다. 황
산(黃山)의 천도봉(天都峰)처럼 보는 사람으로 하여금 속세를 벗어난 듯한
느낌과 그저 신선이 되고픈 기분만 불러일으키는 것과는 전혀 다릅니다.

뒤이은 두 구는 사람으로 하여금 위압감을 느끼게 만듭니다. 특히 당시
에 "정권을 잡고 있던" 고위층 지도자에 대한 언급이라 기세등등한 기개
가 느껴집니다. '사윤(師尹)'은 서주(西周) 시기의 관직명으로 추정되는데
'천자'인 황제를 제외하면 일인지하 만인지상의 권력자였습니다. 이 두
구는 비유를 사용하여 그 의미를 표현한 것으로 말하자면 이런 뜻입니다.
"사윤을 맡고 있는 당신은 주의하시오! 당신은 마치 남산의 그 큰 석암같
이 온 백성이 우러러보고 뭇 사람의 촉망이 쏠리는 자리에 있어서 그 권위
가 대단히 밝게 빛납니다. 하지만 온 백성의 빛나는 눈동자가 모두 당신을
주목하고 있습니다. 그들은 '치국평천하'의 희망을 당신 한 몸에 걸고 있
소이다!" 이것이 바로 시구의 본의입니다.

역대로 『시경』을 연구하던 경학자들은 이 시의 고사가 가리키는 대상이
도대체 누구인지에 대해서는 의견이 분분했습니다. 하지만 적어도 이 시
가 포사(褒姒)를 총애했던 주 유왕(幽王) 대에 지어졌다는 것에는 대체로

동의했습니다. 당시 정치가 쇠퇴하고 민심이 흉흉했건만 "정권을 잡고 있던" 사윤은 그에 대해 책임을 지기는커녕 유왕의 비위 맞추는 데만 급급했기에 백성들의 원망이 들끓었기 때문입니다. 사윤이 누구인지, 그것이 관직명인지 아니면 인명인지에 관해서는 여기까지만 말씀드리지요.

그래서 증자는 이렇게 말했습니다. "국가를 소유한 사람은 삼가지 않으면 안 되니, 편벽되면 천하 사람들에게 죽임을 당한다." 그가 말한 "국가를 소유한 사람〔有國者〕"은 바로 후세에 말하는 권력자입니다. 오늘날 소위 집권자(執權者) 혹은 당국자(當局者)라는 말은 용어만 다르지 그 뜻은 동일합니다. '벽(辟)'자는 편벽(偏僻)의 '벽(僻)'자인데 바로 '부중부정(不中不正)'의 또 다른 말입니다. '육(僇)'자는 살육(殺戮)의 '육(戮)'과 통합니다. 이 글자는 매우 가혹한 뜻으로 사용되었는데, 만약 사윤(師尹)이 올바르지 못하면 세상 사람들이 당신을 살육할 것이라는 말입니다. 그러지 않더라도 후세의 공정한 역사학자들에게 '필륙(筆戮)'을 입게 될 것입니다.

증자는 앞에서 『시경』의 역사적 경험을 인용하여 "백성들의 부모"가 되려고 마음먹는 것이 쉽지 않다고 말하고 있을 뿐 아니라, 한 걸음 더 나아가서 "정권을 잡고 있는" 사람은 수시로 자기 자신을 돌이켜 반성해야 하며 권력에 미혹되어 돌이킬 수 없는 지경에 빠져서는 안 된다고 말했습니다. 권력과 부귀공명은 모두 외부적인 물욕이긴 하지만 가장 쉽사리 사람의 마음을 미혹하여 '이지'적인 이성을 잃어버리게 만드는 것이기 때문입니다.

송대의 이름난 신하이자 대유학자였던 구양수(歐陽修)는 일찍이 다음과 같이 말했습니다. "재앙과 환란은 항상 지극히 미세한 데서 쌓이기 마련이고, 지혜와 용기는 그 빠지는 바에 묶이는 법이라네〔禍患常積於忽微. 智勇多困於所溺〕." 확실히 동서고금의 변치 않는 명언입니다. 만약 벼슬하지 않고 산림에 묻혀 살겠다는 기개가 없다면, 즉 공자가 "거친 음식 먹고 찬물 마시고 팔꿈치 구부려 베니 즐거움이 또한 그 가운데 있구나[飯疏食飮水, 曲肱而枕之, 樂亦在其中矣]", "부귀는 나에게 있어 뜬구름과 같다[富貴於我如浮雲]"라고 말한 것 같은 "머무를 곳을 안 뒤에야 정함이 있는[知止而后有定]" 결단력이 없다면, 아마도 권력의 함정에서 빠져나올 수 있는 사람은 얼마 되지 않을 것입니다.

먼저 '덕을 세워야만' 민심을 얻을 수 있다

세 번째 단락을 보겠습니다. 증자는 『시경』의 역사적 사실을 인용하되 이를 한층 교묘하게 배치함으로써, 나라를 소유한 사람의 득실 존망의 기틀로까지 논리를 전개시켜 나갔습니다. "은나라가 사람들을 잃지 않았을 때에는 능히 상제에게 짝했네. 마땅히 은나라를 거울로 삼을지니 큰 명은 보존하기 쉽지 않네[殷之未喪師, 克配上帝. 儀監於殷, 峻命不易]"라는 네 구절은 『시경』 「대아」의 '문왕' 7장 가운데 있는 명구입니다. 이 노래는 서주가 건국될 당시의 잠언으로서, 주 왕실의 후계자들을 경계하기 위한 것이었습니다.

시인은 이렇게 노래합니다. "이전 왕조인 은의 전성기 때에는 백성들의 신임을 잃지 않았습니다. 그때는 은의 선정(善政)이 천심(天心)의 인애(仁愛) 표준에 충분히 부합되었다고 말할 수 있습니다." 참고로 '사(師)' 자에는 대중, 군중이라는 뜻이 있습니다. '상제(上帝)'는 귀신이나 미신을 믿는 것을 이용하여 백성에게 가르침을 베풀던 상고 시대에, 만물의 주인이 될 수 있는 천심(天心)과 천의(天意)를 나타내는 명칭이었습니다.

다시 시인은 말합니다. "은 왕조의 전성기가 지나자 주왕(紂王) 대에서 정치적 부패가 수습할 수 없는 지경에 이르러 백성들의 신뢰를 완전히 잃어버리고, 그 결과 나라가 망해 오늘날 우리 주 왕조가 들어서게 될 줄을 누가 알았겠습니까? 그러므로 당신들은 은 왕조의 실덕(失德)을 거울삼아 항상 돌이켜 비추어 보고 반성해야 합니다. 절대로 역사의 교훈을 잊어버려서는 안 됩니다. 가장 높은 곳에서 큰 운명을 주관하는 천의(天意)가 언제나 당신을 내려다보고 있습니다. 오직 백성들에게 인덕을 베풀어야만 하늘의 보우하심을 입을 수 있으니 이것은 변할 수 없는 가장 숭고한 대원칙입니다." '감(監)' 자는 고문에서 '감(鑑)' 자와 통합니다. 그리고 '준(峻)' 자는 지극히 숭고하다는 뜻입니다.

그런 다음 증자는 또다시 해석을 덧붙였습니다. "사람들을 얻으면 나라를 얻고 사람들을 잃으면 나라를 잃음을 말한 것이다. 이런 까닭에 군자는 먼저 덕을 삼가는 것이니, 덕이 있으면 이에 사람들이 있고, 사람들이 있으면 이에 토지가 있고, 토지가 있으면 이에 재물이 있고, 재물이 있으면 이에 사용함이 있는 것이다. 덕이라는 것은 근본이요 재물이라는 것은 말단이다. 근본을 밖으로 하고 말단을 안으로 하면, 백성을 다투게 하여 겁탈하는 가르침을 베푸는 것이다. 이런 까닭에 재물이 모이면 백성이 흩어지고, 재물이 흩어지면 백성이 모이는 것이다. 이런 까닭에 말이 도리에 어긋나게 나간 것은 또한 도리에 어긋나게 들어오고, 재물이 도리에 어긋나게 들어온 것은 또한 도리에 어긋나게 나가는 것이다[道得衆則得國, 失衆則失國. 是故君子先愼乎德, 有德此有人, 有人此有土, 有土此有財, 有財此有用. 德者, 本也. 財者, 末也. 外本內末, 爭民施奪. 是故財聚則民散, 財散則民聚. 是故言悖而出者, 亦悖而入. 貨悖而入者, 亦悖而出]."

이 대목은 거의 백화에 가까워서 더 이상 토론의 여지가 없습니다. 하지만 어려서부터 현대 백화문 교육만을 받은 젊은 친구들을 위해서 말씀드리겠습니다.

그러고 보니 제가 이 글을 배우던 때가 생각납니다. 어린 시절이었으니 지금으로부터 이미 반세기도 넘은 때의 일입니다. 당시는 그 뜻을 알 듯 말 듯해도 감히 물어볼 수가 없었습니다. 만약 이러고저러고 물으면 선생님께서는 늘 이렇게 말씀하셨습니다. "잘 외워 두거라. 그러면 장차 알게 될 것이다." 당시에는 어려서 아직 화가 난다는 것이 뭔지 잘 몰랐기 때문에 그런 말을 들으면 화가 난다기보다는 그저 답답했습니다. 장차 알게 될 것이라니 무슨 그런 말이 있단 말인가! '아마 선생님도 아직 완전히 모르시나 보구나.' 속으로 그렇게 생각했습니다.

그런데 수십 년이 지난 후에 그 선생님이 참으로 훌륭하신 분이었다는 사실을 깨달았습니다. 나를 붙들고 그 뜻을 설명해 주시지 않아서 얼마나 다행이었는지 모릅니다. 만약 그때 선생님께서 그 글의 뜻을 깨우쳐 주셨더라면 어쩌면 영원히 그저 '벼슬의 바다 위를 갈매기처럼 맴돌고, 책 무더기 속에서 좀처럼 살았을(浮沈宦海如鷗鳥, 生死書叢似蠹魚)'지도 모릅니다. 다방면에 걸친 인생의 경험에다 수십 년의 세상살이를 보태야만 비로소 차츰차츰 깊이 들어갈 수 있고 그래야만 비로소 진정으로 알았다고 말할 수 있습니다. 문학, 철학, 역사 공부도 자연 과학과 마찬가지로 실험실로 들어가 실습을 하지 않으면 영원히 새로운 발견이나 발명이 있을 수 없습니다.

다시 본론으로 돌아와서, 이 대목은 지난 역사에서 어느 왕조를 막론하고 창업자의 경험담인 동시에 성공과 실패의 대원칙입니다. 그뿐 아니라 한 개인이 어떤 사업을 하든지 간에 성공과 실패의 공통 원리이기도 합니다. 일자천금(一字千金)이라더니 참으로 공자의 수제자다운 명언입니다. 그는 먼저 "사람들을 얻으면 나라를 얻고 사람들을 잃으면 나라를 잃음을 말한 것이다(道得衆則得國, 失衆則失國)"라고 말했습니다. 여기서 '도(道)' 자는 변할 수 없는 '대원칙'이라는 의미이지 결코 말한다는 뜻이 아닙니다. 하지만 여러분이 그것을 설도(說道)²의 '도(道)'라고 여긴대도 안 될 것은 없습니다. 요컨대 증자가 말하고자 한 것은 나라를 세우려 할 때 유일한 조건은 백성들의 지지와 옹호라는 사실입니다. 백성들이 있어야만 나라를 얻을 수 있습니다. 반대로 민심을 잃어버리면 나라를 잃게 됩니다.

그렇다면 어떻게 해야 백성들의 마음이 그쪽으로 기울까요? "이런 까닭에 군자는 먼저 덕을 삼간다〔是故君子先愼乎德〕"라고 합니다. "이런 까닭에〔是故〕"는 고대의 언어 습관으로 요즘 말로 하면 '그래서'라는 뜻입니다. 이 말은 당신이 나라를 세우고자 한다면, 혹은 어떤 사업을 하고자 한다면 반드시 먼저 '인화(人和)'를 갖추어야 한다는 의미입니다. 인심이 자기 쪽으로 기울게 하고 싶다면, 혹은 개인적으로 자신을 도와줄 친구를 원한다면 모름지기 스스로 '덕을 세우는〔立德〕' 데서 시작해야 합니다. 만약 그 사람됨, 태도, 언어, 사상 등이 곳곳에서 '덕이 부족하다〔缺德〕'면 그다음은 더 말할 필요도 없습니다.

그런데 이 '덕(德)' 자의 함의는 대단히 많고 넓고 깊어서 한마디로 설명할 수가 없습니다. 그저 도덕(道德)이라는 한마디로 끝나는 문제가 아닙니다. 그렇기 때문에 "대학의 도는 밝은 덕을 밝히는 데 있다〔大學之道, 在明明德〕"라는 구절에서부터 지금 이 대목에 이르기까지 시종일관 '덕(德)' 자의 범위 안에서 맴돌고 있는 것이 아닙니까! 이런 이치를 알면 그다음 내용들은 저절로 이해가 될 것입니다.

덕이 있으면 비로소 사람들이 생기고 사람들이 있으면 토지가 생깁니다. 토지가 있으면 재물이 생기고 재물이 있으면 당연히 온갖 오묘한 사용이 일어나게 됩니다. 특히 국가라는 것은 바로 백성, 토지, 재물 이 세 가지 요소의 응집입니다. 그런 다음에 일종의 총체적인 동력에 의해 공동 경영이 이루어지는데, 그것이 바로 후세에 정치니 통치권이니 말하는 것의 내

---

2 '말하다'는 뜻이다.

용입니다. 사실 가정도 마찬가지입니다. 남녀 두 사람이 한데 결합하여 함께 고생하고 경영하여 비로소 하나의 가정을 이루게 됩니다. 오늘날 상공업이나 금융업 혹은 조합의 창업 역시 예외가 아닙니다.

하지만 증자는 각별히 신중하게 주의를 환기시키기를, 어떠한 창업이든 성공의 기본 조건은 개인의 행위 도덕 즉 심리(心理) 행위와 처사(處事) 행위 두 가지를 포괄한 종합적인 것에 달려 있다고 했습니다. 그래서 "덕이라는 것은 근본이요 재물이라는 것은 말단이다(德者, 本也, 財者, 末也)"라고 말했습니다. 여기서 '말(末)' 자는 재물이라는 것이 아무런 쓸모가 없는 것이라는 뜻은 아닙니다. 이 말은 개인의 도덕적 행위가 근본이고, 재물은 근본으로 말미암아 생겨나고 발전하는 지엽적인 것이라는 뜻입니다. 바꾸어 말하면 덕행은 나무의 뿌리와 같고 재물은 나무의 가지나 잎과 같습니다. 뿌리가 견고하지 않으면 가지와 잎이 무성하지 못한 법입니다.

그렇기 때문에 그는 이렇게 말했습니다. "근본을 밖으로 하고 말단을 안으로 하면, 백성을 다투게 하여 겁탈하는 가르침을 베푸는 것이다(外本內末, 爭民施奪)." 이런 뜻입니다. "만약 당신이 자신의 내재적인 근본 덕행 위에 세우려 하지 않고 오로지 외향적인 재물만 뺏으려 들면, 틀림없이 당신에게서 권리를 빼앗으려는 사람이 생길 것입니다." 그래서 증자는 인화(人和)의 쟁취와 재물의 쟁취라는 양자의 오묘한 사용에서 중요한 하나의 이치를 제기했습니다. 바로 "이런 까닭에 재물이 모이면 백성이 흩어지고, 재물이 흩어지면 백성이 모인다(是故財聚則民散, 財散則民聚)"라는 대원칙입니다. 참으로 만고불변의 명언이며 인류가 생존하고 생활하는 데에서 대원칙이기도 합니다.

돈을 벌고 재물을 모으는 것은 어려운 일입니다. 하지만 돈을 쓰고 재물을 흩어 버리는 것이 더 어렵습니다. 어떤 사람이 돈을 벌고 재물을 모으는 능력이 있는 동시에 또 돈을 쓰고 재물을 흩어 버리는 데 뛰어나다면,

보통 사람으로서는 이를 수 없는 경지이므로 호걸임에 틀림없습니다. 재물을 죽자고 움켜쥐고 있거나 아니면 돈을 아무렇게나 뿌려 대는 유형은 우리가 사회에서 흔히 볼 수 있습니다.

위정자는 언행에 각별히 유의해야 한다

세 번째 단락에서 끝으로 증자는 '치국평천하'에 뜻을 둔 사람들에게 언론과 재물 두 가지는 인과율에 따라 작용한다고 신중하게 말해 줍니다. "이런 까닭에 말이 도리에 어긋나게 나간 것은 또한 도리에 어긋나게 들어오고, 재물이 도리에 어긋나게 들어온 것은 또한 도리에 어긋나게 나간다〔是故言悖而出者, 亦悖而入, 貨悖而入者, 亦悖而出〕."

그는 왜 여기에서 언어의 문제까지 언급했을까요? 게다가 그가 말한 언어는 무엇을 가리키는 것일까요? 그 답은 이러합니다. 증자가 말한 언어 문제는 언어적인 덕행(德行)에 관한 것을 가리키는데 흔히 '구덕(口德)'이라고도 합니다. 언어는 마음속의 생각이 겉으로 표현된 것이니, 흔히들 "마음속 일을 알고자 하면 입에서 나오는 말을 들어 보라"라고 말합니다. 한 사람의 선악이 겉으로 드러난 것은 신체적 행동이고 안에 들어 있는 것은 의식 사유입니다. 그런데 이 둘 사이에서 안에 들어 있는 것을 밖으로 표현하는 작용을 하는 것이 바로 언어입니다. "오직 입에서 나온 것이 싸움을 잘 일으킨다〔唯口出好興戎〕"라는 말처럼 선한 말은 덕행이지만 악한 말은 재앙입니다. 또 사람들이 흔히 하는 말로 "화는 입에서 나오고 병은 입으로 들어간다〔禍從口出, 病從口入〕"라는 말도 같은 이치입니다. 하지만 이러한 것은 단지 개인의 입장에서 봤을 때이고 국가나 천하를 책임진 사람의 경우라면 문제가 훨씬 심각합니다. 그의 말 한마디 행동 하나하나가

온 백성들에게 영향을 미칩니다.

그래서 이천여 년 간 전제 군주제가 지속된 중국 전통문화에는 유형무형으로 제왕을 감시하는 기능이 있었는데 바로 '사관(史官)'이라는 제도입니다. '좌사(左史)'는 제왕의 행동을 기록하고 '우사(右史)'는 제왕의 말을 기록했습니다. 다만 후세에는 모든 것이 옛날만 못해져서 그것 역시 황제의 '기거주(起居注)'로 명칭이 바뀌기는 했지만 여전히 그 기능은 상당히 엄격했습니다. 감히 기록하지는 못했지만, 또한 기록하지 않을 수 없었던 글자 사이의 행간을 통해 우리는 그 결말을 볼 수 있습니다.

아무튼 증자가 이 대목에서 언어의 인과율을 언급한 데에는 매우 깊은 뜻이 있습니다. 증자가 주 왕조 말기의 사람이었던 만큼 주 왕조의 사료를 통해 그 뜻을 이해하는 것이 한층 적절할 것입니다. 먼저 주 문왕이 임종 시에 아들 무왕에게 했던 말을 보도록 하겠습니다. 사료에는 다음과 같이 기록되어 있습니다.

> 서백이 병으로 드러눕자 세자에게 일러 가로되 "선을 보거든 게으르지 마라. 때가 이르면 의심하지 마라. 지난날의 잘못에 머무르지 마라. 이 세 가지는 도가 머무르는 바이다"하였다. 세자는 거듭 절하고 가르침을 받아들였다.
>
> 西伯寢疾, 謂世子曰, 見善勿怠. 時至勿疑. 去非勿處. 此三者, 道之所止也. 世子再拜受教.

문왕이 병으로 드러눕자 무왕에게 말하기를 "마땅히 해야 할 선한 일을 보고도 게으름 피우며 하지 않아서는 안 된다. 모든 일은 기회를 잘 잡아야 한다. 과거에 잘못한 일은 속히 고치고 절대로 머뭇거리지 마라. 이 세 가지는 도가 머무르는 바이다"라고 하였다는 얘기입니다. 세자가 다 듣고 나서 두세 번 머리를 조아리고는 가르침을 받아들였다는 것입니다.

주 문왕 사후 12년에는 다음과 같은 일이 있었습니다.

> 이때 제후들이 모두 은나라에 반역하고 주나라로 귀향하고자 하니, 기약하지 않았는데도 맹진에 모인 자가 팔백이었다. 모두 말하기를 "주왕은 가히 정벌할 만하다" 하였다. 왕(주 무왕)이 가로되 "너희는 천명을 알지 못하니 아직은 그럴 수 없다" 하였다. 이에 군사를 이끌고 돌아갔다.
>
> 是時諸侯皆畔殷歸周, 不期而會盟津者八百. 皆曰, 紂可伐矣. 王曰, 汝未知天命, 未可也. 乃引師還.

"기약하지 않았다"는 말은 사전에 시간 약속을 하지 않았다는 뜻입니다. 어떤 사람이 은 주왕(殷紂王)에게 이러한 형편을 보고하자 주왕은 이렇게 말했습니다. "내 생은 그 명이 하늘에 있지 않다." 내 생명은 하늘에서 정해 주는 것이 아니지 않느냐 하는 말입니다. 말하자면 그는 다른 사람의 권고를 완전히 무시하였던 것입니다.

역사에 기록된 고사에서 주 문왕이 아들 무왕에게 훈계한 세 마디 가운데 선을 힘써 행하라고 권면한 것을 제외하면, 특히 중요한 한마디는 바로 "때가 이르면 의심하지 마라〔時至勿疑〕"라는 것입니다. 어떻게 해야 "때를 알고〔知時〕" "기량을 알 수〔知量〕" 있는지, 언제가 되어야 정말로 "때가 이른〔時至〕" 것인지에 관한 것은 완전히 "사물의 이치를 궁구하고 지식이 지극해지는〔物格知至〕" 지혜의 학문의 경지입니다. 하늘이 내린 재능도 있어야 하지만 그 밖에 힘써 배워야만 가능한 일입니다.

그다음 해에 주 무왕은 정식으로 출병하여 혁명을 일으켰습니다. 은 주왕을 정벌하고 주(周) 왕조의 천하를 세웠습니다. 그런데 역사서에도 아주 분명하게 기록되어 있듯이 주 무왕과 은 주왕은 똑같이 천명을 이야기했습니다. 하지만 그들의 어조에는 차이가 있었습니다. 모쪼록 "신중하게 생각하고, 명확하게 판단해" 본다면, "말이 도리에 어긋나게 나간 것은 또한 도리에 어긋나게 들어온다〔言悖而出者, 亦悖而入〕"라는 이치를 이해할 수 있을 것입니다.

이 밖에도 여러분은 『사기』에 나오는 유방과 항우의 「본기(本紀)」를 즐겨 읽으실 것입니다. 전에도 말한 적이 있지만, 똑같이 진시황의 순행 광경을 목도한 두 사람의 반응만 봐도 그러한 이치를 알 수 있습니다. 항우는 다음과 같이 말했습니다. "빼앗아 대신할 만하구나〔彼可取而代之〕." 그를 끌어내리고 내가 대신할 수 있겠구나 하는 뜻입니다. 하지만 유방은 이렇게 말했습니다. "대장부라면 마땅히 이와 같을지니〔大丈夫當如是也〕." 사람이 이 정도는 되어야지 대장부라고 할 수 있지 않겠나 하는 뜻입니다. 똑같은 생각, 똑같은 말이었지만 두 사람의 어조가 보여 주는 마음과 행동은 전혀 다릅니다. 결국 항우의 사업은 마침내 유방이 "빼앗아 대신하게" 되고 말았습니다!

또 다른 예를 들어 보겠습니다. 진교(陳橋)에서 군사를 일으켜 황포(黃袍)를 걸치고 송 왕조의 개국 황제가 된 조광윤(趙匡胤)은 그 후 거듭 군대를 출병시켜 강남의 이후주(李後主)를 치려고 했습니다. 마침내 다급해진 이후주는 대(大)문호 서현(徐鉉)을 대사로 파견하여 조광윤에게 물었습니다. "남조는 북송의 말을 잘 듣는 데다가 수시로 공물도 바치고 있는데, 무슨 잘못이 있다고 한사코 군대를 출병시키려 하십니까?" 대답하지 않을 수 없게 된 조광윤은 이렇게 말했습니다. "어찌 침상 곁에서 다른 사람이 코를 골게 내버려 두겠는가?" 이 말은 내가 침대에서 한숨 푹 자려고 하는데, 그 옆에서 어떤 사람이 그것도 큰 소리로 코를 골아 대면서 잠을 자고 있으니 참지 못하는 것이 당연하지 않느냐 하는 말입니다. 간단명료하게 말하자면 다른 아무런 이유가 없는 것이 바로 이유라는 것입니다. 참으로 동서고금의 영웅입네 하는 사람들의 공통된 심성이라 하겠습니다.

저는 매번 아무런 이유도 없다던 조광윤의 말이 생각날 때마다 그저 웃고 맙니다. 조광윤을 필두로 하여 삼백 년 송 왕조는 달면 삼키고 쓰면 뱉는 형국이 연속되었습니다. 당시 그는 남당(南唐)에게 그런 말을 했는데, 그렇다면 황하 이북의 연운(燕雲) 십육주는 자신의 침상 곁에서 큰 소리로 코를 골며 자는 사람이 아니었단 말입니까? 왜 남당을 이끌고 함께 북으로 가서 자신의 침상 곁에서 잠자는 무뢰한을 쫓아내지 않았단 말입니까! 남송 시기에 이르자 미쳐 날뛰던 금(金)의 주인 완안량(完顏亮)은 군대를 이끌고 남송을 치려고 했습니다. 그가 지은 시에서도 말하고 있습니다.

온 땅의 수레바퀴 궤도와 문자가 모두 하나로 합쳐졌거늘	萬里車書盡混同
강남에 어찌 따로 변경을 봉해 두겠는가	江南豈有別疆封
백만의 군사 이끌고 서호 위를 넘어가	提兵百萬西湖上
오산 제일봉에 말을 세우리라	立馬吳山第一峰

이 시의 제1구와 제2구는 조광윤이 자신의 침상 곁에서 다른 사람이 코 골며 자는 것을 허락하지 않겠노라고 말했던 것과 마찬가지로 "말이 도리에 어긋나게 나간 것은 또한 도리에 어긋나게 들어온다"라는 것임에 틀림없습니다. 완안량은 남송의 유학자이자 명신이던 우윤문(虞允文)이 지휘한 채석지전(采石之戰)에서 완전히 패배하여 마침내 나라가 망하고 말았습니다. 지금까지 제가 이야기한 것은 어쩌면 마구 들춰내어 억지로 끌어다 붙인 것일 수도 있으니 그저 웃고 말아도 좋습니다. 사실 『대학』의 이 대목에서 갑자기 "말이 도리에 어긋나게 나가면 도리에 어긋나게 들어온다"라는 이치를 집어넣은 것은 그리 중요한 문제가 아닙니다. 그저 대구를 통해 의미를 두드러지게 하려는 글쓰기의 한 방법이라고도 할 수 있습니다. 증자가 말하려고 한 요지는 다음 구절인 "재물이 도리에 어긋나게

들어온 것은 또한 도리에 어긋나게 나간다"라는 것이었습니다.

'재'와 '화'의 원래 의미

주·진 이전의 중국 문화를 연구하는 데 있어서 가장 중요한 것은, 시간을 거슬러 올라가 현재 자신의 관념을 상고 시대 전통문화에서 사용된 문자에다 적용해야 하는 것입니다. 그렇게 해야만 옛사람들이 간략하게 만든 '화(貨)'라는 한 글자가 현대인이 말하는 물질 자원 및 농업, 공업, 상업의 모든 생산물을 포함한다는 사실을 알 수 있습니다.

'화(貨)'는 경제학의 범위에 속하는 모든 것을 통칭해서 부릅니다. 하지만 어떤 고서에서는 화(貨)와 재(財) 두 글자를 붙여서 사용하기도 하고, 농업 생산물인 식량과 붙여 '식화(食貨)'라고 사용하기도 했습니다. 그냥 건성건성 읽었다가는 구분 없이 뒤섞여 버리기 십상입니다. 또 '재(財)' 자는 곧 재부(財富)를 가리키는데 농업, 공업, 상업으로 얻게 된 물자(物資)는 물론이고 화물(貨物)의 상호 무역 교류를 나타내는 화폐 등을 모두 통칭합니다.

예를 들어 이 단락 앞의 "재물이 모이면 백성이 흩어지고 재물이 흩어지면 백성이 모인다(財聚則民散, 財散則民聚)"라는 문장에서는 '재(財)' 자를 사용했습니다. 그런데 "재물이 도리에 어긋나게 들어온 것은 또한 도리에 어긋나게 나간다(貨悖而入者, 亦悖而出)"라는 문장에서는 '화(貨)' 자로 바꾸어 사용했습니다. 거기에는 깊은 뜻이 있으니 글자를 아무렇게나 사용한 것이 아닙니다.

인류의 재부(財富)는 기본적으로 모두가 자연계의 물자(物資)로부터 온 것으로서 절대적으로 유물(唯物)적입니다. 그렇다면 증자는 "치국평천하"

의 도를 설명하면서 왜 먼저 '재부'에 관해 이야기했으며, 어째서 지금 또 다시 물질 자원인 '화물(貨物)' 관념을 언급하는 것일까요? 답은 아주 간단합니다. 생명이 기본적으로 필요로 하는 '음식남녀(飮食男女)'를 제외하면 인간 본성의 최대 욕망이 바로 '재물을 좋아하는[好貨]' 것이기 때문입니다. 이것이 바로 인간 본성에 보편적으로 존재하는 소유욕이니, 가장 중요한 병의 근본입니다.

이것을 후세의 사회 과학적 견지에서 말한다면 '이(利)'라는 명칭으로 부를 수 있습니다. 세상 사람들이 흔히 쓰는 명리(名利) 두 글자에서 '명(名)'은 권위, 권력, 권세 등을 포함하고 '이(利)'는 화물, 재물, 금전 등을 포함합니다. 그러고 보면 선현들이 상고사(上古史)를 하·상·주 삼대에서 시작된 것으로 결정한 이유를 이해할 수 있습니다.

봉건 제도로 진입하면서 한 집안이 천하를 소유하는 제왕 제도가 형성되었고, 그 후 이천여 년이라는 오랜 세월이 지나도록 모든 제왕과 왕후장상은 천하와 국가를 화물(貨物)로 여겨 마음대로 가지고 놀고 서로 뺏기를 즐겼습니다. "세상을 제도하고 백성을 구제[濟世救民]"하려고 마음먹은 사람이 과연 몇이나 있었습니까? 특히 진·한 이후 개국 황제들의 목표는 하나같이 "귀하기로는 천자가 되고 부유하기로는 천하를 소유하는[貴爲天子, 富有四海]" 것이었습니다. 그러니 그 누가 정말로 '밝은 덕을 밝혀[明明德]' "나라를 다스리고 천하를 화평하게[治國平天下]"할 수 있었겠습니까?

유방, 이연, 주원장의 솔직한 말

역대의 역사 기록을 보면 솔직한 말을 하고서도 영웅의 본색을 잃지 않았던 인물을 세 사람 발견할 수 있습니다. 첫 번째는 유방(劉邦)이고, 두 번째는 이세민(李世民)의 부친 이연(李淵)이며, 세 번째는 주원장(朱元璋)입니다.

『사기』의 기록에 따르면 유방은 한 왕조의 개국 황제가 된 후 매우 만족스러워 했습니다. 어느 날 그는 부친(태공)에게 이렇게 말했습니다. "처음 대인께서는 늘 신은 무뢰한이라서 산업을 다스리지 못하니 형제들만 못하다고 여겼습니다. 이제 제가 산업에서 성취한 바와 형제들 중에서 누가 많습니까[始大人常以臣無賴, 不能治産業, 不如仲力. 今某之業所就, 孰爲仲多]." 이 말뜻은 이렇습니다. "예전에 아버지께서 집에 계시던 때에 늘 말씀하시기를 저는 무뢰한이라서 생계를 위해 돈을 벌고 산업을 도모하지 못하니 형제들의 부지런함만 못하다고 하셨습니다. 하지만 이제 보십시오. 저의 산업 성취를 형제들과 비교해 보면 과연 누가 더 많이 벌었습니까?" 원래 유방의 출신을 보면, 교육 수준이 너무 낮아서 황제가 된 후에도 무뢰한 시절의 태도와 어투가 여전했습니다. 아버지 앞에서도 거만하고 의기양양했으며, 그뿐 아니라 이처럼 아주 솔직하기까지 했습니다.

"이 나라와 천하는 온통 제가 벌어들인 유씨네 산업이요 재화이며, 함께한 개국 공신들은 모두 우리 유씨네 사냥개일 뿐입니다." 그는 공신들이 공을 세운 사냥개와 같다고 분명히 말했습니다. 그렇다면 직접적으로 말은 하지 않았지만, 천하 백성들은 모두 사냥터에서 잡아 온 사냥감인 셈입니다. 그래서 유방의 진심이 담긴 말이라고 한 것입니다.

또 수(隋)나라 말엽에 '태원공자(太原公子)'[3] 이세민은 부친 이연을 몰아붙여 모반을 일으키게 만들었습니다. 원래 간담이 작은 이연이었지만 형세에 쫓겨 모험을 감행하지 않을 수 없었습니다. 부득이한 상황에서 이연은 아들 이세민에게 이렇게 말했습니다. "집안이 망하고 목숨을 잃더라도

---

3 '태원(太原)'은 산서성(山西省)의 수도이고, '공자(公子)'는 옛날 제후의 자제를 가리키는 말이다. 그러니까 태원공자는 세상 물정 모르는 철부지 부잣집 도련님이라는 의미가 있다.

또한 너로 말미암았고, 집안을 일구고 나라를 세우더라도 또한 너로 말미암았다[破家亡軀亦由汝, 化家爲國亦由汝矣].” 이 말의 뜻은 분명합니다. “모반이 성공하지 못해서 우리 이씨 집안이 망하고 우리가 목숨을 잃게 된다면 그 죄는 모두 너로 말미암아 일어난 것이며, 만약 성공해서 천하와 국가가 우리 이씨 집안의 산업과 재화가 된다면 그것 역시 네가 이룩한 것이다.” “도탄에 빠진 백성을 구한다”는 마음은 그 어디에서도 찾아볼 수 없습니다. 그래서 이 역시 진심이 담긴 말이라고 한 것입니다.

마지막으로, 주원장이 명나라의 개국 황제가 된 후의 일이었습니다. 하루는 궁궐 깊숙한 내원(內院)에서 마(馬) 황후와 함께 부부가 담소를 나누다가, 기분이 좋아진 주원장이 이렇게 말했습니다. “당초에 군사를 일으킨 것이 추위와 굶주림 때문은 아니었지만 오늘 황제의 자리에 앉아 천자라 불리게 될 줄은 생각이나 했겠소!” 그가 이 말을 하고 방을 나가자 마 황후는 곧바로 옆에 서 있던 두 내시에게 분부를 내렸습니다. “황제께서는 지금 곧 처소로 돌아가실 것이다. 너희들은 지금부터 하나는 귀머거리인 체하고 하나는 벙어리인 체해야 한다. 안 그랬다가는 목숨을 잃을 것이다.”

인자하고 현덕(賢德)했던 마 황후는 시기가 심하고 냉혹한 주원장의 성격을 잘 알고 있었습니다. 자신이 황후에게 말한 것을 곁에 있던 내시들이 듣고 다른 사람에게 옮기면 낯이 깎일 것이라고 생각해, 처소로 돌아가는 즉시 두 사람을 추문하여 죽여 버릴 것이 틀림없었습니다. 아니나 다를까 주원장은 처소로 돌아오자마자 두 내시를 심문했습니다. 그랬는데 하나는 귀머거리이고 하나는 벙어리인지라 특별히 은혜를 베풀어 그들을 죽이지 않았습니다. 역사에는 마 황후의 인자함과 덕행을 칭송하면서 그러한 유가 적지 않았다고 적고 있습니다. 하지만 정사에 기록된 것은 많지 않고 명나라 사람의 기록에 이러한 자료들이 보존되어 있습니다.

옛사람이 말하기를 "인간 세상에는 수행만큼 좋은 것이 없고, 이 세상에는 밥 먹기보다 어려운 것이 없다〔人間莫若修行好, 世上無如吃飯難〕"라고 했습니다. 또 이런 말도 있습니다. "미인이 웃음을 팔면 천금도 쉽지만, 장사는 앞길이 궁해지면 밥 한 끼도 어렵다〔美人賣笑千金易, 壯士窮途一飯難〕." 속담에도 말하기를 "영웅도 돈 한 푼에 무너진다〔一錢迫死英雄漢〕", "사람은 옷이요 말은 안장이니, 금전이 바로 영웅의 간담이다〔人是衣服馬是鞍, 金錢就是英雄膽〕"라고 했습니다. 이 모두 '식(食)'과 '화(貨)'는 인간의 기본적인 수요로서 없어서는 안 될 것임을 아주 솔직하게 설명하고 있습니다.

하지만 인생철학의 각도에서 보면 '명(名), 이(利), 재(財), 화(貨)', '부귀공명(富貴功名)', '권위금전(權位金錢)' 등은 모두 생존과 생활에서 단지 일시적인 조건에 불과합니다. 때와 사안에 따라 한동안 지배할 필요가 있는 기제(機制)일 수는 있어도 결코 영원한 소유로 귀속되지는 않습니다. 그 까닭은 여러분의 생명 역시 부귀공명처럼 그저 잠시 우연히 존재할 뿐, 결코 영원히 변하지 않는 영생이 아니기 때문입니다.

하지만 안타깝게도 크게는 개국의 제왕들에서부터 작게는 일개 평범한 백성에 이르기까지 모든 사람이 "재물이 도리에 어긋나게 들어온 것은 또한 도리에 어긋나게 나간다"라는 인과의 법칙을 알지 못한 채, 그것을 자신이 얻은 것이며 천년만년 자기 소유가 될 것이라고 생각했습니다. 오히려 그와는 반대로 후세의 이야깃거리가 되어 사람들의 감상이나 자아내게 될 줄 누가 알았겠습니까?

만약 이러한 이해(利害)의 갈림길에서 잘 간파하고 열린 사고를 하고 공평하게 취하고 또 포기할 줄 알려면 반드시 "머무를 곳을 안 뒤에야 정함이 있다〔知止而后有定〕"라는 말에서 "생각한 뒤에야 얻을 수 있다〔慮而后能得〕"라는 구절에 이르는 평상시의 함양과 수련이 선행되어야 합니다. 특

히 "물격(物格)", "지지(知至)"의 이치가 내명(內明)과 외용(外用)의 열쇠라
는 사실을 더욱 잘 알아야 합니다. 그런 후라야 비로소 "친민(親民)"이라는
대용(大用)에 사용하여 "성의, 정심, 수신, 제가, 치국, 평천하"의 공덕을
완성할 수 있습니다.

46

무대에 오르기는 쉬워도 내려오기는 어렵다

앞에서 말한 "재물이 도리에 어긋나게 들어온 것은 또한 도리에 어긋나게 나간다〔貨悖而入者, 亦悖而出〕"라는 관점에 따라 과거 "한 집안이 천하를 소유했던〔家天下〕" 크고 작은 왕조에서 일어난 인과응보와 관련된 사건들을 간략하게 인용해 보겠습니다. "도리에 어긋나게 들어온 것은 도리에 어긋나게 나간다〔悖入悖出〕"라는 이치를 이해하는 데 참고 자료로 삼아도 좋을 듯합니다.

우선 주·진 이전은 접어놓고 진·한 시기부터 살펴보도록 하겠습니다. 역사에 따르면 한 고조라고 불리는 유방은 일개 평민이었는데, 사회 변화의 추세 때문에 얼떨결에 삼 척의 검을 들고 일어섰다가 결과적으로는 항우 같은 사람보다 먼저 관중(關中)⁴에 들어가게 되었습니다. 당시 진시황의 이세 호해(胡亥)왕은 이미 내시 조고(趙高)에게 살해되었고, 호해왕 형의 아들인 자영(子嬰)이 진나라 왕의 자리에 올랐습니다. 대세가 이미 기운 것을 안 진나라 조정에서는 유방의 군대가 패상(灞上)에 이르자 자영으로 하여금 "흰 말이 끄는 장식 없는 수레"를 타고 가서 황제의 인수(印綬)⁵

---

4 장안(長安)과 낙양(洛陽) 일대를 뭉뚱그려 지칭하는 말.

를 목에 건 채 옥새를 바치고 투항하도록 했습니다. 역사에는 이렇게 기록되어 있습니다. "여러 장수들이 그(자영)를 죽이라고 청했다〔諸將請誅之〕."

하지만 패공(沛公) 유방은 이렇게 말했습니다. "본시 초 회왕께서 나를 보내실 때 관용으로 처리하라 하셨다. 게다가 저가 이미 항복하였는데 그를 죽인다면 상서롭지 못하니 관리에게 맡기도록 하라〔始懷王遣我, 固以能寬容. 且人已降, 殺之不祥, 乃以屬吏〕." 자영을 부하에게 넘겨주어 관리하게 하라는 말입니다. 그런 다음 자신은 함양(咸陽)⁶으로 들어가 "백성들과 세 가지의 법을 정하여" 진의 가혹한 정치를 없애고는 군대를 패상으로 돌렸습니다. 이 대목은 여러분 모두 잘 알고 있습니다. 그런데 나중에 함양에 도착한 항우는 자영을 죽이고 진나라 궁실과 아방궁을 불태워 버렸습니다.

이것만 보더라도 서한의 유방은 거사 당시 항우 같은 사람에 비해 확실히 관대하고 후덕했음을 알 수 있습니다. 훗날 유씨 천하의 한 왕조는 잘했든 못했든 간에 사백여 년간이나 지속되다가, 역사상 위·촉·오 삼국 시대라 불리는 한나라 말기에 조조(曹操)의 아들 조비(曹丕)의 왕위 찬탈로 마침내 멸망하고 말았습니다. 한 왕조 최후의 황제 헌제(獻帝) 유협(劉協)을 사지로 내몰지 않은 것을 보면 조비 부자도 그런대로 풍모를 지니고 있었다고 하겠습니다. 자신을 새로운 왕조인 위(魏)의 문제(文帝)로 높인 조비는 유협을 산양공(山陽公)에 봉하고 오십사 세까지 편안히 살도록 해 주었습니다.

그런데 서촉(西蜀)에 또 다른 유씨 후예가 있었으니, 바로 유비(劉備)의 아들 유선(劉禪) 즉 아두(阿斗)였습니다. 그는 제갈량의 보호 아래 성도(成都)에서 황제라 칭하고 있었습니다. 기산(祁山)에 여섯 번이나 갔던 제갈 승상이 죽고 난 후 더 이상 버티지 못한 아두는 위나라에 투항하였는데,

그 역시 안락공(安樂公)에 봉해졌습니다. 과연 아두는 평생 복이 많아서 안락한 말년을 보냈습니다.

아두와 손호를 대비하다

사실 그 무렵에는 조씨 천하인 위나라도 이미 그 수명이 다해 가고 있었습니다. 서촉에 투항을 재촉하였던 사람도 위나라의 권신인 사마소(司馬昭)였습니다. 유선 즉 아두가 투항한 후 역사적으로도 유명한 재미있는 일이 일어났는데, 아마도 한 고조 유방이 당대에 보여 주었던 대범함에 뒤지지 않으리라 생각됩니다. 여러분도 다 아시겠지만 분위기도 가볍게 할 겸 다시 말씀드리겠습니다.

유선이 투항한 후에 "온 집안이 낙양으로 옮겨 갔는데, 대신 가운데 좇아가는 사람이 없었다. 오직 비서령 각정과 전중독 장통만이 처자를 버리고 단신으로 좇아갔다〔擧家遷洛陽, 大臣無從行者, 惟秘書令郤正, 及殿中督張通, 捨妻子, 單身從行〕"라고 합니다. 유선이 위나라에서 안락공에 봉해지고 난 후의 어느 날이었습니다. 위나라 궁정에서 연회가 벌어져 사천희(四川戲)를 공연하였는데, 그것을 본 사람들은 모두 아두의 처지를 가슴 아파했습니다. 그런데 정작 아두 본인은 오히려 즐겁게 웃고 있는 것이었습니다. 그 모습을 본 사마소가 가충(賈充)에게 말했습니다. "사람의 무정함이 이런 지경에 이르다니. 비록 제갈량이 살아 있었더라도 그를 보좌하여 오래도록 온전하게 할 수 없었을 것이다. 하물며 강유이겠는가〔人之無情, 乃至於是. 雖使諸葛亮在, 不能輔之久全. 況姜維耶〕."

하루는 사마소가 아두에게 물었습니다. "촉이 자못 그립지 않소〔頗思蜀否〕." 그러자 아두가 말했습니다. "이곳이 즐거우니 촉이 그립지 않습니다

〔此間樂, 不思蜀〕." 그 일을 알게 된 각정은 아두에게 말했습니다. "만약 왕(사마소를 가리킵니다)이 다시 묻거든 마땅히 울면서 대답하시기를 '조상들의 묘가 멀리 촉의 민[7]에 있어서 마음이 서쪽으로 인해 서글프고 하루도 그립지 않은 날이 없으니, 그럴 때면 차라리 눈을 감습니다'라고 하십시오〔若王復問, 宜泣而答曰, 先人墳墓, 遠在岷蜀, 乃心西悲, 無日不思, 因閉其目〕."

과연 어느 날 사마소가 다시 아두에게 서촉이 그립지 않은가 하고 물었습니다. 아두는 각정이 가르쳐 준 대로 대답했습니다. 그 말을 들은 사마소가 말했습니다. "오늘은 어찌 그리 각정이 가르쳐 준 것과 똑같은 말을 하오." 그러자 아두가 걱정스러운 듯이 말했습니다. "진실로 존엄한 명령 같았습니다〔誠如尊命〕." 그 말은 "당신 말이 맞습니다. 각정이 나에게 그렇게 말해야 된다고 했거든요!"라고 한 것이니, 좌우에 있던 사람들이 모두 큰 소리로 웃고 말았습니다.

한(漢)과 위(魏)의 역사를 읽어 보면 옛사람들이 말한 "하늘의 도는 돌려주기를 좋아한다〔天道好還〕"라는 말이 하나도 틀리지 않습니다. 한 왕조 말기에 항복한 왕이었던 유협이나 유선의 종말이 마치 유방이 패상에 이르러 자영을 죽이지 않았던 일과 똑같은 걸 보면, 유방이 후덕했던 결과를 아주 공평하게 그 후손에게 돌려주었다고 하겠습니다.

이야기가 나온 김에 삼국 시대의 마지막 상황을 살펴보겠습니다. 동오(東吳) 손권(孫權)의 후손인 손호(孫皓)는 진(晉)의 사마염(司馬炎)에게 패배했습니다. 손호 역시 유선과 마찬가지로 진 왕조에 투항하여 귀명후(歸命侯)에 봉해졌으며 이 년 후에 사망했습니다. 사마씨는 결코 그에게 모욕을 주거나 죄를 묻지 않았습니다. 그 일을 두고 손수(孫秀)는 이렇게 말했습니다. "지난날 약관의 나이로 역도를 토벌하고(동오 손권의 부친 손견孫堅

---

7 사천성(四川省)에 있는 산.

은 겨우 이십여 세 소년의 몸으로 한나라 말에 조조 등과 함께 군사를 일으켜 황
건적을 토벌했습니다) 일개 교위가 창업을 하였네. 지금의 후주는 온 강남
을 버리려 하니, 아득한 푸른 하늘이여, 그는 어떤 사람이란 말인가[昔討
逆弱冠. 以一校尉創業. 今後主擧江南而棄之, 悠悠蒼天, 此何人哉]." 그런데 진
의 주인 사마염이 손호를 접견하고 "짐이 이러한 자리를 베풀고 경을 기
다린 지 오래였도다[朕設此座以待卿久矣]" 했더니, 손호는 이렇게 말했습
니다. "신 또한 남방에서 이러한 자리를 베풀고 폐하를 기다렸습니다[臣於
南方, 亦設此座以待陛下]." 이런 대화는 멍청함을 가장했으나 실제로는 교
활했던 유선의 것과는 완전히 다릅니다. 손호의 말속에는 진짜 기백이 들
어 있었습니다.

진 왕실의 권신 가충이 또 그에게 물었습니다. "내 들으니 그대가 남방
에 있을 적에 사람의 눈을 파내고 얼굴을 벗겨 내었다 하는데, 그런 것은
어떤 형벌입니까[聞君在南方, 鑿人目, 剝人面, 此等何刑也]." 그러자 손호가
말했습니다. "신하가 되어서 그 군주를 시해하였거나 간사하고 불충한 자
들에게 그런 형벌을 가합니다[人臣有弑其君, 及姦回不忠者, 則加此刑耳]."
이 말을 들은 가충은 부끄러워 얼굴을 들지 못했습니다. 가충은 원래 사마
염을 도와 위나라 후주(後主) 조모(曹髦)를 모살했던 주범이었습니다. 그
래서 손호는 그렇게 거침없이 말했던 것입니다. 손호의 이런 성격은 동오
(東吳) 손씨 후예들의 "남방의 강함이니, 강하다 꿋꿋함이여[南方之强也,
强哉矯]"라는 성향을 잘 보여 줍니다. 하지만 손씨 집안은 몇 대에 걸쳐 수
십 년간 동오에 웅거하면서 변경을 할거(割據)하고 군사를 키워 북쪽으로
위나라, 서쪽으로 촉한에 저항했던 것을 제외하면 큰 잘못이 그리 많지 않
았기에 그 결말도 좋았다고 생각합니다.

진·한 이후로는 천하와 국가를 완전히 제왕의 재화(財貨)로 간주했으므
로, 이른바 정권이라는 것 역시 단지 제왕의 재화를 경영하고 관리하는 기

구에 지나지 않았습니다. 이러한 현상은 위진 백 년간 특히 두드러졌습니다. 조조의 아들 조비는 한을 찬탈한 이후 겨우 칠 년간 위 문제(文帝)로 있다가 죽었습니다. 그의 아들 조예(曹叡)가 계승하였으나 역시 십삼 년간 위 명제(明帝)로 있다가 죽었습니다. 그러나 이 이십 년 동안 위나라 정권의 중심에는 이미 또 다른 집단이 음모로써 자신의 집안을 일으키려고 숨어 있었습니다. 사마의(司馬懿) 부자와 형제, 숙질들이 위나라 정권을 빼앗아 사마씨의 천하로 만들고자 했던 것입니다.

그리하여 조예가 죽자 그의 양자 조방(曹芳)으로 왕위를 계승하게 하고는, 십사 년간 '오마동조(五馬同槽)'[8]의 조씨 왕조를 억지로 유지시켜 나갔습니다. 더는 참을 수 없게 된 조방은 마침내 이렇게 소리쳤습니다. "사마소의 마음은 길 가는 사람들도 다 안다[司馬昭之心, 路人皆知]." 그 결과 조방은 사마소에게 폐위되고 말았습니다. 이번에는 조비의 손자인 조모(曹髦)가 황제의 자리에 올랐으나 그 역시 육 년 동안 꼭두각시 황제 노릇만 하다가 사마소에게 폐위되고 향공(鄕公)에 봉해지고 말았습니다. 조조의 또 다른 손자인 조환(曹奐)이 다시 세워졌지만 그 역시 육 년 동안 유명무실한 황제 노릇을 하다가 사마염에게 폐위되어 진류왕(陳留王)에 봉해졌습니다.

그 후 사마염이 스스로 진 무제(晉武帝)라 칭하면서부터 위나라는 진 왕조의 천하로 변하고 말았습니다. 그러고 보면 조씨 삼대가 권좌를 차지한 것은 겨우 사십육 년간이었으니, 이른바 "재물이 도리에 어긋나게 들어온 것은 또한 도리에 어긋나게 나간다"라는 말이 한 치도 틀리지 않습니다.

---

8 "다섯 마리의 말이 한 구유에서 먹는다"라는 의미로, 『진서(晉書)』에 "세 마리의 말이 한 구유에서 먹는다[三馬同食一槽]"라는 말이 나온다.

폐하께서는 관직을 팔아 그 돈을 사문에 넣으셨습니다

사마염이 위나라 정권을 찬탈한 것을 역사에서는 서진(西晉) 왕조의 시작이라고 부릅니다. 하지만 동시에 역사상 또 한바탕의 비극이 시작되고 있었습니다. 음모로 점철된 집안에서 자란 사마염은 사마씨라는 세도가의 자제로서 부친의 후광 덕분에 손쉽게 진 왕조의 무제가 될 수 있었습니다. 기고만장해진 그는 남교(南郊)에서 직접 제사를 지냈습니다. 하늘에 절을 할 때 사마염은 자기 곁에 서 있던 사례교위(司棣校尉)⁹ 유의에게 물었습니다. "짐은 한의 어느 황제에 비견될 수 있겠는가(朕可方漢何帝)." 유의는 솔직하게 말했습니다. "환제와 영제입니다(桓靈)." 두 사람은 모두 동한 말기에 나라를 망친 어리석은 군주들입니다. 그 말을 들은 사마염이 말했습니다. "어찌하여 그 지경에까지 이르는가(何至於此)." 유의가 말했습니다. "환제와 영제는 관직을 팔아 그 돈을 관고에 넣었습니다. 폐하께서는 관직을 팔아 그 돈을 사문에 넣으셨습니다. 이것을 가지고 말한다면 아마도 그들만 못할 것입니다(桓靈賣官錢入官庫. 陛下賣官錢入私門. 以此言之, 殆不如也)." 이 말은 "환제와 영제는 관직을 팔아 그 돈을 정부에 귀속시켰으나 폐하는 자신의 집으로 거두어들였습니다. 당신이 한의 환제나 영제보다도 못합니다"라는 뜻이었습니다.

그 말을 들은 사마염은 크게 웃으면서 말했습니다. "환제와 영제는 이런 말을 듣지 못했다. 오늘 짐에게는 직언을 말하는 신하가 있으니 진실로 그들보다는 낫다고 하겠다(桓靈不聞此言. 今朕有直臣, 固爲勝之)." 하지만 그의 호색은 진시황이나 수 양제(隋煬帝)에 못지않았습니다. 사마염은 동오의 기녀 오천 명을 뽑아 입궁시켰는데, 그 개인에게 시중드는 궁녀와 내

---

9 후세의 인사 행정 부장과 같다.

시가 대략 일만 명에 달했습니다. 여색이 너무 많다 보니 그들에게 총애를 나누어 주는 일도 쉬운 일이 아니었습니다. 그래서 "항상 양이 끄는 수레를 타고 그 가는 바대로 내버려 두어 이른 곳에서 편안히 침수 들고 술을 마시며 즐겼다〔常乘羊車, 恣其所之, 至便宴寢, 飮酒作樂〕"라고 합니다. 말하자면 양들이 가는 대로 맡겨서 양이 이른 궁녀의 궁에 머물렀다는 것입니다. 그리하여 "궁인들은 다투어 대나무 잎을 문에 끼워 놓고 소금 탄 즙을 땅에 뿌려 황제의 수레를 이끌었다〔宮人競以竹葉揷戶, 鹽汁灑之, 以引帝車〕"라고 합니다. 그는 늘 이렇게 "놀고 즐기기를 일삼았으므로〔日事遊宴〕" "정사를 게을리 하고〔怠於政事〕" 국가의 일은 상관하지 않았습니다.

그리하여 서진 초기의 사마씨 정권의 중심은 실제로는 가충 같은 권신의 무리가 쥐고 있었습니다. 하지만 사마염은 "자신은 천자가 되고 부유하기로는 천하를 소유하는" 황제의 복을 이십오 년이나 누리다가 어리석은 아들 사마충(司馬衷)에게 제위를 넘겼습니다. 후세에 "두꺼비 황제〔蛤蟆皇帝〕"라고 불리며 조소거리가 되었던 진 혜제(惠帝)가 바로 이 사람입니다. 그의 황후는 가충의 딸로서 바로 진(晉)의 역사상 가장 스캔들이 많았던 주인공 가(賈) 황후였습니다. 그녀는 "못생긴 데다 키가 작고 까무잡잡했으며 시기가 많아서 권모술수를 잘 부렸다"라고 합니다. 하지만 동시에 아주 방종하고 음탕했습니다.

그런데 이 멍청한 황제 사마충은 오히려 그런 그녀를 "사랑하고 두려워하기까지" 했습니다. 그러니 그 자체로 이미 엉망진창이던 진 왕실은 천하를 이끌어 가기에는 너무나 부족했습니다. 하지만 그러한 황실 상황에도 불구하고 멍청한 황제 역시 흐리멍텅한 제왕의 생활을 십칠 년이나 누렸으니, 정말 기이한 일이요 복이라 하겠습니다.

그러나 역사와 정치는 어두운 가운데서도 항상 무형의 규율이 그 선악과 시비를 중재하는 법입니다. 어떠한 권모술수를 동원한다 하더라도 결국은 인과의 법칙을 비껴갈 수 없습니다. 바로 증자가 말한 "재물이 도리에 어긋나게 들어온 것은 또한 도리에 어긋나게 나간다"라는 인과응보의 원칙이기도 합니다.

사마염 부자가 사십이 년간 황제를 지낸 후로 사마씨 천하는 안으로는 '팔왕의 난(八王之亂)'이 일어났고 밖으로는 "오호가 중화를 어지럽히기〔五胡亂華〕" 시작했습니다. 제위를 계승한 사마염의 아들 사마치(司馬熾)는 육 년간 재수 없는 진 회제(懷帝) 노릇을 하다가 "중화를 어지럽히던 오호"의 우두머리인 북한왕(北漢王) 유연(劉淵)의 아들 유총(劉聰)에게 포로로 잡혔습니다. 유총은 광극전(光極殿)에 군신을 모아 연회를 베풀면서 진의 황제 사마치에게 "푸른 옷을 입고 술을 따르게〔靑衣行酒〕"했습니다. 푸른색 시종의 옷을 입고 나와서 사람들에게 술을 따르게 한 것이지요. 유총이 이처럼 모욕을 주기는 했지만 그래도 고인(故人)인 사마염의 체면은 세워 주었다고 하겠습니다. 하지만 끝내 사마치는 유총에게 죽임을 당했습니다.

이어서 사마염의 손자 사마업(司馬業)이 제위를 계승하여 진 민제(愍帝)가 되었지만 사 년간 꼭두각시 황제 노릇만 하던 그 역시 유총에게 포로로 잡혔습니다. 그뿐 아니라 진 회제와 마찬가지의, 아니 그보다 더 못한 대우를 받았습니다. 유총은 순수(巡狩)를 나설 때 진의 투항한 황제로 하여금 "거기장군을 맡아 창을 들고 앞에서 행렬을 이끌도록〔車騎將軍, 執戟前導〕"했습니다. 그 광경을 본 사람들은 사마업을 가리키며 말했습니다. "저 사람이 지난날 장안의 천자이다〔此故長安天子也〕." "노인 가운데는 눈물을 흘리며 엎드리는 사람도 있었다〔故老有泣下者〕"라고 합니다.

하지만 그것으로 끝난 것이 아니었습니다. 유총은 군신이 모인 연회 자리에서 또다시 그에게 "술을 따르고 잔을 씻으라고 명령하였다. 끝나자 또 그에게 수레 덮는 양산을 잡고 있게 하였다. 진의 신하들이 눈물을 흘리며 울었는데 목소리가 나오지 않는 사람도 있었다. 상서랑 신빈이 일어나 황제(사마업)를 안고 통곡을 하였다[行酒洗爵, 已而又使執蓋. 晉臣涕泣有失聲者. 尙書郎辛賓起, 抱帝大哭]"라고 합니다. 유총은 아예 군신 두 사람을 함께 죽여 버림으로써 일을 끝냈습니다.

사십육 년간 천하를 소유했던 위나라를 음모로 찬탈했던 사마씨가 진 왕조로 개칭한 후 부자와 자손 사 대가 황제를 지낸 세월은 다 합해 봐야 겨우 서진(西晉) 오십이 년에 불과했습니다. "도리에 어긋나게 들어온 것은 도리에 어긋나게 나간다"고, 그 자손들의 종말은 위나라의 경우에 비한다면 스산한 정도가 아니라 처참하기까지 했습니다. "수신제가"도 못 했으니 천하 백성에 대한 "치국평천하"의 공덕이 눈곱만큼이라도 있었을 리 없습니다.

그런데도 양진(兩晉) 즉 서진과 동진의 사마씨 천하는 백오십육 년이라는 오랜 세월을 지속할 수 있었습니다. 도대체 그 원인이 무엇일까요? 이것은 역사의 변천과 관련된 참으로 재미있고도 의미 있는 문제입니다. 하지만 그 문제를 『대학』을 설명하는 이 자리에까지 끌어올 생각은 없습니다. 그랬다가는 그 자체로 역사 철학적인 토론 주제가 될 터인데, 결코 잠간의 설명으로 끝낼 수 있는 문제가 아니기 때문입니다.

47
위진 남북조 시대

역사적으로 위진 남북조 시대는 모두 합해 삼백칠십팔 년이라는 오랜 기간에 걸쳐 지속되었지만, 각각의 황실이 천하를 소유했던 연대는 참으로 짧았습니다. 총총히 무대에 올랐다가 황급히 무대를 내려간 모든 제왕들은, 그러고 보면 『홍루몽(紅樓夢)』에서 "왁자지껄한 속에서 네 노래 끝나자마자 내가 무대에 오르나니, 타향도 고향인 양 여긴다네"라고 노래했듯이 참으로 슬프고도 서러운 인물들이었습니다. 그뿐 아니라 그 시기의 역사를 춘추 전국 시대 삼사백 년에 비교해 본다면 훨씬 문란하고 어두웠다고 말할 수 있습니다. 하지만 중화 민족과 그 역사 문화라는 각도에서 살펴본다면 그 평가가 달라질 수도 있습니다.

예를 들어 문화 철학적 관점에서 본다면 위진 시대의 문화는 당대 지식인이었던 사대부들의 잘못에서 비롯되었습니다. 그들이 『역경』, 『노자』, 『장자』의 이른바 삼현지학(三玄之學)에 너무 치우침으로 인해 "청담으로 나라를 그르치는(淸談誤國)" 지경에 이르게 되고 "오호가 중화를 어지럽히는(五胡亂華)" 결과를 가져왔으며, 결국에는 동진(東晉)이 남쪽으로 천도한 이후 남조와 북조가 대치하는 형국이 형성되고 말았습니다. 그러나 이러한 논단이 실제로 꼭 맞는 것은 아닙니다. 이 시기에는 여러분이 반드시 이해해야 할 세 가지 중요한 관건이 있습니다.

당시의 세 가지 관건을 이해해야 한다

하나, 위진 이래로 문관(文官) 정치 체제가 형성되었습니다.

이른바 위진 시기의 지식인이었던 사대부들은 한 집안이 천하를 소유하는 황실 통치를 경시하면서 한(漢) 왕조부터 시작된 선거(選擧) 정신을 유(儒)·도(道)·법(法) 삼가의 정치사상과 결합해 문인 정부에 의한 통치권을 형성했습니다. 그들이 처음으로 수립했던 정치 관리학적인 인사 체제는 후세 문관 정치의 전서(銓敍)[10] 인사의 발단이 되었습니다.

이른바 천하를 소유한 황제와 책을 읽은 사대부는 별개의 존재라는 사고방식에 따라 황실의 권위 따위는 전혀 아랑곳하지 않았으니, 자연히 정치권력에 초연한 자기 나름의 지위를 지니게 되었습니다. 이른바 '청담(淸談)' 및 '삼현지학(三玄之學)'과 인도로부터 수입된 불학의 연구는 단지 문화 교육상 하나의 조류에 불과했으며, 황권(皇權)에 대한 반동으로서 현실 정치에 동의하지 않는 사대부들의 풍격을 반영하는 것일 따름이었습니다.

이러한 기풍을 처음 연 사람은 조조 부자였습니다. 그들은 위나라 정권을 세우면서 법치에 치중하는 한편으로 총명하면서도 문학적 재질을 갖춘 명사(名士)를 각별히 대우했습니다. 그렇다고 그들에게 절개를 지키라는 무리한 요구를 한 것은 아니었습니다. 그리하여 위 명제(明帝) 조예(曹叡) 때에 이르면 진실(陳實), 진군(陳群), 왕상(王祥), 가규(賈逵) 같은 명유(名儒)들이 버티고 있었음에도 하안(何晏), 왕필(王弼) 및 역사에서 '죽림

---

10 인재를 가려 뽑아 임용함.

칠현(竹林七賢)'이라고 불리는 명사와 같은 준수한 신진 학자들이 당대에 그 이름을 떨치게 되었습니다.

하지만 그런 인재들만 있었던 것은 아닙니다. 세상일에는 관심도 없으면서 자부심만 가득 찬 청년 명사들도 많았습니다. 그렇기 때문에 조예는 그들을 심사할 수 있는 또 다른 인사 제도를 만들어 선거(選擧)로 사람을 기용하는 제도를 대체하고자 했습니다. 역사에는 다음과 같이 기술하고 있습니다.

> 위나라 군주 조예는 겉멋만 든 선비를 매우 싫어하여 이부상서 노육에게 명하기를 "선거에서 이름난 선비는 뽑지 말라. 이름은 땅에 그려 놓은 떡과 같아서 먹을 수 없다" 하였다. 노육이 대답하기를 "이름이란 기이한 사람을 이르게 하기에는 부족하지만 평범한 선비는 얻을 수 있습니다. 평범한 선비가 가르침을 두려워하고 선을 흠모하면 그런 후라야 이름이 나게 되므로 마땅히 싫어해야 할 바는 아닙니다. 이제 고적[11]의 법을 폐하시고 훼예[12]로써 관직에 등용하거나 물러가게 하시면, 진짜와 가짜가 섞이고 허와 실이 서로 속이게 됩니다" 하였다.
>
> 魏主叡深疾浮華之士, 詔吏部尙書盧毓曰, 選擧勿取有名, 名如畫地作餠, 不可啖也. 毓對曰, 名, 不足以致異人, 而可以得常士. 常士畏敎慕善, 然後有名, 非所以當疾也. 今考績之法廢, 而以毀譽爲進退, 故眞僞渾雜, 虛實相蒙.

그의 건의에 동의한 조예는 산기상시(散騎常侍) 유소(劉劭)에게 명을 내려 도관고시법(都官考試法) 칠십이 조를 만들게 했습니다. 그러나 조정의 회의를 거치는 과정에서 지지부진하며 통과되지 못하여 결국 실행되지는

---

11 관리의 양부(良否) 및 공과(功過)를 조사하는 것을 말한다.
12 비방하거나 칭찬함을 이른다.

못했습니다. 하지만 유소는 이것을 가지고 『인물지(人物志)』를 저술함으로써 후세 인사 관리학의 효시가 되었습니다.

사실 그 이전에는 양한(兩漢) 이래 지속되었던 "효도로써 천하를 다스린다"라는 종법 사회의 유술(儒術) 정신과 위나라 진군(陳群)이 만든 '구품중정(九品中正)'[13]이라는 인사 제도를 결합한 방식이 실행되고 있었습니다. 그 방식은 위진 시기뿐 아니라 후세에도 많은 영향을 미쳤는데, 선거 제도의 폐단이 심해져 명문세족들이 관직을 완전히 독차지하면서 양진(兩晉)과 남북조 육 대에 걸친 문벌의 기풍이 형성되었습니다.

진(晉) 초의 상서좌복야(尙書左僕射) 유의(劉毅)는 그런 풍조를 비판하여 "상품에는 한문이 없고 하품에는 세족이 없다〔上品無寒門, 下品無世族〕"라고 말했습니다. 이른바 상류 사회에는 가난한 집안 출신의 평민 자제가 하나도 없고 기층 간부 중에는 세도가 출신의 자제가 하나도 없다는 뜻입니다. 사실 유의가 인재 등용에 관해 간했던 그 글은 오늘날에도 자세히 읽어 보고 민주적인 선거 제도의 참고로 삼아야 할 정신입니다.

둘, 세도가 출신의 학술 관료가 지식인 사대부 집단을 형성했습니다.

이 풍조는 위진 시기부터 시작되어 남북조 이삼백 년간 지속되었는데, 사회적으로 당연한 일로 묵인되어 이러한 시대적 병폐를 개혁하려고 의연히 나서는 사람이 하나도 없었습니다. 위나라 완적(阮籍)은 "지금 시절에는 영웅이 없으니 한갓 아이로 하여금 명성을 얻게 하는구나〔時無英雄, 徒使豎子成名〕"라고 한탄하기도 했습니다.

그 원인은 학술 지식을 전파하는 서적들이 모두 손으로 베껴 쓴 사가(私

---

13 위진 남북조 시대에 행해진 관리 등용법의 하나이다. 중정관이라는 관리가 지방의 인재를 구 등급으로 나누어 추천하면 국가에서 이 등급에 맞는 관직을 주는 추천제였다. 원래는 지방에 숨어 있는 인재를 등용하려는 것이 목적이었지만 지방 유력 호족들이 자신의 일족을 추천함으로써, 호족 세력이 관직을 독점하는 결과를 낳았고 특정 가문의 문벌 귀족을 초래하였다.

家)의 장서들이라서 일반에 전혀 보급되지 못했기 때문입니다. 문화 교육도 발달하지 못했으며 정부와 사회에서 학교를 세우지도 않았습니다. 특히 과거부터 사회적으로 전해 내려오던 문무합일(文武合一)로써 자제를 교육하려는 정신이 사라져 버렸습니다. 상층 사회 역시 학문으로써 명성을 얻는 것만 중시하여 그것을 품행 단정의 표준으로 삼았습니다. 그 결과 학술 지식은 오직 권문세가에서만 나올 수 있었으며, 한 집안이나 한 일족의 사대부로 형성된 권위 있는 집단이 황실의 정권을 틀어쥔 채 좌지우지하게 되었습니다.

특히 역사에서 '오호난화(五胡亂華)'와 서진 황실이 몰락했다고 말하는 시기에는, 신하들이 주동하여 사마의의 증손 사마예(司馬睿)를 옹립하고 남쪽으로 천도하여 진 원제(元帝)라 칭하기까지 했습니다. 그때부터 건강(建康)[14]을 수도로 정하고 동진(東晋) 시기가 시작되었습니다. 그러나 남쪽으로 천도한 이후 사마예와 그의 아들 진 명제(明帝) 사마소(司馬紹)가 황제라 칭해지기는 했지만 사실상 꼭두각시 황실에 지나지 않았습니다. 황제 부자는 겨우 팔구 년을 버티다가 우환 속에서 죽어 갔습니다.

그 후 동진 왕조는 도합 백사 년이라는 기간 동안 아홉 명의 황제가 거쳐 갔지만, 정권은 여전히 왕(王)씨와 사(謝)씨 같은 세족의 수중에 있었습니다. 전 시기의 왕돈(王敦)과 왕도(王導), 뒤 시기의 사안(謝安)과 사현(謝玄) 같은 권신이 모두 권문세가 출신의 자제였습니다. 그들은 앉았다 하면 도를 논하고 현묘한 것에 관해서만 이야기했는데 대부분이 문학과 철학을 넘나들던 대가들이었습니다.

사안과 사현 숙질간처럼 역사상 유명한 '비수(淝水)의 전투'를 지휘하여 승리를 거둔 사람도 있었지만, 그들은 전투를 지휘하는 순간에도 풍류 명

---

14 남경(南京).

사의 풍격을 잃지 않았습니다. 삼국 시대의 제갈량을 흉내 내어 비단 관을 쓰며 깃털 달린 부채를 들고 한껏 멋을 부렸습니다. 마치 서진 초기에 동오의 육항(陸抗)과 장강(長江)에서 대치했던 양호(羊祜)가 "가벼운 털옷에 느슨해진 허리띠"를 하고서 의연히 그 온화하고 점잖은 풍채를 잃지 않던 것처럼 말입니다. 당시 정부나 상층 사회에서 사대부들의 작풍은 유의경(劉義慶)이 편집한 『세설신어(世說新語)』라는 책을 읽기만 해도 대강 알 수 있습니다.

간단히 말하면 동진 시기부터 시작된 사대부들의 문인 학술 관료 집단적 기풍은 '남조 육 대(南朝六代)'[15]까지 이어져 내려오면서 깨트릴 수 없이 견고한 보루처럼 자리를 잡았습니다. 설사 당대의 제왕이라 할지라도 그들에게는 힘을 쓰지 못했습니다. 그저 그런 현실에 머리 숙이고 받아들일 수밖에 없었습니다. 그런 현상은 확실히 유의해 볼 만한 역사 경험상의 '풍월보감(風月寶鑑)'[16]입니다.

이제 고사를 하나 보겠습니다. 남조의 소도성(蕭道成)이 왕위를 찬탈하여 제(齊)의 황제라고 칭했을 때의 일입니다. 중서사인(中書舍人)[17] 기승진(紀僧眞)이 "제나라 군주(소도성)의 총애를 얻게 되었는데" "그 용모가 자못 선비의 풍모가 넘쳤다"라고 합니다. 겉모습은 학식 있는 지식인 같았다는 것이지요.

제나라 군주에게 청하기를 "신이 변변치 않은 무관에서 출발하여 영달함이 여기에 이르렀으니, 더 이상 필요한 것이 없으나 오직 폐하께 청하는 것은 사대부가 되는 것입니다" 하였다. 제나라 군주가 말하기를 "이는 강학과 사약에게 말미암으니 그들을 찾

---

15 동진(東晉)·송(宋)·제(齊)·양(梁)·진(陳)·수(隋)를 말함.
16 풍류가 넘치는 모범.
17 황실 집무실의 주임에 해당함.

아가는 것이 가하다" 하였다. 기승진은 강학을 찾아가 평상에 올라가서 좌정하였다. 강학이 좌우를 돌아보며 말하기를 "내 평상을 옮겨 손님에게서 멀게 하라" 하였다. 기승진은 기가 죽어서 물러 나왔다. 제나라 군주에게 고하기를 "사대부는 본디 천자가 명할 바가 아닙니다" 하였다.

請於齊主曰, 臣出自武吏, 榮階至此, 無復所須, 唯就陛下乞做士大夫. 齊主曰, 此由江學, 謝瀹, 可自詣之. 僧眞詣學, 登榻坐定. 學顧左右曰, 移吾牀遠客. 僧眞氣喪而退. 告齊主曰, 士大夫故非天子所命.

기승진이 제나라 군주에게 이렇게 청했습니다. 저는 본시 군대 출신이었는데, 벼슬이 이 자리에까지 이르렀으니 다른 건 요구할 것이 없으나 황제께서 저에게 사대부의 영예를 내려 주시기를 원합니다. 제나라 군주 소도성이 말하기를, 강학과 사약 이 두 사람은 당대의 이름난 선비이자 신하로서 사대부는 이들에게서 말미암으니 너 스스로 그들을 찾아가서 의논해 보라 하였습니다. 기승진은 강학을 찾아가 막 손님용 의자에 앉았습니다. 그러자 강학은 곁에서 시중드는 사람에게 말했습니다. "내 의자를 멀찍이 옮겨서 저 손님과 가깝지 않도록 하라." 기승진은 낯을 들 수 없어서 그냥 되돌아올 수밖에 없었습니다. 그러고 제나라 군주에게, 오늘날 사대부라는 직함은 황제 천자가 명령을 내린다 해도 얻을 수 없는 것입니다 하고 고했습니다.

이런 고사를 읽어 보고 거기다 제가 좀 전에 말했던 『세설신어』와 대조해 보기만 하면, 위진 남북조 시기 지식인들의 오만과 자부심이 얼마나 대단했는지를 알 수 있습니다. 이러한 상황은 당대(唐代)에 와서야 변화하기 시작했습니다. 그래서 당의 시인 유우석(劉禹錫)은 남조 육 대의 수도였던 남경(南京)을 제재로 한 「회고(懷古)」 시에서 그러한 상황을 읊었습니다.

주작교 주변은 들풀과 들꽃이 가득하고	朱雀橋邊野草花
오의항[18]입구에는 석양빛이 비껴든다	烏衣巷口夕陽斜
그 옛날 왕씨 사씨네 집 뜨락의 제비	舊時王謝堂前燕
평범한 백성의 집으로 날아드는구나	飛入尋常百姓家

옛 도읍지를 둘러싼 산은 여전히 그렇게 서 있고	山圍故國周遭在
텅 빈 성 때리던 물결은 적막만 안고 되돌아온다	潮打空城寂寞回
회수 동쪽에 그 옛날의 달빛이	淮水東邊舊時月
밤 깊어 가는데도 낮은 성가퀴 넘어오는구나	夜深還過女墻來

셋, 역사에서 말하는 위진 남북조 시기 백여 년간의 오호난화(五胡亂華) 국면은 서진(西晉), 동진(東晉) 왕조와 그 시종을 같이합니다.

오호난화라는 역사상 해묵은 문제는 진·한에서부터 수·당에 이르는 대략 천 년 동안에 벌어진 큰일이었습니다. 사실 중화 민족이 귀순해 오는 서수(西陲)[19]와 북강(北疆)[20]의 이민족을 '화하(華夏)' 민족의 진영에 받아들여 융합시킨 이래, 역대 제왕과 조정(정부)에서는 그들에게 별다른 문화 교육을 시키지 않았습니다. 그 결과 종족 간 문명의 충돌이 일어났고, 중화 문화 내부의 '내외지쟁(內外之爭)'과 '남북지쟁(南北之爭)'은 마침내 수·당 이후의 중화 민족의 대(大)결합이라는 큰일을 이루어 냈습니다. 우리는 역사를 공부하면서 이 문제를 대충 넘어가 버리거나 별로 주의를 기울이지 않지만, 사실은 역대 중국의 변경 정치에서 중요한 문제였으며 화북(華北)과 서역(西域)의 많은 소수 민족의 생존과도 관련된 문제였습니

---

18 강소성에 있는 지명으로 양진 시대에 왕씨, 사씨 등의 귀족이 살던 곳.

19 서쪽 변방.

20 북쪽 변방.

다. 그래서 역사에서는 그런 사건을 관례상 '화이지변(華夷之辨)'이니 '호한지쟁(胡漢之爭)'이니 하는 기존의 용어를 사용하여 '오호난화(五胡亂華)'라고 부르는 것입니다.

이 문제를 깊이 있게 이해하려면 먼저 진·한 시대 「흉노전(匈奴傳)」의 기록에서부터 시작해야 합니다. 중국의 북강(北疆)은 동으로는 한국과 인접한 러시아의 남쪽 국경에서부터 시작하여 내몽고와 외몽고, 시베리아를 거쳐 다시 남으로 과거에 서역 혹은 서북 변경이라고 칭했던 신강(新疆), 청장(靑藏) 등에 이르는 광활한 변경에 거주하는 많은 소수 민족을 말합니다. 이 문제는 고대 헌원(軒轅) 황제와의 혈연관계라든지 중국 역대의 변경 통치 정책의 시비(是非) 문제 등과 관련해서 확실히 역사적·문화적으로 심각한 사안임에 틀림없습니다. 지금은 물론이고 앞으로도 적절한 주의가 있어야 할 문제입니다. 제가 이처럼 신중하게 말하는 것은 혹 여러분이 저를 이상한 말이나 하는 사람으로 여길까 하는 노파심에서입니다.

이른바 오호난화가 처음 시작된 것은 일찍이 서한 선제(宣帝) 시대로 기원전 50년 전후였는데, 흉노의 호한(呼韓) 선우(單于)[21]가 와서 귀순하고 차츰 내지(內地)와 소통했습니다. 동한 광무제(光武帝) 시대인 서기 50년 전후에는 흉노의 남(南)선우와 선비족(鮮卑族)이 귀순해 왔고, 흉노의 북(北)선우도 '화친'을 청해 왔습니다. 광무제의 정책(전략)은 흉노로 변경을 삼아 흉노를 막는 것이었는데, 말하자면 "당신의 창으로 당신의 방패를 공격하는[以子之矛, 攻子之盾]" 대리 방어이자 대리 전쟁의 상책이었습니다. 아울러 투항하여 내지로 들어오기 원하는 흉노의 각 부족들은 운중(雲中)·오원(五原)·삭방(朔方)·북지(北地)·정양(定襄)·안문(雁門)·상곡(上谷)·대(代) 등 팔군(八郡)[22]에 거주하게 하고, 양식·우양(牛羊)·비단과 베

---

21 왕의 칭호.
22 산서(山西), 섬서(陝西), 감숙(甘肅)의 경계 안에 있었음.

등 생필품을 내려 주고 거기다 군대를 보내 지켜 주기까지 했습니다.

한 장제(章帝) 시대인 서기 87년 전후에는 선비족이 북 흉노를 쳐서 대승을 거두었습니다. 그리하여 '북정(北庭)'에 있던 쉰여덟 부락의 이십만 백성과 군사 팔천이 모두 와서 투항하고, 운중·오원·삭방·북지 등에 흩어져서 살았습니다. 이어진 한 화제(和帝) 시대인 서기 89년 전후 및 환제(桓帝) 시대인 서기 158년 전후부터 헌제(獻帝) 시대인 서기 216년 전후에 이르는 기간에도 계속해서 투항하고 내지로 옮겨 온 사람의 수가 적지 않았습니다.

그 후 원소(袁紹)의 아들 원희(袁熙)와 원상(袁尚)을 쫓던 조조는 그들이 오환(烏桓)에게 의탁하자, 오환을 쳐서 무너뜨리고 그 수령 답둔(蹋頓)[23]을 죽였습니다. 이어서 그는 한 광무제 시대부터 서하군(西河郡)[24]에 들어와 살았던 흉노 등의 종족을 오부(五部)로 나누고 보호 감독했습니다. 이것을 보면 조조는 흉노 등 내지로 옮겨 온 이민족에 대한 관리 정책에서 선견지명을 지니고 있었다고 말하지 않을 수 없습니다. 다만 당시에도 여전히 문화 교육이라는 관념은 부족했기 때문에 실로 유감스럽게도 훗날 각 민족 간의 문명 충돌을 초래하게 되었습니다.

오랑캐와 중화 민족의 혼합

말이 나온 김에 하는 말이지만, 일찍이 기원전에 문화가 서로 다른 각 국가나 민족 간에 귀순해 오는 이민족을 넓은 마음으로 받아들여, 종족 간에 차별 대우하지 않았던 민족은 이 세상에서 중화 민족 말고는 거의 없었

---

23 요서(遼西) 오환(烏桓)의 일족.
24 산서(山西), 섬서(陝西), 감숙(甘肅) 일대의 팔군(八郡)을 말함.

습니다. 그것은 중국 문화가 원래 "왕도로써 천하를 다스리는[王道治天下]" 전통과 "백성과 나는 한 형제[民吾同胞]"이고 "만물과 나는 함께한다[物吾與也]"라는 인의(仁義)의 정신을 지니고 있었기 때문에 가능했습니다. 혹은 중화 민족의 화하(華夏) 문화는 이미 기원전에 인류 대동의 이념을 실행하였으며 종족 간에 차별 대우하는 좁아터진 사고방식 따위는 없애 버렸다고 말할 수도 있습니다.

예를 들어 훗날 당 말(末)의 오대(五代) 및 원나라와 청나라가 중국에 들어와 주인이 되었던 역사적 사실도 모두 이러한 정신이 작용했기 때문에 가능했습니다. 역사적 사실이 증명해 주듯이 중화 민족은 지금껏 다른 민족을 침략하지 않았으며 강권(强權)을 공리(公理)로 여기는 민족도 아닙니다. 오로지 인욕과 겸양의 정신으로 다른 민족의 무례한 침략을 받아 내었고 감화로써 그들을 인도(人道) 속에 융화시켰습니다.

그리하여 서기 500년경 남조 양 무제(梁武帝) 때 인도 불교 선종(禪宗)의 달마(達摩) 조사가 중국으로 '동도(東渡)'하여 법을 전하기로 결정하자 어떤 사람이 왜 꼭 중국으로 가려고 하느냐 물었습니다. 그러자 달마 조사는 "진단[25]에는 대승의 기상이 있다[震旦有大乘氣象]"라고 대답했습니다. 대승의 기상이 있다는 이 말은, 불가에서 말하는 사바세계(娑婆世界) 가운데서도 중국에는 확연히 자비(인의)의 정신이 있다는 뜻입니다. '사바(娑婆)'는 범음(梵音)이며 "참기 어려운 번뇌와 고통을 참고 견디는" 감인(堪忍)의 정신을 말합니다.

요약하자면 동한 광무제로부터 위진에 이르는 이백여 년간 흉노를 대표로 한 이민족들이 내지인 '하서 팔군(河西八郡)'에 들어와 살았는데, 그 민족이 자못 복잡하여 사실상 이미 한족의 혈통과 혼합되었다고 하겠습니

---

25 인도에서 중국을 일컫는 말.

다. 엄밀히 조사해 보면 북 흉노의 한 일파는 중국에 흡수되지 않고 있다가 훗날 북유럽에 헝가리라는 나라를 세웠습니다. 정령(丁靈)[26]의 한 일파가 바로 후일의 러시아 일족입니다. 오환(烏桓)의 한 일파는 아프가니스탄과 관계가 있습니다. 선비(鮮卑)는 후세까지도 서역 변경에 거주하던 석백족(錫伯族)입니다. 수·당 무렵의 돌궐(突厥)은 후일의 터키였습니다. 바사(波斯)는 후일의 이란이었고 대식(大食)은 당시의 아랍 제국이었습니다. 천축(天竺)은 바로 인도였습니다. 저(氐)·강(羌)·갈(羯) 등의 소수 민족은 이미 대부분이 훗날 신강(新疆)·서장(西藏)·청해(靑海) 등지에 거주하던 소수 민족과 섞여 버렸습니다.

역사에서 말하는 '오호(五胡)'는 바로 그 무렵에 세력을 일으켜 나라를 세웠던 흉노·선비·갈·저·강의 다섯 민족입니다. 잇따라 왕자(王者) 또는 패자(覇者)로 칭했던 '십육국(十六國)'은 전조(前趙)와 후조(後趙)를 비롯해서 네 차례 분열했던 연국(燕國), 다섯 차례 분열했던 양(涼), 세 차례 분열했던 진(秦) 및 하(夏)와 성한(成韓) 등 열여섯 나라를 말합니다. 사실 당시 그들의 생활과 언어는 이미 한족화(漢族化)되었으며 문화상으로도 한족화된 문자를 사용하고 있었습니다. 단지 민족성에 있어서만 여전히 용맹하고 사나운 습성을 지니고 있었을 뿐입니다. 특히 그들이 목도한 한나라 말 위진 사이의 정권은 모두가 그렇게 빼앗고 뺏기는 식이었습니다. 정도(正道)는 찾아볼 수 없었습니다. 게다가 조씨 천하를 빼앗았던 사마씨 가족은 그 후 가족 내부에서 형제간에 권력을 다투는 '팔왕의 난'을 일으켜 서로를 죽이기까지 했습니다. 평소 늘 말하던 문화 교육상의 '도덕인의'는 모두가 책에나 나오는 케케묵은 소리가 되어 버렸습니다. 그런 형편이었으니 이민족들 역시 자신들은 벌써부터 중국인이며 중원 천하는 모든 사람

---

26 북방의 만족(蠻族).

에게 그 몫이 있다고 여기게 되었습니다. 그로 인해 "일어나 그를 대신한다"라는 혼란의 근원이 형성되었습니다.

한편 위진 시대에는 세족 및 문벌 사대부들의 작태를 참지 못한 일군의 지식인 사대부들이 한족으로 변한 새로운 민족, 관습상 오랑캐라고 부르던 그 무리 속으로 들어가 천하를 다투어 보리라는 꿈을 꾸기도 했습니다. 이것이야말로 역사에서 오호난화(五胡亂華)라고 부르는 현상의 진정한 원인이었습니다. 사실은 "오랑캐와 중화 민족이 섞이게 되었던[胡華混和]" 것이라고 말한대도 결코 과언이 아닙니다. 하지만 이 과정의 중간과 마지막 단계에서 '중화 문화'는 또 다른 대(大)결합의 장을 열었으니, 북위 문화와 남조 육 대의 광채가 바로 그것이었습니다.

여러분도 한번 생각해 보십시오. 만약 우리가 당시 외부에서 내지로 들어와 살았던 소수 민족 가운데서 태어났다면, 우리 조상이 저 변경 바깥의 대사막과 대초원으로부터 중원으로 들어온 후 모택동이 "강산이 이토록 사랑스러워 무수한 영웅의 죽음을 초래하였다[江山如此多嬌, 引無數英雄競折腰]"라고 말한 그런 중원에서 산다면, 그 누가 다시 중원을 나가 저 대사막과 대초원으로 되돌아가서 종일토록 "하늘은 푸르고 들은 아득하여 바람 불면 고개 숙인 풀 사이로 소와 양이 보이는[天蒼蒼, 野茫茫, 風吹草低見牛羊]" 그런 환경과 짝하고 싶겠습니까? 게다가 사막을 건너 서쪽 유럽으로 가면 당시는 로마 제국이 강성하던 무렵이었으니 국물 한 방울 얻어 먹을 수 없었을 것입니다. 북으로는 달단(韃靼)[27]의 러시아가 가로막고 있었고 동으로는 바다가 가로놓여 있었습니다.

마침 그 무렵 진(晉) 왕실은 정권이 흔들리고 있었습니다. 이럴 때 힘을 길러 중원을 차지하지 않으면 언제 그런 기회가 다시 오겠습니까? 설마하

---

27 북방의 유목 민족.

니 그들이 당시 중국의 신진 문화에 마음이 기운 나머지 불학을 배워 좌선이나 하겠다고 중원으로 내려갔겠습니까? 이른바 "사물은 반드시 스스로 썩은 이후에 벌레가 생긴다[物必自腐, 而後蟲生]" 또는 "사람은 반드시 자기 자신이 업신여긴 이후에 다른 사람이 그를 업신여긴다[人必自侮, 而後人侮之]"라는 말은 천고불변의 진리입니다. 위진 남북조 시대의 오호난화는 바로 이러한 상황들이 발생시킨 역사적 사건이었습니다.

호한 문화의 또 다른 일면

지금부터는 몇 가지 역사적 사실들을 간단히 열거하여 설명하도록 하겠습니다.

첫 번째로 사마염이 황제라 칭하던 서진 초기 즉 서기 279년경이었습니다. 선비족의 수기능(樹機能)[28]이 양주(涼州)[29] 변경을 공격해 왔습니다. 사마염은 왕제(王濟)의 건의를 받아들여 흉노족의 유연(劉淵)을 좌부수(左部帥)에 봉했습니다. 사실 그간의 사정은 역사의 기록이 설명해 주고 있습니다. "한, 위 이래로 강, 호, 선비 가운데 투항한 자들이 변경 안의 여러 부에 많이 살고 있었다. 그 후 여러 차례 성내고 원망하면서 그 장리[30]를 살해하니 점차 백성의 근심거리가 되었다[自漢, 魏以來, 羌, 胡, 鮮卑降者, 多處之塞內諸部. 其後數因忿恨, 殺害長吏, 漸爲民患]." 시어사(侍御史) 곽흠(郭欽)은 일찍이 다음과 같이 상주했습니다.

---

28 인명(人名).
29 섬서(陝西) 감숙(甘肅) 지방.
30 현(縣) 벼슬아치의 우두머리.

오랑캐들이 강하고 사나워서 옛날부터 근심거리가 되었으니, 마땅히 오나라를 평정한 위엄과 모신 맹장의 책략을 펴시어, 점차로 내지 여러 군의 뭇 오랑캐들을 변경 지대로 옮기고, 사방 오랑캐가 출입하는 제방을 험준하게 하시어 선왕의 황복[31] 제도를 밝히셔야 합니다.

戎狄彊獷, 歷古爲患, 宜及平吳之威, 謀臣猛將之略, 漸徙內郡雜胡於邊地, 峻四夷出入之防, 明先王荒服之制.

하지만 사마염은 신경 쓰지 않았습니다. 십 년이 채 못 되어 유연을 북부도위(北部都尉)에 봉하더니, 바로 이어서 다시 흉노오부대도독(匈奴五部大都督)에 봉했습니다. 이것은 오부(五部)의 오랑캐를 총 관리하는 총독과 같은 지위였습니다. 훗날 북한왕(北漢王)을 자칭했던 유연의 권세를 사마염 본인이 만들어 준 셈이었습니다. 하지만 유연 스스로도 다른 사람 밑에 오래 있을 수 없는 필연적인 조건을 지니고 있었습니다. 역사에서는 다음과 같이 말했습니다.

유연은 유표의 아들이다. 어려서부터 영특하여 남달랐다. 상당[32] 최유에게 배웠는데, 경전과 역사를 널리 익혔다. 유연은 일찍이 동문 학생들에게 말하기를 "나는 항상 수, 육[33]이 무재가 없었던 것과 강, 관[34]이 문재가 없었던 것을 부끄럽게 생각한다" 하였다. 그리하여 무사를 겸하여 공부하였다. 장성해서는 원숭이 같은 긴 팔로 활을 잘 쏘았고 완력이 남보다 뛰어났으며 체격이 크고 훌륭하였다.

劉淵, 劉豹之子. 幼而雋異. 師事上黨崔游, 博習經史. 淵嘗謂同門生曰, 吾常恥隨

---

31 왕기(王畿)를 중심으로 주위를 순차적으로 나눈 구역 가운데 가장 변두리 구역.

32 산서(山西) 덕안부(德安府).

33 수하(隨何)와 육가(陸賈). 모두 한(漢) 초기의 인물.

34 주발(周勃)과 관영(灌嬰). 모두 한(漢) 초기의 인물. 주발은 강후(絳侯)에 봉해져서 흔히 강후 주발이라 한다.

陸無武, 絳灌無文. 於是, 兼學武事. 及長, 猿臂善射, 膂力過人, 姿貌魁偉.

이처럼 유연은 문무를 다 갖춘 인재였습니다. 진 왕조의 명신이던 왕혼(王渾), 왕제(王濟) 부자가 그의 재능을 알아보고 힘써 추천했습니다. 게다가 유연의 사람됨이 "재물을 가벼이 여겨 베풀기를 좋아하고 진심으로 사람들과 사귀니, 오부의 호걸과 유[35], 기[36]의 명유 가운데 그에게 가서 귀의하는 사람이 많았다〔輕財好施, 傾心接物, 五部豪傑, 幽冀名儒, 多往歸之〕"라고 합니다. 여기 역사에서 말하는 호걸과 명유는 모두 당시 민간의 지식인 사대부와 호걸 지사들이었습니다. 그래서 역사에서는 그를 오호난화의 우두머리인 북한왕(北漢王)이라고 불렀습니다. 훗날 진 회제와 민제를 포로로 잡아간 한왕(漢王) 유총(劉聰)은 바로 그의 아들이었습니다. 하지만 역사적 사실에 근거하면 유연 부자는 일찍감치 한족화한 오랑캐였지, 결코 국경 바같에서 침입해 들어온 오랑캐라고 할 수 없습니다.

석륵과 불도징의 고사

두 번째로 오호십육국 가운데 가장 사납고 살인을 즐겼던 후조(後趙)의 주인 석륵(石勒)은 결코 단순한 무부(武夫)가 아니었습니다. 사실 그 역시 일찍감치 한족화된 문화적 기초를 지니고 있었습니다. 인도에서 중국으로 온 최초의 불교 신승(神僧) 불도징(佛圖澄)에게 배웠던 석륵은 불교를 독실히 신봉했습니다. 동시에 중국의 역사 문화를 배우는 것도 좋아했습

---

35 지금의 북경(北京).
36 하북(河北)의 진정(眞定) 창주(滄州) 구역.

니다. 역사에는 이렇게 기록되어 있습니다.

조나라 군주 석륵이 서광에게 말하기를 "짐은 옛날의 어떤 군주에 비교될 수 있겠는가?" 하였다. 대답하기를 "폐하의 뛰어난 무용과 모략은 한 고조보다 뛰어납니다." 그러자 석륵이 웃으며 말하였다. "사람이 어찌 자기 자신을 모르겠는가? 경의 말이 너무 지나쳤다. 짐이 만약 고조(유방)를 만났다면 마땅히 북쪽을 바라보고 그를 섬겼을 것이니 한(한신), 팽(팽총)에 비견될 것이다. 만약 광무제(유수)를 만났다면 마땅히 중원을 나란히 달렸을 것이니 사슴(천하의 패권)이 누구의 손에 죽었을지 알지 못했을 것이다. 대장부의 행사는 마땅히 대범해야 하니 해나 달처럼 밝게 빛나야지 조맹덕(조조), 사마중달(사마의)을 본받아서는 안 되니, 저들은 고아와 과부를 속였으며 아첨과 홀림으로 천하를 취하였다."

趙主石勒謂徐光曰, 朕可方自古何等主. 對曰, 陛下神武謀略, 過於漢高. 勒笑曰, 人豈不自知, 卿言太過. 朕若遇高祖, 當北面事之, 與韓彭比肩. 若遇光武, 當並驅中原, 未知鹿死誰手. 大丈夫行事, 宜磊磊落落, 如日月皎然, 終不效曹孟德, 司馬仲達, 欺人孤兒寡婦, 狐媚以取天下也.

위의 기록만 보더라도 확실히 예사로운 인물이 아니었음을 알 수 있습니다. 게다가 역사에서 공덕(功德)으로 천하를 취하지 않고서 스스로를 영웅이라 불렀던 무리들을 욕하였으니, 가히 천고의 명언이라 하겠습니다. 장자가 묘사한 유하혜(柳下惠)의 형제 도척(盜跖)과 공자의 대화와 비교하여 전혀 손색이 없을 뿐 아니라 훨씬 통쾌하기까지 합니다.

석륵은 부지런히 책을 읽지는 않았습니다. 하지만 다음과 같은 기록이 있습니다.

학생들로 하여금 책을 읽게 하고 그것을 듣기를 즐겼다. 때로는 그것으로 고금의 득실을 논하였는데, 듣는 사람이 기뻐하며 좇았다. 한번은 다른 사람에게 『한서』를 읽게 하였는데, 역이기가 육국의 후예를 세울 것을 권하는 대목을 들었다. 놀라며 말하기를 "그 법은 잘못된 것인데 어떻게 천하를 얻었을까?" 하였다. 이윽고 유후(장량)의 간하는 말을 듣자 이에 말하기를 "이것이 있었던 덕분이로구나" 하였다.

好使諸生讀書而聽之. 時以其意論古今得失, 聞者悅服. 嘗使人讀漢書, 聞酈食其勸立六國後. 驚曰, 此法當失, 何以逐得天下. 及聞留侯諫, 乃曰, 賴有此耳.

역사는 또 이렇게 기록하고 있습니다.

석륵은 자가 계룡으로 상당(산서) 무향 사람이다. 그 선조는 흉노의 별부였다. 나이 십사 세에 낙양에 이르렀는데 미친 듯 웃으며 도성 문에 올랐다. 왕연이 기이하게 여겨 말하기를 "오랑캐 아이의 소리와 눈빛에 기이한 뜻이 있으니 장차 천하의 근심거리가 될 것이다" 하였다. 사람을 보내어 그를 잡아들이게 하였으나 마침 석륵은 이미 떠났다.

石勒, 字季龍, 上黨武鄕人. 其先匈奴別部也. 年十四, 至洛陽, 狂笑上都門. 王衍異之曰, 胡雛聲視有奇志, 將爲天下之患. 遣人收之, 會勒已去.

왕연은 진(晉) 왕실의 명신입니다. "흉노의 별부였다"는 말은 일찌감치 한족으로 변한 오랑캐였다는 뜻입니다. 석륵은 후조(後趙)의 군주가 되자 폭정을 행하였는데, 불도징이라는 큰스님의 가르침을 받고는 차츰 마음을 돌려서 선정(善政)을 폈습니다.

그 시기는 위진 무렵 불법(佛法)이 정식으로 중국에 들어오기 시작하던 초기였습니다. 서역에서 건너온 일반 고승과 거사들은 대개 불경 번역에 종사했습니다. 왕도(王導)나 사안(謝安) 같은 진 왕실의 명신들은 모두 서역의 현자들과 교류하기에 힘쓰고 불학에 몰두했습니다. 마치 십구 세기 이래 중국의 상류 사회가 모두 과학에 경도되었던 것처럼 불교는 그렇게 한때를 풍미했습니다.

하지만 아직 중국 전역에까지 완전히 보급된 것은 아니었습니다. 그래도 서역과 비교적 가까운 하서(河西)와 관중(關中)의 오랑캐 및 한족 지역에는 불교를 신봉하는 사람이 내지에 비해 많았습니다. 불도징은 불경을 크게 설법하지는 않았습니다. 다만 자신의 신령스러운 궤적으로 불법을 드러내 보여 줌으로써 후조의 군주 석륵을 감화시켰으며, 또 그로 인해 많은 사람들이 불교를 신봉하게 되었습니다.

당시 동진(東晉)에 있던 서역의 고승 지도림(支道林)은 불도징이 석륵 곁에 있다는 말을 듣자 이렇게 말했습니다. "징공은 계룡을 갈매기로 여기는가(澄公其以季龍爲鷗鳥耶]." 그 뜻인즉 "불도징은 석륵을 새나 짐승으로 여겨서 가르치고 있는가? 너무 위험하구나" 하는 말입니다. 과연 동진의 병력이 한차례 회사(淮泗)를 공격한 적이 있었는데, 석륵은 크게 화를 내며 말했습니다. "내가 이렇게 부처를 믿는데도 오히려 적이 와서 나를 치다니, 너무나도 신통치 않구나."

그러자 불도징은 그에게 설화(說話) 하나를 이야기해 주었습니다. "당신의 전생은 일개 상인이었는데 계빈(罽賓)[37]의 절을 지나다가 큰 불사(佛事)를 일으키기로 마음먹었습니다. 당시 스님들 가운데 득도한 나한 여섯 명이 당신의 공양을 받았는데, 저도 그중 하나였습니다. 그런데 큰 나한께서 말씀하시기를 '저 상인은 죽은 후에 닭으로 환생하여 업보를 받아야 한다. 그런 다음 다시 태어나면 진(晉) 땅에서 왕이라 불리게 될 것이다' 하였습니다. 당신은 금생에서 이미 좋은 보답을 받았습니다. 전쟁에서 이기고 지는 것을 놓고 부처가 영험하네, 영험하지 못하네 따져서야 되겠습니까!"

스님의 말을 들은 석륵은 곧이곧대로 믿고서 불도징에게 이렇게 말했습

---

37 당시 서역의 국명으로 현재 인도의 캐시미어.

니다. "하지만 사람을 죽이지 말라는 말은 실행하기 어렵습니다." 그러자 불도징이 말했습니다. "살인은 함부로 해서는 안 되고, 형벌을 가할 때도 사랑을 베풀지 않으면 안 됩니다〔但殺不可濫, 刑不可不恤耳〕." 그런 일이 있은 후 십여 년이 채 안 된 어느 날 불도징이 그에게 말했습니다. "제 수명이 이제 다했으니 당신에게 작별 인사를 해야겠습니다." 그러자 석륵이 말했습니다. "큰스님께서 갑자기 나를 버리시면 이 나라에 장차 어려움이 있지 않겠습니까〔大和尙遽棄我, 國將有難乎〕." 하지만 불도징은 다음과 같이 말했습니다.

태어나고 죽는 것은 상도입니다. 길고 짧음은 명확히 나누어져 있어서 더하거나 덜어낼 수 없습니다. 하지만 도는 행실의 온전함을 귀하게 여기고, 덕은 게으르지 않음을 귀하게 여깁니다. 만약 덕행에 흠이 없다면 비록 죽더라도 살아있는 것과 같습니다. 모든 것이 무로다! 천 년을 산들 무슨 이익이 있겠습니까! 그러나 한스러운 것이 있으니 나라께서 불가의 이치에 마음을 두어 절을 세우고 승려가 되셨다면 복을 받으셨을 것이나, 사납고 포학한 정치를 베풀고 상벌을 마구 남발하시어 성스러운 가르침을 거스르셨으니, 국운이 오래가지 않을 것입니다.

出生入死, 道之常也. 修短分定, 無由增損. 但道貴行全, 德貴不怠. 苟德行無玷, 雖死如生. 咸無焉. 千歲尙何益哉. 然有恨者, 國家存心佛理, 建寺度僧, 當蒙祉福. 而布政猛虐, 賞罰交濫, 特違聖教, 致國祚不延也.

그 말을 들은 석륵은 한바탕 대성통곡을 하고 고개를 들어 불도징을 바라보았습니다. 하지만 불도징은 이미 편안히 앉은 자세로 입적한 후였습니다. 그로부터 얼마 후 어떤 승려가 감숙(甘肅)에서 와서 말하기를, 자신이 직접 눈으로 불도징이 동관(潼關)으로 들어가는 것을 보았다고 했습니다. 석륵은 당장 관을 열어 살펴보라고 명했습니다. 과연 시신은 없고 돌멩이 하나만 달랑 들어 있었습니다. 그것을 본 석륵은 크게 번민하면서 말했습니다. "석(石)은 나의 성이니 큰스님께서 나를 묻어 버리고 떠나셨구나. 이 나라가 얼마나 갈 수 있을까?" 과연 얼마 지나지 않아 석륵도 세상을 떠났습니다. 신승(神僧)의 전기에는 이렇게 적고 있습니다.

> 불도징이 관중(섭서성의 한 지방)에 있을 때 승려가 된 제자가 수천만에 이르렀다. 무릇 그 처소에 거함에 백성들이 감히 그에게 눈물을 흘리거나 침을 뱉는 사람이 없었다. 늘 서로 경계하며 말하기를 "악한 마음을 일으키지 마라. 큰스님께서 너를 아신다" 하였다. 도로써 만물을 감화시킴이 이와 같았다. 큰 가르침(불교)이 동쪽으로 와서 불도징에 이르러 번성하였다.
>
> 佛圖澄在關中, 度化弟子數千萬人. 凡居其所, 國人無敢向之涕唾. 每相戒曰, 莫起惡心, 大和尙知汝. 其道化感物, 有如此者. 大教東來, 至澄而盛.

말씀드린 '오호지란(五胡之亂)'에서 후조 석륵의 시대는 서기 330년 전후로서, 로마의 콘스탄티누스 대제가 비잔티움으로 수도를 옮긴 시기이기도 합니다. 그 무렵 중국은 위진 이래로 중국 전통문화의 왕도(王道)가 쇠퇴하고 유가와 도가의 문화 정신 역시 거의 끊어질 지경에 이르렀습니다. 사대부의 문인 정치 체제는 『시경』「소아」 '교언(巧言)' 6장에서 노래한 것처럼 "힘도 없고 용맹도 없으니 관직은 어지러움의 단서〔無拳無勇, 職爲亂階〕"일 뿐이었습니다. 그 결과 이미 오래전에 한족화한 '오호(五胡)' 같은 종족들은 고유의 전통 도덕과 관련된 '인의예지신' 등을 공담(空談)인 양 대수로이 여기지 않았습니다.

그러나 서역에서 새로 일어나 중원으로 전해진 불법은 '자비'를 가르치고 '살(殺), 도(盜), 음(婬), 망(妄), 주(酒)'를 금하는 데다가 종교적인 신령스러움이라는 외양까지 덧입혀져, 뜻밖에도 오랑캐와 한족에게 잘 받아들여졌습니다. 그리하여 수·당 이후 유·불·도 삼교의 문화적 합류 및 북위(北魏) 불교 문명의 흥성을 일으켰으며, 그 결과 돈황(敦煌) 벽화와 운강(雲岡)·용문(龍門) 석굴 같은 문물이 현재까지 전해지게 되었습니다. 그 모두가 역사의 피와 눈물이 쌓여서 이루어진 것이며 부처의 자비와 윤택함의 결과였습니다. 물론 불법과 신승에 관한 이야기를 소개하는 것이 이 강의의 주제는 아닙니다.

부견, 구마라습을 얻으려 군사를 일으키다

세 번째로 전진(前秦)의 부견(苻堅)은 전하는 말로는 그의 조상이 서융(西戎)의 추장이었다고 합니다. 그러니 완전히 국경 밖에서 들어온 오랑캐라고는 할 수 없습니다. 역사에서는 이렇게 말합니다. "뛰어난 무예와 지략으로 중원을 다 차지하였다(雄武智略, 盡有中原)." 역사에 따르면 진왕 부견의 전성기에는 그 무력 패권이 이미 "동으로는 큰 바다에 이르렀고 서로는 구자[38]를 병합하였으며 북으로는 사막을 차지하였으나 오직 건강[39]만 제외되었다(東極蒼海, 西併龜玆, 北盡沙漠, 唯建康在外)"라고 합니다.

그러나 백만의 군사를 이끌고 동진을 정벌하려다가 사안(謝安)과 사현(謝玄) 숙질에게 패배하고 말았습니다. 부견은 이십칠 년간 진왕(秦王)을 자칭하다가 겨우 사십팔 세의 나이로 죽었습니다. 그러나 그는 화음(華陰)에 은거하던 산동(山東)의 명사 왕맹(王猛)을 등용할 수 있었습니다. 일찍이 동진의 권신 환온(桓溫)을 만나 "이를 잡으면서 당시의 세상일을 이야

---

38 신강성(新疆省)의 고거현(庫車縣)과 사아현(沙雅縣) 사이.
39 동진의 수도였던 남경(南京).

기하던 안하무인의" 기이한 선비가 바로 그 사람이었습니다. 왕맹은 임종 직전에 부견에게 이렇게 당부했습니다.

진나라가 비록 외진 강남에 있지만 왕통을 계승하여 상하가 안정되니, 신이 죽은 후라도 원하옵건대 진나라를 도모하지 마십시오.

晉雖僻處江南, 然正朔相承, 上下相安, 臣沒之後, 願勿以晉爲圖.

후일 부견이 백만의 군사로 '투편단류(投鞭斷流)'[40]하여 동진(東晉)을 정벌하겠다고 결심하자, 그를 만류할 별다른 방법을 찾지 못한 종실 부융(苻融)은 다만 이렇게 말했습니다. "왕경략은 한때의 뛰어난 인물로 폐하께서는 일찍이 그를 제갈량에 비교하셨거늘 어찌 그 임종 시에 한 말은 기억하지 않으십니까〔王景略一時英傑, 陛下嘗比之諸葛武侯, 獨不記其臨沒之言乎〕." 그러나 부견은 여전히 마음을 돌리지 않았습니다. 끝내 전쟁을 일으키더니 패배하고 결국은 패가망신하고 말았습니다. 왕맹의 예상은 과연 빗나가지 않았던 것입니다.

하지만 부견 역시 중화 문화에 마음이 기울어 학자와 고승들은 특별히 예우했습니다. 절대로 자기 자신만 옳다고 하면서 문화 인사를 경시하지 않았습니다. 그는 왕맹을 요직에 등용하여 그 말과 계책을 좇았으며 스승의 예로써 존중했습니다.

당시 양양(襄陽)에 있던 고승 도안(道安) 법사는 불도징의 제자로 그 명성이 높았습니다. 그는 훗날 남쪽의 여산(廬山)으로 내려가 정토종(淨土宗) 염불 법문(念佛法門)을 건립하여 천여 년간 중국의 각 계층에 널리 영향을 미쳤던 혜원(慧遠) 법사의 사부이기도 합니다. 도안 법사의 학문과

---

40 "채찍을 던져 강의 흐름을 막는다"라는 뜻으로 강을 건너는 군사의 수가 많다는 의미.

덕행은 널리 알려져서 동진의 조야(朝野) 인사들도 모두 그를 흠모하고 우러러보았습니다. 문화 철학사에서 '양양 고사(襄陽高士)'라고 부르는 습착치(習鑿齒)가 도안 법사를 만나러 와서는 자신을 "사해(四海)[41] 습착치"라고 말하자 자신은 "미천(彌天)[42] 석도안(釋道安)"이라고 했다는 그 고사의 주인공입니다.

일찍이 부견은 도안을 흠모하고 존경한 나머지, 그에게 외국에서 가져온 금불상과 금실로 구슬을 엮어 장식한 미륵을 보냈습니다. 도안 법사는 매번 불경을 설법할 때마다 그 불상을 자기 곁에 놓아두었습니다. 하지만 더 이상 참지 못한 부견은 결국 양양을 공격하여 승리를 거두고 직접 도안 법사를 찾아가 만났습니다. 그러고는 좌우에 있는 사람에게 이렇게 말했습니다. "내가 십만의 군사로써 양양을 취하였는데 한 사람 반을 얻었을 따름이다[吾以十萬師取襄陽, 得一人半耳]." 그러자 좌우의 사람들이 그것이 누구냐고 물었습니다. "도안 법사가 한 사람이고 습착치가 반 사람이다[安公一人, 習鑿齒半人也]." 부견이 동진을 공격하려 하자 부융은 도안 법사에게 도움을 청했습니다. 하지만 부견은 끝내 그의 말도 듣지 않았습니다.

도안 법사를 얻은 부견은 서역에 구마라습(鳩摩羅什)이라는 덕망 높은 고승이 있다는 말을 전해 듣자, 또다시 대장 여광(呂光)[43]으로 하여금 칠만의 군사를 거느리고 서역을 정벌하여 구마라습을 중국으로 모셔 오게 했습니다.

여광은 명을 받고 서쪽으로 출정하여, 들리는 말로는 사십여 개의 작은 나라를 정복했다고 합니다. 구자(龜玆)에 도달하여 무력으로 위협하자 구자 국왕도 어쩔 수 없이 고승 구마라습을 양보했습니다. 하지만 구마라습

---

41 온 천하.

42 하늘에 가득하다.

43 자는 세명(世明)으로 하남(河南) 낙양(洛陽) 사람.

을 얻어 고장(姑臧)[44]으로 돌아온 여광은 부견이 이미 죽었다는 말을 듣고 는 양주목(涼州牧)[45]의 항복을 받아 내어 처음에는 자신을 주천공(酒泉公) 이라 부르더니 나중에는 스스로 양제(涼帝)라 칭했습니다. 그리하여 구마 라습 법사도 후량(後涼) 여광 부자에 의해 십여 년간 양주에 머무르게 되 었습니다. 이때가 바로 서기 392년경이니, 유럽의 로마가 막 기독교를 국 교로 인정하기 시작하던 무렵이었습니다.

부견이 무력으로 군대를 파견하여 서역 원정에 나섰던 것이, 오직 도 (道)와 학식을 지닌 고승 한 사람을 동쪽으로 모셔 오기 위해서였다는 사 실은 동서고금의 역사상 지극히 드문 일이었습니다. 동시에 구마라습으 로 인해 훗날 불학이 중국에 성행함으로써 중국 철학과 문학에 심원한 영 향을 미쳤으니, 역사에 그런 전례가 없었던 중요한 사건이었다고 하겠습 니다.

십여 년 후 서융(西戎) 강족(羌族) 출신의 요흥(姚興)이 부견의 뒤를 이어 후진(後秦)의 왕이라 칭하더니, 또다시 대장 요석덕(姚碩德)을 보내어 후 량을 공격하고 구마라습을 장안으로 모셔 왔습니다. 요흥은 구마라습을 국사(國師)로 대우하고 장안의 소요원(逍遙園)에 살면서 불경 삼백여 권을 번역하도록 했습니다. 번역 일을 도운 제자들도 아주 많았습니다. 전해지 기로는 그에게 배운 중국의 승속(僧俗) 제자들이 이삼천 명에 달하였는데, 특별히 준수하고 뛰어난 사람은 일고여덟 정도였다고 합니다. 예를 들어 훗날 역사에서 '생공설법(生公說法)'[46]이라고 칭해지는 도생(道生)을 비롯

---

44 감숙성(甘肅省) 무위(武威).

45 감숙(甘肅) 지방의 수장(首長).

46 동진의 승려 도생(道生)은 속성이 위(魏)였으나 남방에서 축법태에게 출가하여 도를 배웠으므 로 축도생이라고도 한다. 전하는 바로는 스님이 일찍이 강소(江蘇) 호구산(虎丘山)에서 돌을 모아 학도로 삼고 천제성불(闡提成佛)의 학설을 설파하였는데, 돌들도 감응하여 고개를 끄덕 였다고 한다. 이것이 바로 "생공설법 완석점두(生公說法, 頑石點頭)" 이야기이다.

해서 「물불천론(物不遷論)」과 「반야무지론(般若無知論)」 같은 철학 및 과학 사상 천고의 명문을 저술한 승조(僧肇) 및 도융(道融)과 승예(僧叡) 등이 모두 그의 제자였습니다.

특히 범문(梵文)의 병음(拼音) 원리를 이용하여 중국.문자에 처음으로 자모(字母)를 병음하는 반절법(反切法)을 만들어 낸 것은 바로 구마라습 법사와 그의 중국인 제자인 승예, 혜관(惠觀), 혜엄(惠嚴) 등의 공로였습니다. 하지만 안타깝게도 법사가 후진(後秦)에 머물면서 불경을 번역한 기간은 겨우 구 년에 불과했습니다. 구 년 후에 곧바로 입적하였으니 세상에 머무른 수명이 그리 길었다고는 할 수 없습니다. 실로 중국 불교 문화에서는 유감스러운 일이 아닐 수 없습니다.

하지만 전진과 후진 시기, 즉 중국의 도안 법사와 서역에서 온 구마라습 법사 시대의 관중(關中)과 낙양 등 중원 일대의 뛰어난 지식인과 우수한 인재들은 당시 정권에 비관과 염증을 느끼고 있었기 때문에, 대부분 현실과 세상으로부터 벗어나 출가하여 불학을 공부했습니다. 그러지 않으면 신선이 되는 공부를 하여 도사가 되었습니다. 그러므로 동진 시대는 "천하의 말이 불가로 귀의하지 않으면 도가로 귀의했던" 시대였다고 할 수 있습니다. 남쪽으로 천도한 후 동진 왕조 각 계층의 인사들도 그러했습니다. 당시 권세를 누리던 왕도(王導)와 사안(謝安) 같은 명신들도 서역에서 강남으로 건너와서 살던 지겸(支謙), 지량(支亮) 등과 밀접한 교류가 있었습니다.

예를 들어 도안 법사가 양양에 살던 시기에 동진의 효무제(孝武帝) 사마요(司馬曜)는 다음과 같은 조서를 내렸습니다. '법사께서 도와 덕으로 온 세상을 비추어 큰 법이 유행하게 하고 창생이 의뢰하게 하였으니, 날마다 왕공의 녹을 먹는 것이 마땅하므로 담당 관청에서 때에 맞춰 물자를 공급해 주도록 하라[法師以道德照臨天下, 使大法流行, 爲蒼生依賴, 宜日食王公祿,

所司以時資給)." 하지만 도안 법사는 이를 고사하고 받지 않았습니다.

당시에는 학문과 도를 강론하는 기풍이 성행하여 이른바 학문과 수양을 갖춘 사람은 손에 사슴꼬리나 말꼬리로 만든 불진(拂塵)[47]을 들고 있었는데, 말하자면 그것으로써 세속을 떠난 풍모를 나타내려는 것이었습니다. 그것이 바로 사료에서 말하는 "손에는 불진을 들고 현담에 종사하는(手持拂塵, 從事玄談)" 풍조였습니다. 사실 그런 관습은 인도의 바라문교에서 손에 불진을 들고 포교하러 중국으로 건너왔던 형상에서 유래하였는데, 지금까지도 불교와 도교에는 불진을 들고 다니는 관습이 남아 있습니다.

유가는 잠잠하고 불가가 창성했던 시대

요컨대 위진 남북조 이후 당(唐)의 개국 초기에 이르기까지 삼백여 년간 이른바 유가의 '공맹지교(孔孟之敎)'와 '오경지학(五經之學)'은 매우 잠잠했습니다. 그저 책을 읽고 글자나 익히는, 즉 지식을 구하는 일반 교육용 교재로만 사용되었습니다. 공맹의 가르침을 배우지 않고 '유종 도학(儒宗道學)'[48]에 합치되지 않는 사람은 조정에 서기도 어려웠던 송·명 이후와는 판연히 달랐습니다. 당시에는 그런 사람은 사림(士林) 사회에서 죽을 때까지 남들에게 무시당하기도 했습니다.

하지만 동진에서 남조 육 대에 이르는 기간에는 관중에 불학이 창성하고 강남에는 불교 사원이 즐비했기 때문에 불교는 당시 사회 각층에 두루 영향을 미쳤습니다. 위로는 황제에서부터 아래로는 장사꾼이나 군졸에

---

47 먼지떨이. 중이나 도사가 번뇌 따위를 물리치는 표지로 사용한다.

48 '유종(儒宗)'은 유학의 대가를 의미하고 '도학(道學)'은 송대의 성리학을 말한다. 송·명대에는 성리학 즉 도학이 유학의 종주 자리를 차지했으므로 유종 도학은 송대의 성리학을 가리킨다.

이르기까지 많은 사람들이 자신의 이름을 불경에 나오는 보살, 나한, 나라연(那羅延)[49] 등의 명사에서 따왔습니다. 이것만 보더라도 당시 불교문화가 중국에 어느 정도나 보급되었는지 알 수 있습니다. 그런 현상은 이십세기의 현대인들이 제임스니 존이니 하는 서양 이름을 붙이기 좋아하고, 시황(市況) 상점이니 원자(原子) 이발소 혹은 원자 아이스크림 가게니 하는 간판을 내걸기 좋아한 것과 비슷합니다. 모두가 한때의 유행이니 그리 이상할 것도 없습니다.

하지만 증자가 말했듯이 "말이 도리에 어긋나게 나간 것은 또한 도리에 어긋나게 들어오는" 법입니다. 서기 440년 무렵, 북위(北魏)의 탁발씨(拓跋氏)가 일어나 강북을 통일하면서부터 남조와 북조가 서로 대립하는 형세가 시작되었습니다. 북위의 조야(朝野) 역시 불교문화의 영향을 받아 전국에 삼만여 채의 사찰을 건립하였으며 머리 깎고 출가한 승려가 이백만 명이 넘었습니다. 그 세력의 융성함이란 "남조의 사백팔십 채 사찰, 이슬비 사이로 보이는 누대는 그 얼마인가[南朝四百八十寺, 多少樓臺煙雨中]"라고 했던 남조보다 훨씬 더했습니다.

하지만 서기 500년 무렵에 왕위를 계승한 북위의 태무제(太武帝) 탁발도(拓跋燾)는 도교를 신봉하던 대신(大臣) 최호(崔晧)의 영향을 받아서 도사 구겸지(寇謙之)를 숭배했습니다. 그의 영향을 받은 태무제는 불교와 도교 간의 교쟁(敎爭)이라는 큰 사건을 일으키게 되는데, 중국 종교사상 불교가 겪은 '삼무일종(三武一宗)'[50]의 난(難) 가운데 첫 번째 사건이었습니

---

49 천계(天界)의 역사(力士).

50 첫 번째는 446년 북위(北魏)의 태무제(太武帝)가 불경과 불상을 태우고 승려들을 파묻어 죽인 것이며, 두 번째는 574년에 북주(北周)의 무제(武帝)가 도교와 불교를 모두 폐지하고 승려와 도사를 환속시킨 것이며, 세 번째는 834년에 당(唐)의 무종(武宗)이 사찰 사만여 채를 헐고 승려 이십육만여 명을 환속시킨 것이며, 네 번째는 955년 후주(後周)의 세종(世宗)이 사찰을 없애고 불상과 종을 녹여 돈을 만든 것을 말한다.

다. 동시에 중국의 문화 의식사(文化意識史)에서 자기네끼리 투쟁한 사건 가운데 하나였습니다.

사료에 기록된 바에 따르면 다음과 같습니다. "여러 진의 장군과 자사들에게 널리 공포하여 불교의 형상 및 모든 불경을 다 격파하고 불사르게 하고, 사문(출가인)은 노소를 막론하고 모두 묻어 버렸다[宣告諸鎭將軍刺史, 諸有浮圖形像及一切佛經, 皆擊破焚燒, 沙門無少長, 悉坑之]." 그러나 "태자가 평소 불법을 좋아하여 누차에 간하였으나 듣지 않았는데, 이에 조서를 늦추어 발표하여 원근에서 그 소식을 미리 듣고 각기 대책을 세울 수 있었다. 사문 가운데 많은 사람은 달아나서 숨어 죽음을 면할 수 있었고 불경과 불상을 거두어 숨겼다. 오로지 사찰이 위나라 경내에 있던 사람들은 남은 자가 없었다[太子素好佛法, 屢諫不聽, 乃緩宣詔書, 使遠近預聞之, 得各爲計. 沙門多亡匿獲免, 收藏經像. 唯塔廟在魏境者, 無復孑遺]."

바꾸어 말하면 삼만여 곳의 사찰이 모두 파손되었다는 것입니다. 정말로 파괴적인 장대한 거사였다고 하겠습니다. 하지만 지금 보면 이미 그러한 전례가 있었던 일로서 크게 이상할 것도 없습니다. 경제학자 케인스의 경제학적 관점에서 보면 "소비는 생산을 자극하는" 법입니다. 위대한 파괴가 없다면 어떻게 위대한 생산이 있겠습니까! 인류는 원래 유치하기 때문에 늘 까닭 없이 소란을 일으켜서 자아 파멸을 불러왔습니다.

사실 고대 학자들의 고증에 따르면 북위 탁발씨는 황제의 자손인 창의(昌意)의 후예라고 합니다. 북방의 일부를 분봉 받았는데 그곳에 있던 대선비산(大鮮卑山)으로 자신의 호칭을 삼았습니다. 북위를 건국하면서부터 "오랑캐 의관을 없애고 오랑캐 말을 끊어 버리고 중국의 기풍을 존중하였다"라고 합니다. 한족화된 문화 습속을 배우기 시작하였고 낙양으로 천도한 다음에는 성씨도 원(元)으로 고쳤습니다. 서기 485년경에 남조의 제(齊)·양(梁)과 대치할 즈음에는 금동성상혼법(禁同姓相婚法), 정호적법(定

戶籍法) 및 공복제도(公服制度)를 제정했습니다.

그뿐 아니라 더욱 큰 의의가 있는 일은 당시 북위에서는 이미 균전법(均田法)을 실행하기 시작하였다는 사실입니다. 균전법은 토지를 공평하게 분배하는 정책으로서, 현재와 비교해 본다면 북위는 천오백 년 이전에 이미 "앞으로 나아갔던[前進]" 것입니다. 이 시기의 '불학과 불교' 문명의 흥성과 득실에 관해서는 송대의 이름난 유학자이자 신하였던 사마광(司馬光)이 『위서(魏書)』「석로지(釋老誌)」에 실었던 글을 참고하면 됩니다.

아무튼 역사의 경험에 근거해 보더라도, 한 시대에 영향을 끼칠 수 있는 지도자가 되려면 기본적인 견해와 수양에서 『대학』에 나온 "머무를 곳을 안 뒤에야 정함이 있고, 정한 뒤에야 흔들리지 않을 수 있고, 흔들림이 없는 뒤에야 편안할 수 있고, 편안한 뒤에야 생각할 수 있고, 생각한 뒤에야 얻을 수 있다[知止而后有定, 定而后能靜, 靜而后能安, 安而后能慮, 慮而后能得]"라는 경지에 이르러야 합니다. 그래야만 비로소 자기 자신과 타인을 이롭게 하고 당세에 공을 세우고 백성을 구제하며 그 은택이 만대에 미치는 그러한 대업을 이룰 수 있습니다.

48

도리에 어긋나게 들어온 것은
도리에 어긋나게 나간다

ᄅ

　서기 420년 무렵에 동진이 끝나고 남조(南朝) 육 대 가운데 두 번째 왕조인 송(宋)이 시작되었습니다. 송 고조 유유(劉裕)는 농민 출신으로 어린 시절 절에서 자랐기 때문에 기노(寄奴)라는 아명으로 불렸습니다. 후에 시대 상황이 영웅을 만들어 낼 수 있는 기회를 얻자 이십이 년간 재위했던 진 안제(安帝) 사마덕종(司馬德宗)을 모살하였으며, 거기다 자신에게 이 년간 이용당했던 진 공제(恭帝) 사마덕문(司馬德文)마저 독살해 버렸습니다. 그 모두가 조비와 사마염의 방법을 배워 그대로 모방한 것이었는데, 제위를 찬탈하여 스스로 황제라 칭하고는 국호를 '송(宋)'이라 정했습니다.

　그러나 같은 찬탈이라도 조비는 한 헌제를 죽이지 않았으며, 사마염 역시 조환을 죽이지 않고 폐위시켰을 뿐이었습니다. 그들과 비교해 보면 유유의 행위는 차이가 있었습니다. 이후 남조의 모든 왕조가 제위를 찬탈하여 스스로 황제라 칭하면서 전 왕조의 자손들에 대해서는 "풀을 베고 뿌리마저 뽑아 버렸는데〔斬草除根〕" 그 선례가 바로 유유에게서 시작된 것입니다. 그 후 이어진 제(齊)·양(梁)·진(陣)·수(隋) 모두가 똑같은 복제품이었습니다. 단지 수(隋) 왕조를 개국한 수 문제(文帝) 양견(楊堅)만은 살육(殺戮) 이외에 멸족(滅族)까지 더했는데, 그래서 역사학자들은 수 왕조가 틀림없이 오래가지 못할 것이라고들 말했습니다.

유준, 소연, 소역, 진숙보의 고사

삼 년간 황제 노릇을 했던 유유가 죽은 후로 그의 자손들이 차례로 제위를 계승하여 도합 일곱 명의 직업 황제들이 거쳐 갔습니다. 하지만 전부 합해 봤자 겨우 육십 년에 불과했던 유송(劉宋) 천하는 권신 소도성(蕭道成)이 똑같이 재현했던 제위 찬탈로 인해 송(宋)에서 제(齊)로 바뀌었습니다. 제위를 찬탈하고 제 왕조를 창건하던 초기에 소도성은 먼저 열네 살밖에 안 된 유송의 어린 황제 순제(順帝) 유준(劉準)을 폐위시켰습니다.

당시 유준은 눈물을 훔치면서 말했습니다. "나를 죽이고자 하는가?" 그러자 소도성의 명령을 받들고 왔던 왕경(王敬)이 이렇게 말했습니다. "별궁으로 나가서 살게 될 뿐입니다! 관가(황제의 대명사)께서 예전에 사마씨의 집안을 취한 것도 또한 이와 같았습니다〔出居別宮耳. 官家先取司馬家亦如此也〕." 유준의 선조 유유가 제위를 찬탈하여 송의 황제라 칭하면서 진 왕조 사마씨의 후손을 박해했는데, 바로 지금처럼 이렇게 했다는 말입니다. 마침내 자신의 퇴장을 알게 된 송 순제 유준은 울면서 이렇게 말했습니다. "원컨대 내세에는 세세토록 제왕의 집안에 태어나지 말게 하소서〔願後身世世, 勿復生帝王家〕." 물론 소도성은 그를 그냥 놔두지 않았습니다. 유준뿐 아니라 그의 가족까지 모두 죽여 버렸지요.

유준이 말한 "원컨대 내세에는 세세토록 제왕의 집안에 태어나지 말게 하소서"라는 말은 권력을 남용하는 사람들에게 주는 영원한 경계가 될 만합니다. 그런데 역사상 그와 똑같은 고통을 겪었으면서도 보는 사람들로 하여금 조금은 다른 비장감을 느끼게 해 주는 고사가 있습니다. 그 주인공은 명 말의 의종(毅宗) 주유검(朱由檢) 곧 숭정(崇禎) 황제입니다. 명나라가 망하게 되자 그는 목을 매어 죽으려고 했습니다. 하지만 그전에 당시 겨우 열다섯 살이던 자신의 딸(공주)을 불러 "너는 어찌하여 우리 집안에 태어났느냐[爾何生我家]"라는 한마디만 하고는, 왼쪽 소매로 자신의 얼굴을 가리고 오른손으로 칼을 휘둘러 공주를 베었습니다. 그러나 칼 놀림이 정확하지 못해서 공주의 왼팔만 자르고 말았습니다. 역사를 읽다 보면 제왕이나 권세가의 자손으로 태어나는 것이 실제로는 진정한 행복이 아니라는 사실을 알 수 있습니다.

소도성 자신이 황제 자리에 있었던 것은 사 년에 불과했습니다. 그 후 일곱 명의 멍청한 황제들이 대를 이었지만 그래 봤자 겨우 이십사 년이었습니다. 같은 친족이던 소연(蕭衍)에 의해 폐위당하고 국호는 제(齊)에서 양(梁)으로 바뀌었습니다. 그가 바로 훗날 채식만 하면서 불학을 공부한 것으로 유명했던 양 무제(武帝)입니다. 당초에 소도성의 자손들을 죽이려고 하지 않았던 것을 보면 양 무제는 그런대로 마음이 좋은 사람이었던 것 같습니다. 하지만 "헛된 명성을 사모하여 실제적인 화를 받지 말라[勿慕虛名而受實禍]"라는 심약(沈約)의 경고를 듣고는 그도 결국 똑같은 전철을 밟았습니다. 그는 황제 자리에 있었던 사십팔 년 동안에 불학을 공부하고, 자신이 몸소 대사(大師)가 되어 불경을 강론하고 설법했던 것을 제외하면 그리 큰 잘못이 없었기 때문에 팔십육 세까지 살았습니다.

다만 안타까운 것은 그가 권모술수를 도덕으로 여겼으며, 특히 기회를 틈타 교묘하게 이득을 챙기는 데 뛰어났다는 사실입니다. 결국 동위(東魏)에서 투항해 온 반역자 후경(侯景)을 잘못 기용했다가 끝내는 대성(臺城)[51]에서 굶어 죽었습니다. 하지만 그는 위기가 닥쳐오자 "천하를 자기 스스

---

51 남경(南京).

로 얻었다가 자기 스스로 잃으니 또한 어찌 여한이 있겠는가[天下自我得之, 自我失之, 又有何憾]"라는 대범한 말을 했습니다. 그러한 투기꾼 같은 호기로운 말은 확실히 평범한 사람이 내뱉을 수 있는 것은 아닙니다. 그 후 그의 자손들이 뒤를 이어 육 년간 황제를 지냈는데, 모두 합해서 네 명의 황제가 거쳐 간 오십사 년 천하였습니다.

중국 역사상 양 무제 소연은 아주 특별한 서생(書生) 황제라고 말할 수 있습니다. 그는 문학가이자 철학자였습니다. 그는 제위에 오르기 전 '현실 유물론(現實唯物論)'을 주장하던 학자 범진(范縝)이 쓴 「무신론(無神論)」을 놓고 당시의 명사 학자들과 필묵으로 설전을 벌였습니다. 그는 유신론(有神論)을 전력 주장했는데, 생명은 전생과 후세가 있으며 '신아(神我)'적인 존재가 확실히 있다고 여겼습니다. 일찍 죽은 그의 큰아들 소통(蕭統)은 바로 중국 문학사에서 저명한 '소명 태자(昭明太子)'입니다. 후세에 전해지는 『소명문선(昭明文選)』은 바로 그가 편집한 대작이지요.

나중에 제위를 계승하여 후경에게 반항했던 양 원제(元帝) 소역(蕭繹)은 소연의 일곱 번째 아들이었습니다. 그는 역사상 아주 우스꽝스러운 독서광 황제였습니다. 소역은 제위를 계승한 후 진패선(陳霸先)을 보내 후경을 토벌하게 했으나, 자신은 삼 년 뒤에 서위(西魏)의 공격을 받아 죽임을 당했습니다. 적이 성으로 쳐들어오기 직전 그는 자신의 심정을 시로 쓰기도 했습니다. 당시 적이 궁성인 금성(金城)으로 들어왔다는 소식을 듣자, 그는 "고금의 도서 십사만 권을 태워 버렸다"라고 합니다. 그가 죽기 전에 어떤 사람이 그때 책을 불태운 까닭이 무엇이냐고 물었더니 이렇게 대답했습니다. "만 권의 책을 읽었는데도 오늘 같은 날이 있으니 그래서 불태웠다[讀書萬卷, 猶有今日, 故焚之]." 참으로 세상에서 첫째가는 기이한 말이 아닐 수 없습니다. 자기 자신에게 뛰어난 재략이 없었던 것인데 독서가 무용하다고 원망하다니, 어찌 우습지 않습니까! 부친 양 무제의 대범함에 너무나 미치지 못한 인물이었다고 하겠습니다.

소량(蕭梁)에 이어 제위를 찬탈하고 황제라 칭했던 사람은 진(陳) 고조인 진패선(陳覇先)이었습니다. 그는 어려서부터 "가족을 위한 생산에 종사하지 않는" 그런 사람이었으며, 떠돌아다니기를 좋아하는 성격의 소유자였습니다. 그런데 음양학(陰陽學)을 익혀 기문둔갑(奇門遁甲) 등 방술(方術)에 통달했습니다. 그 또한 전례대로 황제의 지위에 오르기 전에 양의 황제 강음왕(江陰王) 소방지(蕭方智)를 죽였습니다. 하지만 정작 자신은 겨우 삼 년 동안 황제 노릇을 하다가 오십구 세에 죽었습니다.

이후 아들과 조카를 포함한 네 명이 차례차례 황제의 지위를 계승하였는데 마지막으로 손자 진숙보(陳叔寶)가 황제가 되었습니다. 이 사람이 바로 역사상 풍류 황제로 유명한 진 후주(陳後主)입니다. 수나라 군대가 대성으로 공격해 들어오자 그는 자신의 비(妃)였던 장려화(張麗華)와 공귀빈(孔貴嬪)을 끌어안고 우물 속으로 뛰어들어 가서 숨었습니다. 결국 밧줄을 내려 주어 세 사람은 함께 구조되었습니다. 그 우물이 현재 남경의 명승지 가운데 하나인 경양궁정(景陽宮井)입니다. 나라가 망하자 풍류 황제가 미인을 끌어안고 우물에 뛰어들었다는 바로 그 역사 코미디의 주인공이 되었습니다.

당시 군사를 이끌고 남경을 공격했던 사람이 바로 후일의 수 양제(隋煬帝) 양광(楊廣)이었습니다. 그는 진숙보를 전리품으로 여겨 죽이지 않았습니다. 그 대신 사로잡아서 "태묘에 포로로 바치고[獻俘太廟]" 자신의 논공행상(論功行賞)거리로 삼았습니다. 이른바 남조의 진(陳) 왕조는 모두 합해 고작 다섯 황제의 삼십삼 년 천하로 끝이 났습니다.

진 후주 진숙보는 그보다 삼백여 년 늦게 태어난 남당(南唐)의 이후주(李後主)와 거의 비슷했는데, 풍류를 즐겼던 것 외에도 음악을 애호한 전문가였습니다. 그는 나라가 망하기 전에 직접 유명한 가곡 「옥수후정화(玉

樹後庭花)」를 제작하여 궁인들에게 연습시켰는데, 그 노래는 점차 민간에도 전해졌습니다. 당대의 시인 두목(杜牧)은 진 후주의 고사에서 느끼는 바가 있어서 「밤에 진회에 정박하다〔秦淮夜泊〕」라는 시에서 이렇게 읊었습니다.

안개는 차가운 강물을 덮고 달빛은 모래를 비추는데	煙籠寒水月籠沙
밤에 진회에 정박하니 술집이 가깝구나	夜泊秦淮近酒家
술 파는 여자는 망국의 한을 알지 못하니	商女不知亡國恨
강 건너 아직도 후정화를 부르고 있네	隔江猶唱後庭花

중국 전통 철학의 관점에 비추어 보면 운명의 신은 참으로 인류를 가지고 논다고 하겠습니다. 그가 쓴 중국 역사라는 극본을 보면 결국은 여러 사람에게 계속해서 네모 칸과 원을 그려 주었을 뿐입니다. 여러 사람을 사회 변화라는 네모 칸 속에 있게 하고는, 마치 오 년마다 한 번 작게 변화하고 십오 년마다 한 번 중간 정도로 변화하고, 삼십 년 무렵에 다시 한 번 크게 변화하도록 규정이라도 한 것 같습니다. 그런 다음에는 다시 네모 칸을 원으로 바꾸어서 육십 년 무렵에 한 번 작게 변화하고 백이십 년 무렵에 한 번 중간 정도 변화하고 백팔십 년 무렵에 한 번 크게 변화하도록 했습니다. 이러한 네모 칸과 원의 변화 과정에는 가감승제의 공식이 이용되는데, 인류 가운데 주판을 만질 줄 아는 사람은 자신이 직접 돈을 빌려 주고 이자를 받아먹으려 들기도 했습니다.

사실 운명의 신은 아주 공평하기 때문에 다른 민족에게 정해 준 규격 역시 거의 비슷합니다. 다만 그들은 당시의 우리 조상들처럼 역사에 회계와 통계법을 적용하지 않았을 뿐입니다. 우리 조상들은 흘러간 역사에 대해 비교적 명확하게 장부책에 기록했습니다. 그리하여 눈으로 보기에도 매우 또렷하게 드러나는 것이 참으로 놀라울 정도입니다.

양견과 양광 부자의 고사

역사에서 오호난화(五胡亂華)라고 칭하는 때로부터 남북조가 대립하던 때까지는 중국 문화의 변천에서 유·불·도 삼가가 합류하기 시작하던 시기였습니다. 먼저 당시의 상황을 설명해야 할 것 같습니다. 이른바 북조(北朝)였던 북위(北魏)는 강북의 소수 민족을 통일하여 나라를 세운 후에 다시 동위와 서위로 분열되었습니다. 동위는 나중에 다시 북제(北齊)로 바뀌었고 서위는 다시 북주(北周)로 바뀌었습니다. 양견(楊堅)이 일어나 북주와 북제를 아우르고 강남의 진(陳)을 멸한 후에야 남북은 비로소 하나로 통일되었는데, 이것이 수(隋) 왕조입니다.

당(唐)의 건국을 위해 먼저 길을 열어 주었던 수 왕조의 삼십이 년 천하는 남조의 진 후주를 멸한 때로부터 시작되었습니다. 수 왕조를 개국한 수 문제(文帝) 양견과, 그를 계승하여 황제의 지위에 올랐던 아들 수 양제(煬帝) 양광은 모두 역사상 백성들의 인기를 끌었던 스타 황제였습니다. 이 대목에서 여러분이 잊어버려서는 안 되는 것이 있습니다. 위진 남북조 이래로 삼백여 년간 강북과 강남의 사회는 불학과 불교의 분위기로 가득 찼었습니다. 당시에는 유가의 『대학』과 『중용』 혹은 '사서(四書)'가 제왕 정치의 지도 원리인 제왕학(帝王學)으로 사용되지 않았습니다. 『대학』과 『중용』이 제왕들의 필독서가 된 것은 남송 이후의 광고와 선전 덕분이었습니다. 그렇기 때문에 수 왕조의 개국 군주인 수 문제 양견이 당시 가장 인기 있고 잘나가는 스타 황제가 될 수 있었습니다.

먼저 역사에 기록된 양견의 출신에 관한 고사를 말씀드리겠습니다. 어린 시절 그의 이름은 나라연(那羅延)이었습니다. 참고로 말하자면 진 왕조의 대장 소마하(蕭摩訶)가 불학에 나오는 이름이었던 것처럼, 나라연 역시 불학에 나오는 동방 금강역사의 이름입니다. 그의 부친 양충(楊忠)은 본래 서위와 북주에서 벼슬을 하여 수공(隨公)에 봉해졌던 인물입니다. 모친이 그를 낳았을 때와 관련하여 많은 신화가 있지만 그 진위 여부는 따지지 않겠습니다. 그를 낳은 후에 하동(河東)에서 어떤 비구니가 와서 그의 모친에게 이렇게 말했다고 합니다. "이 아이는 내력이 남다르니 당신들 같은 범속한 사람의 집안에서 길러서는 안 됩니다."

그 말을 그대로 믿었던 그의 부모는 아기를 그 비구니에게 넘겨주어 교외의 별장에서 키우게 했습니다. 하루는 비구니가 외출한 사이에 모친이 와서 그를 안았다가, 아기의 머리에 뿔이 나 있고 온몸은 비늘로 덮여 있는 것을 보고는 깜짝 놀라 그만 바닥에 떨어뜨리고 말았습니다. 마침 마음에 뭔가 느껴졌던 비구니가 얼른 집으로 돌아왔다가 그 광경을 보고는 말했습니다. "이런! 당신이 내 아이를 놀라게 했소. 이 일로 천하를 얻는 일이 한 걸음 더뎌지게 될 것이오." 이야기의 진실 여부는 차치하더라도 양견 부자는 확실히 중국 역사상 시대의 획을 그은 중요한 인물이었습니다. 그래서 옛 역사학자들도 좀 내키지는 않았겠지만, 당시에 아무도 믿어 의심치 않던 이 신화를 배제해 버리지 않고 곧이곧대로 기록했던 것입니다.

양견이 훗날 북주의 제위를 찬탈하여 스스로 황제라 칭했던 데에는 이미 형세를 돌이킬 수 없었던 까닭도 있었지만, 그로 하여금 찬탈할 결심을 굳히게 만들었던 가장 중요한 요인은 바로 그의 아내 독고가라(獨孤伽羅)의 군건한 지지였습니다. 독고가 양견을 격려했던 명언이 바로 "호랑이를 탄 기세라서 내려서는 안 된다(騎虎之勢, 必不得下)"라는 것이었습니다.

그가 개국하고 황제라 칭하면서 처음 했던 일은 바로 북주의 군주 우문씨(宇文氏)의 일족을 몰살하는 것이었습니다. 『역경』건괘의 「문언전(文言

傳)」에 나오는 "선을 쌓은 집에는 반드시 경사가 있고 악을 쌓은 집에는 반드시 재앙이 있다[積善之家, 必有餘慶. 積不善之家, 必有餘殃]"라는 참으로 불가사의한 법칙입니다. 그의 아들 수 양제는 결국 우문화급(宇文化及)의 손에 죽었으며 이로써 수나라는 망하고 말았습니다. 양견 부자의 수 왕조 천하는 겨우 삼십이 년에 불과했던 것입니다. 이러한 순환과 반복을 보면 마치 그 나름의 규율을 지닌 윤회가 존재하기라도 하는 것 같습니다.

양견이 황제가 된 후 당연히 독고씨도 황후의 자리에 올랐습니다. 역사에서는 다음과 같이 말합니다. "황후는 가세[52]가 고귀하고 번성했으나 겸손하고 공경할 줄 알며 오직 책 읽기를 좋아하였는데, 언행이 황제의 뜻과 합치되는 점이 많아 황제가 매우 총애하고 조심하였으니 궁중에서는 두 성인이라 불렀다[后家世貴盛, 而能謙恭, 惟好讀書, 言事多與隋主意合, 甚寵憚之, 宮中稱爲二聖]." 사실 수 문제 양견은 마누라를 무서워했던 역대 제왕 집단의 회장감이었습니다. 이른바 "총애하고 조심하였다[寵憚]"는 말은 죽어라 무서워했다는 뜻을 문언(文言)으로 표현한 것입니다. 결국은 독고 황후와 둘째 아들 양광의 꾀임에 넘어가서 큰아들 양용(楊勇)을 폐위시키고 양광을 태자로 세웠습니다.

그런데 독고 황후가 죽고 삼 년도 못 되어 양광은 병중이던 부친 수 문제 양견을 아예 죽여 버리고 스스로 황제 자리에 올랐습니다. 양견은 죽음 직전에야 자신이 황후의 말을 너무나 신임한 나머지 아들의 속임수에 넘어갔던 것을 후회했습니다. 그러고는 침상을 치면서 말했습니다. "독고가 나를 그르쳤구나[獨孤誤我]." 하지만 이미 때는 너무 늦었습니다. 십육 년 동안 황제를 지낸 그에게 그간의 공과, 선악, 시비를 가리자고 든다면 반반이었다고 할 수 있습니다. 양견을 길렀다는 그 비구니는 왜 그를 그저

---

52 문벌(門閥)과 세계(世系).

'황제'가 되게만 기르고, '훌륭한 황제'가 되게 기르지는 않았는지 모르겠습니다. 어찌 "덕을 행하나 결과를 얻지 못한〔爲德不果〕" 상황이 아니겠습니까!

수 양제 양광은 부친과 형을 시해하고 황제의 보좌에 올랐던 초기에 자신의 득의양양한 기쁨을 시로 읊었습니다. "나는 본래 부귀를 추구하는 마음이 없었거늘, 부귀가 사람을 다그치며 올 줄을 그 누가 알았으라〔我本無心求富貴, 誰知富貴逼人來〕." 훗날 천하의 군웅이 모두 일어나자 양주(揚州)로 달아난 그는 이제 더 이상 버티지 못할 상황임을 깨달았습니다. 이에 자주 거울을 끌어당겨 스스로를 비추어 보며 말했습니다. "이처럼 훌륭한 머리를 그 누가 벨까〔好頭頸, 誰當斫之〕." 그러자 곁에 있던 소 황후가 아주 이상하다는 듯이 그에게 물었습니다. "왜 그런 불길한 말을 하십니까?"

그런데 웃으면서 소 황후의 질문에 답한 그의 말이 대단히 탁월한 철학적 명언이었습니다. "머리를 풀어헤치고 산으로 들어가겠다"라거나 "머리 깎고 중이 되겠다"라는 고상한 선비들에 비해 얼마나 시원스럽고 대범했는지 모릅니다. 그의 대답은 이러했습니다. "빈천과 고락은 교대로 겪는 것이니, 또한 무엇을 가슴 아파하겠는가〔貧賤苦樂, 更迭爲之, 亦復何傷〕." 즉 "사람은 모름지기 빈천과 부귀, 고통과 쾌락을 차례대로 바꿔 가면서 한 번씩 맛봐야 하는 것이니 그것이 뭐 그리 기이한 일이겠는가. 뭐 그리 슬퍼할 필요가 있겠는가"라는 뜻입니다.

그는 이미 나라가 망하고 자신은 머리와 몸이 따로 묻힐 처지에 이르렀음을 알았습니다. 그런데도 마치 풍류 명사라도 되는 양 "도리에 어긋나게 들어오면 도리에 어긋나게 나간다"라는 이치를 꿰뚫어 보고 인과응보를 달갑게 받아들였습니다. 마치 자신이 일부러 나쁜 과일을 골라 먹은 성자나 되는 것처럼 말했으니 정말 범상치 않은 만가(輓歌)라 하겠습니다.

하지만 수 왕조의 양견 부자가 중국을 하나로 섞음으로써 이세민(李世民) 부자의 이당(李唐) 시대가 열리게 되었습니다. 비로소 진정한 통일 중국이 되었고 당 왕조의 삼백 년 천하가 시작되었습니다. 후세의 학자들이 습관적으로 '수당(隋唐)'이라고 나란히 부르는 것은 수 왕조가 삼십여 년에 불과한 데다, 바로 뒤이어 나온 이씨(李氏)가 음모로 제위를 찬탈하여 천하를 얻은 것이 아니라 한(漢) 초와 마찬가지로 무력으로 왕조를 세웠기 때문입니다.

이런 관점으로 역사를 바라보는 것에 대해 여러분은 유심 철학적 사관이라고 말하면서 우습게 생각할 수도 있지만 사실은 그렇지 않습니다. 인과율은 유물론과 유심론을 막론하고 존재합니다. 이러한 사실은 자연 과학에서도 인정하는 바입니다. 상세히 토론하려고 들면 철학과 과학이 만나는 지점에까지 논의가 미치므로 다음 기회로 미루도록 하고 한 가지 예만 짧게 들어 보겠습니다.

청 왕조가 개국하던 초기의 상황을 보면, 이른바 청 '태조'인 고황제(高皇帝) 누르하치(努爾哈赤)는 개국하고 사 년째 되던 해에 몽고의 후예인 엽혁족(葉赫族)을 직접 정복하고 그 나라를 멸했습니다. 엽혁족의 패륵(貝勒) 금대석(金臺石)은 처자를 이끌고 자신이 살던 궁궐의 높은 누각으로 올라가서 차라리 죽을지언정 항복하지 않겠다고 했습니다. 그뿐 아니라 단 한 명의 엽혁족이 살아남더라도, 그것이 설사 여자라 하더라도 반드시 이 한을 갚으리라 하늘에 맹세했습니다. 그래서 청 왕조는 이백여 년간 엽혁족의 여자를 절대로 후비로 맞이하지 않는다는 규칙을 준수했습니다.

그런데 혁저(奕詝)가 제위를 계승하여 연호를 함풍(咸豊)이라 하던 시기에 엽혁족의 후예, 바로 청사(淸史)에 유명한 자희(慈禧) 태후 나라씨(那拉氏)[53]가 기어코 궁으로 들어와 귀비(貴妃)가 되고 또 아들을 낳았습니다. 그 아들이 바로 세 살에 황제의 지위에 오른 동치제(同治帝)였습니다. 그

는 겨우 십삼 년간 황제를 지내다가 십구 세에 죽었습니다. 그 후 명목상
으로는 두 황태후의 의지(懿旨)였지만 사실은 자희 태후의 획책으로 광서
제(光緒帝)를 황제로 세웠습니다. 자희 태후의 독재 정치는 끝내 청 왕조
의 철저한 궤멸로 이어졌습니다. 말하자면 청 왕조의 궤멸이 그녀의 손으
로 만들어졌던 것입니다. 이것이 우연의 일치인지 아니면 인과응보인지
는 딱 잘라 말하기 어렵습니다. 하지만 어찌 되었든 이것은 절대로 허구가
아닌 역사의 진실입니다.

그 누가 형체도 없는 인과율을 피할 수 있는가

그렇기 때문에 『대학』에서는 "성의, 정심, 수신, 제가, 치국, 평천하"의
도인 "명덕(明德)"의 가르침을 재차 강조하여, 문치(文治)와 무공(武功)의
정치행위를 천명한 것입니다. 겉으로 보면 현실적 이해관계만 있고 시비
선악의 절대적 표준은 없는 것 같지만 그 속에는 피할 수 없는 무형의 원
칙이 들어 있으니, 그것은 바로 순환하고 반복되는 인과율입니다. 『역경』
태괘(泰卦)의 효사에서 말한 "평평한 것에는 기울어지지 않는 것이 없고,
가면 돌아오지 않는 것이 없다[無平不陂, 無往不復]"라는 이치와 같습니다.
"정치를 하는 것"이 그러하고 인간사가 또한 그렇지 않은 것이 없습니다.
동시에 증자의 "말이 도리에 어긋나게 나간 것은 또한 도리에 어긋나게
들어온다", "재물이 도리에 어긋나게 들어온 것은 또한 도리에 어긋나게
나간다"라는 말을 설명해 줍니다.

지금까지 보았던 역사적 사실들은 오로지 다음의 이치를 증명해 줍니

---

53 엽혁족의 원래 성씨.

다. 진정으로 "뜻을 성실하게 하고[誠意]" "마음을 바르게 하여[正心]" "나라를 다스리고 천하를 화평하게 하면[治國平天下]", "덕으로써 다른 사람들을 복종시키는 사람인 왕자[以德服人者王]"가 된다는, 결코 쉽지 않은 일을 해낼 수 있습니다. 하지만 대다수의 사람들은 "힘으로써 인을 가장하는 사람인 패자[以力假仁者覇]"가 되겠다는 생각과 행동을 하였고, 또 그렇게 역사 무대에 등장하고 퇴장했습니다.

그러면서 이 다사다난했던 민족과 국가를 돌이켜 보고는 "왜 우리에게는 이처럼 어려움이 많았는가?"라고 말합니다. 도대체 우리 자신이 어떠한 문화, 어떠한 '정치 철학' 의식과 문명을 지녀야 영원한 국태민안(國泰民安)을 이룩해 낼 수 있을까? 실로 깊고 오래 생각해 봐야 할 문제입니다. 설마 과거 수천 년 동안의 우리 조상들은 모두 바보였고, 이십 세기 사람들의 총명함과 예지에 미치지 못했던 것일까요? 그렇다면 우리의 유전자가 근본적으로 문제가 있다는 것입니까? 과연 그런 것일까요?

너무 장황하게 역사적 사실을 인용하다 보면 주제에서 멀어질까 봐, 위진 남북조 삼백 년의 혼란과 짧았던 역사만 대비시켜 보았습니다. 하지만 이런 방식은 중국 역사와 문화라는 두 가지 중요한 문제에 대한 제대로 된 설명은 아닙니다. 앞으로 세계 인류학에다 시선을 멀리 두는 국제적인 학자들이 나와서 이런 문제에 각별히 유의하기를 바랍니다. 일부를 가지고 전체를 개괄한다거나 중화 민족과 중국 문화의 참된 의미를 곡해해서는 안 될 것입니다.

기왕 입에서 나오는 대로 주저 없이 말한 김에 중화 민족과 중국 문화의 특성에 관해 한마디 더 하겠습니다. 통달한 듯도 하고 아닌 듯도 한 소위 '중국통(中國通)'이라는 국제적인 학자들에게 정식으로 훈계하고자 합니다. 좁은 식견에다가 조금 얻고도 만족하고, 또 주관적 편견으로 자기만 옳다고 고집하면서 새로운 시대의 문화 전쟁을 떠맡으려 나서는 것은 실로 지혜롭지 못함의 극치라고 말입니다. 하지만 갑자기 "나중에 난 사람이 가히 두려우니, 앞으로 올 사람이 지금만 못하다고 어찌 알겠는가[後生可畏, 焉知來者之不如今也]"라는 말이 생각나는군요. 바라건대 여러분께서는 세도(世道)와 인심(人心)을 구제하는 일에 심혈을 기울여 주십시오.

49

인한 사람이라야 남을 사랑할 수 있고
남을 미워할 수 있다

네 번째 단락을 보겠습니다.

『대학』에서 말하는 "치국, 평천하"의 도가 이제는 "정치를 하는 것은 사람에 있다(爲政在人)"라는 법치(法治)와 인치(人治)의 문제로 접어들었습니다. 그런데 증자는 이전 시대의 역사 경험을 인용하여 이를 설명했습니다. 그는 먼저 『상서(尙書)』「강고(康誥)」에 나오는 "천명은 일정한 곳에 있지 않다(惟命不于常)"라는 정치 철학을 인용하여 "정권을 잡고 있는(秉國之鈞)" 위정자(爲政者)가 어디에 중점을 두어야 하는지를 설명했습니다. 유의하여 살펴볼 가치가 있는 부분입니다.

이어서 그는 『초서(楚書)』에 나오는 "초나라는 보배로 여길 것이 없고 오직 선을 보배로 여긴다(楚國無以爲寶, 惟善以爲寶)"라는 구절을 인용했습니다. 이 두 구절은 춘추 시대의 초나라 국사(國史)에 기록된 명언으로, 원문이 백화에 가까워서 읽어 보기만 하면 그 뜻을 알 수 있습니다.

그런데 증자 당시에 초나라는 남방에서 새로 일어난 강대국이었다는 사실을 잊어서는 안 됩니다. 영윤자문(令尹子文)이나 손숙오(孫叔敖) 같은 초나라의 명재상은 모두 한 시대의 현자들이었습니다. 게다가 초나라에서 배출된 인재들은 당시 특유의 남방 문화를 상징했습니다. 유명한 도가(道

家) 인사인 노자(老子), 장자(莊子) 같은 사람들도 모두 초나라 사람이었다고 합니다. 훗날 중국 문학에 큰 영향을 미친 「이소(離騷)」의 작가도 바로 초나라의 명신이자 충신이었던 굴원(屈原)입니다. 증자가 『초서』를 인용함으로써 당시 남방의 초나라 문화가 이미 중원의 화하(華夏) 문화나 하락(河洛)[54] 문화와 어깨를 나란히 하였으며, 또 그 나름의 독특한 풍격을 형성하여 이미 유학자들에게 중시되었다는 사실이 밝혀졌습니다.

그런 다음 그는 춘추 시대 초기의 제후들 가운데 두 번째 패주(覇主)였던 진 문공(晉文公)의 명신 구범(舅犯)의 말을 인용했습니다. "도망 온 사람은 보배로 여길 것이 없고 친한 사람을 사랑함을 보배로 여긴다〔亡人無以爲寶, 仁親以爲寶〕." 진 문공은 진나라 친족 간의 내란으로 인해 국외로 망명하여 십구 년간이나 여러 제후국을 전전했던 인물입니다. 결국은 귀국하여 왕위를 계승하였으며 정치에 힘써 제후들 사이에서 패자(覇者)라 불렸습니다. 그가 해외로 떠돌던 시기에 그를 뒤따르며 보호해 주던 네댓 명의 명신이 있었는데, 구범은 바로 그중 하나였습니다.

본래 그의 이름은 범(犯)이라는 외자였는데, 그가 진 문공의 외삼촌〔舅〕이었기 때문에 훗날 구(舅)를 성으로 삼아 '구범(舅犯)'이라고 부르게 되었습니다. 그런 역사적 배경을 알고 나면 구범이 말한 "도망 온 사람은 보배로 여길 것이 없고 친한 사람을 사랑함을 보배로 여긴다"라는 말의 의미를 알 수 있습니다. 말하자면 이런 뜻입니다. "우리가 이 나라 저 나라를 십구 년이나 떠돌면서 무슨 법보(法寶)를 의지하겠는가? 유일한 법보는 바로 몇 명의 인인(仁人) 군자(君子)가 마음과 뜻을 같이하여 한 치의 틈도 없이 친밀하게 단결하는 것이니, 그래야만 국제 사회의 따뜻한 원조를 얻을 수 있을 것이다."

---

54 황하(黃河)와 그 지류인 낙수(洛水)를 가리킴.

증자는 「진서」를 가지고 설명했다

그런 다음 그는 또다시 「진서(秦誓)」에 나오는 말을 인용하여, 지도자는 모름지기 현자를 중용해야 한다는 쉽지 않은 이치를 설명했습니다. 이 대목의 역사적 배경이 되는 고사는 다소 긴데, 진시황의 선조인 유명한 진목공(秦繆公)과 관련된 고사입니다. 춘추 초기에 인구에 회자되던 사적이기도 합니다. 그것을 보면 뒤늦게 일어난 약소국 진나라가 끝내 패업을 달성하여 사방에 그 위엄을 떨쳤던 것이나, 춘추 전국 시대에 제후국 사이에서 감히 누구도 진나라를 건드리지 못했던 것이 결코 우연이 아님을 알 수 있습니다. 그래서 공자의 수제자인 증자 같은 현자도 진 목공의 정치 문화의 요체를 중시하지 않을 수 없었습니다. 먼저 증자가 인용한 「진서」 한 단락의 뜻을 알아보도록 하겠습니다.

「진서」에 말하기를 "만일 어떤 한 신하가 성실하고 다른 기예가 없으나 그 마음이 곱고 용납함이 있는 듯하여, 남이 가지고 있는 기예를 자기가 소유한 것처럼 여기며 남의 훌륭하고 성스러움을 그 마음에 좋아하여 자기 입에서 나온 것보다 낫게 여긴다면, 이는 남을 포용할 수 있음이다. 이로써 나의 자손과 여민을 보전할 수 있으니 오히려 또한 이로움이 있구나! 남이 가지고 있는 기예를 시기하고 미워하며, 남의 훌륭하고 성스러움을 어겨서 그로 하여금 통하지 못하게 하면 이것은 포용하지 못함이다. 이로써 나의 자손과 여민을 보전할 수 없으니 또한 위태롭구나!" 하였다.

秦書曰, 若有一個臣, 斷斷兮, 無他技. 其心休休焉, 其如有容焉. 人之有技, 若己有之. 人之彦聖, 其心好之, 不啻若自其口出, 寔能容之. 以能保我子孫黎民, 尙亦有利哉. 人之有技, 媢嫉以惡之. 人之彦聖, 而違之俾不通, 寔不能容. 以不能保我子孫黎民, 亦曰殆哉.

이런 말입니다. 「진서」에 말하기를 "만일 어떤 사람이 있다고 가정합시다. 그는 지혜로운 결단력을 지니고 있고, 비록 다른 뛰어난 기능은 없으나 그의 심지가 선량하고 도량이 커서 마치 큰 그릇같이 각 유형의 인물을 모두 포용할 수 있어서 다른 사람의 장점을 자기 것인 양 여기고, 다른 사람이 아름다운 덕과 현명한 재주를 지니고 있으면 매우 좋아하여, 그저 입으로만 다른 사람의 장점을 칭찬하는 것이 아니라 정말로 다른 사람의 장점을 마치 자신의 것처럼 받아들일 수 있습니다. 이런 사람이라면 당연히 우리 자손과 백성들을 보호할 수 있으니 국가에 얼마나 많은 이익이 있겠습니까! 다른 사람이 재능을 지니고 있으면 그를 시기하고 싫어하며, 아름다운 덕과 현명한 재주를 지니고 있는 사람에게 고의로 반대하여, 그로 하여금 도처에서 그 뜻을 실행하지 못하게 만든다면 사실상 그에게는 정말로 다른 사람을 포용하는 도량이 없습니다. 이런 사람이라면 절대로 우리 자손과 백성들을 보호할 수 없으니 정말 참으로 위험한 인물입니다"라고 하였다는 것입니다.

이어서 다섯 번째 단락으로 넘어가겠습니다.

증자는 위의 네 번째 단락처럼 「진서」의 원문을 인용한 다음에 이와 같은 설명을 덧붙였습니다.

오직 인한 사람이라야 이들을 추방하여 유배하되, 사방 오랑캐의 땅으로 내쫓아 더불어 중국에 함께 있지 않으니

唯仁人, 放流之, 迸諸四夷, 不與同中國.

이 말은 「진서」의 마지막 구절에 근거한 것인데, 실권을 쥐고 있는 사람이 다른 사람을 포용하는 도량도 없고 도리어 현덕을 지닌 인재를 시기한다면, 마땅히 그들을 사방 오랑캐에게 추방하여 그들과 중국에 함께 살지 말아야 할 것입니다. 이런 사고방식은 증자가 스승인 공자의 방법을 그대로 배운 것처럼 생각됩니다. 정치를 시작하자마자 대뜸 소정묘(少正卯)부터 처리했던 방식 말입니다![55]

하지만 사실은 그런 것이 아닙니다. 그렇게 말한 것은 진 목공이 「진서」를 쓸 당시의 백리해(百里奚)와 건숙(蹇叔)의 출신에 관한 고사를 증자가 알고 있었기 때문입니다. 그 고사에 관해서는 뒤에서 자세히 말씀드릴 것입니다. 그러면 증자가 한 평론의 요점을 알 수 있습니다. 그래서 증자는 계속해서 이렇게 말했습니다.

이를 일러 오직 인한 사람이라야 남을 사랑할 수 있고 남을 미워할 수 있다고 하는 것이다. 어진 사람을 만나고도 선발하여 쓰지 못하고, 선발하여 쓰되 먼저 하지 못함은 명이고, 선하지 못한 사람을 보고도 물리치지 못하고, 물리치되 멀리하지 못함은 과실이다. 다른 사람이 싫어하는 바를 좋아하고 다른 사람이 좋아하는 바를 싫어하니, 이것을 일러 사람의 본성을 거스른다고 하는데, 재앙이 반드시 그 몸에 미칠 것이다. 이런 까닭에 군자는 큰 도가 있으니, 반드시 충과 신으로써 그것을 얻고 교만함과 방자함으로써 그것을 잃는다.

此謂唯仁人, 爲能愛人, 能惡人. 見賢而不能擧, 擧而不能先, 命也. 見不善而不能退, 退而不能遠, 過也. 好人之所惡, 惡人之所好, 是謂拂人之性, 菑必逮夫身. 是故君子有大道, 必忠信以得之, 驕泰以失之.

---

55 소정묘(少正卯)는 춘추 시대 노나라의 대부로, 소정은 관명(官名)이고 묘가 이름이다. 공자는 노나라의 재상이 된 지 칠 일 만에 "정치를 어지럽힌다"라는 죄목을 들어 소정묘를 죽였다.

이를 일러 오직 인한 사람이라야 남을 사랑할 수 있고 남을 미워할 수 있다고 하는 것입니다. 훌륭한 현인을 보고서도 추천하여 발탁하지 않고, 비록 추천하여 발탁하였어도 너무 늦었기 때문에 이미 그가 재능을 발휘할 때를 놓쳐 버리게 됨은, 운명이 그렇게 만든 것이니 아무런 할 말이 없습니다. 그 사람의 옳지 못함을 분명히 알면서도 사퇴시키지 못하거나, 혹은 사퇴시키더라도 그와 소원해지지 못한다면 이것은 바로 본인의 죄과입니다. 요컨대 정치를 하고 나라를 다스리는 도에 있어서 오직 스스로의 주관에만 의지하여 자기 자신만 옳다고 우긴다거나 혹은 고집이 세고 괴팍하여 자신이 좋아하는 방향과 목표를 일반 사람들은 싫어하고 자신이 싫어하는 방향과 목표를 일반 사람들이 좋아한다면, 그런 사람은 인성을 위배한 것입니다. 그렇게 하면 불운한 재난이 틀림없이 자기 자신에게 미칠 것입니다. 그렇기 때문에 군자에게 큰 도가 있으니, 반드시 충과 신으로써 그것을 얻고 교만함과 방자함으로써 그것을 잃게 됩니다.

마지막 구절이 증자의 결론입니다. 진실로 인한 군자라면 틀림없이 천고불변의 대도(大道)를 좇을 것인데, 그것은 바로 말과 행동이 충성스럽고 신뢰가 있는 것입니다. 그러면 틀림없이 좋은 결과를 얻을 수 있습니다. 만약 스스로 만족해하고 게으르고 오만하며 게다가 자기만 옳다고 여겨 조금도 뉘우치지 않는다면 틀림없이 모든 것을 잃고 말 것입니다.

진 목공이 백리해를 중용하다

이제 백리해와 건숙의 고사를 살펴보겠습니다. 기원전 420년 무렵은 바로 주 양왕(周襄王)의 시대였습니다. 제 환공이 산융(山戎)을 정벌하러 가서 그의 병사가 고죽(孤竹)에 이르렀던 시기이기도 합니다. 서수(西陲)[56]에 있던 진나라에서는 당시 목공—이름은 임호(任好)였습니다—이 왕위에 올랐는데, 그가 맞아들인 부인이 바로 진(晉)의 태자 신생(申生)의 누이였습니다.

당시 진(晉)나라의 제후 헌공(獻公)은 괵(虢)나라[57]를 치러 갈 군사 길을 빌릴 목적으로 일부러 우(虞)나라[58]와 교류를 맺고 있었습니다. 이것이 바로 역사상 유명한 '가도멸괵(假道滅虢)'이라는 계략입니다. 괵나라를 멸하고 군사를 이끌고 돌아오던 진(晉)나라는 떡 본 김에 제사 지낸다고 그 참에 우나라까지 멸해 버리고는 우나라 군주와 그의 대부 백리해(百里奚)를 포로로 사로잡았습니다.

승리를 거두고 귀국한 진(晉) 헌공은 딸을 진(秦) 목공에게 출가시키게 되었는데, 백리해를 그녀의 남자 하인으로 딸려 보냈습니다. 이번에는 진(秦)나라로 가게 된 백리해는 궁리 끝에 완지(宛地)[59]까지 달아났는데, 불행히도 초나라 변경 지방의 백성에게 잡히고 말았습니다. 진 목공은 백리해가 대단한 재능을 지닌 현자라는 말을 듣자 초나라로 사람을 보내어 그에게 제안했습니다. "신부에게 딸려서 우리 진나라로 온 하인 하나가 당신네 초나라로 달아났는데, 검은색의 상등품 양가죽 다섯 장을 대가로 지불할 것이니 그 사람을 진나라로 돌려보내 주시오." 그렇게 높은 대가를 지불하겠다는 말을 들은 초나라 변경 지방의 백성은 곧 백리해를 진나라로 돌려보냈습니다. 당시 백리해는 이미 칠십여 세나 된 노인이었습니다.

백리해를 얻게 된 진 목공은 우선 그의 형구를 직접 풀어 주고 그에게 나라 다스리는 큰일에 관해 가르침을 청했습니다. 그러자 백리해가 말했

---

56 서쪽 변방.

57 산서(山西) 평륙현(平陸縣) 북부.

58 산서(山西) 평륙현(平陸縣) 지역.

59 하남(河南) 남양(南陽).

습니다. "신은 망국의 신하인데 어찌 묻기에 족하겠습니까[臣亡國之臣, 何足問]." 진 목공이 말했습니다. "우리나라 군주는 그대를 기용하지 않았기 때문에 망했소. 그대의 잘못이 아니오[虞君不用子, 故亡. 非子罪也]." 진 목공이 인내심 있게 거듭 가르침을 청하자, 마침내 백리해는 그에게 사흘이라는 오랜 시간 동안 정치에 대해 이야기했습니다. 진 목공은 크게 기뻐하면서 나라를 다스리는 정권을 그에게 넘겨주고 오고대부(五羖大夫)라 불렀습니다.

그러자 백리해는 겸손하게 다음과 같이 말했습니다. "저는 사실 제 오랜 친구 건숙(蹇叔)에 훨씬 못 미칩니다. 그 사람이야말로 진짜 현명하고 능력 있는 인재인데 안타깝게도 세상은 그를 알지 못합니다. 제가 이전에 제나라로 유람을 갔는데 타향을 떠돌다가 패현(沛縣)에서는 급기야 밥을 빌어먹는 지경에 이르렀습니다. 그때 건숙이 저를 받아 주어 그곳에 머물게 했습니다. 제가 제(齊)나라 군주 '무지(無知)'를 위해 무슨 일을 도모하려고 생각했을 때, 건숙은 저를 저지하면서 장차 제나라에 정변이 한바탕 일어날 것이니 재난을 미리 피하라고 말해 주었습니다. 그 후 저는 다시 주(周)나라 수도에 도착했습니다. 주나라 왕자 퇴(穨)는 소를 좋아했는데, 제가 소를 돌보는 기술을 가지고 그에게 접근하자 저를 기용할 뜻이 있었습니다. 하지만 건숙은 이번에도 저를 말렸습니다. 그래서 저는 주나라 땅을 떠났습니다. 얼마 후 왕자 퇴는 정변의 와중에 살해되었습니다. 저는 건숙 덕분에 또 한 차례의 재난을 면한 셈이었습니다. 그 후에는 우(虞)나라 군주를 위해 뭔가를 도모하려 했는데, 건숙은 이번에도 저를 말렸습니다. 하지만 저는 우나라 군주가 제 건의와 계획을 듣지 않으리라는 사실을 뻔히 알면서도, 그가 저에게 내리는 높은 벼슬과 후한 녹봉을 탐냈기 때문에 그만 관직에 나아가고 말았습니다. 결국은 망한 나라의 사로잡힌 포로 신세가 되고 말았지요. 앞의 두 번은 그의 말을 들어서 재난을 면할 수 있었는데, 이번에는 그의 말을 듣지 않았다가 끝내 우나라의 대란 속으로 말려들고 말았습니다. 저와 그 사람의 개인적인 사귐의 사례만 보더라도 건숙이 진정 현명하고 능력 있는 인재임을 알 수 있습니다."

진 목공은 백리해의 말을 듣자 얼른 사람을 보내 많은 예물로써 건숙을 진나라로 맞아들이고 그에게 상대부(上大夫)의 직무를 맡겼습니다. 그리하여 건숙과 백리해 두 사람은 진나라의 시대적인 현신(賢臣)이 되었고, 진나라로 하여금 일약 그 위엄이 서융(西戎)을 떨게 만들었습니다. 그들 두 사람은 결국 진나라의 원로가 되었습니다.

춘추 시대에는 제후국 사이의 변화가 매우 많았습니다. 진(秦)나라와 진(晉)나라가 잘 지내던 오륙 년 사이에 진(晉)나라 궁정에는 내란이 일어나 그 영향이 진(秦)나라와의 관계에도 미쳤습니다. 공교롭게도 거기다 진(晉)나라에 큰 가뭄이 들어 진(秦)나라에 양식을 요청하게 되었습니다. 진 목공은 원래 진(晉)나라를 원조할 생각이 없었습니다. 하지만 백리해가 말했습니다. "(진나라의 새로운 군주인) 이오가 왕께 죄를 지었지 그 백성이 무슨 죄가 있겠습니까〔夷吾得罪於君, 其百姓何罪〕." 일리가 있다고 생각한 진 목공은 배나 수레 같은 운송 수단을 이용하여 섬서(陝西)에서 산서(山西)의 진(晉)나라까지 양식을 수송하여 백성을 구제했습니다.

삼 년 후 진(秦)나라에도 천재(天災)로 인한 기아 사태가 발생하자 진(晉)나라에 양식을 요청했습니다. 그런데 진(晉)나라의 새로운 군주인 혜공(惠公) 이오는 오히려 참언을 받아들여서는 남의 위기를 틈타 군대를 출병시켜 진(秦)을 공격했습니다. 이에 격분하여 몸소 군사를 이끌고 반격에 나섰던 진(秦) 목공은 진(晉) 혜공 이오와 한지(韓地)[60]에서 접전을 벌였습니다. 보아하니 전장의 형세가 자신에게 유리하게 돌아간다고 생

---

60 섬서(陝西) 지역.

각한 이오는 몸소 소수의 군사만 거느리고 적진 깊숙이 돌격해 들어왔습니다. 그런데 그만 그가 탄 말의 앞발굽이 빠지면서 말과 함께 진창 속으로 빠져 버렸습니다. 그것을 본 진 목공은 서둘러 휘하의 군사와 함께 나가서 이오를 생포하려고 했습니다. 한데 그를 잡기는커녕 오히려 진(晉)의 군사들에게 포위당하고 거기다 상처까지 입었습니다.

이런 위급한 때에 갑자기 기산(岐山) 아래에서 삼백 명의 군사들이 달려오더니, 겹겹의 포위망을 뚫고 들어와서는 진(秦) 목공을 구출하였을 뿐 아니라 진(晉) 혜공 이오를 사로잡기까지 했습니다. 사실은 기산 아래의 농촌 유민들이 임시로 의용군을 조직한 것이었는데, 진 목공은 그때까지도 어떻게 된 일인지 내막을 까맣게 몰랐습니다.

발단은 몇 년 전으로 거슬러 올라갑니다. 진 목공이 평소 가장 사랑하던 명마(名馬)가 없어졌는데, 기산 아래까지 달아난 말은 산 아래 농촌 유민들에게 잡혔습니다. 그들은 당장에 말을 죽여서 먹어 치웠는데 말고기를 함께 먹었던 사람이 모두 삼백 명이었습니다. 진 목공이 말을 찾기 위해 파견한 관리들이 기산에 와서 보니, 군주의 말은 벌써 그들의 입 속으로 들어가 버려 돌이킬 수 없었습니다. 어쩔 수 없이 사람을 보내 진 목공에게 사실대로 보고하는 한편 군사를 시켜 그들을 잡아와서 죄를 물으려 했습니다.

그런데 뜻밖에도 진 목공은 보고를 듣자 이렇게 말했습니다. "군자는 가축으로써 사람을 상하지 않는다. 들으니 뛰어난 말의 고기를 먹고 술을 마시지 않으면 사람이 상한다고 했다〔君子不以畜産害人, 吾聞食善馬肉不飮酒, 傷人〕." 군자는 축생 때문에 다른 사람을 다치게 해서는 안 되며, 뛰어난 말의 고기를 먹고는 술을 마시지 않으면 병이 난다는 말을 들었다는 뜻입니다. 그는 곧 사람을 시켜 그들에게 술을 보내 주고 게다가 무죄로 석방하라고 말했습니다.

그리하여 그 삼백 명은 진 목공의 은혜에 감사하면서 언젠가 기회가 되면 보답을 하리라 생각했습니다. 그러다가 이제 진 목공이 진(晉)나라와 교전을 벌인다는 소식을 듣게 되었습니다. 그뿐 아니라 전황이 불리하다고 하니 그들은 자발적으로 의용군을 조직하여 얼른 달려왔던 것입니다. 삼백이 앞을 다투어 진나라 군사의 포위망을 뚫고 들어왔는데, 뜻밖에도 진 목공을 위기에서 구해 냈을 뿐 아니라 그에게 큰 승리를 안겨 주고 진 혜공 이오를 사로잡기까지 했습니다. 진 목공의 큰 도량이 보답을 받은 것이라고 생각됩니다.

우스갯소리입니다만 만약 그런 일이 이천 년 후인 오늘에 일어났다면 그 사실을 알게 된 동물 보호 단체에서는 틀림없이 진 목공과 말고기를 먹은 삼백 명을 동물 권익을 침해한 살해 죄로 기소하려 들 것입니다. 그런 다음에는 '마권(馬權)'과 '인권(人權)'의 논쟁으로 확대되어 그럴싸한 글들이 발표되었겠지요. 아마 볼만할 겁니다.

이번 일로 이오에게 큰 타격을 입은 진 목공은 그를 죽여 하늘에 제사 지내겠노라 선포했습니다. 그런데 당시 제후국들의 종주였던 주나라 천자가 그 일을 듣고는 사람을 보내서 진 목공에게 말했습니다. "진은 나와 동성이니 진의 군주를 위해 청하노라[晉我同姓, 爲請晉君]." 진(晉)나라는 나 주나라 천자의 동족이니 그를 풀어 주기를 바란다는 뜻입니다. 게다가 진 목공의 아내는 바로 이오의 누이였으니, 그런 일이 일어난다면 당연히 견딜 수 없을 것입니다. 그녀는 상복을 입고 신발도 신지 않은 맨발로 진 목공에게 나아가 말했습니다. "첩의 형제를 구할 수 없고 군주의 명을 욕보였습니다[妾兄弟不能相救, 以辱君命]." 저의 형제가 큰 잘못을 저질렀지만 제가 그를 살릴 수 없으며 저 역시 당신에게 미안할 뿐이니 살고 싶지 않습니다 하는 뜻입니다. 일이 돌아가는 형편이 그러하자 진 목공은 아내에게 말했습니다. "내가 진의 군주를 얻어 공으로 여겼는데, 지금 천자께서 청하시고 부인도 이 일로 근심하는구려[我得晉君以爲功, 今天子爲請, 夫人是憂]." 말하자면 "이제 그만 됐다!"라고 한 것입니다.

진 목공은 곧 이오를 풀어 주면서 진(晉) 태자 어(圉)를 인질로 보내주고 하서(河西)의 근거지를 바치겠다는 내용의 조약에 서명하라고 했습니다. 물론 이오는 그가 시키는 대로 따랐습니다. 진 목공은 이오를 국빈관에 머물게 하여 최상품의 음식을 대접하고는 얼마 후 고국으로 돌려보냈습니다. 그 일로 진(秦)나라의 국경은 용문하(龍門河)의 변경까지 확장되었고 점차 진(晉)의 영토를 옥죄기 시작했습니다.

"건숙이 군사를 위해 울었다"는 고사

진(晉)의 공자 어(圉)는 진(秦)나라에서 아내를 맞이하였는데, 몇 년 후 고국으로 도망가서 왕위를 계승하였으니 그가 바로 진 회공(晉懷公)이었습니다. 그 사건으로 크게 화가 난 진(秦)나라 조정은 당시 초나라에 머물고 있던 진(晉)의 공자 중이(重耳)를 진(秦)나라로 맞아들였습니다. 이 년 후 진 목공은 중이를 진(晉)으로 돌려보내 진 문공(文公)으로 세우고 그로 하여금 패업을 달성하도록 도와주었습니다. 진(晉) 문공은 진(秦) 목공의 도움으로 제 환공에 이어 춘추 시대 두 번째 패주(覇主)가 되었습니다. 하지만 팔 년 후 진 문공은 죽고 그의 태자가 왕위를 계승하여 진 양공(晉襄公)이라 칭했습니다.

당시 진 목공은 정(鄭)나라 매국노의 부추김에 넘어가서 백리해의 아들 맹명(孟明), 건숙의 아들 서걸(西乞), 향을병(向乙丙) 세 사람을 장수로 임명하여 정나라로 군사를 출병시켰습니다. 사전에 진 목공이 백리해와 건숙 두 노인의 의견을 물어보았는데 두 사람은 그 일에 크게 반대했습니다.

하지만 진 목공은 자신의 결심을 바꾸지 않았습니다. 결국 아들을 배웅하기 위해 진(陣)으로 나왔던 두 노인은 한바탕 크게 울면서 말했습니다. "이번 출정은 반드시 패배할 것이며 너희들은 효지(殽地)[61]의 산골짜기에서 죽게 될 것이다." 이것이 바로 『좌전』에 나오는 '건숙곡사(蹇叔哭師)'라는 유명한 고사입니다.

진(秦)나라가 이번에 군대를 출동하여 정(鄭)나라를 침공한 것은 정당한 이유가 없는 기습이었습니다. 그러나 세상에는 나라를 파는 사람이 있는가 하면, 나라를 사랑하는 사람도 있기 마련입니다. 때마침 현고(弦高)라는 정나라 상인이 진(晉)나라 변경인 활지(滑地)[62]에서 장사를 하다가, 소 열두 마리를 사서는 서둘러 주나라로 가서 팔 생각이었습니다. 그런데 정나라를 치기 위해 출동한 진나라 군대가 이미 그곳에까지 이르렀다는 소식을 듣자, 그는 자기 나라를 위해 그 열두 마리의 소를 몰고 진나라 군대의 사령부로 갔습니다. 그곳에서 자신은 정나라가 파견한 대표라고 말한 다음에 이렇게 말했습니다. "정나라에서는 당신들 대국이 공격하러 올 것을 알고 이미 준비를 끝냈습니다. 이제 저를 먼저 보낸 것은 소를 몰고 가서 당신네 군대를 위로하라는 뜻에서입니다." 이 말을 들은 진나라의 세 장수는 정보가 이미 누설되었다고 생각하고는 회의를 열어 의논했습니다. 기습 공격이 이미 어렵게 되었다면 가 봐야 아무 소용이 없을 터이니, 아쉬운 대로 진(晉)나라의 변경인 활지를 점령하는 편이 낫겠다고 결정 내렸습니다.

당시 진(晉)나라는 진 문공의 장사도 아직 끝나지 않은 상황이었습니다. 왕위를 계승한 태자 진 양공은 그 소식을 듣자 크게 놀라고 진노하여 상복

---

61 하남(河南) 삼효산(三殽山).

62 하남(河南) 언사현(偃師縣) 부근.

을 입은 채로 직접 군사를 거느리고 반격에 나섰는데, 진(秦)나라 군대를 대파하여 "달아날 수 있었던 사람이 하나도 없었다"라고 합니다. 결국 백리해의 아들 맹명을 비롯한 세 명의 장수 역시 전부 포로로 잡혔습니다. 그런데 진(秦)나라 사람이었던 진(晉) 문공의 아내가 자기 아들 진(晉) 양공에게 말했습니다. "진 목공은 아마도 지금쯤 이 세 명의 쓸모없는 장수들에 대한 한이 골수에 사무칠 것이다. 그들 세 명을 진(秦)나라에 되돌려보내 자신이 직접 처리하게 하는 것이 어떻겠느냐?" 진 양공은 어머니의 말을 그대로 따랐습니다.

맹명을 비롯한 세 명의 패장(敗將)이 진(秦)나라로 돌아오자 진 목공은 평복을 입은 채 몸소 교외로 나가서 그들을 맞이했습니다. 그뿐 아니라 그들 세 명을 끌어안고는 큰 소리로 울며 말했습니다. "내가 백리해와 건숙의 말을 듣지 않아 세 아들을 욕보였으니, 세 아들이 무슨 죄가 있겠는가. 그대들은 마음을 털어 버리고 치욕을 씻기를 게을리 하지 말라[孤以不用百里奚蹇叔之言, 以辱三子, 三子何罪乎. 子其悉心雪恥, 毋怠]." 다시 말하면 진 목공은 자신이 이미 전략상으로 잘못을 범했음을 솔직하게 인정하고 패장 세 명의 전술상의 잘못을 탓하지 않았던 것입니다.

사 년 후 진 목공은 맹명을 비롯한 세 명의 장수를 전보다 더 후대하여 그들에게 군사를 이끌고 나가 진(晉)을 치게 했습니다. 세 장수는 크게 승리하여 왕관(王官)[63] 및 호(鄗)[64]를 점령함으로써 지난번 효지의 패배로 인한 수치를 설욕했습니다. 그뿐 아니라 진 목공은 몸소 모진도(茅津渡)[65]에서 황하를 건너 효지에 이르더니, 지난번 패배한 진지 위에서 병사의 유골을 모아 직접 상을 치르고 사흘간 울었습니다.

---

63 산서(山西) 문희현(聞喜縣).

64 교외(郊外).

65 산서(山西) 평륙(平陸) 대양도(大陽渡).

이에 군사들에게 맹세하기를 "아! 사졸들이여, 시끄러이 떠들지 말고 잘 들어 보라. 내가 너희에게 맹세하며 말하노라. 옛날 사람들은 누렇게 된 머리가 다시 희어진 노인과 도모하여 잘못하는 바가 없었다. 건숙과 백리해의 모략을 기용하지 않았던 것을 거듭 생각하고 이 맹세를 하나니, 후세 사람들은 이로써 나의 잘못을 기억하라" 하였다.

乃誓於軍曰, 嗟士卒, 聽無譁, 余誓告汝. 古之人謀黃髮皤皤則無所過. 以申思不用蹇叔百里奚之謀, 故作此誓, 余後世以記余過.

여기서 "누렇게 된 머리가 다시 희어진 노인과 도모하여 잘못하는 바가 없었다"라는 말은 옛사람들이 나이가 많은 사람과 의논하였기에 잘못을 저지르지 않았다는 것입니다.

이 맹세문은 『사기』 「진본기(秦本紀)」에 기록된 원문입니다. 아마도 진 목공이 군사들에게 독백처럼 한 말일 것입니다. 그리고 증자가 인용한 「진서(秦誓)」는 진 목공이 전방에서 돌아온 후 나라 안 모든 사람들에게 말한 내용일 것입니다. 이러한 맹세문은 말하자면 자아 참회록인 셈이지요.

그래서 제 생각에는 진 목공에 관한 전후 사료를 알고 난 후라야 비로소 증자가 「진서」를 인용한 다음에 "인한 사람이라야 이들을 추방하여 유배하되, 사방 오랑캐의 땅으로 내쫓아 더불어 중국에 함께 있지 않으니"라는 말의 참뜻을 이해할 수 있을 것입니다. 「요전(堯典)」에 나오는 "삼묘(三苗)[66]를 삼위(三危)로 내친" 의도까지 여기에서 설명하지는 않겠습니다.

중국의 전통문화에서는 공자가 『시경』과 『서경』을 산정하고[刪詩書] 『예기』와 『악기』를 편찬 개정[訂禮樂]하면서부터 중국 문화의 초기 집대성자인 주공(周公)의 공로를 특별히 높이 받들기 시작했습니다. 그리하여 공자 이후의 유학자들은 상고 이래로 사방 변방으로 내쫓았던 동이(東夷),

---

66 요순시대에 있던 남방의 오랑캐.

서융(西戎), 남만(南蠻), 북적(北狄) 및 '화이지변(華夷之辨)'의 한계를 놓고, 오직 화하(華夏) 문화의 가르침을 받은 적이 있는지의 여부나, 혹은 원시적이고 조야한 무문(無文) 상태에 속하는지의 여부에 두었습니다.

　이러한 관점을 감안한다면 주 왕조 후기에 서쪽 변방의 융적 사이에 봉해졌던 진나라는 화하(華夏) 문화의 가르침이라는 두터운 기초도 없었고 "사방 오랑캐의 땅으로 내쫓아 더불어 중국에 함께 있지 않았던" 융적과 별 차이가 없었음을 알 수 있습니다. 그러나 진 목공이 왕위에 오른 후 취했던 모든 행동은 당시의 제후들과 비교해서 조금도 손색이 없었을 뿐 아니라, 오히려 넘치는 감이 있었습니다. 그래서 증자는 네 구절의 설명을 붙인 다음 계속해서 다음과 같은 결론을 내린 것입니다. "이를 일러 오직 인한 사람이라야 남을 사랑할 수 있고 남을 미워할 수 있다고 하는 것이다." "어진 사람을 만나고도 선발하여 쓰지 못하고, 선발하여 쓰되 먼저 하지 못함은 명이고, 선하지 못한 사람을 보고도 물리치지 못하고, 물리치되 멀리하지 못함은 과실이다. 다른 사람이 싫어하는 바를 좋아하고 다른 사람이 좋아하는 바를 싫어하니, 이것을 일러 사람의 본성을 거스른다고 하는데, 재앙이 반드시 그 몸에 미칠 것이다."

　여러분이 만약 진 목공과 백리해의 고사 그 이후를 안다면, 증자가 「진서」를 인용한 다음에 쓴 이 구절의 의미를 분명히 깨달을 수 있을 것입니다. "오직 인한 사람이라야 남을 사랑할 수 있고 남을 미워할 수 있다." 이 역시 증자가 진 목공의 고사에서 끌어왔을 것입니다. 진 목공과 백리해의 고사 그 이후라고 할 수 있는, "융왕이 유여를 진나라에 사신으로 보낸〔戎王使由余於秦〕" 것에 관한 다음과 같은 역사 기록을 읽는다면 이 구절의 의미를 알 수 있습니다!

유여가 문화와 문명을 논변하다

진(秦) 목공이 일어나서 그 위엄과 명망이 날로 커지더니 마침내 진나라가 서북 변경을 차지하자, 당시 아직도 원시적인 유목 생활을 하던 서융 등의 부락은 크게 놀랐습니다. 이에 융왕(戎王)은 유여(由余)라는 주요 인물을 대표로 파견하여 진나라를 관찰하게 했습니다. 역사에는 다음과 같이 기록되어 있습니다.

유여는 그 선조가 진나라 사람이었다. 융으로 도망하여 들어갔는데 진나라 말을 잘하였다. 목공이 현명하다는 말을 듣고는 유여를 사자로 보내 진나라를 관찰하게 하였다.

由余其先晉人也. 亡入戎, 能晉言. 聞繆公賢, 故使由余觀秦.

유여의 조상은 본래 진(晉)나라 사람이었습니다. 진의 내정에 불만을 가진 선대 조상이 식솔을 거느리고 진나라를 떠나 여기저기 유랑하다가 서융에 정착한 것이었습니다. 하지만 그는 여전히 진나라의 말을 할 줄 알고 중원의 문화를 이해하고 있었습니다.

"진 목공은 궁실과 쌓인 재물을 보여 주었다〔秦繆公示以宮室積聚〕." 진 목공은 유여를 접대하기 위해 특별히 그에게 진나라 궁전의 웅장한 건축물을 참관하게 하고, 국가 재화의 풍부함을 보여 주었습니다.

그것을 본 유여는 이렇게 말했습니다. "이렇게 위대한 건축물과 번화함은 설사 귀신을 시켜서 만들더라도 큰 수고가 아닐 수 없습니다! 만약 사람을 시켜 만든 것이라면 백성들이 너무나 고생했겠습니다!"

목공이 괴이하게 여겨 물었다. "중국은 시·서·예·악·법도로써 정치를 하는데도 아직 때때로 어지럽다. 지금 융에는 이런 것이 없으니 무엇으로 나라를 다스리며, 또한 어렵지 아니한가?"

繆公怪之, 問曰, 中國以詩書禮樂法度爲政, 然尙時亂. 今戎夷無此, 何以爲治, 不亦難乎.

여기서 "목공이 괴이하게 여겨 물었다"라는 말은 그의 평가를 들은 진목공이 매우 경이롭게 느껴서 그에게 물었다는 것입니다. 이것은 진 목공이 유여에게 질문한 내용입니다. 즉 이런 뜻입니다. "중국의 문화는 시·서·예·악·법도(법치)를 정치 지도의 중심 사상으로 삼는다. 하지만 아직도 수시로 변란이 발생하여 오랜 기간 편안하게 다스리지 못한다. 지금 외진 변경에 살고 있는 너희 융은 특별한 문화 사상도 없는데, 무엇을 정치 지도의 중심으로 삼느냐? 어찌 매우 어려운 일이 아니겠느냐?"

유여가 웃으며 말하였다. "그것이 바로 중국이 어지러운 까닭입니다. 무릇 성인 황제께서 예·악·법도를 만들고 스스로 먼저 행하였으나 단지 작은 다스림에 불과하였습니다. 후세에 이르러서는 날로 교만하고 방탕해지더니, 법도의 위엄을 가로막고 그것을 가지고 아랫사람을 독려하고 책망하였습니다. 아랫사람은 지칠 대로 지친 나머지 인의를 가지고 윗사람을 원망하고, 위아래가 서로 다투고 원망하다가 급기야는 서로 죽이고 그 지위를 찬탈하여 멸족에까지 이르렀으니, 모두가 이런 종류입니다."

由余笑曰, 此乃中國所以亂也. 夫上聖黃帝, 作爲禮樂法度, 身以先之, 僅以小治. 及其後世, 日以驕淫, 阻法度之威, 以督責於下. 下罷極, 則以仁義怨望於上, 上下交爭怨而相簒弑, 至於滅宗, 皆此類也.

이것은 진 목공의 질문에 유여가 답한 내용입니다. 그는 웃으며 말했습니다. "당신이 말한 그것이 바로 중국이 어지러운 근본 원인입니다. 중국의 선조이신 성인 헌원(軒轅) 황제(黃帝)가 처음으로 예·악·법도(법치) 등 인문 문화를 창제하시고, 아울러 본인부터 실행하기 시작했지만 작디작은 '치평(治平)'이라는 성과밖에 얻지 못했습니다. 후세에 이르자 사회는 승평(承平)이 습관처럼 여겨지게 되었고 점차 사치스럽고 방탕한 풍조가 자라게 되었습니다. 사람들은 온갖 방법으로 법도의 준엄함을 가로막았으며, 법치의 위력을 가지고 그저 아랫사람에게만 법을 준수하라고 독려하고 책망했습니다. 그 결과 하층 백성들은 너무나 지쳤고, 반대로 상층 지도자들이 하나같이 인의도덕의 정치 표준에 맞지 않는다고 윗사람을 원망하게 되었습니다. 그리하여 위아래가 서로 다투고 서로 원망하는 현상이 생겨났습니다. 그로부터 권력과 이익을 차지하기 위해 위아래가 서로 지위를 찬탈하고 시해하는 사건들이 발생하였고, 결국에는 멸족과 망국에까지 이르고 말았습니다. 이러한 역사적 사실은 모두 자기 자신은 차별된 문화 사상을 지니고 있다고 여긴 데서 빚어진 결과입니다."

"무릇 융은 그렇지 않습니다! 윗사람은 순박한 덕을 지니고 아랫사람을 대하고, 아랫사람은 충성과 신의를 품고 윗사람을 섬깁니다. 한 나라의 정치가 자기 한 몸을 다스리는 것 같습니다. 다스려지는 까닭을 알지 못하는 이것이 참된 성인의 다스림입니다."

夫戎夷則不然. 上含淳德以遇其下, 下懷忠信以事其上. 一國之政, 猶一身之治. 不知所以治, 此眞聖人之治也.

이 말의 뜻은 이러합니다. "외진 변경에 사는 소수 민족인 융은 겉으로 보기에는 무슨 특별한 문화 사상이 없는 것처럼 보입니다. 하지만 그들 윗자리에 있는 사람들은 원시적이지만 소박하고 온후한 덕성을 품고 있는 순박한 태도로써 아래 백성들을 성실하게 대합니다. 아래에 있는 백성들 또한 충성과 신의를 지키면서 윗사람을 받들어 섬깁니다. 그리하여 한 국가의 정치가 마치 한 사람의 몸인 것처럼―머리니 지체니 하면서 따로 구분하지 않고―그 까닭을 자기 자신도 모르면서 자연스럽게 국가를 잘 다스릴 수 있습니다. 이런 것이야말로 진정 성인의 도에 합치되는 '무위이치(無爲而治)'의 대원리가 아니겠습니까!"

이웃 나라의 성인은 적국의 근심거리이니

그다음의 내용입니다.

> 그리하여 목공은 물러 나와 내사 요에게 물었다. "내 들으니 이웃 나라에 성인이 있으면 적국의 근심거리라 하였다. 지금 유여가 현명하여 과인에게 해가 되니 장차 그를 어찌해야겠는가?"
>
> 於是, 繆公退而問內史廖曰, 孤聞鄰國有聖人, 敵國之憂也. 今由余賢, 寡人之害, 將奈之何.

진 목공은 유여와 대화를 끝낸 다음 내궁으로 돌아와 자신이 신임하는 신하인 요(廖)에게 말했습니다. "옛사람이 말하기를 이웃 나라의 경내에 성현(聖賢)이 있으면 그것이야말로 적국에서 정말로 근심할 만한 중요한 일이라고 했다. 지금 서융의 유여를 보아하니 현명한 인재임에 틀림없어 장차 우리 진나라에 큰 영향을 미칠 것이다. 이것이야말로 진나라의 숨은 우환거리인데, 네 생각에는 어떻게 하는 것이 좋겠느냐?"

관리 요가 말하였다. "융왕은 궁벽진 곳에 있어서 중국의 소리를 듣지 못했을 것입니다. 왕께서는 시험 삼아 음악을 연주하는 여인들을 보내시어 융왕의 뜻을 빼앗으십시오, 유여를 위해 융왕에게 청해, 이로써 그들의 사이를 소원하게 만드십시오. 유여를 머무르게 하고 보내지 말아, 이로써 그때를 놓치게 하십시오. 융왕은 그것을 괴이히 여겨 틀림없이 유여를 의심할 것입니다. 군신 간에 틈이 생기면 이에 사로잡을 수 있습니다. 또 융왕이 음악을 좋아하게 되면 틀림없이 정치를 게을리 하게 될 것입니다." 목공이 말하였다. "훌륭한 생각이다."

史廖曰, 戎王處辟匿, 未聞中國之聲, 君試遺其女樂, 以奪其志. 爲由余請, 以疏其間. 留而莫遣, 以失其期. 戎王怪之, 必疑由余, 君臣有間, 乃可虜也. 且戎王好樂, 必怠於政. 繆公曰, 善.

이것은 진나라의 내사(內史) 요가 진 목공에게 제안했던 모략입니다. 말하자면 요즘 사람들이 말하는 '대(大)정책' 혹은 '대(大)전략'인 셈이었습니다. 요는 이렇게 말했습니다. "융왕은 중국 서북 변경의 외진 지역에 살기 때문에 지금까지 중원의 화하(華夏) 문명을 접해 보지 못했습니다. 이제 왕께서는 시험 삼아 가무에 뛰어난 젊은 여(女)전사들을 그에게 보내시어, 그의 의지가 아름다운 색과 미혹하는 소리에 심취되게 하십시오. 거기다 유여를 특별히 추천하셔서 융왕으로 하여금 그의 권위를 더 높이게 하시고, 융왕이 유여에 대해 의심을 품게 만들어 그와 융왕 사이의 신임을 이간질하십시오. 또 일부러 유여를 진나라에 오래 붙들어 두고 곧바로 고국으로 돌아가지 못하게 하여 그가 원래 약속했던 시간보다 지체하도록 만드십시오. 그렇게 되면 융왕은 틀림없이 유여를 책망하고 그가 두 마음을 품었다고 의심할 것입니다. 그들 군신 사이가 서로 시기하고 신임하지 않으면 왕께서는 쉽사리 유여를 포로로 잡아서 기용할 수 있습니다. 게다가 융왕이 성색(聲色)과 가무(歌舞)에 깊이 빠진다면 틀림없이 국내의 정무를 게을리 할 것입니다. 그렇게 되면 융을 도모할 기회가 생기게 됩니다." 진 목공은 요의 건의를 듣더니 바로 말했습니다. "좋구나!" 그러고는 그 말대로 했습니다.

그리하여 유여와 더불어 자리를 가까이하여 앉고 그릇을 전해 주어 먹으면서 그 지형과 병세를 물어서 모두 다 살폈다. 그런 다음 내사 요에게 명하여 열여섯 살 된, 음악을 연주하는 여인들을 융왕에게 보냈다. 융왕은 그것을 받자 기뻐하여 해가 다 가도록 돌려보내지 않았다.

因與由余曲席而坐, 傳器而食, 問其地形與其兵勢, 盡察. 而後令內史廖以女樂二八遺戎王, 戎王受而說之, 終年不還. 趺

이런 뜻입니다. 유여를 머물게 한 진 목공은 함께 앉을 기회가 오면 그와 멀지 않은 자리에 앉았고, 때로는 일부러 그를 자기 옆자리에 앉히기도 했습니다. 밥을 먹을 때면 자신이 먹던 훌륭한 음식을 그의 앞으로 보내어 그에게 먹게 했습니다. 그러면서 그에게 서융의 지리 형세와 군사 포진 상황에 관해 물었습니다. 그리하여 서융의 모든 것을 전면적으로 알게 되었습니다. 그와 동시에 내사 요에게 명하여 나이가 십육 세를 넘지 않은 아리따운 아가씨들을 선발하여 엄격한 가무 훈련을 받게 한 다음 먼저 서융으로 보냈습니다. 융왕은 너무나 심취한 나머지 일 년이 지나도 그들을 되돌려 보내려 하지 않았습니다.

그리하여 진나라는 그제야 유여를 돌려보냈다. 유여가 여러 번 간했으나 융왕은 듣지 않았다. 진 목공은 또 수차 사람을 보내 몰래 유여를 청했는데, 유여는 마침내 융을 떠나 진나라로 투항하였다. 목공은 손님의 예로써 그를 예우하였고, 융을 칠 형세에 관하여 물었다.

於是, 秦乃歸由余. 由余數諫不聽. 繆公又數使人間要由余, 由余遂去降秦. 繆公以客禮禮之, 問伐戎之形.

이 말은 이런 뜻입니다. 그때가 되자 진 목공은 비로소 유여를 풀어 주어 서융으로 돌아가게 했습니다. 유여는 융왕이 이미 진왕의 모략에 넘어가 너무나 타락한 것을 보고는, 융왕에게 새로이 떨쳐 일어나서 자강에 힘써야 한다고 여러 차례 간했습니다. 하지만 이제 융왕은 더 이상 유여의 간언을 들으려 하지 않았습니다. 그뿐 아니라 그 단계에서 진 목공은 여러 차례 사람을 서융으로 보내어 유여를 위문하고 다시 진나라로 오라고 청했습니다.

마침내 돌아가는 형세를 헤아려 본 유여는 서융이 틀림없이 망하리라는 것을 알았습니다. 더 이상 융에 머물러서는 안 되겠다고 생각한 그는 드디어 진나라로 투항했습니다. 진 목공은 항상 상빈(上賓)의 예로 그를 대했으며—그에게 고문을 맡긴 것과 마찬가지였습니다—서융을 정벌할 전략을 물었습니다. 그로부터 일 년이 채 안 되어 "진은 유여의 모략을 채용하여 융왕을 정벌하였는데, 나라 열둘을 더하고 천 리의 땅을 개척하여 마침내 서융을 제패하였다〔秦用由余謀, 伐戎王, 益國十二, 開地千里, 遂覇西戎〕"라고 합니다.

진 목공의 이러한 고사를 알고 나면 증자가 말한 "오직 인한 사람이라야 남을 사랑할 수 있고 남을 미워할 수 있다〔唯仁人爲能愛人, 能惡人〕"라는 구절과 "이런 까닭에 군자는 큰 도가 있으니, 반드시 충과 신으로써 그것을 얻고 교만함과 방자함으로써 그것을 잃는다〔是故君子有大道, 必忠信以得之, 驕泰以失之〕"라는 말의 속뜻을 이해할 수 있을 것입니다. 증자는 「진서」를 인용한 다음에 "역사로써 경전을 증명하는〔以史證經〕" 방식을 사용한 것입니다.

세 가지 방면에서 진 목공을 평가하다

기왕에 역사 이야기가 나왔으니 진 목공의 사적(事蹟)에 세 가지 문제가 남아 있기 때문에 설명을 좀 더 덧붙이고자 합니다. 하지만 "병서를 읽고 눈물을 흘리며 옛사람 때문에 근심에 빠진다"라는 식으로, 쓸데없는 일이 아닌가 싶습니다.

1. 지나온 역사적 경력으로 진 목공을 보면 그의 도량은 확실히 비범했는데, 어째서 춘추 시대 초기였던 당시에 중원에 대한 패업(霸業)을 완성하지 못하고 단지 서쪽 변경만을 제패했던 것일까요? 답은 이렇습니다. 그 문제에는 두 가지 관건이 있습니다.

첫째로, 춘추 초기에 진 목공은 시기적으로 제 환공과 진 문공이라는 두 영웅의 사이에 태어났습니다. 이는 마치 후세 역사에서 동한 말기에 시대의 기운이 조(曹)·유(劉)·손(孫)이라는 삼국의 형세를 조성했던 것과 흡사했습니다. 그러나 진 목공이 과연 도량이 비범하기는 했지만 중원의 패권을 노리기에는 기초가 부족했습니다.

둘째로, 진 목공이 나라를 다스린 것이 겨우 삼십칠 년이었다는 것입니다. 그는 서융을 정벌한 그다음 해에 죽고 말았습니다. 만약 그가 십 년만 혹은 이십 년만 더 살았더라면 제 환공과 진 문공의 시대는 가고 천하의 형세가 어떻게 변했을지는 알 수 없습니다.

2. 진 목공의 일생은 과연 뛰어난 재능과 원대한 계략으로 밝게 빛났습니다. 하지만 그 시대에 태어났기 때문에 풍속이나 관습에서 여전히 귀신이나 미신을 믿는 귀도(鬼道)에서 벗어나지 못했습니다. 가장 유감스러운 부분은 바로 그가 죽은 후 순장(殉葬)된 사람이 백일흔일곱 명에 달했다는 역사의 기록입니다. 역사에는 다음과 같이 기재되어 있습니다. "진의 훌륭한 아들 여씨 세 사람, 이름이 엄식·중행·침호라는 사람들도 따라 죽은

무리에 있었다. 진나라 백성들이 그것을 슬퍼하여 「황조」라는 시를 지어 불렀다. '푸른 하늘이여, 우리 훌륭한 사람을 죽였도다! 만약 그의 목숨과 바꿀 수만 있다면 백 번이라도 죽겠네'〔秦之良人子輿氏三人, 名曰, 奄息仲行鍼虎, 亦在從死之中. 秦人哀之, 爲作歌黃鳥之詩云, 蒼蒼者天, 殲我良人, 如可贖兮, 人百其身〕." 그 일로 사마천도 다음과 같이 말했습니다.

군자가 말하기를 "진 목공은 땅을 넓히고 나라를 더하였는데, 동쪽으로는 강한 진나라를 굴복시켰고 서쪽으로는 융이를 제패하였다. 그러나 제후들의 맹주가 되지 못하였는데 그 또한 마땅하다! 죽어서 그 백성을 버렸고, 훌륭한 신하들을 거둬들여 따라 죽게 하였다. 선왕이 죽으면 덕과 법을 남기는 법이거늘 하물며 백성들의 훌륭한 신하를 빼앗아 백성들을 슬퍼하게 하는가! 이로써 진이 다시 동쪽 원정에 나서지 못한 까닭을 알겠다."

君子曰, 秦繆公廣地益國, 東服强晉, 西霸戎夷. 然不爲諸侯盟主, 亦宜哉. 死而棄民, 收其良臣而從死. 且先王崩, 尙猶遺德垂法, 況奪人之良臣, 百姓所哀者乎. 是以知秦之不能復東征也.

사실 순장 제도는 고대 사회에서 가장 잔혹한 귀도(鬼道)의 미신이었습니다. 그러나 동시에 왕위 계승을 둘러싼 권력 투쟁에서 반대파들을 제거하기 위한 가장 좋은 구실이기도 했습니다. 하지만 조금이라도 이성을 지닌 군주라면 결코 그런 방법을 채택하지 않았을 것입니다. 만약 진 목공의 일생 동안의 도량을 생각한다면 죽을 무렵에 했던 그런 거동은 평생의 행동에 크게 위배되는 오점이 아닐 수 없습니다. 그 하나만으로도 일생의 공적을 모두 말살시켜 버리고, 모든 것이 일고의 가치도 없는 희극이었다고 말할 수 있습니다. 하지만 그런 잔혹한 방식이 어쩌면 진 목공 생전의 본의가 아니었을 것이라고 변호해 줄 수도 있지 않을까요?

예를 들어 고대 인도의—기원전 226년 무렵으로 중국은 진시황의 시대였습니다—유명한 아소카왕은 그 위엄이 한 시대를 풍미했던 인물입니다. 그런 그가 만년에 죽음이 임박하자 "승려들에게 공양을 바치는[供僧] 보시를 하고 싶어 했습니다. 하지만 곧 있을 왕위 계승을 준비하던 태자와 재정(財政) 대신들은 겉으로는 받드는 척하면서도 명령을 따르지 않았습니다. 아소카왕 자신도 내심으로는 그런 사정을 다 알았습니다. 그는 자신의 생애에 마지막 음식이 될 배를 베어 먹으면서 태자와 권신들에게 말했습니다. "지금 이 세상에서 어떤 사람의 권력과 위엄이 가장 큰가?" 그러자 태자와 대신들은 아주 공손하게 대답했습니다. "대왕 당신을 제외하고 달리 누가 있겠습니까?"

이 말을 들은 아소카왕은 다음과 같이 말했습니다. "너희는 더 이상 나에게 아첨하고 속이지 말라. 이제 나의 권력과 위엄은 겨우 이 배 반쪽에 미칠 뿐임을 나도 알고 있다. 그 나머지는 내가 소유한 것이 하나도 없고 또 할 수 있는 일도 하나도 없다. 그저 너희가 나와의 언약을 지켜 이 배 반쪽을 내 스승 우파국다 존자가 계신 절에 공양으로 바쳐 주기만 바랄 뿐이다." 그렇게 말하고는 눈을 감았습니다.

이런 고사를 통해 여러분은 인생을 진정으로 이해하게 될 것입니다. 여러분이 생전에 얼마나 큰 권력과 명성을 소유했든, 혹은 얼마나 많은 재물과 영화를 누렸든 간에 정말로 숨이 끊어지려는 순간이 되면 여러분이 지닌 모든 미덕(美德)과 재화(才華), 부귀와 공명은 한낱 뜬구름이나 물거품에 불과하며 아무런 쓸모가 없습니다. 심지어 여러분이 사는 동안 잠시 속했던 자신의 수십 근짜리 고기와 뼈 역시도 다른 사람들이 임의로 처리하고 흔적도 남지 않게 됩니다. 그러니 한평생 현명했던 진 목공이 자신의 사후에 순장을 하라고 한 것은 어쩌면 그의 본의가 아니었거나 혹은 자신은 몰랐을 수도 있습니다. 그래서 증자 같은 현자도 진 목공 사후의 일은 상관하지 않고 단지 생전의 사적을 기록한 '공문서'의 명언만 채용하여 참고 자료로 삼았을 것입니다.

3. 중국 역사상 후세의 영웅 제왕들 가운데는 진 목공의 영향을 받은 사람도 있었습니다. 개중에는 그를 귀감으로 여기는 사람까지 있었습니다. 하지만 사람마다 도량이 제각기 다르기 때문에 그대로 배우려다가 "호랑이를 그리려다 성공하지 못해 오히려 개와 비슷해지는" 경우가 많았습니다. 예를 들어 삼국 시대의 이른바 "잘 다스려지는 세상의 능신(能臣), 어지러운 세상의 간웅(奸雄)" 조조가 처리했던 어떤 일은 진 목공의 방식을 배운 듯했지만, 결국은 도량의 한계로 인해 완전히 상반된 결과를 낳았습니다.

그 일은 조조가 북쪽의 오환(烏桓)을 정벌한 후 그 위세가 북방을 떨게 만듦으로써 발생했습니다. 당시 흉노에서는 사신을 내지로 파견하여 한 왕조의 허실을 정탐하게 시켰습니다. 물론 가장 중요한 임무는 조 승상이 도대체 어떤 인물인가를 알아내는 것이었습니다. 후세 희극에서는 조조의 형상을 추하기 짝이 없는 '귀검(鬼臉)'으로 분장하지만 사실 조조는 본시 하얀 얼굴의 서생이었습니다. 그는 자신에게 위풍당당함이 부족하여 흉노가 파견한 사신의 기세를 누르지 못할 것이 걱정된 나머지, 부하들 중에서 신체가 건장하고 기백이 넘치는 사람을 뽑아 '조 승상'으로 분장시켰습니다. 그리고 자신은 승상 곁에서 호위하는 위병으로 분장하고는 손에 큰 칼을 들고 가짜 승상이 앉은 의자 곁에 서 있었습니다. 그는 이런 모양으로 흉노의 사신을 접견했습니다. 그 후 조조는 사람을 보내 흉노의 사신 주변을 맴돌면서 그의 의견을 정찰하도록 시켰습니다.

파견된 사람은 대화하는 도중에 흉노의 사신에게 슬쩍 물었습니다. "당신이 보기에 우리 조 승상은 어떤 사람 같습니까?" 그러자 흉노의 사신은 이렇게 대답했습니다. "참 이상도 하지요. 조 승상의 영명함은 오래전부터 들어 왔는데 와서 보니 그저 복이 많은 평범한 사람에 지나지 않습니다. 오히려 승상 곁에서 '칼을 들고 서 있던 사람'이 자못 영웅의 기개를 지니고 있었는데, 앞으로 녹록치 않은 인물이 될 것 같습니다." 정찰하러 보낸 사람이 돌아와서 사실대로 보고하자 크게 놀란 조조는 얼른 "이웃나라의 현명한 인재는 적국의 근심거리이다"라는 말이 떠올랐습니다. 그런 사람을 오래 머무르게 할 수는 없었습니다. 그래서 조조는 비밀리에 사람을 시켜 북쪽으로 돌아가던 흉노 사신을 도중에 죽여 버렸습니다.

이 고사는 조조의 인물됨을 여실히 설명해 줍니다. 조조는 진 목공처럼 할 수 없었기 때문에 생전에 패업을 완성하지 못했습니다. 물론 조조도 진 목공이 유여에게 진나라로 투항할 것을 갈구했던 역사를 읽었을 것입니다. 하지만 실제 행동에서 조조는 진 목공의 도량, 즉 "오직 인한 사람이라야 남을 사랑할 수 있고 남을 미워할 수 있다"라는 것에 크게 미치지 못했던 것입니다!

50

의리지변의 재정 경제 학설

~

  지금까지는 「진서(秦誓)」의 한 대목을 토론하기 위해 역사에 기록된 진 목공의 사적을 인용하여 설명했습니다. 이제 다시 『대학』의 마지막 단락 이자 결론인 "치국평천하"의 도로 되돌아가겠습니다. 거듭 말하지만 우리 는 앞에서 '치평(治平)' 단락의 의미를 여섯 개의 요점으로 나누어 설명했 습니다.

  첫 번째로 무엇보다도 "효도로써 천하를 다스린다〔孝道治天下〕"라는 것 을 큰 법으로 삼았는데, 이것을 보면 증자가 유가의 전통문화를 계승하여 변함없이 굳게 지켰음을 알 수 있습니다. 그것을 더욱 확대하여 "노인을 공경하고 현자를 존중함〔敬老尊賢〕"을 '치평'의 중점으로 삼았는데, 그 결 과 상하좌우와 잘 어울림으로써 마침내 "혈구지도(絜矩之道)"로 돌아가는 것을 정치 도덕의 표준으로 삼았습니다. 혈구지도에 관해서는 앞에서 이 미 설명했듯이 지극히 공정(公正)한 '공평(公平)'의 도입니다. 혹은 공정한 '평형(平衡)' 작용이라고도 말할 수 있습니다. 하지만 고문에서는 그것을 "정권을 잡고 있는〔秉國〕" 위정자의 균형 작용이라고 불렀습니다.

  그래서 두 번째로 주 왕조 중기에 위 무공이 "정권을 잡고 있던" 시기의 공적을 인용하여, 어떻게 해야 비로소 "백성의 부모"처럼 행동하고 백성들에게 추대되는 영예를 누릴 수 있는지를 설명했습니다. 이어서 세 번째로 이미 백성과 봉지로 받은 '국토'를 소유하고 있다면 마땅히 '재화'의 분배와 운용에 대해 알아야 합니다. 그것이 국가의 권위 및 민심의 향배(向背)와 밀접한 관련이 있기 때문입니다.

그리하여 네 번째와 다섯 번째 단락에서는 "천명은 일정한 곳에 있지 않다[惟命不于常]"라는 천명무상(天命無常)의 관건이 어디에 있는가를 설명했습니다. 국가는 백성들이 공유하는 국가요 천하는 모든 사람들의 천하입니다. 그것은 특정 성씨나 특정 집안이 영원히 소유할 수 있는 것이 아니고 오직 "덕을 지닌 사람만이 거기에 거한다[有德者居之]"라는 것입니다. 따라서 반드시 "현명하고 능력 있는 사람을 선택하여[選賢與能]" 나라를 다스리게 하는 것이 진정한 치국(治國)의 요체입니다. 요컨대 치국평천하는 물론이고 개인이 사사로이 재물을 보유하는 데 있어서도 반드시 "충과 신으로써 그것을 얻고 교만함과 방자함으로써 그것을 잃는다[忠信以得之, 驕泰以失之]"라는 필연성을 확실히 알고 있어야 합니다. 마지막 여섯 번째로 정치적 윤리 도덕과 재화의 분배와 운용에서 그 중심은 오직 '의리지변(義利之辨)'에 있음을 거듭 말했습니다.

"대학의 도"는 바로 이런 내용을 담고 있는 한 편의 논문입니다. 말하자면 공자 문하의 학문을 계승한 증자의 "명덕(明德)" 외용의 법칙이라고 하겠습니다. 하지만 최후의 결론은 삼대(三代) 이래로 "한 집안이 천하를 소유했던[家天下]" 정치 체제 하에서 모름지기 어떻게 '재화(財貨)'를 고르게 분배하는가 하는, 경제와 관련된 "치국평천하"의 도라는 일관된 사상입니다. 그것은 진·한 이후로 줄곧 중국 유학자들의 '경세치평(經世治平)'과 '사수선도(死守善道)'의 신조가 되었습니다.

백성이 부유하면 나라가 부유하고
나라가 부유하면 백성이 강해진다

이제 마지막으로 여섯 번째 단락을 보겠습니다.

이 대목에서 또다시 제가 평소 잘 쓰는 고문 감탄사가 생각나는군요. "정말로 그러한가, 그렇지 아니한가〔其然乎, 其不然乎〕." 이렇게 탄식한 것은, 그리 간단한 문제가 아니기 때문에 적절하고 성실한 연구가 필요해서입니다. 결론 대목에 관해 토론하기 앞서 먼저『대학』의 원문부터 간단히 해석해 보겠습니다.

재물을 생산함에 큰 도가 있으니 그것을 생산하는 사람은 많고 그것을 먹는 사람은 적다. 그것을 생산하는 사람은 빠르고 그것을 쓰는 사람은 느리면 재물이 항상 풍족할 것이다.

生財有大道, 生之者衆, 食之者寡. 爲之者疾, 用之者舒, 則財恒足矣.

고대 농업 사회의 농업 생산과 인구 소비의 관계에 대해 말한 것입니다. 재물을 생산함에 큰 도가 있으니 그것을 생산하는 사람은 많고 그것을 먹는 사람은 적으며, 그것을 생산하는 사람은 빠르고 그것을 쓰는 사람은 느리면 재물이 항상 풍족하다는 것은 확실히 천고불변의 명언입니다. 십팔 세기 애덤 스미스의『국부론(國富論)』은 물론이고 십구 세기 마르크스의『자본론(資本論)』이나 이십 세기 케인스의 경제 이론도 그의 탁견을 부정하지 못합니다.

계속해서 원문에서는 다음과 같이 말했습니다.

인한 사람은 재물로써 몸을 일으키고, 인하지 못한 사람은 몸으로써 재물을 일
으킨다. 윗사람이 인을 좋아하고서 아랫사람들이 의를 좋아하지 않는 경우는 없
고, 아랫사람들이 의를 좋아하고서 그 일이 끝마쳐지지 않는 경우는 없다.

仁者以財發身, 不仁者以身發財. 未有上好仁, 而下不好義者也. 未有好
義, 其事不終者也.

"인한 사람은 재물로써 몸을 일으킨다〔仁者以財發身〕"라는 것은 인의 도
를 아는 사람은 재물을 잘 운용하기 때문에 일신의 공명에 관한 사업을 발
전시킬 수 있다는 말입니다. "인하지 못한 사람은 몸으로써 재물을 일으
킨다〔不仁者以身發財〕"라는 말은 인의 도를 알지 못하는 사람은 그저 자기
평생의 능력만 가지고 결사적으로 싸워서 재물을 모으고자 한다는 것입
니다. "윗사람이 인을 좋아하고서 아랫사람들이 의를 좋아하지 않는 경우
는 없고, 아랫사람들이 의를 좋아하고서 그 일이 끝마쳐지지 않는 경우는
없다〔未有上好仁, 而下不好義者也. 未有好義, 其事不終者也〕"라는 말 또한 집
안과 국가를 다스리는 지도자의 태도 및 사회를 이끌어 가는 기풍의 중요
성을 말한 것입니다.

윗사람이 인을 좋아하면 아랫사람은 반드시 의를 좋아하기 마련입니다.
그런데 고문 속의 '의(義)' 자는 도대체 무슨 뜻을 지니고 있을까요? 또다
시 곤란한 문제에 봉착하고 말았군요!

유가에서 말하는 의(義)는 "모든 사람이 나를 위하고 나는 모든 사람을
위하는〔人人爲我, 我爲人人〕" 것입니다. 옛사람이 해석한 '의(義)' 자의 조
형(造形)에 담긴 의미는 타인과 내가 모두 편안하고 상서롭다는 뜻입니다.
의(義)는 '양(羊)'[67]과 '아(我)'라는 두 글자의 뜻을 종합한 것으로서 육서

(六書) 가운데 회의자(會意字)의 범주에 속합니다. 말하자면 "선을 행하는 것이 가장 즐겁다[爲善最樂]"라는 뜻입니다.

그런데 증자 이후로 맹자는 특별히 '의(義)'를 강조하면서 의를 먼저 내세울 것을 주장했습니다. 그리하여 옛사람들은 이렇게 주해를 붙였습니다. "의라는 것은 마땅함이다[義者, 宜也]." 이 말은 조금이라도 적합하지 않거나 마땅치 못한 곳이 없어야만 비로소 의라는 뜻입니다. 묵자(墨子)의 학설 이후로 묵가(墨家) 사상에서 '의' 자는 타인과 나의 관계에만 치중하여 모름지기 동정심과 애정이 풍부하다는 협의(俠義)의 '의'가 되었습니다. 우리는 고문에서 '의(義)' 자가 '인(仁)' 자와 마찬가지로 넓은 의미를 지니고 있음을 알고 있습니다. 그 의미는 오직 마음으로 터득해야지 언어 문자의 형식에 얽매여서는 안 됩니다.

그러므로 증자의 "의를 좋아하고서 일이 끝마쳐지지 않는 경우는 없다[未有好義, 其事不終者也]"라는 말에서 "모든 사람이 나를 위하고 나는 모든 사람을 위한다[人人爲我, 我爲人人]"라는 의미가 들어 있습니다. 개개인이 모두 의를 좋아한다면 당연히 아름답고 훌륭한 결과가 나올 것입니다.

그래서 증자의 원문을 보면 바로 이어서 "창고에 재물이 그의 재물이 아닌 경우가 없다[未有府庫財, 非其財者也]"라고 했습니다. 이 말은 나라를 다스리는 자는 마땅히 사재를 축적하려는 마음을 일으켜서는 안 됨을 설명하고 있습니다. "부를 나라에 저장[藏富於國]"하고 "부를 백성에게 저장[藏富於民]"한다면, 즉 백성이 부유하면 나라가 부유해지고 나라가 부유해지면 백성이 강해집니다. 그렇게 되면 당연히 참으로 부를 균등하게 하는 '균부(均富)' 경지에 도달할 수 있습니다.

원문에는 여기까지 말한 다음 다시 인용이 나옵니다.

---

67 길하고 상서롭다.

맹헌자가 말하기를 "마승을 기르는 사람은 닭과 돼지를 살피지 않고, 얼음을 쓰는 집안은 소와 양을 기르지 않고, 백승의 집안은 재물을 모으고 거둬들이는 신하를 기르지 않으니, 재물을 모으고 거둬들이는 신하를 기르느니 차라리 도둑질하는 신하를 두라" 하였다.

孟獻子曰, 畜馬乘, 不察於雞豚, 伐冰之家, 不畜牛羊, 百乘之家, 不畜聚斂之臣, 與其有聚斂之臣, 寧有盜臣.

맹헌자(孟獻子)는 춘추 후기 노나라의 유명한 현신(賢臣)입니다. 역사에서는 그가 "경(卿)이 되어서도 교만하지 않고 현명한 선비들을 예로써 대우하니, 선비들이 이로써 그를 따랐다"라고 말하고 있습니다. 그는 높은 지위에 있는 권신(權臣)들이 권력을 이용해 사사로운 일을 도모하고 관직을 이용해 이익을 취하는 것에 적극 반대했던 현신이었습니다.

고대에는 말들이 수레 하나를 함께 끄는 것을 '일승(一乘)'이라고 불렀는데, 요즘으로 말하면 고급 승용차를 소유하는 것과 마찬가지였습니다. 따라서 "백승의 집안[百乘之家]"은 고대에 나라를 맡아 다스리던 제후의 재산이나 세도를 나타내는 말입니다. "얼음을 쓰는 집안[伐冰之家]"이란 고대에 권력과 부귀를 소유한 사람들이, 겨울에 눈이 내리고 얼음이 얼면 사람을 보내 얼음 덩어리를 베어 오게 하여 지하실에 저장해 두고 음식물을 보관하고, 여름이 오면 꺼내서 그 시원함을 즐기기도 했던 것을 말합니다. 요즘의 대형 냉장고와 같다고 하겠습니다.

그러므로 맹헌자의 말은 다음과 같은 뜻입니다. "마차나 수레를 끄는 말을 기를" 정도의 사람이라면 당연히 집안에서 닭을 길러 계란을 낳게 하거나 돼지 새끼를 길러 내다 팔아 돈을 벌 궁리를 하지 않습니다. "얼음을 저장할' 정도의 재력을 지닌 사람이라면 소나 양을 길러 장사할 궁리를 하지 않습니다. 이로써 미루어 보면 백승의 집안을 소유한 제후는 자기네 일가를 위해 "권력을 이용하여 사사로움을 도모하는," 즉 이익을 도모하고 재물을 모으고 거두어들이는 신하를 기르지 않습니다. 만약 백승의 집안에서 전적으로 자신을 위해 "권력을 이용하여 사사로움을 도모하는" 신하를 기르려고 한다면, 차라리 아예 권력을 빼앗고 "나라를 도둑질하는" 모사(謀士)를 기르는 편이 낫습니다!

증자는 맹헌자의 말을 인용한 후 다음과 같이 말했습니다.

이것을 일러 나라는 이를 이로움으로 여기지 않고 의를 이로움으로 여긴다고 한다. 국가의 어른이 되어 재용에 힘쓰는 사람은 반드시 소인으로부터 시작된다. 저를 잘한다고 여겨 소인으로 하여금 국가를 다스리게 하면 재앙과 해가 함께 이르게 되니, 비록 잘하는 사람이 있더라도 또한 어찌할 수가 없다. 이것을 일러 나라는 이를 이로움으로 여기지 않고 의를 이로움으로 여긴다고 한다.

此謂國不以利爲利, 以義爲利也. 長國家而務財用者, 必自小人矣. 彼爲善之. 小人之使爲國家, 菑害並至, 雖有善者, 亦無如之何矣. 此謂國不以利爲利, 以義爲利也.

이것이 증자가 저술한 『대학』이라는 큰 논문의 최후 결론입니다. 보아하니 당시 노나라의 내정 및 춘추 말기의 제후국들을 대상으로 한 말인 것 같습니다. 왜냐하면 당시의 제후국들은 하나같이 세금을 마구잡이로 늘려 민간의 재물을 다 긁어다가 자기 집안에 들여놓음으로써 권력과 부귀를 살찌우고 있었기 때문입니다.

또 그는 당시 제후국 및 노나라 내정에서 벌어지던 이권 쟁탈의 결과로 틀림없이 "재앙과 해가 함께 이르게〔災害並至〕" 될 것이며, 대부분의 나라가 수습할 수 없는 패망의 상태에 이른 것임을 알았습니다. 그래서 가슴속에서부터 우러나온 아주 솔직한 "바른 말과 바른 행동"으로 온 세상에 경종을 울려 줄 명언(名言)을 제기했던 것입니다.

하지만 안타깝게도 그의 최후 결론은 이것이었습니다.

국가의 어른이 되어 재용에 힘쓰는 사람은 반드시 소인으로부터 시작된다. 저를 잘한다고 여겨 소인으로 하여금 국가를 다스리게 하면 재앙과 해가 함께 이르게 되니, 비록 잘하는 사람이 있더라도 또한 어찌할 수가 없다.

長國家而務財用者, 必自小人矣. 彼爲善之. 小人之使爲國家, 菑害並至, 雖有善者, 亦無如之何矣.

진·한 이후로 유가 경서를 공부한 학자들은 이것을 성현의 금과옥조로 여겨서 '전(錢)'과 '재(財)' 두 글자만 보면 해로운 독이나 되는 것처럼 여겼습니다. 심지어는 평상시 이 두 글자를 자주 입에 올리면 자기가 속물로 변할 것처럼 생각했습니다. 세상 풍속을 따르지 않고 독자적으로 행동할 정도의 학문 수양을 이루어 내기란 어려운 법입니다. 그래서 유학을 공부한 일반 지식인들은 대부분 "맑고 고상하고자 하면서 동시에 빈궁해질 것을 두려워하는" 모순된 심리에 처해 있었습니다. 일단 시험에 합격해서 공명을 얻고 정치에 참여하게 되더라도 경제나 재정에 대해서는 아는 바가 없었으며, 어떻게 해야 국가와 사회를 부유하게 만들고 부국강병에 이르게 할 수 있는지에 대해서는 더욱 깜깜했습니다. 『대학』의 마지막 몇 구절을 오해한 나머지, 그런 말을 듣기만 하면 마치 손오공 머리에 씌워진 금테라도 되는 것처럼 머리가 아파서 데굴데굴 구르니 참으로 우습기 짝

이 없습니다.

중국에는 이삼천 년의 역사를 기록해 놓은 사료가 풍부합니다. 이른바 이십오사(二十五史) 혹은 이십육사(二十六史)를 보면 마치 인사(人事) 경력 자료 같습니다. 재정, 경제, 생산, 소비와 관련된 재정 경제 자료는 인사 사료(史料)와 비교해 보면 초라할 정도로 적습니다.

재정에 치중했던 명재상과 명신

중국 역사상 경제 발전을 각별히 중시하여 먼저 재정을 풍부히 한 다음 건국한 사람으로, 진·한 이전의 두 사람 반이 두드러집니다.

첫 번째는 강태공 여상(呂尙)이었습니다. 그는 어업과 염전의 이익을 개발하여 당시 해변가의 낙후한 제나라를 건립했습니다. 그 덕분에 후손들은 부국강병으로 중원을 제패할 수 있었는데, 춘추 전국 시대를 거쳐 진·한 시기에 이르기까지 대략 칠팔백 년간 제나라는 쇠퇴하지 않았습니다. 두 번째는 관중이었습니다. 그 역시 마찬가지로 경제 발전에 먼저 착수하였는데, 그런 후에야 비로소 "천하를 바로잡고 제후를 규합하는[一匡天下, 九合諸侯]" 패주(覇主)의 국면을 열 수 있었습니다. 나머지 반은 바로 계연자(計然子)의 제자인 범려(范蠡)의 학술입니다. 그는 월왕 구천의 원수 갚는 일을 도와준 다음 홀연히 종적을 감추었다가, 도주공(陶朱公)이라는 이름으로 세상에 나타나 세 번이나 재물을 모으고 흩었습니다. 말하자면 치부(致富)라는 방법으로 "세상을 가지고 놀았던" 것입니다.

유가 경서를 공부하였다가 재정 경제에 실패한 사람으로는 동한 시기의 왕망(王莽)과 북송 시기의 왕안석(王安石)을 들 수 있습니다. 관련 저작을 보면 경제, 재정, 세무와 관련된 전문 저작으로는 한 선제 시대 환관(桓寬)

의 『염철론(鹽鐵論)』이 유일합니다. 하지만 그 내용을 보면 여전히 육경(六經)에 근거하고 있으며, 유가 학술로써 백성을 다스리는 것에 관해 왕의 지시를 기다린다는 요지에서 벗어나지 않습니다. 그러니 결코 염철(鹽鐵)의 이익에 관해 설명한 책이 아닙니다. 그 외에 북위(北魏)의 가사협(賈思勰)이 지은 『제민요술(齊民要術)』이라는 책이 있습니다. 한 무제(武帝) 시대의 상홍양(桑弘羊)과 거천추(車千秋)가 상인 출신으로서 재정 경제 정책에 참여하기도 했지만, 그 방면의 문제는 역대로 서생 출신 유학자들의 주목을 받지 못했습니다. 심지어 말할 가치도 없는 비천한 일로 여겨지기도 했지요. 그 밖에 재정 경제와 관련된 당대(唐代)의 명신 유안(劉晏) 역시 유림(儒林)에 끼지 못했으니 실로 공평 타당하지 못하다고 하겠습니다. 역사에는 그에 관해 다음과 같이 기록하고 있습니다.

유안은 정력을 지니고 있었고 기지가 많았다. 안사의 난을 당하여 호구의 열에 여덟 아홉이 죽고 많은 주현이 번진에 의해 점거되니, 조정의 창고가 거의 바닥이 나게 되어 모두 유안에게 처리해 줄 것을 의탁하였다. 사람을 씀에 있어서 반드시 통달하여 민첩하고 날래고 굳세며 청렴하고 부지런한 선비를 택하였다. 금전이나 곡물의 출납은 반드시 선비에게 위임하였다. 관리들은 문서에 기록하였기 때문에 한마디라도 함부로 할 수 없었다. 모든 일을 시작하면 반드시 미리 계산하여 일을 맡은 사람으로 하여금 궁색함 없이 사사로이 사용하게 하였는데, 그런 후에 그 성공을 물었다. 또 호구가 많아지니 조세는 저절로 늘어났다. 그리하여 재물을 운용함에 있어서 백성 사랑하기를 앞세우니 후세에 이를 말하는 자들이 그에게 미치지 못하였다.

晏有精力, 多機智. 當安史之亂, 戶口什亡八九, 州縣多爲藩鎭所據, 朝廷府庫耗竭, 皆倚辦於晏. 其用人, 必擇通敏精悍廉勤之士. 出納錢穀, 必委之士類. 吏惟書符牒, 不得輕出一言. 凡興擧一事, 必須預計使任事者私用無窘, 而後責其成功. 又以戶口滋多, 賦稅自廣. 故其理財以愛民爲先, 爲後來言利者所不及.

그러나 공이 높다 보니 결국에는 억울한 모함을 받아 죽고 말았습니다. 전제 군주 시대이건 민주 시대이건 "명성이 높아지면 훼방이 따르기"마련이니, 훌륭한 신하가 되기도 쉬운 일은 아닙니다. 인류 사회의 필연적인 모순이라 하겠습니다.

『대학』의 결론을 설명하다 보니 이야기가 "치국평천하"를 위한 경제 발전, 즉 재정 문제를 적절히 고려한 의리지변(義利之辨)에까지 이르렀습니다. 말이 나온 김에 역사상 관련 자료들을 인용하여 의리지변을 잘못 이해한 경우도 살펴보았습니다. 유가 학설과 재정 경제 사상에 관해 구체적으로 토론할 시간이 없는 관계로 이쯤에서 마치도록 하겠습니다. 사실 증자 본인에 대해 말한다면 그는 일생동안 말과 행동이 일치하였으며 스스로 의리지변을 실천하여 죽을 때까지 청렴하고 고결했습니다. 평생의 학문과 수양에 손색이 없도록 "선을 택하여 굳게 지키는[擇善固執]" 풍모를 지니고 있었습니다.

증자는 몸소 의리지변의 도를 실행하였다

시간을 절약하기 위해 공자 문하의 제자 가운데 증자, 원헌(原憲), 자공(子貢) 세 사람의 고사를 동시에 열거하여, 여러분 스스로 심사숙고할 만한 참고 자료로 삼고자 합니다. 『한시외전(韓詩外傳)』에는 다음과 같이 기록하고 있습니다.

증자는 거에서 벼슬하였다. 곡식 석 병을 받았다. 이때에 증자는 녹봉을 중시하고 그 몸은 경시하였다. 어버이가 죽은 후 제나라에서 재상으로 맞이하려 하였다. 초나라에서 영윤으로 맞이하려 하였다. 진나라에서 상경으로 맞이하려 하였다. 이때에 증자는 그 자신을 중시하고 그 녹봉은 경시하였다. 보물을 품고서 그 나라를 헤매게 하는 사람과는 더불어 인을 말할 수 없고, 그 몸을 궁색하게 하여 어버이를 고생시키는 사람과는 더불어 효를 말할 수 없다. 무거운 짐을 지고 먼 길을 가는 사람은 땅을 가리지 않고 쉬고, 집안이 가난하고 어버이가 연로한 사람은 관직을 가리지 않고 벼슬을 한다. 그러므로 군자가 세차고 날래게 종종걸음 치는 것은 위급한 임무 때문이다. 전에 말하기를 "때를 만나지 못해도 벼슬을 하고, 일을 맡으면 그 생각을 돈독히 하며, 시키는 대로 하지만 그 모의에는 참여하지 않으니, 가난하기 때문이다" 하였다. 『시경』에 말하기를 "주야로 공무에 매달림은 진실로 명이 다르기 때문이네" 하였다.

曾子仕於莒. 得粟三秉. 方是之時, 曾子重其祿而輕其身. 親沒之後, 齊迎以相. 楚迎以令尹. 晉迎以上卿. 方是之時, 曾子重其身而輕其祿. 懷其寶而迷其國者, 不可與語仁. 窘其身而約其親者, 不可與語孝. 任重道遠者, 不擇地而息. 家貧親老者, 不擇官而仕. 故君子踽偊趍時, 當務爲急. 傳云, 不逢時而仕, 任事而敦其慮, 爲之使而不入其謀, 貧焉故也. 詩曰, 夙夜在公, 實命不同.

증자는 처음에는 노나라 거읍의 지방 장관을 지냈습니다. 실물로 지급되는 봉급이 쌀 열여섯 곡(斛)[68]이었습니다. 고대에는 열 두(斗)를 한 곡(斛)이라 하고 열여섯 곡을 한 병(秉)이라 했습니다. 당시에 증자는 오직 급료로 받는 것에만 눈을 돌릴 뿐 자기의 득실은 중시하지 않았습니다. 그의 부친이 돌아가신 후 제나라에서 그를 맞아들여 재상으로 삼으려 했습니다. 초나라에서도 그를 맞아들여 재상으로 삼으려 했습니다. 초나라에서는 재상을 영윤(令尹)이라 불렀습니다. 진나라에서도 그를 맞아들여 재상으로 삼으려 했습니다. 진나라에서는 재상을 상경(上卿)이라 칭했습니다. 그러나 그는 모두 사양하고 벼슬길로 나가지 않았습니다. 증자는 오직

---

68 한 곡(斛)은 열 말〔斗〕이다.

자신의 학문 수양과 벼슬길에 나아감과 물러남의 동기가 마땅한지 여부만 중시했습니다. 더 이상 부모를 봉양해야 할 부담이 없어졌기 때문에 녹봉의 많고 적음과 관직의 높고 낮음 따위를 중시하지 않았습니다. 학문 수양이라는 고상한 보물을 품고 있으면서도 나와서 자기 국가를 위기에서 구하려 들지 않는다면, 그런 사람은 인심(仁心)이니 인술(仁術)이니 하는 것을 논할 자격이 없습니다. 일부러 청렴하고 고상함을 자처하여 곤궁함을 굳게 지키고, 어려운 생활로 인한 부모의 고통을 돌아보지도 않는다면 그런 사람이 무슨 효도를 이야기할 수 있겠습니까. 어떤 사람이 무거운 짐을 지고 있는 데다 갈 길조차 멀다면, 그 책임을 완수하기 위해 장소를 상관하지 않고 아무 곳에서나 쉬어 정력을 아껴서 임무를 다할 것입니다. 집안이 가난한 데다 부모까지 연로하고 쇠약하다면, 부모를 봉양하기 위해 지위의 높고 낮음은 상관하지 않고 오직 수입이 부모를 봉양하기에만 족하면 곧 벼슬을 합니다. 그러므로 참된 군자가 낡은 신발에 찢어진 옷을 입고서 급하게 앞으로 달음질치는 것은 오직 당시의 절박한 필요 때문입니다. 그래서 『한시외전』의 저자 한영(韓嬰)은 그가 전(傳)을 붙인 『시경』에서 이런 해설을 덧붙였습니다. "어떤 사람이 때를 만나지 못했지만 부득이하게 세상으로 나와서 벼슬을 해야 한다. 기왕에 직무를 맡았으면 진심으로 그 일을 해야 한다. 그러나 그저 명령받은 대로 임무를 달성할 뿐 상관의 내부 계획에는 참여하려 하지 않는다. 이것은 무슨 까닭에서인가? 그는 단지 일시적인 빈곤을 해결하기 위해서 벼슬에 나간 것이지, 결코 자신의 학문 수양의 진정한 목적을 이루고자 한 것이 아니기 때문이다." 그래서 『시경』에서는 이렇게 말했습니다. "내가 비록 주야로 바쁘게 공사(公事)를 처리하고는 있지만 생명의 의미에 대해 나는 다른 관점을 지니고 있다. 단지 일시적인 운명의 안배이니 지금은 그저 이렇게 하는 수밖에 없다."

『한시외전』에서 인용해 온, 집안이 가난하고 양친이 연로하여 벼슬할 수밖에 없었던 증자의 고사와 평론을 가지고서 그가 『대학』의 결론에서 말하고자 했던 도리를 설명할 수 있습니다. 당시 제후들이 재화와 정치 도덕 사이에서 취했던 의리지변(義利之辨)에 대해 증자는 몸소 그 도를 실행함으로써 스스로 모범이 되었던 것입니다. 진실한 '유행(儒行)'의 풍격이라 하겠습니다. 동시에 이것을 통해 『대학』의 결론에서 말한 이치가 단지 치국평천하를 위한 재정 경제의 논의에 국한되는 것이 아님을 알 수 있습니다. 하지만 그렇다고 해서 '치평(治平)'을 위한 재정 경제의 작용에 있어서 의리지변의 중요성을 무시해도 된다는 말은 결코 아닙니다. 치평의 도라는 관점에서 말한다면 국가나 천하의 온 백성을 위한 대리대의(大利大義)적인 의리지변을 염두에 두어야지 결코 일신의 자잘한 일만을 생각해서는 안 됩니다. 적어도 제 생각은 그렇습니다. 여러분 스스로의 판단에 맡기겠습니다!

공자에게 제자 자공이 없었다면

그렇다면 공자 문하의 제자들은 어떠했을까요? 춘추 말엽이라는 시기에 자공 한 사람만이 남다른 포부를 지니고 있었고 나머지 안연, 증자, 원헌 같은 소위 칠십이현(七十二賢) 대부분은 시대에 '동의하지 않는' 청류(清流) 인사들이었습니다. 후세 송유(宋儒)의 유림(儒林)이나 도학(道學)과는 크게 달랐습니다. 그중에서도 두드러지게 비교되는 두 사람이 있었는데 바로 원헌과 자공이었습니다. 『한시외전』에는 다음과 같이 기록하고 있습니다.

원헌은 자가 자사이다. 송나라 사람이었다. 경서를 공부하여 세태를 따르지 않고 독자적으로 행동하는 군자의 덕과 의를 지니고 있었기에 구차하게 당시 세상에 영합하려 하지 않았다. 세상 사람들도 그를 비웃었다. 그의 사람됨은 청정하고 절개를 지켰으며 가난하면서도 도를 즐거워하였다. 협소한 집에 살면서, 쑥으로 엮은 대문과 깨진 항아리 주둥이로 만든 창문, 뽕나무 서까래에 지도리도 없었지만, 단정하게 앉아 북을 치며 노래를 불렀다. 자공이 살진 말을 타고 가벼운 털가죽 옷을 입고서 그를 만나러 갔는데, 원헌이 관을 바로잡자 갓끈이 끊어지고 옷깃을 여미자 팔꿈치가 드러나며 신을 신자 발꿈치가 터졌다. 자공이 말하기를 "아! 선생께서는 어디가 아프십니까?" 하자 원헌이 말하였다. "재물이 없는 것을 일컬어 가난하다고 말하고, 배웠으나 그것을 실행하지 못하는 것을 일컬어 아프다고 말합니다. 저는 가난한 것이지 아픈 것이 아닙니다. 세상에 아부하여 시속을 따라 행하고, 두루 친하여 그들과 벗하고, 배워서 사람 노릇 한다면서 단지 아름답게 꾸민 수레에 화려한 털옷만 걸치는 것 같은 일은, 저는 차마 하지 못합니다." 그러고는 지팡이를 끌며 신을 신고 상송을 부르며 돌아가는데, 그 소리가 천지에 가득하여 마치 금석에서 나는 소리 같았다. 자공이 부끄러워하였다.

原憲, 字子思. 宋人也. 讀書懷獨行君子之德義, 不苟合當世. 當世亦笑之. 其爲人也淸靜守節, 貧而樂道. 居環堵之室, 蓬戶甕牖, 桷桑無樞, 匡坐而鼓歌. 子貢肥馬輕裘往見之, 憲正冠則纓絶, 捉襟則肘見, 納履則踵決. 子貢曰, 嘻. 先生何病也. 曰, 無財之謂貧, 學不能行之謂病. 憲貧也. 非病也. 若希世而行, 比周而友, 學以爲人, 而徒有車馬之飾, 衣裘之麗, 憲不忍爲也. 於是曳杖拖履, 行歌商頌而反, 聲滿天地, 如出金石. 子貢恥之.

원헌은 자가 자사로 송나라 사람이었습니다. 경서를 공부하여 세태를 따르지 않고 독자적으로 행동하는 군자의 덕과 의를 지니고 있었기에 당시 사회의 풍조에 어울리지 않았습니다. 그래서 사람들도 그를 비웃었습니다. 이것은 사마천이 기록한 것입니다.

이른바 "자공이 부끄러워하였다"라는 말은 자공이 원헌의 거동으로 인해 수치를 느꼈다는 뜻입니다. 물론 자공은 상업을 통해 치부하였을 뿐 아니라, 모략적 학술 운용에 뛰어나 공자를 대신해 출마하여 노나라를 침략의 위기에서 구해 내기도 했습니다. 그 유명한 고사는 「월절서(越絶書)」를 읽어 보면 알 수 있습니다. 공자 사후에 곡부의 묘지 역시 자공의 손으로 꾸며졌습니다. 게다가 그는 공자의 묘를 육 년이나 지킨 후에야 그곳을 떠났습니다. 만약 공자 문하의 제자들이 하나같이 안연이나 원헌처럼 세상을 피해 근심 없이 살면서 가난을 즐기고 자신을 고매한 인격자로 여기면서 스스로 만족해했다면 어떻게 되었겠습니까?

앞에서 말씀드렸듯이 "제가, 치국, 평천하"의 도를 논하자면 마치 막대 세 개로 묶어 놓은 삼발이처럼 군중(群衆), 자재(資財), 권력(權力) 이 세 가지 가운데 어느 하나라도 부족해서는 제대로 서지 못한다는 사실을 먼저 알아야 합니다. 특히 한 국가의 '치국'의 도에 있어서는 훌륭한 재정 경제가 없으면 반드시 온전한 정권도 없습니다. 그것은 동서고금에 영원불변의 대원칙입니다. 어떤 왕조든지 그 흥망의 사적을 들여다보면 마지막 순간에는 틀림없이 재정 경제상의 붕괴가 먼저 일어나서 왕조의 패망을 재촉합니다. 하지만 중국 문화에 일관된 전통 관념, 특히 유가와 도가를 주류로 하는 학술 사상에서는 경제 및 재화(財貨)의 문제를 해결하여 '국가와 천하'로 하여금 '치평'의 경지에 이르게 하려면, 오로지 정치를 잘해서 "물자가 많고 백성이 풍족해지게〔物阜民豐〕"해야만 국가와 백성이 모두 "편안히 살면서 즐겁게 일할〔安居樂業〕" 수 있게 된다고 여깁니다.

시선을 더 넓혀 보면, 비단 중국뿐 아니라 인도나 이집트 심지어 모든 동양 문화 속의 성현들은 거의 대부분 그런 관념을 지니고 있었습니다. 물론 서양 문화도 예외가 아닌 것처럼 보입니다. 하지만 십팔 세기 이후 특히 영국에 산업 혁명이 일어나면서부터 서양 문화에는 차츰 경제학에 대한 관심이 형성되었습니다. 십구 세기에 이르면 서양 문화 사조 가운데 경제가 주도하여 정치 문제를 해결하려는 사상이 흥기하기 시작했습니다. 그 결과 현재까지 동서양 쌍방은 이 문제를 둘러싸고 여전히 명확한 답을 내리지 못하고 있습니다. 도대체 자본이 정치에 영향을 미치는 것일까요, 아니면 정치가 자본에 영향을 미치는 것일까요? 철학적인 주제가 아닐 수 없습니다. 도대체 닭이 먼저일까요, 아니면 달걀이 먼저일까요?

「화식열전」의 훌륭한 이론과 탁월한 식견

이천 년 전 주·진 문화의 시기에 공자보다 백여 년 일찍―기원전 690년경―태어났던 관중은 "창고가 가득 차면 예절을 알고 의식이 풍족하면 영욕을 안다〔倉廩實而知禮節, 衣食足而知榮辱〕"라는 말로써 경제가 주도하는 정치의 방침을 제기했습니다. 후인들은 그 두 구절을 약간 변형시켜서 "의식이 풍족하면 영욕을 알고 창고가 가득 차면 예의가 일어난다〔衣食足而知榮辱, 倉廩實而禮義興〕"라고 말하기도 했습니다. 그 뜻은 경제와 재화에서 번영한 사회라야 문화와 문명이 발달한다는 것입니다. "과연 그러한지, 그렇지 아니한지〔其固然乎, 其不然乎〕"는 잠시 덮어 두겠습니다.

기원전 100년경, 한 무제(武帝) 시대의 역사 철학자 사마천(司馬遷)은 자신의 저서 『사기』에 「화식열전(貨殖列傳)」이라는 글을 특별히 저술하였는데, 상공업 경제의 중요성을 설명하는 데 그 뜻이 있었습니다. 보아하니 사마천 자신은 의식을 했든지 못했든지 간에 역대 유학자들과는 상반된 주장을 한 셈이었습니다. 사실 사마천의 주요 사상은 도가인 노자의 학설에서 왔습니다. 하지만 「화식열전」을 논술하면서 사마천은 '무위지치(無爲之治)'라는 상고 시대의 고원한 이상을 보류시킬 수밖에 없었습니다. 단지 시대와 사회의 추세를 좇아 관중의 '경제 정치' 관념에 호응하였을 따름이었는데, 후인들을 깨우쳐 줄 만한 탁견을 지니고 있기에 반드시 읽지 않으면 안 될 명문(名文)이라 할 수 있습니다. 특히 내성외왕(內聖外王)의 학문에 도움이 될 만한 지혜가 많이 들어 있습니다. 이제 원문 앞부분의 세 가지 요점을 인용하여 『대학』 연구에 참고로 삼겠습니다.

1. 그는 이렇게 말했습니다.

> 무릇 신농씨 이전은 내가 알지 못한다. 『시경』『서경』에 기술해 놓은 우·하 이래로 귀와 눈은 소리와 색의 아름다움을 다하고자 한다. 입은 소, 양 같은 초식 동물과 개, 돼지 같은 곡식 먹는 동물의 맛을 다하고자 한다. 마음은 권세와 능력의 번영을 자랑한다. 풍속이 백성들을 물들인 것이 오래되었다. 비록 집집마다 다니면서 세밀한 논의를 설명하더라도 끝내 교화시키지 못한다. 그러므로 뛰어난 자는 그들로 말미암는다. 그다음은 이익으로써 그들을 이끈다. 그다음은 그들을 가르쳐서 인도한다. 그다음은 그들을 단속해서 가지런히 한다. 가장 못한 자는 그들과 더불어 다툰다.
>
> 夫神農以前, 吾不知已. 至若詩書所述虞夏以來. 耳目欲極聲色之好. 口欲窮芻豢之味. 身安逸樂. 而心誇矜勢能之榮. 使俗之漸民久矣. 雖戶說以眇論, 終不能化. 故善者因之. 其次利道之. 其次教誨之. 其次整齊之. 最下者與之爭.

무릇 신농씨 이전은 알지 못합니다. 『시경』과 『서경』에 기술해 놓은 우순(虞舜)·하우(夏禹) 시대부터 사람들의 귀와 눈은 이미 아름다운 소리와 색에 익숙해졌습니다. 입은 맛있는 쌀과 밀가루, 가축의 고기 맛에 익숙해졌습니다. 게다가 심리와 의식에서는 권위와 세력의 영예를 자랑하고 교만하며 그것을 부러워합니다. 이러한 풍속과 관습이 상고 시대 이래로 점차 조금씩 길러지더니 후대의 백성들은 자연스레 당연한 일로 여기게 되었습니다. 인심을 만회하고 상고 시대의 순박함과 자연스러움을 회복하고자 하여, 집집마다 찾아가서 권한다 하더라도 헛수고일 뿐 끝내 "백성을 교화하여 풍속을 이루는[化民成俗]" 숭고한 이상에 도달하지 못합니다. 그러므로 운용을 잘하는 사람은 단지 "세력에 의지하여 유리하게 이끌어가는[因勢利導]" 방법을 사용할 뿐입니다. 그보다 조금 못한 방법은 '이(利)' 자를 정면으로 내걸면서 궤도 위로 유인하는 것입니다. 그보다 못한 방법은 오직 엄격하고 절도 있는 관리와 교육으로 그들을 교도하는 것입니다. 관리하고 교육해도 목적에 도달하지 못하면 오직 법률을 제정하여 획일적인 통치를 합니다. 가장 하등의 방법은 바로 그들과 승리를 다투는 것입니다.

2. 또 말했습니다.

『주서』에 말하기를 "농업이 일어나지 않으면 먹을 것이 부족하다. 공업이 일어나지 않으면 일이 부족하다. 상업이 일어나지 않으면 삼보[69]가 끊어진다. 우[70]가 일어나지 않으면 재궤[71]가 적어진다" 하였다. 재궤가 적어지면 산림과 하천을 개간하지 못한다. 이 네 가지는 백성이 입고 먹는 근원이다. 근원이 크면 넉넉해지고 근원이 적으면 드물어진다. 위로는 나라를 부유하게 하고 아래로는 집안을 부유하게 한다. 빈부의 도는 빼앗거나 주는 것이 아니다. 그러나 공교로운 자는 남음이 있고 서투른 자는 부족하다.

周書曰, 農不出則乏其食. 工不出則乏其事. 商不出則三寶絶. 虞不出則財匱少. 財匱少則山澤不辟矣. 此四者, 民所衣食之原也. 原大則饒, 原少則鮮. 上則富國, 下則富家. 貧富之道, 莫之奪予. 而巧者有餘, 拙者不足.

---

69 식물(食物), 재료(材料), 제품(製品).

70 농림과 목축.

71 재물이 들어 있는 상자.

『주서(周書)』에는 이렇게 말했습니다. "농업이 일어나지 않으면 먹을 것이 부족하다. 공업이 일어나지 않으면 일이 부족하다. 상업이 일어나지 않으면 삼보(三寶)가 끊어진다. 우(虞)가 일어나지 않으면 재궤(財匱)가 적어진다." 토지, 산림, 목축, 해양 자원이 없으면 경제가 발전할 수가 없습니다. 농업, 공업, 상업과 산천의 자원 등 이 네 가지는 백성이 입고 먹는 근원으로, 자원이 많으면 부유해지고 자원이 적으면 매우 빈곤해집니다. 이것이 위로는 나라를 부유하게 하고 아래로는 집안을 부유하게 합니다. 빈궁과 부유함은 억지로 뺏어 오거나 혹은 남에게 베풀어 줄 수 있는 것이 아닙니다. 그것은 모두 사람의 총명과 지혜를 동원하여 얻는 것이므로, 영리하고 부지런한 사람은 부유하여 남음이 있고 어리석고 게으른 사람은 항상 쓰기에 충분치 못합니다.

3. 그리하여 그는 말했습니다.

그러므로 "창고가 가득 차면 예절을 알고 의식이 풍족하면 영욕을 안다"라고 하였다. 예는 있음에서 생기고 없음에서 폐해진다. 그러므로 군자는 부유하면 덕을 행하기를 좋아하고 소인은 부유하면 그것으로써 힘을 조절한다. 연못이 깊으면 물고기가 살고 산이 깊으면 짐승이 찾아가고 사람은 부유하면 인의가 덧붙여진다. 부유한 자가 세력을 얻으면 더욱 빛나고 세력을 잃으면 찾아가는 손님이 없으니, 이로써 즐겁지 않다. 오랑캐는 더욱 심하다. 속담에 "천금 같은 자식은 시장에서 죽지 않는다"라는 말이 있는데, 이것은 빈말이 아니다. 그러므로 "세상 사람들이 빈번하게 오는 것은 모두 이익을 위해서이고, 세상 사람들이 빈번하게 가는 것도 모두 이익을 위해서이다"라고 하였다. 무릇 천승의 왕, 만가의 제후, 백실의 대부도 오히려 가난을 근심하거늘 하물며 필부나 서민이겠는가!

故曰, 倉廩實而知禮節. 衣食足而知榮辱. 禮生於有而廢於無. 故君子富, 好行其

德. 小人富, 以適其力. 淵深而魚生之, 山深而獸往之, 人富而仁義附焉. 富者得勢益
彰, 失勢則客無所之, 以而不樂. 夷狄益甚. 諺曰, 千金之子, 不死於市, 此非空言
也. 故曰, 天下熙熙, 皆爲利來. 天下壤壤, 皆爲利往. 夫千乘之王, 萬家之侯, 百室
之君, 尙猶患貧, 而況匹夫編戶之民乎.

그러므로 "창고가 가득 차면 예절을 알고 의식이 풍족하면 영욕을 안
다"라고 했습니다. 예의와 문명은 부유한 사회와 가정에서 생겨납니다.
빈궁한 가정과 사회에서는 어떤 문화나 문명이든 모두 낭비로 변하고 맙
니다. 군자는 부유하면 덕을 행하기를 좋아하고 소인은 부유하면 그것으
로써 힘을 조절합니다. 연못이 깊으면 물고기가 살고, 산이 깊으면 짐승이
찾아가고, 사람은 부유하면 인의가 덧붙여집니다. 부유한 사람이 권세의
지지를 얻으면 더욱 빛나고 세력을 잃어버린 사람에게는 손님과 친구들
이 찾아오지 않으니, 이로써 즐겁지 않습니다. 오랑캐 땅의 권세나 이익
관념은 더욱 뚜렷합니다.

사마천은 「화식열전」에서 자공을 언급했습니다.

공자에게서 배우고는 물러 나와 위나라에서 벼슬을 하였다. 조나라와 노나라 사이
에서 상품을 저장해 두었다가 시세를 보아 팔았다. 칠십 명의 제자 가운데 사(자공)가 가
장 재물이 넉넉하였다. 원헌은 거친 음식도 싫어하지 않고 가난한 마을에 은거하였다.
자공은 말네 필이 끄는 수레를 타고 말 탄 종자들로 호위하게 하여 속백[72]의 예물을 제
후들에게 보냈다. 그가 이르는 곳에서는 상호간에 대등한 예로써 교제하지 않는 군주
가 없었다. 무릇 공자의 명성이 천하에 널리 알려지게 한 사람으로는 자공이 으뜸이었

---

72 비단 다섯 필 묶음.

다. 이것이 소위 세력을 얻으면 더욱 빛나는 것이로다!

旣學於仲尼, 退而仕於衛. 廢著鬻財於曹魯之間. 七十子之徒, 賜最爲饒益. 原憲
不厭糟糠, 匿於窮巷. 子貢結駟連騎, 束帛之幣以聘享諸侯. 所至, 國君無不分庭與
之抗禮. 夫使孔子名布揚於天下者, 子貢先後之也. 此所謂得勢而益彰者乎.

'폐저(廢著)'를 옛사람들은 저축과 매출로 해석했습니다. 저는 '팔기 좋
은 때를 얻는'는 뜻으로 해석해야 한다고 생각합니다. '육재(鬻財)'는 바
로 장사를 한다는 뜻입니다. 칠십 명의 제자 가운데 자공이 가장 재물이
부유했습니다. 자공은 말 네 필이 끄는 수레를 타고 말 탄 종자들로 호위
하게 하여 당시 통화였던 비단을 지니고 가서 제후들과 교제하고 왕래하
는 데 예물로 사용했습니다. 그가 어느 나라에 가든지 그 나라의 군왕들은
모두 국빈과 같은 대등한 예우로 그를 맞았습니다.

사마천의「화식열전」에는 여러 가지 잡다한 논의가 많이 들어 있는데,
훌륭한 이론과 탁월한 식견이 대단히 많으며 또 깊은 뜻이 담겨 있습니다.
그의 최후 결론은 다음과 같습니다.

이것으로 보건대 부는 일정한 일이 없다. 재화는 변치 않는 주인이 없다. 잘하는 사
람은 폭주하고 미련한 사람은 와해된다. 천금을 소유한 집안은 도성을 지닌 군주에
비견되고 재물이 많은 사람은 군왕과 함께 즐거워한다. 어찌 소위 소봉[73]이라 하겠는
가. 아니다.

由是觀之, 富無經業. 財貨無常主. 能者輻輳, 不肖者瓦解. 千金之家, 比一都之
君, 巨萬者乃與王者同樂. 豈所謂素封者耶. 非也.

---

[73] 봉토는 없으나 재산이 제후만 못지않은 사람.

이것으로 보건대 부자는 반드시 어떤 사업을 해야만 될 수 있는 것이 아닙니다. 재화 역시 어떤 한 주인에게 고정적으로 속하지 않습니다. 능수능란한 사람은 갈수록 많아지고 안 되는 사람은 형편없이 실패합니다. 천금을 가진 집안은 도성을 지닌 군주에 비교되고, 재물이 많은 사람은 군왕과 함께 즐거워합니다. 설마하니 그들 모두가 조상의 봉토와 작위를 유산으로 받아서 그렇겠습니까. 그렇지 않습니다. 모두 자신의 지혜와 부지런함을 바탕으로 성공한 것입니다.

그렇다면 무엇 때문에 『대학』 "치국평천하"의 결론을 설명하다가 난데없이 「화식열전」을 끌어와서 토론하는 것일까요? 그 까닭은 이렇습니다. 우리는 역사를 읽을 때마다 옛사람들이 『대학』의 마지막 결론인 "국가의 어른이 되어 재용에 힘쓰는 사람은 반드시 소인으로부터 시작된다. 저를 잘한다고 여겨 소인으로 하여금 국가를 다스리게 하면 재앙과 해가 함께 이르게 되니, 비록 잘하는 사람이 있더라도 또한 어찌할 수가 없다. 이것을 일러 나라는 이를 이로움으로 여기지 않고 의를 이로움으로 여긴다고 한다"라는 이 대목에 짓눌린 나머지 증자의 진의가 어디에 있는지를 깊이 생각하지 않았다는 사실을 발견하게 됩니다. 그래서 굳이 이 자리에서 그 속에 들어 있는 관건을 지적한 것입니다.

저는 그저 증자가 저술한 『대학』의 본래 모습을 되찾아 주고, 또 여러분들이 송대 이후 이학가들의 오해를 맹목적으로 좇지 않기를 바랄 뿐입니다. 그러고 보니 설두(雪竇) 선사의 게송이 생각납니다.

토끼 한 마리가 옛길에 버티고 섰는데	一兎橫身當古路
푸른 매가 흘낏 보고는 산채로 채어 갔네	蒼鷹瞥見便生擒
가련한 사냥개는 영묘한 본성이 없어	可憐獵犬無靈性
부질없이 마른 말뚝 주변을 서성이며 찾는다	空向枯椿境裡尋

책을 읽고 학문을 추구하려면 마땅히 밝은 혜안을 지니고서 그 정수를 취하고 찌꺼기는 버려야 합니다. 경솔하게 다른 사람의 말을 따라 하거나 옛사람들이 남긴 것만을 한사코 고집해서는 안 됩니다.

『대학』의 결론을 보충하려는 뜻에서 『대학』의 '명덕지용(明德之用)'과 '의리지변(義利之辨)'에 관한 '지언(至言)'을 『역경』「계사전」에서 인용하여 결론으로 삼고자 합니다. 그냥 원문만 옮겨 놓고 다른 설명은 덧붙이지 않겠습니다.

인으로 드러나고 작용 속에 숨어 있다.

顯諸仁. 藏諸用.

부유한 것을 대업이라 하고, 나날이 새로워지는 것을 성덕이라 한다.

富有之謂大業. 日新之謂盛德. (이상 「계사전」 상)

천지의 큰 덕을 생이라 하고, 성인의 큰 보배를 위라 한다. 자리를 지키는 것을 인이라 하고, 사람을 모으는 것을 재물이라 하며, 재물을 관리하고 언사를 바르게 하며 사람들로 하여금 나쁜 짓을 하지 못하게 하는 것은 의라 한다.

天地之大德曰生. 聖人之大寶曰位. 何以守位曰仁. 何以聚人曰財. 理財, 正辭, 禁民爲非曰義.

공자가 말하기를 "소인은 수치를 당하지 않으면 어질지 못하고, 두렵지 않으면 의롭지 못하며, 이익이 없으면 아무리 권해도 듣지 않고, 위협하지 않으면 그치지 않는다. 가볍게 징계받음으로써 크게 경계하는 것은 소인의 복이다"라고 하였다.

子曰, 小人不恥不仁. 不畏不義. 不見利不勸. 不威不懲. 小懲而大誡. 此小人之福也. (이상 「계사전」 하)

제8편

유학의 변화와 국가 발전

51

불가와 도가의 정수로 저술한 「정성서」

중국 문화는 진·한 이래로 학술 사상의 주류가 표면상으로는 유가로 귀결되는 것 같지만, 실제로는 음양가·유가·묵가·도가·법가가 섞여 있었고 그 경계도 그다지 뚜렷하지 않았습니다. 한나라 말 위진 시기부터 도가의 신선 단도(神仙丹道) 학파가 흥성하였는데, 그들의 수련 기초는 모두 수정(守靜)[74]을 중심으로 했습니다. 그것은 "대저 만물은 번성하지만 각기 그 근원으로 다시 되돌아간다. 근원으로 되돌아가는 것을 정이라 하고 이를 일러 천명으로 돌아감이라고 한다[夫物芸芸, 各復歸其根. 歸根曰靜, 是謂復命]"라는 노자의 설법을 근거로 하여 나왔습니다.

불교의 전래로부터 이학의 흥기까지

그런데 한 말에서 양진(兩晉)에 이르는 시기에 인도로부터 전해진 불가의 수행과 깨달음의 방법은 '계정혜(戒定慧)' 삼학(三學)의 소승 선관(禪觀)

---

[74] 고요함을 지키다.

과 '사선팔정(四禪八定)'의 정학(定學)을 중심으로 합니다. 말하자면 계행(戒行)의 엄밀함과 자율로부터 정(定)을 얻고, 정(定)에서 혜(慧)가 생겨나고, 정과 혜로부터 해탈을 얻는데, 해탈지견(解脫知見)을 완성하여 열반(涅槃)의 고요한 경지로 나아가고 그로부터 아라한(阿羅漢) 과위(果位)를 깨달아 얻는 것을 최고의 성취로 여깁니다.

그러므로 중국 문화에서는 보편적으로 정(定)과 정(靜)을 신선이나 부처가 되는 수양의 도에서 공통적인 기초로 여깁니다. 게다가 고요한 상태[靜態]는 모름지기 움직이지 않는 정의 경지[定境]에서 생겨나고 정의 경지 역시 반드시 고요한 상태로부터 이루어지기 때문에, 그 둘은 하나이면서 둘이고 둘이면서 하나입니다. 서로가 원인과 결과가 되기 때문에 구분하기 힘듭니다.

수·당 초기에 천태산(天台山)에서 온 지의(智顗) 선사가 중국적 특색을 지닌 불교 천태종을 창설하였는데, 지관(止觀)을 수양하여 '중관(中觀) 정견(正見)'을 얻는 것을 목표로 했습니다. 그 결과 좌선(坐禪)과 수행(修行)으로 지관을 수양하는 선수 법문(禪修法門)이 크게 행해졌습니다. 그것은 중국 사회의 각계각층에 영향을 미치게 되었는데, 수양을 위해서는 반드시 정(定)과 정(靜)에 힘써야 한다는 사실은 전국이 모두가 아는 보편적인 지식이 되었습니다.

하지만 인도의 불법 가운데 선종의 대사였던 달마 조사가 동쪽으로 와서 일찍이 남조의 소량(蕭梁) 정권 초기부터 "직지인심 견성성불(直指人心, 見性成佛)"의 법문을 중국 땅에 전수해 주었습니다. 그리하여 초당(初唐)부터 시작하여 중당(中唐)과 만당(晚唐)을 거치면서 "무문을 법문으로 삼는다[無門爲法門]"라는 선종이 중국에 보급되어 중국 문화의 중심점이 되었습니다. 특히 당나라 말 오대 시기에는 선종의 다섯 종파가 전성기를 구가하였는데, 유가와 도가는 물론이고 심지어 신선 단도와 불교 여러 계파의 수증(修證) 내용까지도 다 포괄하고 있었습니다. 천태종의 지관(止觀)과 선수(禪修)의 명성을 뒤덮은 것은 물론이었습니다. 그러나 선종이 비록 '직지견성(直指見成)'을 표방하기는 했어도 실제 수증에서는 여전히 선정(禪定)을 기본적인 입문 과정으로 삼았습니다. 참선(參禪)이라는 명사는 송·원 이후로 유행하였는데, 그때는 이미 중원과 강남 강북을 종횡무진하던 선종이 끝내 오솔길로 내닫던 마지막 단계였습니다.

중고(中古) 시대 문화의 변천 추세를 이해한 다음에 북송 이후의 학술 문화를 살펴보면 대략 이러합니다. 당시 중국의 지식인들은 유가 경학을 제창하던 오대(五代)를 계승하는 동시에 남북조와 수·당을 거치면서 발전한 불가와 도가의 학설과 수양을 흡수했습니다. 하지만 불가와 도가에 대한 당시 지식인들의 태도는 한마디로 표현하면 "돌이켜 자신에게서 구한다〔反求諸己〕"라는 것이었기 때문에 공맹의 유학을 고유문화의 '종주(宗主)'로 표방했습니다. 그리하여 유학을 종주로 삼아 왼편으로는 신선의 도학을 반대하고 오른편으로는 선수(禪修)의 불학에 반대하는 학풍을 형성했습니다. 형식과 내용 면에서 본다면 바로 신흥 유가라고 할 이학(理學)을 일으켜서 불가 및 도가와 한바탕 결전을 벌인 것입니다.

이학의 '이(理)'는 불학 화엄종(華嚴宗)의 "이법계(理法界), 사법계(事法界), 사리무애법계(事理無礙法界), 사사무애법계(事事無礙法界)"에서 따온 것으로서, 『역경』「설괘전(說卦傳)」의 "도덕에 화합하고 따르면서 의에 다스려지고, 이치를 궁구하고 본성을 다함으로써 천명에 도달한다〔和順於道德而理於義, 窮理盡性以至於命〕"라는 종지와 결합시켰습니다. 거기다가 한유(韓愈)의 「원도(原道)」의 주장과 이고(李翶)의 「복성서(復性書)」의 이념을 채택하여 굳게 지켜야 할 중심 사상으로 삼았습니다. 하지만 또 한편으로는 어록(語錄)을 전해 주어 익히게 하는 선종의 학습 방식을 배워 와서 통속적인 어문(語文)으로 도업(道業)을 전수해 주었으며, 그것을 통해 악(惡)

을 제거하고 선(善)에 힘씀으로써 성현의 지위에 이르도록 했습니다.

이학에서 주장하는 바는 이러합니다. 학문과 수양이 "사람의 욕망은 깨끗이 없어지고 하늘의 이치만이 운행하는[人欲淨盡, 天理流行]" 경지에 도달하려면 모름지기 『대학』의 "머무를 곳을 안 뒤에야 정함이 있고, 정한 뒤에야 흔들리지 않을 수 있다[知止而后有定, 定而后能靜]"라고 하는 "신독(愼獨)"의 수련에서 시작하여 『중용』의 '성(誠)' '경(敬)'과 만나고, 그것으로부터 "명덕(明德)" 이후의 "성의, 정심, 수신, 제가, 치국, 평천하"라는 외왕(外王)의 도를 완성해야 한다는 것입니다. 그것이야말로 성현이 되는 올바른 길이라고 했습니다. 그렇기 때문에 도가와 불가에서 말하는 행위와 학설은 "세상을 버리고 홀로 우뚝 서는[遺世而獨立]" 것이라 모두 정통이 아닌 편벽된 견해일 뿐이라면서 배척했습니다.

북송 시기에 이르자 후세에 '유종(儒宗)', '도학(道學)'이라고 추대되었던 대유학자들이 출현하였는데 주돈이(周敦頤), 장재(張載), 정호(程顥), 정이(程頤) 및 소옹(邵雍)을 일컬어 오대 유종(儒宗)이라고 합니다. 그 뒤를 이어 남송 시기에 정문(程門)의 제자인 주희(朱熹)가 스승의 학설을 추앙하여 학문을 통해 선한 덕을 배양하는 '도문학(道問學)'[75]을 주도하였는데, 사서(四書)에 주해를 달고 장구(章句)를 나누었습니다. 그로 인해 공자, 맹자의 유학은 주희가 주를 붙인 장구의 견해에 제한을 받으면서 팔구백 년을 내려오게 되었습니다.

송대 유학자들이 도를 전하고 학문을 강연하고 '심성미언(心性微言)'을 논의했던 솜씨를 놓고 보면, 간결하면서도 핵심을 찌르는 것이 도가나 불가와 견줄 만한 것으로는 정명도의 「정성서(定性書)」만 한 것이 없습니다.

---

75 유가에서 제시하는 학문과 수양의 방법으로 존덕성(尊德性)과 도문학(道問學)이 있다. '존덕성'은 인간에게 부여된 선한 덕성을 높이고 보존하여 학문의 본질에 도달하는 방법이고, '도문학'은 학식을 쌓고 이성적인 사고를 더함으로써 형이상학적인 도의 경지에 도달하는 방법이다. 육구연(陸九淵)이 존덕성을 중시한 반면에 주희(朱熹)는 도문학을 중시하였다.

"말 속에 사물이 있다〔言中有物〕"라는 말처럼 결코 아무렇게나 내뱉은 말이 아니었습니다. 한데 그 실질적인 내용을 들여다보면 불가와 도가의 정수를 뽑아내어 그것을 자기 마음속에서 융합하고 통달하여 그 '이(理)'에 관해 저술하였는데, '정을 닦음〔修定〕'으로 명심견성(明心見性)을 추구하거나 혹은 청정무위(淸靜無爲)의 도에 도달하기를 헛되이 구하는 일반인들의 오해를 반박하고 있습니다.

지금부터 저는 그에게 "조상을 찾아주고" 본래의 출처를 지적하고자 합니다. 그가 "다른 산에서 나는 돌로 자기의 아름다운 옥을 갈았다〔他山之石, 可以攻玉〕"라는 사실을 말하는 것을 꺼릴 이유가 전혀 없습니다.

「정성서」를 잘 배웠던 강희제

「정성서」에 말하기를 "소위 정이라는 것은 움직임 또한 정이고 고요함 또한 정이니, 보내고 맞이함이 없고 안과 밖이 없다〔所謂定者, 動亦定, 靜亦定, 無將迎, 無內外〕"라고 했습니다. 첫머리에 나오는 이 구절이 말하는 바는, 동(動)과 정(靜)이 모두 본래 정(定)이므로 따로 마음을 일으켜 정(定)을 구할 필요가 없다는 뜻입니다. 이것은 그가 선종에서 존중하는 『능엄경(楞嚴經)』의 관음원통법문(觀音圓通法門)에 나오는 "움직임과 고요함의 두 가지 상이 분명하게 생겨나지 않는다〔動靜二相, 了然不生〕"라는 두 구에서 터득한 것입니다.

"보내고 맞이함이 없다〔無將迎〕"라는 구는 『장자』「응제왕(應帝王)」 편에 나오는 "도덕이 지극히 높은 사람의 마음 씀은 거울과 같아서, 보내지도 않고 맞이하지도 않으며 응하되 감추지 않는다. 그러므로 능히 사물을 이기되 다치게 하지 않는다〔至人用心若鏡, 不將不迎, 應而不藏, 故能勝物而不

傷)"라는 구절을 그대로 사용한 것입니다.『장자』에서 말하는 "보내고 맞이함(將迎)"은 불학에서 말하는 '유각유관(有覺有觀)', '유심유사(有尋有伺)'와 동일한 의미입니다. '보냄(將)'은 마음을 한곳에 머무르게 하는 것이고, '맞이함(迎)'은 생각이 일어난 곳으로부터 관조하는 것입니다.

"안과 밖이 없다(無內外)"라는 구절 또한 마음은 몸의 안과 밖과 중간에 있지 않다는『능엄경』의 말과, 용수(龍樹) 보살이 쓴『대지도론(大智度論)』의 "몸에도 의탁하지 않고 마음에도 의탁하지 않으니, 의탁하지 않고 또한 의탁하지 않는 이것을 일러 편안히 쉰다고 한다(不依身, 不依心, 不依亦不依, 是謂宴坐)"라는 말에서 왔습니다. 참으로 정명도는 책을 읽고 학문을 추구하는 데에 뛰어났던 사람이라고 하겠습니다. 자구 하나하나가 모두 마음으로 터득한 실학(實學)이었습니다.

정명도가「정성서」에서 말하고자 했던 정(定)을 닦는 학문의 핵심은 바로 위에서 설명했던 '파제(破題)' [76] 네 구입니다. 실제로는 모두 불가와 도가의 가산(家産)이었지만 그는 빌려 오고 나서 돌려주기는커녕 빚으로 인정하지도 않았습니다. 글의 나머지 부분은 모두 이 네 구를 설명한 것인데, 내용을 보면 대부분이『능엄경』의 '심(心)'에 관한 논의와 선종의 '성(性)'에 관한 논의에서 따왔습니다. 하지만 첫머리에서 말한 네 구의 고명한 경구(警句)를 제외하면 뒤이어 나온 결론은 오히려 애매모호하기 짝이 없습니다. 이른바 안과 밖이라는 것이 심(心)과 신(身)을 가리키는 것인지, 아니면 심(心)과 물(物)을 가리키는 것인지에 관해 아무런 설명도 하지 않았습니다. 예컨대 "안과 밖은 두 가지 근본이니, 어찌 또 급작스레 말로 정하겠는가(既以內外爲二本, 則又烏可遽語定哉)"라는 식입니다.

불학『능엄경』에서 말하는 '심'은 심물일원(心物一元)적인 것입니다. 경

---

[76] 첫머리에 제목의 요지를 드러내어 설명한 부분.

전에는 이렇게 말했습니다. '너의 마음속에 빈 곳이 생기는 것은 조각구름이 하늘을 스쳐 지나가는 것과 같다〔虛空生汝心中, 猶如片雲點太淸裡〕." "육신 바깥의 산하 허공 대지가 모두 오묘하고 밝고 참된 마음속의 사물임을 알지 못한다〔不知色身外洎山河虛空大地, 咸是妙明眞心中物〕." "생각의 맑음이 국토를 이루니 지각하는 것이 바로 중생이다〔想澄成國土, 知覺乃衆生〕." 의식을 바탕으로 한 사상, 감각, 지각은 모두 물리 세계가 형성된 이후의 작용으로서 결코 진실한 존재가 아닙니다. 하지만 평범한 사람들은 심(心)과 신(身), 심(心)과 물(物)을 함부로 나누어 안과 밖으로 구분하려 들기 때문에 그로 인해 '능엄대정(楞嚴大定)'한 여래(如來)의 경지에 들지 못하게 됩니다.

만약 「정성서」의 설명이 『능엄경』처럼 분명했다면, 그랬다면 그가 말하고자 했던 '정성(定性)'의 정(定)을 굳이 말로써 명확히 밝힐 필요도 없었을 것입니다. 그랬다면 다른 곳에서 "계율을 지키고 수행〔修持〕"하는 방법을 빌려 올 필요가 없었을 것이고, 사람들로 하여금 선관(禪觀)의 '정의 경지〔定境〕'나 청정무위(淸淨無爲)의 '고요한 상태〔靜態〕'를 자성(自性)의 본래 모습으로 착각하게 만드는 일도 없었을 것입니다.

그랬다면 그는 틀림없이 『역경』「계사전」에서 말한 "그러므로 신은 일정한 방향이 없고 역은 고정된 본체가 없다〔故神無方而易無體〕", "역은 아무런 사고도 없고 행위도 없다. 고요히 움직이지 않다가 감응하면 마침내 천하의 모든 이치에 통한다〔易无思也, 无爲也. 寂然不動, 感而遂通天下之故〕" 및 『중용』에서 인용하고 있는 『시경』「대아(大雅)」'황의(皇矣)'편의 "하늘의 일은 소리도 없고 냄새도 없다〔上天之載, 無聲無臭〕"라는 등의 심오한 의미에 대해 참으로 그 나름의 식견을 지니게 되었을 것입니다!

하지만 정명도는 세상에 쓰일 것에만 마음이 급했던 나머지, 뒤이은 글에서 「정성서」의 이치를 설명하면서 "명덕"의 외용(外用)인 "치국평천하"

와 박자를 맞추다 보니 오히려 흐리멍덩하니 분명치 못하고, 말도 갈피를 못 잡고 말았습니다. 선사들의 설법에 "부채가 휙 날아가서 삼십삼천 제석천의 콧구멍을 치고, 동해의 잉어가 한 번 꼬리를 치자 비 내리는 것이 대야를 기울여 물을 쏟는 것 같다"라는 말과 꼭 같습니다. 그래서 "정한 뒤에야 흔들리지 않을 수 있고, 흔들림이 없는 뒤에야 편안할 수 있고, 편안한 뒤에야 생각할 수 있고, 생각한 뒤에야 얻을 수 있다[定而后能靜, 靜而后能安, 安而后能慮, 慮而后能得]"라고 하는 정(定)과 혜(慧) 사이의 오묘한 운용에 관해서는 끝내 설명하지 않았습니다. 안타까운 노릇입니다.

「정성서」의 최후 결론은 '성(性)'과 '정(情)'의 작용을 내외(內外)의 관건으로 삼아 '제노(制怒)'[77]의 수양이 가장 중요하다는 것입니다. 정명도는 사백오십 년이 지난 후에 훌륭한 학생을 하나 얻었는데, 그가 바로 청 초의 강희제(康熙帝)였습니다. 그가 정명도의 「정성서」로부터 배운 유일한 비결이 바로 '제노'였습니다. 그는 손수 '제노(制怒)'라는 두 글자를 써서 좌우명으로 삼았습니다. 그리하여 강희제는 어린 나이에 성공하고 육십 년이나 개국 황제 노릇을 했지요.

아무튼 정명도의 「정성서」가 순수하게 정학(定學)에 대한 것은 아니었지만, 그의 재전(再傳) 제자인 주희의 학문에 비한다면 고명한 곳이 많습니다. 후생가외(後生可畏)라 했으니 젊은 여러분이 깊이 토론하여 그 정수를 취하고 찌꺼기는 버린다면 틀림없이 심성의 수양에서 얻는 바가 있을 것입니다. 이 학문을 실제 생활에 응용한다면 "비록 딱 들어맞지는 않더라도 또한 멀지 않을[雖不中, 亦不遠矣]" 것입니다. 구더기 무서워서 장을 못 담근다면 되겠습니까? 제 말을 아무렇게나 흘려듣고 옛사람들의 성취를 일고의 가치도 없다고 여긴다면 그것은 정말 옳지 못합니다.

---

77 노여움을 제어함.

52
사서오경과 중국 문화

꼳

여러분도 아시다시피 서구의 문화와 정신문명은 옛날부터 지금까지 일관되게 기독교의 『성경』―「구약」과 「신약」―을 중심으로 했습니다. 마찬가지로 중국의 문화와 정신문명의 주류는 이십일 세기 현재까지도 여전히 유가의 사서(四書)와 오경(五經)을 중심으로 한다고 생각하는 사람들이 있습니다. 그러나 동서 문화는 지금 변화의 와중에 있습니다. 종교를 신봉하던 서양 문화는 지금 탈바꿈하고 있습니다. 동양 문명 특히 중국 문화를 가지고 말한다면 시대라는 거대한 바퀴를 따라 변화하고 있으며 산산조각이 나고 있습니다. 인도(人道) 윤리(倫理)를 중시할 것을 주장하던 유가의 학설도 유혼(遊魂), 귀혼(歸魂)의 괘변(卦變)을 겪고 있습니다. 현재 미국에는 미래 세계가 문화 전쟁의 시대가 될 것이며, 서양 문화에 대항하는 가장 큰 적은 바로 중국의 유가 문화일 것이라고 주장하는 사람도 있습니다. 우스운 이야기이지만 깊이 생각해 볼 만합니다. 세상일이란 종종 얕고 경솔한 생각으로 인해 잘못되는 수가 많습니다. 그러므로 우리 스스로가 마땅히 "돌이켜 자기 자신에게서 구해야[反求諸己]"하고, 반드시 "옛것을 익혀 새로운 것을 알아야[溫故而知新]"할 것입니다.

'오경(五經)'은 중국 상고 문화 전통의 총체라고 말한다면 이는 비교적 정확한 답입니다. 그렇다면 '사서(四書)'는 무엇입니까? 그것은 북송 시기부터 시작해서 남송 시기에 점차 성행하면서 오경 문화의 지위를 대신했습니다. 사서는 전적으로 공맹의 가르침에 속하는 학술 사상이었지만, 송대 이학가 주희가 지은 장구(章句)의 주해가 독점해 버린 유학은 중국 문화의 전모를 개괄하기에 충분치 않습니다.

오경은 『주역(周易)』, 『상서(尙書)』, 『예기(禮記)』, 『시경(詩經)』 및 공자가 저술한 『춘추(春秋)』를 가리킵니다. 『춘추』의 내용을 풀어서 해설한 것으로는 『좌전(左傳)』, 『공양전(公羊傳)』, 『곡량전(穀梁傳)』의 '삼전(三傳)'이 있습니다. 『춘추』라는 책은 공자가 춘추 시대 후기인 기원전 480년경에 저술한 최후의 작품이었습니다.

이 시기 서양에서는 로마가 공화 정치를 펴기 시작하였으며 기록이 정확한 역사가 등장했습니다. 스파르타가 펠로폰네소스 동맹을 조직하였고 인도에서는 마가다 왕국의 난다(難陀) 왕조가 흥기하여 최초로 불교도들이 불경을 모아들였습니다. 페르시아가 서너 차례 연속하여 그리스 원정 길에 올랐고 아테네가 스파르타를 대신하여 그리스의 맹주가 되었습니다. 서양의 역사의 아버지로 불리는 헤로도토스가 출생하였고 소크라테스가 태어났습니다. 이 시기는 서양에서도 그리스 문화가 막 흥성하던 시기였습니다.

여러분도 아시다시피 공자는 만년에 일생의 정력을 바쳐 "『시경』과 『서경』을 산정하고 『예기』와 『악기』를 편찬 개정〔刪詩書, 訂禮樂〕"하였으며 『춘추』를 저술했습니다. 그는 지극히 객관적인 시각에서 중국 상고 시대의 역사는 믿을 만한 문서 자료가 있는 당요(唐堯)의 등극 시기―갑진년(甲辰年)―로부터 시작된다고 했습니다. 바로 기원전 2357년입니다. 그는 중국의 원시 시대 즉 신농(神農)에서 황제(黃帝)에 이르는 기간―기원전 3000년 이전으로, 이집트의 고왕조인 피라미드 시기 및 바빌로니아의 건국과 더불어 동서양은 인문 문화가 발전하기 시작했습니다―의 사적은 언급하지 않았습니다. 그는 "많이 들어서 알더라도 의심 가는 것은 잠시 제쳐두는〔多聞闕疑〕" 태도로 "싣기는 하되 논의하지 않았다〔存而不論〕"라고 했습니다.

그리하여 후대의 사마천은 『사기』를 저술하면서, 공자가 "『서경』을 산정〔刪書〕"한 것의 부족한 부분을 보충하고자 한다고 대놓고 말하지는 않았지만, 「제왕본기(帝王本紀)」에서 제일 먼저 「오제본기(五帝本紀)」편을 저술하여 당요가 황제의 후손임을 기술하고 중국 문화의 연대를 거슬러 올라갔습니다. 남송 효종(孝宗) 시대에 이르면 나필(羅泌)이라는 학자가 『노사(路史)』라는 책을 저술하였는데, 그는 도가 유서(遺書)들의 견해를 채택하여 역사에서 '삼황오제(三皇五帝)'라 칭하는 시기 이전의 사적까지 더 거슬러 올라갔습니다. 하지만 문장이 화려하고 고증이 풍부하며 그 논리가 이치에 맞았습니다. 책 이름을 '노사(路史)'라고 붙인 것은 그것이 중국 역사와 문화의 '대사(大史)'라는 뜻에서였습니다.

나필의 저술 종지를 살펴보면, 그 역시 공자가 "『서경』을 산정하여" 당요로부터 시작함으로써 원시 시대의 역사를 홀시한 것에 대해 크게 안타까워했습니다. 이는 요즘 사람들이 중국의 역사 연대를 황제로부터 시작하여 금년[78]까지 모두 4731년으로 계산하는 것과 비슷합니다. 하지만 그저 말이 나온 김에 한 이야기일 뿐, 중국의 원시 문화사와 상고 문화사에 대해 강연하려는 것이 아니니 이쯤에서 그만하겠습니다.

아무튼 공자가 육경(六經)을 산정함으로써 요순 이래 주 왕조 개국 이후에 이르기까지의 문화와 문명, 특히 주공(周公) 희단(姬旦)이 정리한 상고 시대의 문화가 한데 모였습니다. 그리하여 선대가 후손들에게 남겨 주어

---

78 저자가 이 책의 내용을 강연한 1997년을 말함.

"선조를 계승하고 후손을 계발하는" 무한한 가치를 지닌 자산이 되었습니다. 당시에는 학자들을 유사(儒士) 혹은 유생(儒生)이라고 불렀는데, 한대 이후에 공맹의 학문을 하는 사람들만 유자(儒者)라고 칭한 것과는 완전히 달랐습니다.

육국을 멸한 진시황은 제후들에게 영토를 분봉해 주어 나라를 세우게 했던 주 왕조의 정치 체제를 바꾸어 버렸습니다. 중국을 통일시키고 전국을 군현(郡縣)으로 나누었으며 학자의 전문 관직인 '박사(博士)'를 처음 창설했습니다. 진시황 시대의 박사는 오로지 『시경』, 『서경』, 『역경』, 『예기』, 『악기』, 『춘추』의 육경만 연구한다는 제한이 없었습니다. 진시황과 이사가 기원전 212년에서 213년 사이에 시행했던 분서갱유(焚書坑儒)에서도 박사들을 묻어 버리라고 명하지는 않았습니다. 당시 매장당했던 유생의 대부분은 "벼슬하지 않은 선비로서 제멋대로 논의를 폈던〔處士橫議〕" 비(非)박사급 유생들이었습니다.

오경박사의 시작

훗날 서한 초기 즉 기원전 136년경에 한 무제(武帝) 유철(劉徹)이 '오경박사'를 설치하였는데, 그때부터 오로지 유학만 위주로 하게 되었습니다. 당시는 진시황이 분서갱유한 때로부터 이미 백삼십여 년이 흐른 뒤였습니다. 그 백여 년간 한 문제 유항(劉恒)과 경제 유계(劉啓)가 정치 행위상 도가의 '황로지학(黃老之學)'을 위주로 하기는 했지만, 그렇다고 유가나 법가 등의 학설을 완전히 무시했던 것은 아니었습니다. 한 문제와 경제는 진나라 말기의 초한(楚漢) 전쟁을 비롯한 이전의 장기적인 전란으로 인해 피폐해질 대로 피폐해진 백성들이 당시 절실히 필요로 하는 것은 바로 '휴양

생식(休養生息)'임을 알았습니다. 백성들로 하여금 "편안히 거주하며 생업을 즐기게" 해 주고 사회 질서를 새로이 확립하기 위해서는 일을 줄이고 절약하는 것이 가장 중요했습니다.

그러던 것이 한 무제 시대에 이르자 동중서(董仲舒)를 중심으로 한 유가학설을 중시하게 되었습니다. 사실 동중서는 유가 사상뿐 아니라 음양가의 사상도 함께 운용하여 『춘추』를 연구했습니다. 그리하여 양한(兩漢) 이후로 참위학(讖緯學)[79]의 기풍이 형성되었으며 중국 문화에 미신적인 색채를 가미하여 현재에 이르도록 변하지 않고 있습니다.

순수하게 오경을 위주로 했던 한학(漢學)은 실제로는 한 원제(元帝) 유석(劉奭)의 시대 즉 기원전 48년에 시작되었습니다. 그때부터 비로소 유가를 특별히 중시하기 시작했습니다. 그 결과 한대의 유학자들은 경학(經學)의 훈고와 고증에 치중하였으며, 그러한 기풍은 동한까지 이어져서 약 이백여 년간 지속되었습니다. 옛사람들이 "젊은 시절에는 부(賦)를 짓고, 머리가 희어서는 경전을 연구하네"라며 비꼬았던 한대의 지식인들은 모두 경서(經書)의 뜻과 문자학(文字學)에 머리를 파묻은 채 평생을 보냈습니다.

그 시기에 한나라를 전한(前漢)과 후한(後漢) 또는 흔히 서한(西漢)과 동한(東漢)으로 나누어 불리게 한 역사적 사건이 일어났습니다. 그 경계는 바로 왕망(王莽)이 황제 자리를 찬탈하고 스스로 '신조(新朝)'라 칭하였던 서기 8년으로서, 예수 출생 후 십여 년 무렵에 일어난 일이었습니다.

그런데 한(漢) 왕실을 다시 빛나게 했던 '동한의 주인'이라 불리는 광무제(光武帝) 유수(劉秀)는 어려서부터 『시경』을 익힌 농민 출신의 학자였습니다. 그의 영향을 받아 동한 이후의 문장과 학술 풍조는 서한과 비교해 서로 다른 풍격을 지니게 되었습니다. 옛사람들은 그 차이를 다음과 같이

---

79 중국 진대(秦代)에 비롯되어 후한(後漢) 때에 성행하였던 예언설. 천변지이(天變地異)를 중요한 조짐으로 삼고 음양오행설로 해석하여, 불안한 사회 현상에 대해 길흉화복을 예언하였다.

평가했습니다. "서한은 공적과 명성을 중시하였는데, 세상에 아부하여 총애를 얻고자 하여 맑은 절조는 숭상하지 않았다. 동한은 명예와 절개를 중시하였는데, 의를 얻고 인을 완성하고자 하여 죽음에 이르도록 돌아보지 않았다〔西漢重功名, 希世取寵, 不尙清操. 東漢重名節, 取義成仁, 至死不顧〕."

현학과 현담의 시대

양한(兩漢)의 경학은 오랜 기간 훈고와 고증이라는 답답한 풍조에 갇혀 있었습니다. 그 결과 한나라 말 위진 시기에 이르면 하안(何晏), 왕필(王弼) 같은 청년 학자들을 필두로 하여 유가의 육경을 대수롭지 않게 여기고 오직 청담(清談)만 일삼으며 삼현지학(三玄之學)의 연구에 몰두하는 풍조가 성행했습니다. 그들은 문화와 정치에서도 그 속박에서 벗어나려 했습니다. 이른바 '삼현지학'이란 『노자』, 『장자』, 『주역』이라는 세 권의 책을 통해 인생과 우주의 철학 사상을 탐구하고 토론하는 것을 말합니다. 그리하여 위진 이래 문인 정부의 문벌 자제들과 일반 지식인들은 모두 소요와 해탈에 마음이 기울었으며, 형식에 얽매이지 않고 풍류를 즐기는 풍조가 형성되었습니다. 십팔 세기 이후 서양에서 자유주의 사상과 낭만적인 정서가 상류 계층을 중심으로 확산되어 나갔던 것과 유사하다 하겠습니다.

그 후 동진(東晉)이 남쪽으로 수도를 옮기면서 역사는 남북조라는 시기로 접어들었는데, 그 무렵에 마치 먹구름이나 소나기가 몰려오듯이 동쪽으로 전해진 불학은 순식간에 조야(朝野) 각 계층에 널리 퍼졌습니다. 이러한 과정은 대략 사백 년에 걸쳐—서기 200년에 시작되어 620년까지 지속됨—진행되었습니다. 이 시기에 중국 문화와 사상은 우주와 인생을 탐구하는 철학으로 밝게 빛났습니다. 하지만 정치 사회적 측면에서 본다면 가장 쇠퇴하고 타락한 시대였습니다.

찬란하고 운치 있었던 당대 문예

이세민 부자가 개국하여 당 왕조를 세우자 비로소 상황이 변했습니다. 이른바 한대 이후의 유가 경학은 이미 "그런 곡조를 타지 않은 지 오래된" 처지에 있었고 『대학』, 『중용』 등 사서를 특별히 중시하는 풍조는 아직 나타나지 않았습니다. 그러나 오경의 학문은 여전히 중국 민간과 정부 인사들의 기본적인 문화 사상으로 자리 잡고 있었습니다. 단지 한대 유학자나 송대 유학자들처럼 유달리 중시하지 않았을 뿐입니다. 당 태종은 일찍이 국자제주(國子祭酒)[80] 공영달(孔穎達)에게 명해 『오경정의(五經正義)』를 쓰게 했습니다. 이것이 후세에 『오경주소(五經注疏)』라고 불리는 바로 그 책입니다.

그 시기 유럽의 문화는 상황이 어떠했습니까? 중국에서 중당(中唐) 시기이던 오 세기 무렵에 로마 제국이 와해되면서부터 십 세기까지는 줄곧 신생 국가들이 차례로 일어났습니다. 그 와중에 전쟁은 그칠 날이 없었고 백성의 생활은 고통의 연속이었습니다. 문화 수준은 낮고 타락하였으니 서양 역사학자들은 그때를 암흑시대라고 부릅니다.

하지만 동양의 당나라는 그 무렵에 전성기를 구가했습니다. 서북의 실크로드와 남해안 광동(廣東)의 실크로드가 열렸고 일본, 한국, 유구(琉球, 오늘날의 오키나와) 등지에서 장안(長安)으로 유학생을 파견하여 동서양 북반구에 당풍(唐風)이 가득 불었습니다. 특히 중당 시대에 중국 경제와 무

---

80 오늘날의 국립대학 총장.

역의 중심지였던 양주(揚州)는 그 기세 등등함을 이루 말로 할 수 없었습니다. "허리에는 십만 꾸러미의 돈을 차고 학 타고 양주로 가네〔腰纏十萬貫, 騎鶴上揚州〕"라는 옛사람의 시구는 바로 휘황찬란했던 당풍을 읊은 것으로, 이십 세기 말의 홍콩에 비하여 훨씬 왕성하고 운치가 있었습니다.

어느 시대의 문화이든 "시세가 영웅을 만들고 영웅이 시세를 만든다〔時勢造英雄, 英雄造時勢〕"라는 법칙에서 벗어나지 못하는 법입니다. 당대(唐代)의 문화는 무엇보다도 이세민의 웅대한 재략 및 문치(文治)나 무공(武功)에서 이룬 천재적인 성취에 공을 돌리지 않을 수 없습니다. 그렇다고 그에게 『대학』의 "격물, 치지, 성의, 정심, 수신, 제가, 치국, 평천하"라는 팔조목을 요구해서는 절대로 안 됩니다. 동시에 『정관정요(貞觀政要)』라는 책 한 권을 가지고 편벽되게 전체를 개괄함으로써 역사적 위인에 대한 시비(是非) '정관(正觀)'을 덮어 버려서도 안 됩니다. 출신 배경과 타고난 천부적인 자질만 놓고 본다면 그는 선천적으로 권문세가의 자제인 '태원공자(太原公子)'의 습성과 함께 도적이나 호걸의 자질도 지니고 있었습니다. 또 다른 측면에서 보면 그는 제 환공(공자 소백)의 못된 기질을 지니고 있는 동시에 조맹덕(조조)의 문학적 자질도 갖고 있었습니다. 한 무제(유철)와 비슷한 웅대한 재략을 지닌 데다, 그와 동시에 광무제(유수)와 유사한 중후함을 지니고 있었습니다.

그 결과 초당(初唐)이 개국되던 당시의 찬란함은 거의 한대(漢代)의 공적을 능가할 정도였습니다. 특히 그가 아직 진왕(秦王)으로 있던 소년 시절에 그의 막부(幕府)에서 유능한 조수 역할을 했던 두뇌 집단〔智囊團〕가운데 유정(劉靜), 우세남(虞世南), 두여회(杜如晦), 방현령(房玄齡) 같은 뛰어난 인사들은 모두 당대의 걸출한 인재들이었습니다. 의병을 일으킨 후에 기용한 장수나 인재들은 대부분 어지러운 시절에 도적떼 속에서 연마된 영웅호걸들이었습니다. 게다가 태반이 처음에는 그를 대적했던 인물들이었습니다. 예를 들면 서세적(徐世勣), 정교금(程咬金), 이정(李靖)이 그러하였고 위징(魏徵)도 물론 그 속에 포함되었습니다.

이세민은 수 왕조가 통일시킨 이백 년에 걸친 남북조의 정치 제도와 문풍(文風)의 가르침을 받아 문학 방면으로도 남다른 성취를 보였습니다. 예를 들어 우리가 즐겨 감상하는 당대의 시와 문장에서 서법에 이르기까지, 그 모든 방면에서 당 태종 이세민 자신이 뛰어난 고수였기 때문에 그 결과 한 시대의 획을 긋는 문학 풍조가 형성되었던 것입니다. 그는 우세남이 죽은 후로는 별로 시를 쓰지 않았습니다. 그의 말로는 이젠 자신을 알아줄 지기가 없기 때문이라고 했습니다. 당 태종의 글씨는 왕희지(王羲之)의 「난정집서(蘭亭集序)」를 힘써 배웠는데, 그는 임종이 다가오자 그것을 관 속에 넣어 가려고까지 했습니다. 저는 평소에 곧잘 이렇게 말합니다. 당나라 사람의 서법을 배우려면 먼저 당 태종이 쓴 「진사명병서(晉祠銘幷序)」를 보고 그런 다음에 유공권(柳公權), 구양순(歐陽詢), 안진경(顏眞卿), 배후(裵休) 등의 서첩을 보면 마음에 깨닫는 바가 있을 거라고요. 하지만 지금은 당 태종의 일생 동안의 시비와 득실에 관해 토론하는 시간이 아니므로, 이제부터는 당대의 문화 사상과 유가의 관건이 어디에 있었는지에 관해 말씀드리겠습니다.

유·불·도·선과 당대 문화

당 왕조 개국 초에 가장 먼저 개혁하자고 논의된 것은 남조 오대(五代) 이래의 문학 풍조였는데, 더 이상은 정부의 공문서에 화려한 문사(文詞)를 사용하지 못하게 했습니다. 그 후 이세민이 등극하고 정관(貞觀) 11년에는 동종(同宗) 조상인 이로군(李老君)[81]을 교주로 하는 도교를 맨 윗자리에 두었으며, 불교의 서열을 두 번째로 규정했습니다. 하지만 그렇다고 해서 유교 혹은 유학이 그 둘보다 아래였다는 뜻은 아니었습니다. 왜냐하면 조정의 온 신하가 모두 유가 경서를 공부한 유생 출신이었기 때문입니다. 그 후에 과거 시험을 통해 인재를 뽑는 제도를 만들기는 했지만, 사서의 장구를 달달 외워서 팔고문(八股文)이나 짓는 진사들을 뽑고자 한 것은 아니었습니다. 정관 23년에 당 태종이 죽고 태자인 이치(李治)가 그 뒤를 이어 당 고종이 되면서 비로소 다시 주공(周公)을 선성(先聖)으로, 공자를 선사(先師)로 삼아 유학을 존중했습니다.

당 초기는 종교나 신앙 방면에서 대단히 자유로웠습니다. 불사(佛寺)를 대량으로 건축하였을 뿐 아니라, 장안에 기독교 일파인 경교(景敎)의 교회당 대진사(大秦寺)를 건립하는 일도 허락되었습니다. 나중에는 페르시아에서 들어온 요사한 종교[82]와 마니교(摩尼敎) 등의 사원도 지었는데, 당 왕조는 백성들이 자유로이 신앙 생활을 하도록 간섭하지 않고 내버려 두었습니다.

당 태종 정관 4년은 이슬람교의 무함마드가 성지 메카를 탈환하고 아랍의 맹주를 자칭하던 시기로 서기 630년이었습니다. 정관 19년 즉 서기 645년에 현장(玄奘) 법사가 인도에서 불경을 가지고 귀국하자, 태종은 현장 법사에게 굉복사(宏福寺)를 새로 건립하여 불경을 번역하게 했으며 아울러 재상 방현령을 파견하여 그 일을 주관토록 했습니다. 현장 법사는 불학에만 깊고 정밀한 조예가 있었을 뿐 아니라 유가와 도가 등 세속의 학문에도 두루 통했던 인물입니다. 그는 불경을 중국어로 번역하는 한편, 중국의 『노자』를 범어로 번역하여 인도에 선물했습니다. 안타깝게도 그 책은

---

81 노자(老子)를 말함.

82 배화교(拜火敎). 조로아스터교를 말하며 중국에서는 경교 및 마니교와 함께 당대(唐代)에 전해진 삼 대 외래 종교이다.

후세에 전해지지 않았으니 고대의 동서 문화 교류의 역사라는 측면에서 보면 큰 손실이 아닐 수 없습니다.

당 태종 본인은 현장 법사의 학식과 수양에 감화되어 불가의 이치에 마음이 기울었던 동시에 그가 환속하여 자신의 재상을 맡아 주기를 원했습니다. 하지만 현장 법사가 완곡하게 거절하자 별 수 없이 직접 붓을 들어 현장 법사가 번역한 불경에 서문을 써 주었습니다. 「대당성교서(大唐聖敎序)」라는 그 글은 확실히 당대 문장 가운데서도 특출한 것이 과연 범상치 않았습니다.

그 결과 초당 시기에 중국 불교와 불학이 일시에 번성하여 조야에 두루 유행하게 되었습니다. 이른바 중국 불교에 독특한 '십종(十宗)'이 초당 시기부터 시작하여 명성을 두루 떨치더니 멀리는 일본, 한국 같은 동아시아 국가들로 전해졌습니다. 특히 남조 양 무제 시기에 인도에서 온 달마 조사가 전해 준 불법인 심종(心宗)의 선종은 차츰차츰 사회 각 계층에 보급되고 전해졌습니다.

심지어 선종은 역으로 인도에 전해져서 후기에 새로 일어난 밀승(密乘)에 영향을 미쳤는데 밀승의 지명(持明)[83], 만다라(曼陀羅), 원행(願行) 등과 결합하기도 했습니다. 그것이 당 현종 개원 4년 즉 서기 716년에 이르러 다시 인도로부터 동쪽으로 전해졌는데, 밀종을 전해 주는 데 전념했던 인도 출신의 승려인 선무외(善無畏), 금강지(金剛智), 불공삼장(不空三藏)을 세상에서는 '개원삼대사(開元三大士)'라고 불렀습니다. 그들은 밀종의 수행 법문을 크게 넓혔습니다. 그로부터 중국 불교의 십종 불법은 동양 각 나라에서 더욱 널리 성행했습니다. 예를 들어 감진(鑑眞) 법사는 일본의 초청을 받아 동쪽으로 건너가서 불법을 폈으며, 일본의 공해(空海) 법사는

---

83 진언(眞言)과 주문(呪文)을 말함.

당나라로 와서 불학을 배우기도 했습니다. 이런 것들은 모두 당대(唐代) 문화와 종교사에 남아 있는 사적들로 중일(中日) 문화사에 심원한 영향을 미친 사건들이었습니다.

요컨대 당 왕조가 개국한 후 당 태종과 고종 부자를 거쳐 무측천(武則天)이 황제를 지냈던 삼 대 칠팔십 년 사이에 불교와 도교는 물론 선종까지도 자유롭게 발전했습니다. 그 결과 유·불·도 삼교가 중국 문화의 삼대 주류로 자리 잡게 되었으니 바로 이 무렵에 확고한 지위를 차지하였던 것입니다.

특히 선종은 불립문자(不立文字), 즉심즉불(卽心卽佛), 심불중생 삼무차별(心佛衆生, 三無差別), 비심비물(非心非物) 등의 교리 법문으로 전국의 각 계층에 보급되었으며 특히 하층의 민간 사회에서 더욱 환영을 받았습니다. 이른바 "남종에서는 방편을 통하는 것이 허락되니 무엇 때문에 마음 속으로 불경을 외우겠는가. 구름과 물처럼 떠돌아다니는 행각승이여, 어느 산의 송죽인들 푸르지 않던가〔南宗尙許通方便, 何事心中更念經. 好去比丘 雲水畔, 何山松竹不靑靑〕"라는 식이었습니다. 남종(南宗)이라는 말은 선종의 육조인 광동(廣東)의 혜능 대사가 처음 불렀습니다.

초당 이후 명인들의 시문집을 펼쳐 보기만 해도 그런 사실을 알 수 있습니다. 이름난 작품 가운데 거의 열에 여덟아홉은 선(禪)이나 도(道)와 밀접한 관계가 있습니다. 예를 들면 이백(李白), 두보(杜甫), 왕유(王維), 맹호연(孟浩然), 두목(杜牧), 유종원(柳宗元), 유우석(劉禹錫) 등 그 수를 이루 헤아릴 수도 없습니다.

백장 선사와 여순양의 심원한 영향

당 현종(玄宗, 명황) 이융기(李隆基)가 양옥환(楊玉環)을 귀비로 봉했던 현종 중기에—대략 서기 750년경으로 중국이 발명한 종이 만드는 기술이 유럽으로 전해지기 시작했습니다—선종 대사인 마조도일(馬祖道一) 선사와 그의 제자인 백장회해(百丈懷海) 선사는 강서 지방에서 중국 불교에 독특한 총림(叢林) 제도를 창설했습니다. 생산에 종사하지 않는다는 원시 불교의 계율과는 달리 집단 수행, 집단 경작, 평등한 생활, 균등한 노동과 휴식의 원칙을 제창한 것이었습니다. 백장 선사는 원시적인 계율 대신 시대에 적합하게 만든 '백장청규(百丈淸規)'를 제정하여 충실히 지키게 했습니다. 그뿐 아니라 자기 스스로 아흔이 넘은 나이에도 불구하고 원칙을 만들어서 날마다 무리를 이끌고 노동하였는데, "하루를 일하지 않으면 하루를 먹지 않는다(一日不作, 一日不食)"라는 모범을 남기기도 했습니다.

당시 원시 불교의 계율을 성실히 지키는 승려들은 백장이나 마조 선사의 수행 태도를 가리켜 '파계비구(破戒比丘)'라고 욕을 했습니다. 하지만 그 후로 선문(禪門)의 총림 규정은 그 도를 크게 시행하였으며, 대다수 불교 사원들은 총림을 표방하고 선사(禪寺) 혹은 선림(禪林)이라는 현판을 붙이는 것이 보편적이었습니다. 그로 인해 불교는 중국 땅에 뿌리 내릴 수 있었으며, 아울러 사회 자선 사업이라고 할 수 있는 많은 공헌을 표 내지 않고 실행했습니다. 총림 사원이 "홀아비, 과부, 고아, 자식 없는 사람, 늙어 갈 데가 없는 사람, 길러 줄 사람이 없는 어린아이, 가난하여 의탁할 곳 없는" 사람들을 받아들여 돌봐 주었던 것입니다. 백장 선사는 종교 개혁의 선구자였던 셈이지만 그런 측면에서 보면 사회주의나 공산주의의 초기 실천자였다고도 말할 수 있습니다. 여기에 관해서는 제가 삼사십 년 전에 중국의 특수한 사회 조직인 총림 제도에 대해 설명해 놓은 책자를 참고

하면 됩니다.[84] 그 무렵 유럽의 서양 문화 역시 기독교의 권위가 정상에 이르렀던 시기였습니다.

불교의 종교 개혁이라는 말이 나온 김에 만당(晩唐)의 의종(懿宗) 함통(咸通) 시대를 살펴보도록 하겠습니다. 대략 서기 860년경에 해당하는 이 시기에 도교에서는 독특한 인물이 나왔습니다. 바로 한단(邯鄲)의 어느 여관에서 "꿈으로 황량을 일깨웠다〔夢醒黃粱〕"라고 전해지는, 공명을 구하지 않고 수도(修道)에만 정진했던 여암(呂嵒) 혹은 여순양(呂純陽)이라고 불리는 도사입니다.

그는 유·불·도 삼교에 모두 통달한 신선이었으며 동한(東漢)의 위백양(魏伯陽), 진(晉)의 포박자(抱樸子) 갈홍(葛洪), 양(梁)의 도홍경(陶弘景) 이후로 도교의 종교 개혁가라고 말할 수 있습니다. 그는 처음으로 민간 사회에 도교를 전파한 인물이기 때문에 여순양을 모르는 사람은 없습니다. 하지만 위백양, 갈홍, 도홍경을 아는 사람은 매우 적습니다.

송대 이학의 뿌리인 「원도」와 「복성서」의 출현

초당과 중당의 이삼백 년 사이에 선(禪)과 도(道)의 위세가 너무나 거침없고 빛나다 보니 당 헌종(憲宗) 이순(李純)의 시대에 이르자—그 시기는 투루판이 화의를 청해 오고 프랑크의 샤를마뉴 대제가 죽고 아들 루이 일세가 왕위를 계승하던 시기로 서기 814년입니다—당대의 명유(名儒) 한유(韓愈)가 고문의 부흥을 제창하고 문학의 개혁을 주장하는 한편, 지나치게 불교를 숭상하는 당 황실의 태도를 더 이상 좌시하지 않고 「간영불골

---

[84] 총림 제도에 대한 남회근 선생의 저술은 『선종 총림 제도와 중국 사회(禪宗叢林制度與中國社會)』이다.

표(諫迎佛骨表)」라는 글을 올렸습니다.

그 일로 황제의 노여움을 산 한유는 조주자사(潮州刺史)로 폄직되고 말 았습니다. 동시에 그는 도가와 불가 문화가 지나치게 유행하는 것을 걱정 하면서 중국 전통문화의 정통은 마땅히 유가가 되어야 한다고 주장했습 니다. 그리하여 「원도(原道)」라는 대문장을 지어 "요·순·우·탕·문·무·주 공·공자·맹자"로 이어지는 전승이야말로 진정한 인류 대도(大道)요, 진정 한 도통(道統)임을 설명했습니다.

특히 한유는 『대학』의 "밝은 덕을 밝힌다[明明德]"라는 데에서부터 "먼 저 그 뜻을 성실하게 한다[先誠其意]"라는 구절에 이르는 단락을 가지고, 도가와 불가의 출가수도(出家修道)는 부모와 국가에 대한 불충불효이며 불인불의(不仁不義)라고 비판했습니다. 하지만 한유는 원문을 인용하면서 그것이 증자가 쓴 『대학』에 나오는 구절임을 밝히지 않고 그저 "전에 말하 기를[傳曰]"이라고만 말했습니다. "예기에 말하기를[禮云]"이라고 말하지 도 않았습니다. 사실 『대학』은 『예기(禮記)』의 한 편(篇)인데, 한유는 그 출 처를 밝히지 않고 그저 유가의 전통적 견해라고만 말했던 것입니다. 다만 그것을 인용하여 자신의 말을 증명할 자료로 삼았을 뿐입니다.

한유는 조주로 폄직된 이후 심적으로 불안해지자 선종의 대전(大顚) 선 사에게 도에 관해 물어 터득한 바가 있었습니다. 선문(禪門)의 실록 가운 데는 그에 관한 전기가 남아 있습니다. 하지만 그가 선에 관해 물었는지 묻지 않았는지는 중요한 문제가 아닙니다. 안타깝게도 그가 「원도」에서 도가와 불가를 비판한 견해는 그다지 고명하지 못하였으며, 사실대로 말 한다면 그는 불가에 대해 거의 문외한에 가까웠습니다. 도사와 승려들을 비판하면서 마음 내키는 대로 함부로 출가해서는 안 된다고 주장한 대목 은 별도로 논의한다고 칩시다. 하지만 「간영불골표」 역시 현실에 꼭 들어 맞는 글이 아니었기 때문에 당 헌종의 노여움을 불러일으켰던 것입니다.

「원도」라는 글은 첫머리에 '널리 사랑하는 것을 인이라고 한다. 행하되 도리에 마땅한 것을 의라고 한다. 인과 의를 통해 나아가는 것을 도라고 한다〔博愛之謂仁. 行而宜之之謂義. 由是而之焉之謂道〕'라고 말했습니다. 그런 다음에 "인과 의는 고정되어 변하지 않는 이름이고, 도와 덕은 비어 있어 어떤 것도 들어갈 수 있는 자리이다〔仁與義爲定名, 道與德爲虛位〕"라고 기세 좋게 써 내려갔습니다.

그 결과 후세의 유학자들은 공자가 말한 '인(仁)'을 곧 "널리 사랑하는 것"이라고 여기게 되었습니다. 하지만 "널리 사랑하는 것" 즉 '박애'는 사실상 묵자(墨子)가 주장한 것임을 미처 알지 못했습니다. "행하되 도리에 마땅한 것을 의라고 한다"라는 말 역시 묵자 학설의 정신입니다. 한유는 원래 묵자의 학문을 연구한 학자였습니다. 그래서 「원도」 첫머리에 묵자를 인용한 것인데, '묵(墨)'을 빼고 그 자리에 '유(儒)'를 집어넣었으나 그의 군센 문필에 후세 학자들이 쉽사리 속아 넘어간 것입니다.

이야기가 자꾸 옆길로 새서 죄송합니다. 제가 원래 한번 입을 열면 잘 중단하지 못하거든요. 한유의 「원도」를 언급한 목적은 송대 유학자들이 이학을 제창하게 된 근원이 「원도」라는 한 편의 글에서 유래하였음을 설명하기 위해서였습니다. 게다가 한유의 문인이던 이고(李翶)가 약산(藥山) 선사에게 도에 관해 묻고 난 후에 「복성서(復性書)」라는 한 편의 훌륭한 논문을 썼는데, 그로 인해 송대 이학가들이 『대학』, 『중용』을 빙자하여 '심성미언(心性微言)'의 성리(性理)를 크게 논의하게 되었던 것입니다. 앞에서 「원도」의 한 문장에 관해 몇 마디 설명했는데, 마치 고전 수업 시간처럼 된 것 같아서 오히려 시간을 낭비한 감이 듭니다. 그래서 이고의 「복성서」 원문은 그만두고 이고가 '복성(復性)' 관념을 제기하게 된 유래에 관해서만 간단히 말씀드리겠습니다.

제가 주제넘게 비평을 하자면, 이고가 「복성서」에서 말했던 성명(性命)

학설은 그의 스승 한유의 「원도」의 논지에 비해 훨씬 깊이가 있습니다. 그렇다면 이고의 유학은 어떻게 해서 "스승의 견해를 뛰어넘는" 조예를 지닐 수 있었을까요? 사실 그는 선문(禪門)의 깨달음에서 도움을 많이 받았습니다. 선(禪)에서 끌어와 유(儒)에 집어넣었기 때문에 범상치 않았던 것이지요! 하지만 그는 다른 유학자들과 마찬가지로 감히 사림(士林)의 현실을 거역할 수 없었기 때문에 끝내 사실대로 말하지 못했습니다. 그의 참선과 관련된 고사는 과거에 선학(禪學)에 대해 강연한 글에서 이미 언급했으므로 이 자리에서 사족을 붙일 필요는 없겠지요! 하지만 말이 나온 김에 한 가지만 더 말씀드리겠습니다. 지금은 벌써 세상을 떠난 유종(儒宗)의 선학 대사 마일부(馬一浮) 선생은 저와는 나이에 구애받지 않고 맺어진 친구이자 대선배였는데, 그가 자유로이 강학했던 복성서원(復性書院)의 명칭이 바로 「복성서」에서 따온 것이었습니다.

53
유가 경학과 당에서 오대까지의 난세 문화

ㄹ

    앞에서 이미 당대 삼백 년 문화, 서기 618년에서 900년 사이의 유·불·도·선의 화려한 풍류와 멋스러운 풍격에 관해 대략 말씀드렸습니다. 하지만 그것은 마치 개국의 명군 당 태종 이세민 개인의 외형적인 형상을 보여주는 듯했습니다. 실상 이당(李唐) 삼백 년의 궁중 내부를 들여다보면 부자, 형제, 부부간이나 "수신, 제가, 치국"의 외왕지도(外王之道)에 있어서는 진·한·위·진·남북조에 비해 그다지 훌륭하다고 할 수 없었습니다.

    요컨대 이세민은 기의(起義)를 도모하던 초기에 이미 좋지 못한 원인을 깊이 묻어 두었습니다. 그는 아버지 이연(李淵)을 움직여서 군사를 일으키기 위해 미리 계획을 세웠습니다. 먼저 이연에게 술을 권해 대취하게 만든 다음, 그로 하여금 혼미한 와중에 진양(晉陽)에서 수 양제의 두 비(妃)를 범하게 했습니다. 그 후 그 일을 빌미로 부친이 자신의 뜻을 좇아 군사를 일으키지 않을 수 없게 만든 것입니다.

    그 결과 무측천이 정권을 탈취하여 황제가 된 때부터 시작하여 이당의 후손 제왕들은 하나같이 내궁(內宮)의 부부간 '여화(女禍)'로 어려움을 겪었습니다. 심지어는 남자도 아니고 여자도 아닌 환관(태감)들조차 함부로 황제를 좌지우지하곤 했습니다. 그리하여 만당(晚唐) 시기에 이르자 군벌이 권력을 휘둘렀던 번진(藩鎭)의 난을 초래하였으며, 끝내는 나라가 망하고 집안이 거덜 나는 결과에 이르고 말았습니다. 실로 인과응보가 아닐 수 없습니다.

특히 등극 초기에 형제를 죽이고 형수를 차지하는 등의 이세민이 저질렀던 행위로 인한 화는 당 숙종(肅宗) 이형(李亨) 이후 사 대에 걸친 형제와 종실 간의 권위 다툼으로 나타났습니다. 만약 선(禪)과 도(道)에 뛰어났던 명신 이필(李泌)이 자기 자신이 의심받게 될 것도 개의치 않고 중재에 나서지 않았다면, 아마도 중당과 만당 시기에 벌써 중원의 패권은 다른 사람의 손에 넘어갔을 것입니다. 그 때문에 앞에서 이세민의 내면적 개성은 제 환공의 모든 단점을 구비하고 있었다고 말씀드린 것입니다. 단지 초당(初唐)의 정관(貞觀) 정치는 이세민이 위징(魏徵) 같은 훌륭한 신하들의 의견을 잘 따랐기에 가능했습니다. 그러한 태도는 비교적 진보적이었으니, 실로 후대의 지도자들이 본받을 만한 점이라고 하겠습니다.

원래 중국 민족의 민족성은 영웅적인 인물을 숭배하기 좋아합니다. 특히 호탕하고 활달한 영웅에 대해서는 설사 그들이 과거에 많은 잘못을 저질렀다 하더라도 늘 관대히 용서해 줍니다. 오직 그 사람의 빛나는 면만 바라보고 어두운 면은 일체 거론하지 않습니다. 중국의 민족성이 이러하고 중국의 역사학자들 역시 감정에 치우치는 사람이 많다 보니 역사상 이세민은 제왕으로는 당대에 견줄 사람이 없는 인물이 되었던 것입니다.

만당 시기의 이씨 자손 황제들은 밖으로는 번진의 압력을 받았고 안으로는 권력을 휘두르는 환관들에게 시달렸는데, 그런 일은 이미 그 유래가 오래되었습니다. 역대로 최고 지도자인 황제 곁에 있던 태감들은 모두 거세당한 사람으로서 남자도 여자도 아닌 심리적으로 비정상적인 사람들이었습니다. 그들은 생리적으로 비정상이었기 때문에 그 영향을 받은 두뇌의 사유도 때때로 편향적이고 지나치게 세밀했습니다.

역사에 기록된 것 가운데 당 무종(武宗) 이전(李瀍) 시대에 태감의 우두머리였던 구사량(仇士良)의 말을 곰곰이 생각해 보면, 그가 말한 것이야말로 지도자인 상사의 눈을 가리는 확실한 비결이라고 하겠습니다. 말이 나온 김에 가시가 목에 걸린 것 같아서 뱉지 않을 수 없군요. 제가 일반 사장들과 무슨 장(長)이니 회원(會員)이니 하는 사람들에게 바라는 바는, 그의 말속에 담긴 이치를 깨달아야만 비로소 "훌륭하게 일을 해 나갈" 수 있다는 것입니다.

당 무종도 "어려서 재능을 지니고는 있었지만 군자의 큰 도에 관해서는 듣지 못했던" 황제 중의 하나였습니다. 무종은 황제가 된 후 환관들이 발호하여 권력을 휘두르는 것이 내심 싫었던 나머지 그들을 멀리할 궁리를 했습니다. 구사량은 당시 환관들의 우두머리였습니다. 그는 대단히 총명했기 때문에 궁 안의 돌아가는 형편이 장차 자신들에게 그리 좋지 못하리라는 사실을 간파했습니다. 그리하여 서둘러 사직서를 제출하고 고향으로 돌아가려 했습니다. 당 무종도 즉시 허락했습니다. 마침내 궁 안의 태감들이 모두 그를 배웅하였는데, 그들은 어떻게 하면 정권을 움켜쥐고 "황제에게 아부"할 수 있는지 묘수를 가르쳐 달라고 그에게 청했습니다. 그러자 구사량은 이렇게 말했습니다.

천자께서 한가하게 해서는 안 된다. 항상 사치스럽고 화려한 것을 가지고 그 눈과 귀를 즐겁게 해야 하니, 나날이 새롭고 성대하게 하면 다른 일은 돌볼 겨를이 없을 것이다. 그런 후라야 우리 무리가 뜻을 얻을 수 있다. 삼가 천자께서 책을 읽고 유생들을 가까이하시지 못하게 해야 한다. 저(천자)가 전대의 흥망을 보고서 마음으로 근심과 두려움을 알게 되면 우리 무리는 멀리 배척될 것이다.

天子不可令閒. 常宜以奢靡娛其耳目, 使日新月盛, 無暇更及他事. 然後吾輩可以得志. 愼勿使之讀書, 親近儒生. 彼見前代興亡, 心知憂懼, 則吾輩疏斥矣.

방법을 잘 강구하여 황제로 하여금 아침부터 밤까지 한가할 틈이 없게 만들어야 한다는 것입니다. 늘 사치스럽고 화려한 것을 가지고 그 눈과 귀를 즐겁게 해야 하는 것에는 현대인들의 마시고 즐기는 것 등이 물론 포함됩니다.

그가 비결을 전해 주자 몰려왔던 태감들은 모두 그 이치를 깨달았습니다. 역사에는 "그 무리가 감사의 인사를 하고 물러갔다〔其黨拜謝而去〕"라고 기록되어 있습니다. 얼마나 무서운 일입니까! 부디 조심하십시오!

물론 앞으로는 더 이상 거세당한 태감이 생기지는 않을 것입니다. 하지만 태감 같은 유형의 비정상적 심리를 지닌 소인들, 치졸한 지혜와 치졸한 충성심과 부지런함을 소유한 사람들은 결코 없어지지 않을 것입니다. 참으로 책을 읽고 이치를 깨달아 『대학』 "명명덕"의 학문 수양에 이르지 않으면 안 됩니다. 게다가 시대도 다릅니다. 과거 깊은 궁궐 내원(內院)에서 태어나 부녀자와 환관의 손에서 자란 태자, 즉 나면서부터 바로 직업 황제였던 사람들은 놀고 즐기는 데에만 급급하여 책을 읽고 이치를 깨달을 틈이 없게 만들면 그만이었습니다.

하지만 오늘날과 같은 민주 시대에는 상황이 완전히 다릅니다. 사장들로 하여금 손님 접대로 바쁘고 날마다 일 처리에 분주하게 만들어 깊이 생각할 여력이 없도록 해야 합니다. 그렇게 되면 아랫사람은 밀든지 당기든지 자기 마음대로 사장을 속여 가면서 마음껏 나쁜 일을 저지를 수 있습니다. 그런 다음에는 자기 중심의 회의를 많이 열고, 그것이 민주주의 방식이라고 몰아붙여야 합니다. 참으로 옛날과 마찬가지로 두려워할 만한 잘못된 풍조입니다. 그래서 『대학』에서는 "천자로부터 서민에 이르기까지 한결같이 몸을 닦는 것을 근본으로 삼아야 한다〔自天子以至於庶人, 壹是皆以修身爲本〕"라는 것이 가장 중요하다고 말했습니다.

오대는 제2차 남북조의 시작이었다

지금부터는 당나라 말 오대(五代) 육칠십 년에 걸쳐 진행되었던 난세(亂世) 문화로 변화를 살펴보겠습니다. 이 단계는 바로 서기 900년 무렵에 해당하는데 유가 문화 즉 사서오경 문화와 그 관계가 면면히 이어지다가 송대에 들어가면 본격적으로 유림(儒林) 도학가와 이학가들의 천하가 전개됩니다.

옛사람들은 이렇게 말했습니다. "사물은 반드시 스스로 썩은 뒤에 벌레가 생기고, 사람은 반드시 스스로 후회한 뒤에 다른 사람들이 그를 후회한다〔物必自腐, 而後蟲生. 人必自悔, 而後人悔之〕." 역사를 보다가 모든 왕조 말기에 정권의 변혁을 야기한 원인들을 대략 종합해 보면, 오직 '민불료생(民不聊生)'[85]이라는 네 글자로 모든 쇠망의 원인을 나타낼 수 있습니다. 사실 '민불료생' 하게 된 내적인 요인 및 사회 변화라는 외부적인 추세는 정치·경제·재정, 특히 조세와 기층 간부의 부패 등과 얽혀 있어서 너무나 복잡합니다. 그래서 역사 소설에 단골로 등장하는 명언이 생겨났으니 바로 '관박민반(官迫民反)'[86]입니다.

인성은 본래 "일시적인 편안함을 중요시하고 어지러움을 싫어합니다〔重苟安而惡動亂〕." 그러므로 크게는 국가와 사회에서부터 작게는 개인과 가정에 이르기까지 모든 사람이 가장 귀하게 여기는 것은 바로 성명(性命)입니다. 만약 "시대에 순응하여 생명을 보존〔順時安命〕"할 수 있다면 인간은 절대로 혁명을 일으키려 하지 않습니다. '혁명(革命)'이라는 말은 『역경』정괘(鼎卦)의 상사(象辭)와 효사(爻辭)에서 왔습니다. "상사에서 말하기를 나무 위에 불이 있으므로 정이다. 군자는 자리를 바르게 함으로써 명을 굳

---

85 백성들이 편안히 살아가지 못한다.
86 관리가 핍박하면 백성이 반역한다.

건히 한다[象曰, 木上有火, 鼎. 君子以正位凝命].""상사에서 말하기를 솥의 귀가 떨어졌으니 그 뜻을 잃어버렸다[象曰, 鼎耳革, 失其義也]." 백성들은 "나무 위에 불이 있고" 불 위에 기름을 끼얹은 듯한 고난의 시대를 만나면 어쩔 수 없이 들고일어나 목숨을 내던지게 됩니다. 지금은 역사나 정치 철학을 강연하는 시간이 아니므로 관련된 문제만 대략 언급하도록 하겠습니다.

당 왕조는 희종(僖宗) 이엄(李儼)의 시대, 즉 서기 880년경에 이르러 이미 '민불료생' 하는 시대로 들어서고 말았습니다. 그 결과 왕선지(王仙芝)와 황소(黃巢) 등이 반란을 일으켰는데, 수도 장안(長安)으로 공격해 들어왔던 황소는 스스로를 '제제(齊帝)'라 칭했습니다. 하지만 이백 년이나 된 황실 집단의 정권은 그래도 아직은 "발이 많은 벌레는 죽어도 쓰러지지 않는다[百足之蟲, 死而不僵]"라는 말처럼 완고한 힘을 지니고 있었습니다. "군사를 거느리고 스스로를 지키던" 번진 패권에게 이미 차지한 이익을 결코 양보하려 들지 않았습니다. 따라서 황소의 실패는 사필귀정이요 당연한 결과였습니다.

그런데 이당(李唐)의 왕권 통치를 마감하고 오대(五代)의 막을 열게 만든 사람은 바로 그의 부하들이었습니다. 서기 890년경 당의 마지막 황제인 소종(昭宗) 이걸(李傑)의 시대에 이르자, 불과 오륙십 년 사이에 전국 각지의 번진(군벌) 가운데 땅을 차지하고 스스로를 왕이라 칭하는 강한 세력이 열세 곳이나 생겨났습니다. 중국 역사에서는 일반적으로 이 시기를 '오대(五代)'라고 부릅니다.

사실 그렇게 부르는 데는 다 이유가 있습니다. 고대의 지식인들은 성인 공자가 사람들에게 전해 준 사상, 즉 선생이 『춘추』에서 강조했던 존왕(尊王)의 정신을 잘 배웠습니다. 그래서 오대 오륙십 년 동안 중원인 장안과 낙양 일대에서 후사가 없었던 이당의 왕위를 빼앗은 왕조만을 "정통을 계승한" 것으로 인정해 주었던 것입니다. 당시 전국 각지에서 왕과 황제를 칭했던 나머지 세력들은 다 제쳐 놓고 오직 하락(河洛)에서 황제를 칭했던 자만을 정통을 계승한 것으로 간주하였기 때문에 오대라고 불렀던 것입니다. 구양수나 주희처럼 스스로를 공정하고 엄격한 대문호요 역사가라고 부르는 사람들조차 그런 맹점을 떨쳐 버리지 못했습니다. 구양수의 『신오대사(新五代史)』와 주희의 『자양강목(紫陽綱目)』을 보더라도 똑같지 않습니까!

흔히 하는 말로 "습관은 제2의 천성"입니다. 그러니 자연스러운 관습을 좇아 오대 시기에 제왕을 자칭했던 난세의 영웅들을 대강 소개하고자 합니다.

최초로 오대의 막을 연 사람은 후량(後梁)의 태조 주온(朱溫)이었습니다. 그는 당 희종 시대에 주전충(朱全忠)이라는 이름을 하사받았는데, 그의 본명은 주삼(朱三)이었습니다. 그는 본래 황소를 따라 반란을 일으켰던 인물이었는데, 황소의 군대가 패배하자 얼른 방향을 돌려 당 왕조에 투항했습니다. 그러고는 또다시 이름을 주황(朱晃)으로 자는 광성(匡聖)으로 고쳤습니다. 결국에는 당 소종(昭宗)을 모살(謀殺)하고 소선제(昭宣帝) 이조(李祚)를 폐하고서 스스로 양제(梁帝)라 칭했습니다. 하지만 재위 육 년 만에 아들 우규(友珪)에게 시해되고 말았습니다. 또 다른 아들 우정(友貞)이 즉위하여 십 년간 황제를 지냈는데, 역사에서는 그를 후량의 마지막 황제라고 부릅니다. 후량은 그의 대에서 끝나고 말았습니다.

뒤이어 등장하는 사람은 바로 후당(後唐)의 이존욱(李存勖)입니다. 그는 본래 사타군(沙陀郡)[87] 출신으로 역사에서는 그가 오랑캐였다고 합니다. 실제로는 조상 때부터 일찌감치 한족에 귀화하여 서북 변경에 살던 민족

이었습니다. 처음에 그는 아버지 이극용(李克用)의 진왕(晉王) 작위를 세습하여 이당의 원수를 갚자고 호소했습니다. 하지만 주온의 후량을 멸하고 나서는 스스로 황제를 칭하였는데 역사에서는 '후당의 장종〔後唐莊宗〕'으로 불립니다. 시작은 아주 영웅다웠으나 즉위한 지 삼 년 만에 배우의 손에 생을 마쳤습니다. 청나라 초의 명시인 엄수성(嚴遂成)은 이극용을 읊은 명시를 남겼는데, 이 시를 아는 사람은 그다지 많지 않습니다.

영웅이 말을 세우고 사타에서 일어났으니	英雄立馬起沙陀
저 주량의 발호를 어이할거나	奈此朱梁跋扈何
한 손으로 당의 사직을 지탱하기는 어렵지만	隻手難扶唐社稷
늘어선 성들이 진의 산하를 막아 주네	連城且擁晉山河
풍운의 장막 아래에 뛰어난 아이 있어[88]	風雲帳下奇兒在
북소리 피리 소리에 등잔 앞 늙은이 눈물만 많구나	鼓角燈前老淚多
가을바람 쓸쓸하게 산마루 갓길로 부노라면	蕭瑟三垂崗畔路
지금도 사람들은 백년가를 부른다네	至今人唱百年歌

하늘을 향한 이사원의 축수

이존욱의 뒤를 이어서 일어난 이는 후당 명종(明宗) 이사원(李嗣源)이었습니다. 그는 비교적 성실하고 존경받을 만한 인물이었습니다. 이사원은 이극용의 양자였으니 일찍이 한족에 귀화했던 서북 변경의 대북(代北) 사람이었습니다. 후당에 변란이 일어나자 주변 사람들이 천거하여 황제가

---

88 이존욱(李存勖)을 가리킴.

되었는데, 팔 년간 황제를 지냈습니다. 그가 등극할 무렵 북방의 소수 민족인 거란(契丹) 역시 황제라 칭하기 시작했습니다. 이사원은 황제로 있으면서 그다지 잘못을 저지르지 않았는데, 특별히 세 가지 일은 칭찬할 만합니다.

1. 그는 재위 칠 년째 되던 해에 국자감(국립대학에 해당)에 명령을 내려서 구경(九經)[89]을 교정하여 판본을 새기고 인쇄하여 팔도록 했습니다. 그때가 서기 932년이었는데, 역사상 당대 이후 처음으로 유가 학술을 제창한 거사였습니다.

2. 그의 아들 진왕(秦王) 종영(從榮)은 시 짓기를 좋아하였는데, "고연 등의 천박하고 화려한 인사들을 막부에 불러 모아 더불어 시를 읊고 화답하면서 자못 스스로 자랑스러워하였다[聚浮華之士高輦等於幕府, 與相唱和, 頗自矜伐]"라고 합니다. 이 말은 항상 고연 같은 화려하기만 하고 실속은 없는 허풍쟁이 자제들을 모아들여 서로 시를 읊고 화답하였을 뿐 아니라 자기 자신을 아주 대단하고 훌륭하게 생각했다는 말입니다.

그러자 이사원이 그에게 이렇게 말했습니다. "나는 비록 글은 잘 모르지만, 유생들이 경전의 뜻을 강연하는 것을 듣기를 즐겨하는데 사람의 지혜와 생각을 열어 주고 넓혀 주기 때문이다. 나는 장종(이존욱)이 시 짓기를 좋아하는 것을 보았는데, 장군 집안의 아들에게 시문은 평소 익힐 바가 아니니 한갓 다른 사람의 비웃음을 살 따름이다. 너는 본받지 마라[吾雖不知書, 然喜聞儒生講經義, 開益人智思. 吾見莊宗好爲詩, 將家子, 文非素習, 徒取人竊笑. 汝勿效也]." 비록 공부를 하지는 않았지만 공부한 유생들이 오경의 이치에 대해 강연하는 것을 듣기 좋아한다는 말입니다. 그건 사람의 지혜와 사상을 탁 트이게 할 수 있기 때문이라는 것이죠. 이전에 장종이 시 짓

---

89 『시경』, 『서경』, 『역경』, 『예기』, 『춘추좌씨전』, 『춘추공양전』, 『춘추곡량전』, 『논어』, 『맹자』를 말함.

기를 좋아하는 것을 보았지만 사실 우리는 모두 장군 집안의 후손이니, 시문은 본래 뛰어난 장기가 아니라고 합니다. 그러면 다른 사람이 등 뒤에서 몰래 비웃을 것이니 너는 절대로 그대로 배워서는 안 된다는 것입니다. 그는 이처럼 확실하고 고명한 식견을 지니고 있었습니다.

안타까운 일이지만 필묵을 휘둘러 시문만 짓기를 좋아한 사람들은 자기 자신을 잘 알았던 이사원의 명철함에 너무도 미치지 못했습니다. 송나라 초 조광윤은 남당을 멸하고 후주(後主) 이욱(李煜)을 포로로 잡고는 이렇게 말했습니다. "이욱이 만약 시사를 짓는 마음으로 나라를 다스렸다면 어찌 쉽사리 나에게 포로가 되었겠는가!"

3. 역사 기록에 따르면 이사원은 황제로 있던 몇 년간 "매일 저녁 궁중에서 분향하면서 하늘에 축수하기를 '저는 오랑캐 사람으로서 변란으로 인해 사람들에게 추대되었습니다. 원하옵건대 하늘에서 빨리 성인을 내려 주시어 백성의 주인이 되게 해 주십시오' 하였다[每夕於宮中焚香祝天曰, 某胡人, 因亂爲衆所推. 顧天早生聖人, 爲生民主]"라고 합니다. 나 이사원은 후세에 다른 사람들이 추천하여 부득이 황제가 되었다는 말입니다.

과거 역사학자들은 하늘이 그의 성심에 감응한 나머지 송 태조 조광윤이 그 시각에 갑마영(甲馬營)에서 출생한 것이라고 믿었습니다. 그것이 미신인지 아닌지는 따지지 않더라도 이사원의 그러한 마음 씀은 바로 "성의 (誠意), 정심(正心)"의 덕이라고 말하지 않을 수 없습니다! 오대의 다른 영웅 제왕들 가운데 그러한 성실함과 겸양의 덕을 지닌 사람이 없었던 것은 말할 것도 없고, 아마도 유사 이래 그런 말로 하늘에 축수한 사람은 다시 찾을 수 없을 것입니다. 역사를 읽다가도 이 대목에 이르면 매번 그의 진정한 위국위민(爲國爲民) 정신에 감동하여 고개 숙여 경의를 표하게 됩니다. 정말로 사람을 감동시키는 고사가 아닐 수 없습니다! 그런 마음씨를 지닌 사람에게 민족 차별 의식이 있었겠습니까? 하지만 이존욱이 처음 황제를 칭했던 때로부터 이사원이 그 뒤를 이어 명종이라 칭하고 다스리기까지는 겨우 십일 년에 불과했습니다. 이사원이 죽고 난 후 삼 년도 못되어 후당은 망하고 말았습니다.

그 뒤를 이어 황제를 칭했던 사람은 역사상 최초로 거란의 꼭두각시 황제 노릇을 했던 석경당(石敬瑭)이었는데, 그는 국호를 후진(後晉)이라 칭했습니다. 바로 연운(燕雲) 십육주를 할양하여 거란에게 바쳤던 꼭두각시 황제였습니다. 그 일로 인해 송 왕조가 개국한 이래 황하 이북 지역은 요·금·원 세 왕조의 근거지가 되었으며, 중국 역사상 제2차 남북조 삼백 년이라는 국면이 형성되었습니다.

하지만 석경당의 후진은 겨우 십이 년이라는 시간이 지난 후에 그의 부장(部將)인 유지원(劉知遠)의 수중에 넘어갔습니다. 유지원은 스스로 황제를 칭하면서 국호를 후한(後漢)으로 바꾸었는데, 황제가 된 지 일 년 만에 죽고 말았습니다. 그의 아들 유승우(劉承祐)가 제위를 계승하고 은제(隱帝)라 칭해졌는데 그 역시 불과 삼 년 후에 끝장이 났습니다. 후당의 이존욱, 후진의 석경당, 후한의 유지원은 모두 사타 사람으로서 단지 씨족만 달랐습니다. 그래서 역사에서는 그들을 사타 삼 대 부족의 호인(胡人)이라고 불렀습니다.

이어서 후한의 부장 곽위(郭威)가 제위를 찬탈하고 황제를 칭했는데, 국호를 후주(後周)라 고치고 삼 년간 황제 노릇을 하다가 죽었습니다. 그는 아들이 없었기 때문에 양자이자 처조카인 시영(柴榮)이 제위를 계승했습니다. 세종(世宗)이라 불린 그는 총명하고 과감하며 자못 영기(英氣)가 넘쳤는데, 재위 육 년에 출병하여 요(遼)를 정벌하던 중에 죽고 말았습니다. 당시 세 살이던 그의 어린 아들 종훈(宗訓)이 제위를 계승하여 공제(恭帝)가 되었습니다. 그는 조광윤을 전전도점검(殿前都點檢)[90]으로 승진시켜서 군사를 이끌고 하동(河東)을 정벌하라고 명했습니다.

그런데 막 진교역(陳橋驛)으로 출발하려던 날 저녁에 군사 변란이 일어 났습니다. 전해지기로는 장군과 사병들이 미리 황제가 입는 황포를 만들어 두었다가 그날 저녁에 조광윤에게 입히고, 송 왕조를 개국한 첫 번째 황제인 태조가 될 것을 강요했다고 합니다. 결국 후주의 시씨(柴氏) 고아와 과부도 그에게 황제 자리를 내줄 수밖에 없었습니다. 남의 일에 참견하기 좋아하는 후세의 어떤 시인은 이런 시를 남겼습니다.

지난날 진교의 군사 변란 때를 생각해 보면	憶昔陳橋兵變時
과부와 고아를 속였었지	欺他寡婦與孤兒
누가 알았으랴, 이백 년 후에	誰知二百餘年後
과부와 고아 또다시 속게 될 줄을	寡婦孤兒又被欺

마지막 구는 남송이 망한 후 마지막 황제였던 어린 공제(恭帝) 조현(趙顯)과 황태후 역시 원 왕조의 대장 백안(伯顏)에 의해 사로잡혀 갔던 사실을 말합니다. 세상일이 돌고 도는 것은 마치 원판 하나를 사용하여 재판을 거듭거듭 찍어 내는 것 같아 너무나 기묘하고 놀랍습니다. 그러나 후주의 곽위와 시영 이 대는 오랑캐가 아니었으므로 오대(五代)를 "오랑캐가 세상을 어지럽힌 시대"라고 말해서는 안 될 것입니다.

역사 기록에 따르면 오대는 비록 난세이기는 했지만 송 왕조가 개국 이후 유가 학설을 부흥시키는 데 중요한 역할을 했습니다. 앞에서 이미 말씀 드렸지만, 후당 명종 이사원은 장흥(長興) 3년에 국자감에 명하여 구경(九經)을 교정하여 판본을 새기고 이를 인쇄하여 팔게 했습니다. 그때가 '서기 932년'이었습니다. 신강(新疆) 시골 출신의 이사원이라는 인물은 현대

---

90 현재의 육군 총사령관에 해당한다.

출판업자의 감각을 지니고 있었던 동시에 정말로 중국 문화를 위해서 큰 일을 해냈습니다. 후주 광순(廣順) 3년인 서기 953년, 즉 곽위가 황제를 칭하던 마지막 해에 구경의 판본이 완성되었습니다. 시작에서 완성까지 실로 이십일 년의 시간이 걸렸습니다. 같은 시기에 사천 후촉(後蜀)의 맹창(孟昶) 역시 사천에서 구경을 판각하여 인쇄하는 데 동의했습니다.

역사에는 이렇게 기록하고 있습니다.

> 처음 당 명종 시대에 국자감에 명하여 구경을 교정하고 판각하고 인쇄하여 팔게 하였는데, 이때에 이르러 판본이 완성되어 바쳤다. 이로부터 비록 난세이기는 했지만 구경이 매우 널리 전파되었다. 이때 촉의 무소예 역시 자신의 재산 백만 관을 내어 학관을 경영하였고, 또 구경을 판각하여 인쇄하기를 청하자 촉의 군주 맹창이 그 의견을 따르니, 이로부터 촉에서도 문학이 융성하였다.
>
> 初, 唐明宗之世, 令國子監校正九經, 刻版印賣, 至是版成, 獻之. 由是雖亂世, 九經傳布甚廣. 是時, 蜀毋昭裔亦出私財百萬貫營學館, 且請刻版印九經, 蜀主孟昶從之, 由是蜀中文學亦盛.

촉의 무소예는 당시 재상을 보좌하는 복야(僕射)의 직책에 있었던 사람입니다. 역시 자신의 재산 백만 관을 내어 학교를 열었습니다.

오대 시대에 새긴 구경의 판본이 유학을 고취시키는 공을 세웠다고 추켜세우는 내용을 어느 책에선가 읽은 것 같은데, 어떤 책이었는지가 생각이 나지 않는군요. 말이 나온 김에 앞으로 여러분이 찾아보시기 바랍니다.

또 다른 측면에서 생각하면 다음과 같은 사실을 발견할 수도 있을 것입니다. 너 나 할 것 없이 왕이 되어 보겠다고 나서던 오대처럼 혼란하기 짝이 없고 백성들이 살기 힘들던 시대에 한족이건 오랑캐이건, 심지어 후일의 요·금·원조차 중화 문화의 전통을 보존하는 데 있어서만큼은 모두가 한마음 한뜻이 되었습니다. 그 사실만으로도 중화 민족의 문화와 문명이 지닌 특징을 설명하기에 충분합니다.

54

문치를 고수해 군주를 약하게 만든 송의 정책

〜

 남송과 북송 삼백 년의 조씨 천하는 황포를 몸에 걸쳤던 송 태조 조광윤에게서 시작되었는데, 본래 조광윤에게는 중화를 통일할 생각이 없었습니다. 그래서 가차 없이 북방의 연운 십육주를 할양해 주었고, 자기들 나름대로 성장했던 그들이 훗날의 요·금·원 왕조를 형성하였던 것입니다. 남방에 위치한 운남(雲南) 서편의 대리국(大理國)도 마찬가지로 통일할 힘이 없었습니다. 조광윤의 생각은 일단 나라를 안정시킨 다음 근검절약에 힘써 재화를 모아들이고, 그런 다음에 금전을 이용해 공세를 펴서 북방을 도로 사들여 통일한다는 것이었습니다.

 오대 칠팔십 년 동안의 전란으로 백성들의 고통은 극심했습니다. 그러나 그가 근검절약을 제창한 덕분에 십오륙 년 사이에 낙양 부근의 민간에서는 심지어 발을 걸어 올리는 장식에 은고리를 사용할 정도로 부유해졌습니다. 그는 평소에 늘 이렇게 말했습니다. "나는 온 세상의 부유함을 가지고 궁전을 금은으로 장식할 수도 있다. 하지만 나는 천하를 위해 재물을 지켜야 하니 어찌 함부로 쓸 수 있겠는가."

 특히 그의 아우 조광의(趙光義)가 조광윤의 뒤를 이어 송의 태종 황제가 되면서부터는, 황제가 독서와 학문을 좋아하는 데다가 형의 정책을 계승하여 군인과 장수가 정치에 간섭하지 못하게 함으로써 중문경무(重文輕武)가 더 심해졌습니다. 조광의는 문인들을 기용하여 그들에게 지방의 군정(軍政)을 관리하는 큰 권력을 주었습니다. 그로 인해 이후 삼백 년간 조씨 자손 황제들은 모두 하나의 원칙을 준수하게 되었습니다. 이른바 '수문약주(守文弱主)'[91]라는 것이었습니다.

다시 본론으로 돌아가겠습니다. 중국 역사상 삼백 년 조송(趙宋) 천하가 "제가, 치국"하는 데는 비교적 특별한 규범이 있었습니다. 세 가지로 요약해서 살펴보겠습니다.

첫째, 조광윤 형제는 비록 군인 출신이었지만 성격이 비교적 효순(孝順)하고 어머니의 가르침을 존중했습니다. 그래서 역사상 많은 제왕들의 궁정에 비해 황후나 황태후가 정권을 휘두르는, 사람들이 흔히 "여인이 화근이었다"라고 말하는 여화(女禍) 사건이 거의 없었습니다. 송 태조와 태종 형제는 그들의 모친 두 태후의 가르침 속에서 성장했습니다. 두 태후는 현모(賢母)의 전형이라고 할 만한 인물이었습니다. 그리하여 북송 시기에는 현모형 태후가 몇 명 출현하여 후세의 모범이 되었습니다. "제가, 치국"의 원칙만 놓고 말한다면 송대는 마땅히 합격점이었다고 하겠습니다. 물론 그 공은 두 태후의 가르침에 돌려야 할 것입니다.

둘째, 조씨 형제는 군인 가족이라는 환경에서 출생했습니다. 조광윤은 원래 갑마영(甲馬營)에서 태어났지요. 그들 형제는 장군 집안의 후손이었는데 장성한 뒤로는 예외 없이 직업 군인이 되었습니다. 그뿐 아니라 조광윤의 경우에는 후주(後周) 세종(世宗)의 남정북전(南征北戰)에 참가하여 공을 세워 전전도점검(殿前都點檢)의 자리까지 올라갔으니, 그런 것들이 결코 우연은 아니었습니다. 그래서 그들은 자신의 지나온 경력을 통해 전

---

[91] 문치를 고수하여 군주를 허약하게 만들다.

쟁의 재난과 비참함을 너무나 잘 알고 있었습니다. 동시에 전쟁이 백성들에게 너무나 많은 고통을 준다는 사실도 잘 알았습니다. 그렇기 때문에 무(武)를 싫어하고 문(文)을 존중하는 심리도 비교적 강했습니다.

세상의 많은 문인들은 군대에 관해 이야기하기를 좋아합니다. 하지만 실상 그들은 군인의 신분으로 전쟁에 참가해 본 적이 없기 때문에 전쟁터를 시험장 같은 스릴 넘치는 놀이터쯤으로 여기는 경우가 많습니다. 조광윤은 젊은 시절에 용맹하게 전쟁을 지휘하여 명성을 얻었기 때문에, 전투는 결코 신나는 놀이가 아니라는 사실을 잘 알고 있었습니다. 그렇기 때문에 황제의 보좌에 오른 후 그는 군이 무력으로 천하를 통일해야 하는지, 아니면 다른 방책을 세워야 할지를 놓고 고심했을 것입니다. 지도를 펼쳐 놓고 의연하고도 과감하게 "옥도끼를 휘둘러서" 연운 십육주를 잠시 할양해 주고, 운남 서편의 대리국도 그냥 내버려 두었던 그의 태도는 물론 용맹한 장수가 취할 바는 아니었지만 그렇더라도 아주 이해할 수 없는 것은 아닙니다. 그뿐 아니라 당시 북방의 거란 같은 오랑캐가 중원을 공격했던 목적이 오로지 재화를 약탈하는 데 있음을 알았기 때문에, 그들이 원하는 것이 단지 재물뿐이라면 훗날 금전의 힘으로 밀어붙여 잃어버린 땅을 되사오면 된다고 생각했습니다. 바로 이러한 태조의 전략상의 실책이 삼백 년 조씨 집안에 치명상을 입혔습니다.

셋째, 형 조광윤의 죽음으로 그 뒤를 이어 황제가 되었던 송 태종 조광의는 형과 마찬가지로 병영 생활에서 잔뼈가 굵은 사람이었지만, 형에 비해 독서와 학문을 훨씬 좋아했습니다. 그래서 역사에는 그가 "군대에 있는 이십 년 동안 손에서 책을 놓지 않았다"라고 기록하고 있습니다. 전쟁하기 위해 출병할 때도 책을 실은 십여 필의 말이 군대 뒤를 따라다녔다고 합니다. 중국에서는 아주 유명한 성어 두 가지가 모두 그가 했던 말이었습니다. "책을 열면 이익이 있다[開卷有益]"라는 말은 독서를 하면 좋은 점이 많음을 찬탄한 명언입니다. "재상은 모름지기 책을 읽은 사람을 기용해야한다[宰相須用讀書人]"라는 명언은 그가 학식을 가장 중시했음을 보여 주는 말입니다.

한 가지가 더 있는데, 춘추 시대 위나라 대부 거백옥(蘧伯玉)도 같은 말을 했습니다. "내 나이 오십이 되어 비로소 마흔아홉의 잘못을 알았다[吾年五十, 方知四十九之非]." 이 말은 그가 황제가 된 후로 실천적 경험과 지식의 상호 결합이 중요하다는 사실을 더욱 절감하고서 내뱉은 탄식이었습니다.

어머니로서 예의범절이 위엄스러웠던 두 태후

조광윤의 가정 교육과 어머니의 가르침에 관해서는 정사(正史)와 송나라 사람의 역사 기록을 결합하여 설명하겠습니다. 그는 사람들이 병란을 일으켜 자신에게 "황포를 입히고" 황제로 옹호할 계획을 세워 둔 것을 미리 알았습니다. 하지만 "기쁘기도 하면서 한편으로는 두려운" 마음이 들지 않을 수 없었습니다. 성공하든 실패하든 둘 다 어린애 장난이 아니었기 때문입니다. 그는 초조한 마음으로 집에 돌아와서는 그 사실을 어머니에게 알리고 가르침을 청할 생각이었습니다. 문을 들어섰을 때 어머니는 그가 평소 가장 존경하는 누나와 함께 마침 부엌에서 음식을 만들고 있었습니다. 그는 잘됐다 싶어서 어머니와 누나에게 그 일을 말씀드렸습니다.

그러자 어머니가 뭐라고 말하기도 전에 누나가 큰 소리로 꾸짖었습니다. "사내대장부가 뭔가 큰일을 하려면 자기 스스로 결단을 내려야지, 부엌으로 쪼르르 달려와서 우리에게 묻는단 말이냐!" 그렇게 말하면서 손에 들고 있던 홍두깨를 높이 치켜들고 그를 힘껏 밀어냈습니다. 누나의 꾸지

람을 듣자 마음에 결단이 선 조광윤은 곧바로 몸을 돌려 부대로 돌아갔습니다. 저녁이 되자 병란이 일어났고 조광윤은 "황포를 몸에 걸치고" 황제가 되었습니다. 그는 죽을 때까지 그 누나를 존경하고 두려워했으며 감히 태만하게 굴지 않았습니다.

그렇다면 정사에서는 그 사실을 어떻게 말하고 있을까요.

송 군주는 그 어머니 두씨를 존경하여 태후로 삼았다. 태후는 정주[92] 안희 사람으로 집안을 다스리는 것이 엄하고도 법도가 있었다. 진교에서 변란이 일어나자 태후는 그것을 듣고 말하였다. "내 아들이 평소 큰 뜻을 지니고 있더니 오늘 과연 그러하구나." 황태후로 높이고서 송 군주가 궁전 앞에서 절하고 군신들이 축하드렸는데, 태후는 수심에 잠겨 안색이 변하면서 즐거워하지 않았다. 주위 사람들이 나아와 말하였다. "신이 들으니 어머니는 아들로 인해 귀해진다 하였습니다. 지금 아들이 천자가 되었는데 어찌하여 즐거워하지 않으십니까?" 그러자 태후가 말하였다. "나는 군주 노릇 하는 것이 어렵다고 들었소. 천자는 그 몸이 온 백성의 윗자리에 있으니, 만약 다스림이 도에 합당하면 그 자리가 존귀할 수 있소. 하지만 만약 잘 다스리지 못하면 필부가 되기를 원해도 그럴 수가 없소. 이것이 내가 근심하는 까닭이오." 송 군주가 거듭 절하며 말하였다. "삼가 가르침을 받들겠습니다."

宋主尊其母杜氏爲太后. 后, 定州安喜人, 治家嚴而有法. 陳橋之變, 后聞之曰, 吾兒素有大志, 今果然矣. 又尊爲皇太后, 宋主拜於殿上. 群臣稱賀. 后愀然不樂, 左右進曰, 臣聞母以子貴, 今子爲天子, 胡爲不樂. 后曰, 吾聞爲君難. 天子置身兆庶之上, 若治得其道, 則此位可尊. 苟失其馭, 求爲匹夫不可得. 是吾所以憂也. 宋主再拜曰, 謹受教.

---

92 하북성(河北省) 정주현(定州縣).

이 대목을 놓고 역사학자들이 칭찬의 말을 한 적은 없었습니다. 하지만 조광윤의 성공이 확실히 어머니의 가르침 덕분이었음을 설명해 주는 대목입니다. 조송(趙宋) 개국의 어머니는 정말로 "어머니로서의 예의범절이 가히 위엄스러웠다[母儀可風]"라고 하겠습니다.

두 태후는 황태후로 추대된 다음 해에 죽었습니다. 태후의 임종이 임박하자 조광윤은 늘 어머니의 곁에서 시중을 들었습니다. 그러던 어느 날 그녀는 조광윤에게 평소 그가 가장 신임하던 보상(輔相) 조보(趙普)를 불러들이라고 말했습니다. 그러고는 조광윤에게 이렇게 물었습니다. "너는 네가 왜 그렇게 쉽게 천하를 얻고 황제가 되었는지 알고 있느냐?" 조광윤이 말했습니다. "그건 모두 조상이 쌓은 음덕과 어머니의 가르침 덕분이 아니겠습니까!"

그러자 태후가 말했습니다. "아니다. 그것은 시가(柴家)[93]가 어린아이로 하여금 천하의 주인 노릇을 하게 했기 때문이다. 그래서 네가 득을 보았고 또 잘난 체하는 것이다. 만약 후주에 나이가 지긋한 자손이 있어서 황제가 되었다면 네가 그렇게 쉽게 차지할 수 있었겠느냐. 그러니 내가 너에게 당부하고자 하는 말은, 네가 죽은 다음에는 마땅히 동생 광의에게 황제 자리를 물려주라는 것이다. 광의가 죽으면 마땅히 셋째 광미(光美)에게 황제 자리를 물려주어야 한다. 광미가 죽으면 그다음에는 네(조광윤) 아들 덕소(德昭)에게 물려주어야 한다. 국가든 천하든 성숙한 사람이 황제 자리를 계승할 수 있으면 그것이야말로 사직의 복이니라!"

그 말을 들은 조광윤은 울면서 말했습니다. "감히 가르침을 받들겠나이다." 그런 다음 태후는 다시 조보에게 말했습니다. "자네는 내 당부를 황제와 함께 들었네. 잘 기록해 두었다가 장차 내 뜻을 어겨서는 안 될 것이

---

93 후주(後周)의 세종(世宗)을 말함.

네." 조보는 태후의 말을 듣고 그 내용을 기록한 다음 맨 마지막 줄에 이렇게 서명을 했습니다. "신(臣) 보(普)가 기록하였다. 금궤에 보관해 두고 궁인에게 신중하고 치밀하게 관장하도록 명하노라."

개국 황제 조광윤의 죽음을 둘러싼 의문

개국하여 국호를 송이라 칭했던 조광윤은 겨우 십육 년간 황제 노릇을 하다가, 조빈(曹彬)에서 남당(南唐) 이후주를 멸한 다음 해에 죽었습니다. 그의 죽음은 송 왕조 개국 초기의 대단히 의심스러운 사건이었습니다. 이른바 '촉영부성(燭影斧聲)'이라고 부르는 그 사건은 송 태조가 임종 직전에 동생 광의와 황제 지위를 계승하는 일로 다투었다는 내용입니다. 어떤 사람은 조광윤이 위급하던 순간에 동생 광의로 인해 분통이 터져 죽었다고 의심하기도 합니다.

태조께서 병중에 있으면서 밤에 진왕 광의를 불러 후사를 부탁하였는데 가까이 있는 사람들에게도 들리지 않았다. 그러나 어렴풋이 촛불 그림자로 보이기를, 진왕이 간혹 자리를 뜨기도 하는 것이 사양하는 듯 보였다. 이윽고 태조께서 기둥을 붙들고 도끼로 땅을 내리치면서 큰 소리로 진왕에게 말하기를 "잘해 보아라" 하였다. 얼마 후 황제께서 돌아가셨다.

太祖不豫, 夜召晉王光義, 囑以後事, 左右皆不得聞. 但遙見燭影下, 晉王時或離席, 若有遜避之狀. 旣而太祖引柱斧戳地, 大聲謂王曰, 好爲之. 已而帝崩.

"병중에 있었다"는 것은 태조 조광윤이 곧 죽음이 임박하여 괴로워하였다는 말입니다. 조광의가 그 뒤를 이어 이십이 년간 황제를 지냈는데, 역사에서는 송 태종(太宗)이라고 부릅니다. 그러나 그는 제위를 동생에게 물려주고 다시 조카에게 물려주라고 분부했던 어머니 두 태후의 유언을 따르지 않았습니다. 그뿐 아니라 동생 광미와 조카 덕소가 잘못을 저지르자 일찌감치 그들을 처치해 버리고 결국은 자신의 셋째 아들인 조항(趙恒)[94]에게 제위를 물려주었습니다.

전하는 말로는 그가 두 태후의 유언을 따르지 않고 제위를 자신의 아들에게 물려준 것이 조보와 의논하여 결정한 것이었다고 합니다. 조보가 그에게 말하기를 태조 조광윤이 황태후의 분부를 따름으로써 이미 잘못을 저질렀으니, 당신은 더 이상 잘못을 하지 말라고 했던 것입니다. 그리하여 황제 지위를 자기 자손에게 물려주었는데, 휘종(徽宗)과 흠종(欽宗)에 이르러 금나라 사람에게 포로로 잡혀가는 신세가 되고 말았습니다. 강왕(康王)이 절강(浙江)으로 남도(南渡)하여 남송(南宋) 고종이 된 후, 그에게 아들이 없었기 때문에 비로소 조광윤의 칠 대 후손인 조과방(趙過房)을 양자로 삼고 그에게 제위를 물려주었습니다. 그는 고종에게 친아들보다 훨씬 더 효성스러웠기 때문에 훗날 시호를 효종(孝宗)이라고 했습니다.

왜 이렇게 많은 시간을 써 가면서까지 송나라 초 개국에 얽힌 역사의 내막을 설명하였을까요? 양송(兩宋)의 정치사상은 겉으로 보기에는 공맹의 가르침인 유가의 학술 사상을 존중했던 것처럼 보입니다. 유학에서는 "성인은 효제로써 천하를 다스린다[聖人以孝弟治天下]"라는 것을 중시하기 때문입니다. 하지만 "제가, 치국"의 도라는 견지에서 보자면 형제에 대한 우애와 신의에서 이미 송 태종은 어머니의 가르침과 자신의 첫 마음을 위배했습니다. 그뿐 아니라 유가에서 금기시하는 "윤상에 어그러지는[倫常乖舛]" 행동을 저질렀습니다.

---

94 송 진종(宋眞宗).

송나라 사람이 기록한 사료에는 이렇게 적혀 있습니다. 조보는 죽기 전에 두 태후의 부탁을 저버린 것이 마음에 걸렸던지 훤한 대낮에 귀신이 눈에 보였습니다. 놀란 나머지 승려와 도사를 청해 불사(佛事)를 일으키고 참회를 구했으며, 직접 참회하는 글을 써서 불태우면서 두 태후에게 용서를 빌기도 했습니다. 물론 그런 내용은 귀신이나 미신에 관한 것이라 정사에서는 채록하지 않았습니다. 청나라 초에 이르자 사신행(査愼行)이라는 유학자가 송나라 개국 초의 그 사건을 가리키는 근사한 시를 남겼습니다.

양조와 송조의 유적지 변경[95]	梁宋遺墟指汴京
어지러이 선양하니 일이 어찌 그리 가벼운가[96]	紛紛禪代事何輕
조광의가 아우 노릇하기 어려웠음을 알지만[97]	也知光義難爲弟
주삼에게 형이 있었음만 못하였네[98]	不及朱三尙有兄
장수가 권력에 마음이 기울면 모두 역성을 꾀하나[99]	將帥權傾皆易姓
영웅은 때가 이르면 홀연히 명성을 이룬다	英雄時至忽成名
진교역의 일은 영원히 의심스러운 사건이니	千秋疑案陳橋驛
황포 걸치자 군사가 물러갔다지	一著黃袍便罷兵

---

95 개봉부(開封府).

96 오대(五代)의 후주(後周)로부터 송(宋)으로 이어진 선양을 가리킨다.

97 앞에서 말한 고사가 바로 그것이다.

98 후량(後梁)의 태조 주전종(朱全宗)이 종친과 술을 마시고 취하자, 그 형 전욱(全昱)이 황제를 보며 "주삼, 너는 본시 탕산(碭山)의 백성인데 어찌하여 당 왕조 삼백 년 사직을 멸하였느냐!" 라고 말했다.

99 조광윤의 일을 말한 것으로, 장수가 군주의 권력에 마음이 기울면 모두 왕위를 찬탈하고자 한다는 뜻.

백성을 우롱했던 송 진종의 우민 정책

송 태종이 제위를 계승하여 이십이 년간 황제 노릇을 하다가 진종(眞宗) 조항(趙恒)에게 자리를 물려준 것은 송의 개국으로부터 사십 년이 채 안 되었을 무렵입니다. 그때 황하 북쪽에 있던 거란은 국세와 병력이 나날이 강대해져 갔습니다. 그리하여 진종이 황제 자리에 오른 지 칠 년째 되던 해에 군사를 일으켜서 남쪽으로 내려왔습니다. 그들이 사람을 보내 대화를 청해 오자 송 조정에서도 조리용(曹利用)을 대표로 보내 대화에 응했습니다. 하지만 거란의 공세가 하북의 덕청(德淸)으로부터 곧바로 기주(冀州)를 거쳐 단주(澶州)에까지 이르자, 급보를 알리는 군서(軍書)가 하루 저녁에 다섯 차례나 올라왔습니다.

당시의 재상이었던 평장사(平章事) 구준(寇準)은 변방의 급보를 알리는 공문서를 보고서도 아랑곳하지 않고 "예전과 다름없이 술을 마시며 즐거워하였다"라고 합니다. 진종은 그 사실을 듣고 깜짝 놀랐습니다. 구준에게 이유를 다그쳐 묻자 그는 이렇게 말했습니다. "이 일을 끝내고 싶으면 불과 닷새면 됩니다[欲了此事, 不過五日耳]." 그러고는 폐하께서 반드시 몸소 단주의 전선으로 한번 가셔야 한다고 덧붙였습니다. 그 말을 들은 진종은 매우 난처했습니다. 사실 그는 갈 엄두가 나지 않았습니다. 그저 궁으로 돌아가고만 싶었던 것이지요. 그런데 구준은 그런 황제를 만류하며 황제께서 궁으로 돌아가신다면 더 이상 당신을 만나지 않을 것이라고 말했습니다. 그러면서 이렇게 못박았습니다. "큰일이니 직접 가셔야 합니다[大事去矣]."

또 다른 재상 필사안(畢士安) 역시 구준의 건의를 받아들일 것을 적극 권했습니다. 그리하여 진종은 별 수 없이 어전 회의를 열어 황제가 친정(親征)에 나가는 일을 의논했습니다. 거란이 쳐들어왔다는 말을 들은 대신들은 놀라 쓰러질 지경이었습니다. 왕흠약(王欽若) 같은 대신은 남경으로 천도할 것을 건의했고, 성도(成都)로 천도할 것을 건의하는 대신도 있었습니다. 진종은 구준의 의견을 재차 물었습니다. 구준은 누구의 제안인지 모르는 척하면서 자기 의견을 말했습니다. "누군가 폐하를 위해 이런 계책을 세웠는데, 그 죄가 가히 베어 버릴 만합니다[誰爲陛下畫此策, 罪可斬也]." 그는 진종에게 전략상의 승산에 관해 상세하게 설명했습니다.

그제야 진종은 몸소 친정에 나설 것을 결정했습니다. 하지만 그는 단주에 도착한 후에도 간담이 작아 황하를 건널 엄두를 내지 못했습니다. 구준은 앞으로 나아갈 것을 재차 권하면서 이렇게 말했습니다. "폐하께서는 오로지 일척을 나아가실 수는 있어도 일촌이라도 물러나실 수는 없습니다[陛下惟可進尺, 不可退寸]." 진종의 곁을 따르던 전전도지휘사(殿前都指揮使) 고경(高瓊) 역시 구준의 전략에 적극 찬성하였기 때문에, 어림군(御林軍)의 위사(衛士)들에게 속히 황제가 앉은 어가를 밀어서 강을 건너라고 명했습니다. 황제가 과연 몸소 전방에 납신 것을 본 전선의 군사들은 사기가 충천하여 만세를 불렀는데 그 소리가 수십 리 밖에까지 들렸습니다. 상대방 거란의 군사들은 그 소리에 놀란 나머지, 서둘러 수천의 기병을 끌고 공격해 왔지만 송의 군사에게 패하여 퇴각하고 말았습니다.

진종은 행궁(行宮)으로 돌아온 뒤 몰래 사람을 보내 구준이 무엇을 하고 있는지 살펴보게 했습니다. 그런데 그 사람이 돌아와서 보고하기를, 구준은 지금 황제의 비서장인 양억(楊億)과 술을 마시며 마작을 하고 있는데 웃고 떠들며 노래까지 부르더이다 했습니다. 그 말은 들은 진종은 이렇게 말했습니다. "구준이 그와 같다면 내가 다시 무엇을 근심하리[寇準如是, 吾復何憂]."

하지만 최후 순간에 이르러 송의 황제 진종은 거란과 화의하기로 결정하고 말았습니다. 몇 차례 왔다 갔다 하면서 협상을 벌이는 데도 조리용을

대표로 보냈습니다. 심지어는 매년 백만 냥(兩)의 은자(銀子)를 거란에게
보내 주고 서로 형제라 칭하기로 하는 동맹에도 선뜻 응하려 했습니다. 당
시 어떤 사람은 "구준은 황제의 군사를 가지고 스스로를 높였네"라는 노
래를 지어서 헐뜯기도 했습니다. 그러니 구준으로서도 그런 주인을 위해
힘을 쓸 방법이 없었습니다. 그렇지만 그는 일부러 조리용에게 당부했습
니다. "비록 칙명이 있기는 했어도 네가 허락하는 바가 삼십만 냥을 넘게
되면 내가 너를 벨 것이다[雖有勅旨, 汝所許過三十萬, 吾斬汝矣]." 협상 결과
매년 거란에게 은 십만 냥과 비단 이십만 필을 내주는 것으로 결정이 났습
니다. 송 왕조를 형이라 칭하고서야 거란은 군사를 이끌고 북으로 돌아갔
습니다. 이것이 바로 송 진종으로부터 시작하여 이백여 년 동안 요·금·원
에게 머리를 숙이고 금전으로 외교를 펼쳤던 허약한 국가의 정책이었습
니다.

그런데 진종은 여기에 대해 오히려 다음과 같은 자기변명을 늘어놓았습
니다. "수십 년 후에는 분명 그들을 방어할 수 있는 자가 나타날 것이다.
나는 차마 백성들이 고통당하는 것을 볼 수 없으니 잠시 화의에 동의하는
것이 가하다[數十年後, 當有扞禦之者. 吾不忍生靈重困, 姑聽其和可也]." 사실
당시 그는 정말로 간이 콩알만 해졌습니다. 거기다 구준의 정적(政敵)이던
왕흠약의 참언까지 한몫 거들었습니다. 왕흠약은 그저 가볍게 "구준은 도
박을 좋아합니다"라고 말했을 뿐입니다. 하지만 "단주에서의 일은 그가
황제 당신의 생명을 가지고 도박을 한 것입니다"라는 왕흠약의 말로 인
해, 구준의 부국강병 통일 사상은 영원히 출로를 찾지 못하게 되었습니다.
그뿐 아니라 재상의 관직도 빼앗기고 지방관으로 쫓겨나고 말았습니다.

하지만 송 초의 전국적인 인심은 이 국가가 중원을 통일하기를 바라고
있었습니다. 그러니 당시의 정치 추세와는 도저히 맞지 않았습니다. 궁리
끝에 왕흠약은 한 가지 꾀를 생각해 냈습니다. 바로 가짜 천서(天書)를 만

들어서 진종 황제를 필두로 하여 온 백성이 도교를 신봉하게 만드는 것이었습니다. "하늘을 공손하게 섬기며" 태평과 안정만을 바랄 뿐, 함부로 전쟁을 들먹이며 경거망동해서는 안 된다고 생각하게 만들었습니다. 송 왕조는 이러한 통치 비결을 대대로 물려주어 그 후 백 년간 사용했습니다. 그러던 것이 송 휘종 조길(趙佶) 도군황제(道君皇帝)에 이르러 그만 아들 흠종 조환(趙桓)과 함께 금나라의 포로가 되고 말았습니다. 두 사람은 많은 고초를 겪다가 결국은 동북의 오국성(五國城)에서 늙어 죽었습니다.

송 진종은 종교 신앙을 이용한 우민 정책으로 조국 강산의 통일을 바라는 백성들의 사상을 흐려 놓고자 했지만, 그 또한 간단치는 않았습니다. 무엇보다 정부와 백성들이 신뢰하던 재상 왕단(王旦)의 동의를 얻어야 했습니다. 왜냐하면 송 왕조의 제도는 역대 왕조에 비교해 볼 때 재상의 권한을 존중했기 때문입니다. 그뿐 아니라 조정의 문신들에 대해서도 각별히 그 의견을 존중해 주었습니다. 재상은 문신들의 우두머리인 동시에 온 나라의 민의를 대표하는 상징적인 존재였습니다. 따라서 진종으로서는 대외적으로 공개할 수 없는 그 정책을 왕단이 묵인해 주어야만 실행할 수 있었습니다.

하지만 왕단은 그러한 정책에 대해 끝내 아무런 입장 표명도 하지 않았습니다. 별다른 수가 없었던 송 진종은 왕단의 집으로 귀한 선물을 여러 차례 보냈습니다. 역사상 최초로 황제가 재상에게 뇌물을 건넨 사건이었습니다. 왕단에게도 속셈은 있었습니다. 어차피 천하는 조씨네 것이고 조정 또한 조씨네 조정입니다. 지금은 황제가 목소리도 낮추고 기세도 누그러뜨린 채 자신의 방법에 동의해 줄 것을 재상에게 요구하고 있지만, 결국은 자신이 된다고 해도 실행할 것이고 설사 안 된다고 해도 실행할 것이었습니다.

그는 황제가 보내온 선물을 뜯지도 않고 그대로 두었습니다. "집으로 돌아오면 혹 관대를 벗지도 않고 조용한 방에 들어가 홀로 앉아 있었습니다[歸家或不去冠帶, 入靜室獨坐]." 정좌하고 참선이라도 했던 것일까요, 아니면 무언의 항의였을까요? 그는 본래부터 "사람들과 더불어 웃으며 이야기하는 일이 드물고 하루 종일 조용히 앉아 있는[與人寡言笑, 默坐終日]" 사람이었습니다. 그래서 누구도 그의 심경을 헤아릴 방법이 없었습니다.

하지만 죽음이 임박하자 왕단은 관복을 입혀 매장하지 말고 스님의 신분으로 장례 지내라고 식구들에게 유언을 남겼습니다. 역사에는 이렇게 기록했습니다. "왕단은 유언을 하기를 머리를 깎고 검은 옷을 입혀 염하라 하였다. 아마도 천서의 잘못을 간하지 않았던 것을 후회하였을 것이다. 자식들이 유언을 받들려 하였으나 양억이 그래서는 안 된다 하여 이에 중지하였다[且遺令削髮披緇以斂. 蓋悔其不諫天書之失也. 諸子欲奉遺命, 楊億以爲不可, 乃止]." 그는 자신의 행동을 참회했던 것일까요, 아니면 여한이 남았던 것일까요? 알 수 없습니다.

역사에는 다음의 사실도 함께 기록되어 있습니다. 당시 왕단은 도교를 이용한 우민 정책을 묵인해 준 것에 대해 후회하고 다시 힘써 반대하려 하였으나 "그 일에 이미 동조하였음을 깨달았다. 떠나고자 하자 황제께서 후하게 대우하였다[業已同之. 欲去, 則上遇之厚]." 왕단은 자신이 우민 정책에 이미 동의했음을 알고 사직하려 하자 황제가 그를 존중해 주고 아주 잘해 주어 차마 떨치고 가 버리지 못했다는 말입니다. 당시 송 진종의 추밀부사(樞密副使)[100]였던 마지절(馬知節)도 진종에게 이런 말을 했습니다. "천하가 비록 편안하기는 하지만 전쟁을 잊어버리고 군사를 없애서는 안 됩니다[天下雖安, 不可忘戰去兵]." 그런데 자신은 끝내 그런 의견조차 표명하지 않았으니 죽음이 임박하자 마음이 편치 않았던 것입니다.

---

100 중앙 정부의 부비서장에 해당한다.

진종 역시 왕단의 병이 위중해지자 그에게, 만약 당신이 세상을 떠나면 누가 재상을 맡는 것이 가장 좋겠느냐고 물었습니다. 그러자 왕단은 조금의 망설임도 없이 구준이 가장 좋겠다고 말했습니다. 그 밖에 대해서는 "신이 알지 못하는 바입니다〔臣所不知也〕"라고 했습니다.

『송사(宋史)』를 읽으려면 반드시 먼저 송 초의 진종에 얽힌 사연을 알고 있어야 합니다. 그래야 삼백 년 조씨 천하가 왜 중국 역사상 두 번째 남북조가 되었는지 그 까닭을 알 수 있습니다. 청나라의 왕중구(王仲瞿)는 「한무제무릉(漢武帝茂陵)」이라는 제목의 시에서 이렇게 말했습니다.

화의는 끝내 중국의 계책이 아니었지	和議終非中國計
군사를 궁리하는 것이야말로 제왕의 솜씨인 것을	窮兵才是帝王才
문치를 고수하여 군주를 약하게 했던 서생의 식견으로는	守文弱主書生見
영웅과 더불어 땅끝까지 평정하기란 어려운 법이지	難與英雄靖九垓

왕중구의 이 시는 말이 조금 지나친 감은 있지만 나라를 다스리는 사람들이 실로 경계로 삼을 만한 명언이라고 하겠습니다. 공자는 자공이 정치에 대해 묻자 이렇게 대답했습니다. "먹을 것이 풍족하고 군사가 많으면 백성들이 신뢰할 것이다〔足食足兵, 民信之矣〕." 그렇다고 반드시 전쟁을 일으켜야 문제를 해결할 수 있다는 말은 아닙니다!

55

송 초의 문운과 송유의 이학

전통문화 가운데 유가 경학의 역사적 변천 및 송 초에 문운(文運)이 왕성했던 사실과 송대에 이학이 형성되었던 원인에 관해 설명하기 위해서, 지금까지 많은 시간을 할애하여 조송(趙宋) 개국 초의 중문경무(重文輕武) 정책에 관해 말씀드렸습니다. 바로 그 정책이 송대 이학의 성장을 돕는 역할을 했습니다. 그로부터 『대학』과 『중용』이 유학 십삼경(十三經) 가운데서 두드러지게 되었고 『논어』 및 『맹자』와 더불어 사서(四書)라 불리게 되었는데, 이 사서가 중국의 문화 교육을 주도하게 되었습니다.

원·명·청대에는 사서가 과거 제도와 결합하여 천여 년간이나 천하의 재주 있는 선비들을 옴짝달싹하지 못하게 묶어 두었습니다. 그들은 모두 공명(功名)이라는 진흙탕에 빠진 채 좀처럼 빠져나오지 못했습니다. 하지만 제가 이렇게 말한다고 해서 유가의 사서가 중국 문명에 해독을 끼쳤다거나 혹은 중국 문명의 발전을 방해했다고 오해하지는 마십시오. 사실 유가의 사서는 결코 중국의 발전을 가로막지 않았습니다. 다만 남송 이후의 몇몇 학자들이 사서를 오해하고 왜곡함으로써 도리어 전통 유학이 민족 문명을 발전시키지 못하게 만들고 말았습니다.

인류학적 관점에서 동서 문화의 변천을 대비시켜 본다면—물론 중국 문화사적 입장에서 말씀드리겠습니다―태양이 동서로 운행하는 하루 동안에 서구와 동아시아의 중국은 낮과 밤이 서로 반대입니다. 그래서 동서 문화의 상황은 유사한 듯하지만 사실은 크게 다릅니다. 제가 이런 예를 드는 것은 젊은 여러분들이 다방면으로 관찰하고 연구했으면 하는 마음에서입니다.

예를 들어 서양의 유럽 문화는 오 세기에 로마 제국이 와해되면서부터 십 세기에 이르기까지 전쟁이 그치지 않았습니다. 새로운 나라들이 연달아 흥하고 망하는 와중에 국민의 생활은 고통스럽기 짝이 없었고 문화는 퇴락해 갔습니다. 바로 유럽 문화사에서 이른바 '암흑시대'라고 말하는 시기입니다. 마치 해가 동쪽에서 떠오르는 시간이라도 된 것처럼 서쪽은 길고 지루한 밤이 계속되었습니다. 반면에 중국은 남북조·당조·오대를 거쳐 송 왕조가 개국하던 단계였습니다. 물론 아무리 찬란한 해가 동쪽에서 떠올라 아침 햇살을 비추는 시기라 할지라도 때로는 어두운 구름이 몰려와 해가 빛을 잃어버리는 때도 있습니다.

서양 문화는 구 세기 무렵부터 암흑시대에서 기독교 '스콜라 철학'의 시대로 진입했습니다. 그것이 여섯 세기 동안 지속되다가 십오 세기에 이르자 점차 변화가 일어났습니다. 십육 세기에 일어난 '르네상스' 이후로 서양 문명과 문화는 비로소 참신한 면모로 탈바꿈하기 시작했습니다.

이른바 스콜라 철학이란 기독교를 전문적으로 연구하는 신학인데, 말하자면 신과 실존(實存)의 관계를 어떻게 인식하느냐를 연구하는 학문입니다. 정밀한 사변에다 우회적인 논증으로 엄청나게 장황하고 자질구레합니다. 그래서 후세의 학자들은 '번쇄 철학'이라고 부르기도 했습니다.

하지만 너무나 공교롭게도 중국 역시 구 세기 송 왕조의 건국에서부터 십일 세기 중반에 이르는 시기에 이학, 도학이 흥성하기 시작하여 이정(二程)을 계승한 주자학파가 권위를 세우게 되었습니다. 주자의 장구지학(章

句之學)은 서양의 스콜라 철학처럼 주공, 공자 이래의 유가 '경의(經義)'의 학문을 왜곡시키고 제한했습니다. 그것이 여덟 세기나 지속되었고 이십 세기 초까지도 그 유풍이 남아 있었습니다. 그처럼 오랜 기간을 암담한 상황에 처해 있었으니, 마치 동쪽에서 뜬 해가 중천을 지나자 짙은 안개가 사방에 가득한 것 같은 광경이었다고 하겠습니다. "숲이 아무런 소리가 없으니 비가 오고 있음을 알겠구나〔萬木無聲知雨來〕"라는 모습입니다. 그러니 이십 세기의 중국은 고난을 면치 못했습니다. 다시 혁명을 일으켜서 새롭게 중화를 건립하지 않을 수 없습니다.

우리는 먼저 위에서 말한 것처럼 중국 문화와 서양 문화를 대비시켜서 이해한 다음에 유가 학설의 변화 과정을 살펴봐야 합니다. 그렇게 함으로써 모두의 반성을 촉구하고 '정사유(正思惟)'를 통해 답을 찾게 할 수 있습니다. 그런 다음에 인류의 인도(人道) 문명에 대한 전통 유학의 가치를 재평가해야 할 것입니다.

문운 전성의 원인

송 초의 문운(文運)에 관해 말씀드리기 전에 여러분께 환기시켜 드릴 것이 있습니다. 성당(盛唐)에서 오대(五代)에 이르는 동안에 많은 수의 제왕이 일어나서 뒤를 이었지만 그들은 유·불·도 삼가의 학설이 성행하는 것에 대해 그다지 관여하지 않았습니다. 심지어 당시 총명하고 지략이 뛰어난 인재 가운데는 난세에 염증을 느낀 나머지 현실에서 도피하여 참선을 하거나 신선 수련을 하는 사람도 많았습니다. 송 건국 초에는 선종의 다섯 종파가 한 시기를 풍미하기도 했습니다. 도가와 도교는 송 진종이 나서서 제창한 덕분에 면모를 갖추게 되었습니다.

예를 들어 송 진종 경덕(景德) 연간 즉 서기 1004년에 선승 도원(道原)이 선종의 공안을 엮은 『경덕전등록(景德傳燈錄)』이라는 저작을 세상에 내놓았습니다. 당대의 명신 양억(楊億)이 서문을 써 주며 추천하기까지 했던 그 책은 후세에 선종을 연구하는 데 중요한 전적이 되었습니다. 『오등회원(五燈會元)』 같은 책은 모두 그 뒤에 나온 속편이었는데 더 유명해졌습니다.

도교 방면에서는 장경방(張京房)이 도사들이 모아 놓은 것을 토대로 『운급칠첨(雲笈七籤)』이라는 대저작을 완성하기도 했는데, 후세에 『도장(道藏)』을 편집하는 효시가 되었습니다. 얼마 후 선·불·유의 정화를 융합시켜 놓은 장자양(張紫陽)의 『오진편(悟眞篇)』이 세상에 나왔는데, 도가의 신선단결(神仙丹訣) 및 남종(南宗)을 창시했던 전적이기도 합니다.

하지만 잊어서는 안 될 것이 있습니다. 앞에서 말했듯이 오대 후당의 명종 이사원(李嗣源)이 전통 유학의 구경(九經)을 새기게 하면서, 후주의 세종 시영(柴榮) 시대에는 구경의 판각이 완성되었고 서촉 사천에서도 구경이 유통되었습니다. 바로 그런 것들이 송 초의 지식인들에게 유학을 공부하는 데 더욱 편리하고 유리한 조건을 제공해 주었으며, 유학이 더욱 광범하게 전파되는 원인이 되었습니다. 게다가 당·송 시기에 학술 문화의 중진들은 대부분 관중(關中)과 하락(河洛) 등 황하 유역 등지에서 살았습니다. 당·송의 이름난 유학자들 역시 이 지역 출신 인물이 다수를 차지합니다. 과거의 화하(華夏) 문화나 중원 문화 혹은 중원 인물 역시 대다수가 이 지역 사람들입니다.

송 왕조 때부터 평민이나 빈민 출신의 가난한 선비들이 유학을 공부하여 과거에 합격한 후, 차츰 조정의 요직에까지 올라가더니 마침내 당대에 큰 공을 세워 역사에 이름을 남기는 경우가 생기기 시작했습니다. 옛사람들이 "가난한 집 창문에 십 년 동안 안부 묻는 사람 없더니, 과거 급제하여 명성을 날리자 온 천하가 다 아는구나[十年寒窓無人問, 一舉成名天下知]"라고 말했듯이 말입니다. 혹은 "과거 급제하여 이름이 용호방[101]에 오르기만 하면 십년 만에 봉황지[102]에 이른다네[一舉名登龍虎榜, 十年身到鳳凰池]"라는 말도 모두 송 초에 시작된 과거 제도를 통해 성공한 경우를 일컫는 것이었습니다.

하지만 유학을 공부하여 성취를 얻은 학자 가운데는 명리(名利)에 초연한 채 뜻과 행동이 고상한 사람들도 있었습니다. 그들은 끝내 공명을 구하지 않고 주경야독하는 생활을 즐기면서 죽을 때까지 학문하는 것만 중시했습니다. 당시 명성은 높았지만 은거하며 세상으로 나오지 않았던 처사들도 적지 않았습니다.

이른바 '처사(處士)'라는 말은 세상에 알려지거나 영달하기를 구하지 않으면서 자처(自處)에 뛰어났던 맑고 고상한 인사를 일컫는 대명사였습니다. 당대(唐代)에는 그런 사람들을 습관적으로 '고사(高士)'라고 불렀습니다. 그보다 이른 시기에는 '은사(隱士)'라고도 불렀는데 모두 같은 의미를 지닌 명칭입니다. 이런 유형의 사람들은 중국 역사와도 중요한 관계가 있습니다. 역대의 모든 제왕들은 은연중에 그들의 언행과 거동에 신경을 쓰면서 꺼렸습니다. 어떤 제왕과 장상(將相)들은 그들이 자신을 얕볼까 봐 걱정하면서 항상 마음을 놓지 않았습니다. 그들은 중국의 역사 문화에 등장하는 독특한 유형의 인물들이라 하겠습니다. 서양 문화와 비교해서 억지로 견주어 본다면 '찬성하지 않는' 주장을 펼치거나 혹은 '협력하지 않는' 태도를 취하는 사람이라고 하겠습니다. 물론 상당히 억지에 가까운 비유입니다.

중국 문화 속의 은사와 고사들은 모두 도가(道家)적인 인물이었습니다.

---

101 급제한 선비의 이름을 적은 방.

102 수·당·송·원 등에서 일반 행정을 심의하던 중앙 관청인 중서성(中書省)의 별칭.

그들은 절대 자기 자신을 위해 목소리를 높이지 않았습니다. 하지만 때로는 국가와 온 백성의 이익을 위해 완곡한 방법으로 영향력 있는 주장을 펼칠 줄도 알았습니다. 다만 사회를 안정시킨 다음에는 "공을 이루면 머무르지 않고[功成而弗居]" "죽을 때까지 알려지지 않게[沒世而無聞]" 하였을 따름입니다.

송 초 개국 24년은 바로 송 태종 조광의가 제위를 계승한 지 십사 년째 되던 해로서 옹희(雍熙)라는 연호를 쓰기 시작하였는데, 태종은 명목상으로는 도술을 가르쳐 줄 것을 청하면서 당시 화산에 있던 은사 진단(陳摶)을 조정에 불러들였습니다. 그들이 이야기한 진짜 내용이 무엇이었는지는 알 길이 없습니다. 역사에 기록된 내용은 모두 관청의 공문 형식의 상투어이기 때문에 토론할 필요가 없습니다. 물론 당시 진단은 조정에 오래 머물러 있지 않고 곧 벼슬을 사양하고 산으로 돌아갔습니다. 하지만 그해에 태종은 민간에서 유서(遺書)를 제공하라는 명을 내렸습니다. '유서'란 아직 세상에 공개되지 않은, 사회에서 알지 못하는 저작을 말합니다. 사년 후 태종은 연호를 단공(端拱)으로 바꾸더니 함께 거사를 일으켰던 오랜 친구 조보(趙普)의 재상 직위를 박탈하고, 여몽정(呂蒙正)을 동평장사(同平章事)로―동평장사는 송 왕조의 재상의 명칭입니다―삼을 것을 정식으로 공포했습니다.

명성과 지위를 영광과 총애로 여기지 않습니다

여몽정이라는 인물은 여러분이 대략 아시리라 생각됩니다. 그는 송 초에 매우 빈한한 가정 출신 자제였습니다. 소년 시절에는 산에서 땔나무를 해다 팔아 생계를 꾸려 나갔는데 그 와중에도 뜻을 굽히지 않고 열심히 책을 읽었습니다. 산에서 일을 하다가 큰비라도 만날라치면, 삿갓에 고인 빗물에 차가운 밥을 말아서 허기진 배를 채웠습니다. 열심히 공부하여 성공하고 공명을 얻더니 결국에는 개국 황제인 태종의 재상이 되었습니다.

지금 일부러 여몽정이라는 인물을 언급한 것은, 송 초 백 년간의 문치(文治)를 조성했던 문인 조정이 그를 필두로 대부분 빈한한 집안 출신의 유학자들이었음을 설명하고자 해서입니다. 특히 여몽정으로부터 삼십 년이 지난 무렵에 역사상 가장 빈곤한 가정 출신의 범중엄(范仲淹)이 벼슬길로 나왔습니다. 옛사람들은 범중엄을 장수로 출발하여 재상이 되었던, 영웅인 동시에 성현이었던 인물이라고 칭송했습니다. 범중엄이야말로 송대 문운(文運)을 여는 데 가장 큰 공헌을 했던 인물이라 하겠습니다.

『송사』를 펼쳐서 여몽정이 재상을 지내던 무렵의 한림학사 전약수(錢若水)와 태종의 대화를 읽어 보기만 해도 송 초 문인 정부가 형성되기 시작할 무렵의 풍모를 엿볼 수 있습니다. 참으로 역대의 제왕 정치와는 크게 달랐습니다. 역사에는 이렇게 기록하고 있습니다.

송 태종이 시중드는 신하에게 말하기를 "학사라는 관직은 친밀하고도 귀중하여 다른 관직과 비교할 수가 없다. 짐은 항상 그것을 하지 못하는 것이 한스럽다" 하였다. 또 말하기를 "선비가 옛것을 배워 관직에 나가고, 때를 만나 지위를 얻어 붉은 옷을 감고 자줏빛 신을 신으면 영화롭게 여기기에 족할 것이다. 어찌 정성을 다하여 나라에 보답하지 않을 수 있으랴!" 하였다. 이에 전약수가 대답하여 말하였다. "고상한 선비는 명성과 지위를 영광과 총애로 여기지 않습니다. 충성스럽고 바른 선비는 궁달 때문에 지조를 바꾸지 않습니다. 작위와 녹봉 때문에 윗사람에 충성을 바치는 것은 중인 이하의 사람들이 하는 바입니다."

宋太宗謂侍臣曰, 學士之職, 親切貴重, 非他官可比. 朕常恨不得爲之. 又曰, 士之學古入官, 遭時得位, 紆朱拖紫, 足以爲榮矣. 得不竭誠以報國乎. 若水對曰, 高尙之

士, 不以名位爲光寵. 忠正之士, 不以窮達易志操. 其或以爵祿位遇之故, 而效忠於

上, 中人以下者之所爲也.

송 태종은 학사라는 관직은 다른 관직과는 비교할 수 없을 정도로 귀중하며 자기도 한림학사를 하고 싶어 했다고 합니다. 여기서 자줏빛 신은 송 왕조의 관복 색깔을 의미합니다. 송 태종의 말에 전약수는, 단지 벼슬을 하는 것 때문에 황제인 당신에게 충성을 바친다면 그것은 중등 이하의 사람들이나 할 짓이니 칭찬해 줄 것이 뭐 있겠습니까 하는 말입니다.

전약수의 이 말은 송 왕조가 시작된 후 태종, 진종, 인종에 이르는 수십 년 동안 배출되었던 여몽정(呂蒙正), 왕단(王旦), 여단(呂端), 왕증(王曾), 구준(寇準) 같은 유학자들의 정의로움과 풍격을 잘 보여 주기도 합니다. 실로 정치에 종사할 뜻을 품은 사람들을 훈계할 만한 명언입니다.

송 진종 때에 이르러 다시 종남산(終南山)의 은사 종방(種放)을 조정으로 부르기도 했지만 종방은 끝내 오지 않았습니다. 진종은 단주에서의 일이 있은 후로 "귀신이나 미신을 믿는 것을 이용해 백성을 우롱하는" 정책을 힘써 제창하여, 봉신주(封信州)[103] 도사 장정수(張正隨)에게 진정(眞靜) 선생이라는 호를 내리고 그에게 상청원(上淸院)과 수록원(授籙院)을 지어 주기도 했습니다. 이것이 바로 후세의 강서(江西) 용호산(龍虎山) 장천사(張天師)의 기원입니다.

우리는 먼저 송 초의 문운(文運)이 유·불·도 삼교가 함께 번창했던 당시 정황과 관련이 있음을 이해해야 합니다. 송이 개국하고 육십 년이 지난 후 송 인종(仁宗) 조정(趙禎)이 황제로 있었던 사십여 년, 즉 서기 1023년에서 1063년 사이에 비로소 일군의 이름난 유학자와 현명한 재상이 출현하

---

103 강서(江西).

여 차례로 정치를 담당했던 전성기가 도래했습니다. 송유(宋儒)의 유림(儒林)과 도학(道學) 즉 이학(理學)이 시작되었던 것입니다.

인종이 등극하고 전반 십 년 동안은 유(劉) 태후가 정치를 주관하였고 인종은 승계 준비만 하고 있었습니다. 유 태후가 죽은 후 이십사 세의 인종이 직접 천하를 다스리면서 진정으로 실권을 거머쥔 조씨 천자가 되었습니다. 하지만 그가 정치를 하면서 최초로 실행했던 일은 바로 도관(道觀)과 불사(佛寺)의 건축을 중지시키고 내시(태감) 나숭훈(羅崇勳)을 파면시키는 것이었습니다. 그리고 곧바로 범중엄을 우사간(右司諫)에 임명하여 자문역을 맡겼습니다.

마치 한 편의 연속극을 보기라도 하는 것처럼, 송 인종이 열었던 송 왕조의 문운이 가장 먼저 범중엄의 등장으로 시작하는 것은 결코 우연이 아니었습니다. 송 인종 경력(慶曆) 연간, 즉 서기 1041년경에 이학가들이 조정에 대거 진출하게 된 것은 범중엄의 영향이었는데 모두 그의 추천으로 명성을 얻게 되었습니다. 인종 경력 3년을 전후하여 이름난 유학자인 동시에 명신이었던 안수(晏殊), 한기(韓琦), 부필(富弼), 문언박(文彦博), 구양수(歐陽修), 채양(蔡襄) 등이 출현했습니다. 그리고 얼마 후 사마광(司馬光), 소식(蘇軾)을 비롯한 소씨 삼부자와 왕안석(王安石) 같은 인물들이 출현했습니다.

당대에 큰 영향을 미쳤던 대유학자인 안정(安定) 선생 호원(胡瑗)과 태산(泰山) 선생 손명복(孫明復)을 비롯해서 후세에 오대 유종(儒宗)이라 일컬어졌던 주돈이, 장재, 정호, 정이, 소옹 등이 직간접적으로 범중엄과 관련이 있었습니다. 여러분은 명문 「악양루기(岳陽樓記)」에서 그가 말했던 명구를 알고 계실 것입니다. "천하 사람들이 근심하기에 앞서 근심하고, 천하 사람들이 즐거워한 후에 즐거워한다[先天下之憂而憂, 後天下之樂而樂]." 이 말은 그가 문장을 지으면서 괜히 해 본 소리가 아니라 자신이 일생동안 몸소 실천했던 수칙이었습니다.

진정한 유종이요 유행이었던 범중엄

문정공(文正公) 범중엄(范仲淹)의 이야기는 여러분 모두 아실 것입니다. 하지만 장래의 유망한 인재들을 위해 주의를 환기시키고자 다시 간단히 소개하겠습니다. 범중엄은 소주(蘇州)의 오현(吳縣)에서 출생했습니다. 두 살 되던 해에 생부가 죽자 가정 형편이 매우 어려워졌습니다. 어린 자식을 데리고 과부의 몸으로 살아가기 힘겨웠던 그의 모친은 그를 데리고 성이 주(朱)씨였던 사람에게 개가했습니다. 그 때문에 그의 성과 이름도 바뀌었습니다. 하지만 그는 어려서부터 자기주장이 확실하고 지기(志氣)가 넘쳤습니다. 가정 환경과 모친의 고충을 잘 이해했던 범중엄은 어느 날 어머니를 향해 한바탕 통곡하더니 더 이상 주씨네 집에 머물러 있지 않겠노라 말했습니다. 집을 떠나 남경에 도착한 후 친척 집의 약소한 도움을 받으면서 그는 열심히 독서에 매달렸습니다. 너무 가난했기 때문에 때로는 죽 한 냄비를 끓여서 식힌 다음, 세 그릇에 나누어 한 끼에 한 그릇씩 먹으며 허기를 채우기도 했습니다. 그렇게 밤낮을 쉬지 않고 독서에 정진했는데, 겨울이 오면 여기저기 구멍이 난 옷은 전혀 따뜻하지 않았습니다. 피곤해지면 찬물을 가져다 세수하고 다시 정신을 차려 열심히 책을 읽었습니다.

뜻이 있으면 결국 성공하기 마련입니다. 그는 마침내 진사 시험에 합격하여 관직을 얻었습니다. 광덕군사리참군(廣德軍司理參軍)이라는 벼슬이었는데, 지금으로 말하면 군사령부의 정치부장으로 군법을 아울러 관장하는 지위에 해당합니다. 이렇게 해서 봉급을 받게 되자 그는 곧 어머니를 본가로 모셔 오고 본래의 성을 되찾았습니다. 그 후 다시 대리사승(大理寺

丞)에 올랐는데 오늘날의 대법원장에 해당하는 지위입니다. 그 후 또다시 직무가 바뀌어 이번에는 양식을 관리하는 일을 맡았습니다. 하지만 어머니가 돌아가시자 그는 사직하고 집으로 돌아가 삼년상을 지냈습니다. 삼년상을 치르는 동안 학생들을 가르치면서 생활했지만 그는 조금도 어머니를 원망하거나 못마땅하게 생각하지 않았습니다. 유행(儒行)의 효도를 완벽하게 지켰던 것입니다. 삼 년이 지나자 다시 추천을 받아 비각교리(秘閣校理)에 임명되었습니다. 현재의 중앙 사무처장에 해당하는 지위입니다. 이어서 지방 행정 수장 등의 직무를 맡았습니다.

송 인종은 오래전부터 그의 인품과 학문에 대해 들어 왔던 터라, 황태후가 돌아가시고 자신이 직접 정치를 하던 첫해에 바로 그를 불러 우간의(右諫議)를 맡겼습니다. 인종은 원래 유 태후의 친아들이 아니었습니다. 그래서 태후가 죽자 태후를 비난하는 말이 여기저기에서 터져 나오기 시작했습니다. 범중엄은 간관(諫官)의 직책을 맡고 있었기 때문에 황제에게 자신의 의견을 말할 수 있었습니다.

그는 인종에게 이렇게 말했습니다. "선제이신 송 진종께서 돌아가시고 태후께서 폐하를 십여 년간 잘 돌봐 주셨으니 이제 그 작은 일을 덮어 주시어 큰 덕을 온전케 하는 것이 마땅합니다." 그 말을 들은 인종도 말했습니다. "나 역시 이런 쓸데없는 말을 차마 듣지 못하겠다." 즉시 궁의 안팎에 명령을 내려 황태후가 수렴청정을 했던 지난 십여 년간의 일에 대해 거론하지 못하게 했습니다. 이 일은 범중엄이 자신의 마음으로 미루어 남을 헤아림으로써 황제와 길러 준 어머니 사이를 화해시켜서 궁정을 안정시킨 경우였습니다. 그는 다음과 같은 간단명료한 말로써 황제를 일깨웠습니다. "당신 어머니께서 그토록 오랫동안 당신을 길러 주고 또 도와주셨으니, 설사 옳지 못한 점이 있었더라도 이제 와서 지난 일을 다시 들춰서는 안 됩니다."

오대 이후로 천하의 학교가 다 없어졌는데, 인종이 아직 친정(親政)을 하기 전이었던 천성(天聖) 5년에 재상 안수가 처음으로 학교를 다시 세울 것을 제창했습니다. 그는 각 주(州)와 각 현(縣)의 표준이 될 만한 학교를 세우고 범중엄을 교사로 초빙했습니다. 범중엄은 학생을 가르치는 데 있어서 무엇보다 그 품격의 양성을 중시했습니다. 소위 '돈상풍절(敦尙風節)'[104]을 가장 중요하게 생각했습니다. 그와 동시에 세상일에도 관심을 가져야 하지만 그것이 자기 자신만을 위한 것이어서는 안 된다고 했습니다. 안수는 범중엄의 교육 방침과 행실을 크게 신임하였을 뿐 아니라, 그가 장래에 틀림없이 국가 사회의 큰 그릇이 되리라고 생각했습니다. 안수는 송 초의 재자(才子)형 재상으로 사람들은 그의 사(詞)를 매우 좋아했습니다.

완계사	浣溪沙
새로운 곡조의 사 한 수 부르고 술잔을 기울이네	一曲新詞酒一杯
옛 정자에 날씨는 작년과 꼭 같으니	去年天氣舊亭臺
석양은 서쪽으로 지는데 언제나 돌아오려나	夕陽西下幾時回
어찌하지 못하는 사이에도 하염없이 꽃은 지네	無可奈何花落去
예전에 본 듯도 한 제비도 돌아오니	似曾相識燕歸來
작은 정원 오솔길을 홀로 외로이 배회하네	小園香徑獨徘徊

이 사(詞)는 후세에까지 전해지는 그의 명작입니다. 문화의 가장 기본이 되는 것은 바로 문예라고도 부르는 문학입니다. 여러분이 『송사(宋詞)』를

---

104 태도와 절조를 깊이 숭상함.

펼쳐 보면 제일 처음 나오는 것이 바로 그의 「주옥사(珠玉詞)」입니다. 그의 문집은 이백사십 권이나 되지만 그것을 펼쳐 본 사람은 그리 많지 않습니다. 옛사람들이 말했던 "수량이 많다고 해서 전해질 수 있는 것은 아니다[但得流傳不在多]" 또는 "문학은 천고에 변치 않는 일이니 얻고 잃음은 마음으로 안다[文章千古事, 得失寸心知]"라는 말이 다 그런 이치입니다. 권세나 지위는 그저 한때 사람을 놀라게 할 수 있을 뿐 후인들의 애증(愛憎)까지 좌지우지하지는 못합니다. 그것은 정치적 성과와 마찬가지로 그 잘잘못이 영원히 사람들의 마음속에 남습니다.

안수는 범중엄의 인품과 학문에 대해 감탄하였을 뿐 아니라 그의 문학적 재질도 높이 평가했습니다. 학문이나 인품은 천부적인 자질과도 물론 관련이 있지만 도덕의 수양에서 나오기도 합니다. 하지만 글을 쓰는 문학적 재능은 그렇지 않습니다. 거의 칠십 퍼센트가 천부적 자질에서 나옵니다. 아무리 부지런히 공부하더라도 타고난 재능이 없으면 끝내 문예의 절묘한 경지에 도달하기 어렵습니다. 그래서 청나라 조익(趙翼)은 시를 논하면서 이렇게 한탄했습니다. "늙어서야 비로소 힘으로 취하는 것이 아님을 알겠구나. 삼 할은 인력으로 할 수 있는 일이지만 칠 할은 하늘에 달렸네[到老方知非力取, 三分人事七分天]."

특히 문무(文武)에 두루 뛰어나서 장수 출신으로 재상이 되었던 사람들은 대부분 재능이 많고 감정이 풍부했습니다. 군사(軍事)에 천부적 자질을 타고났던 고금의 이름난 장수들 역시 그러했습니다. 군려(軍旅) 생활을 해 보지 않은 일반인들은 그 속의 이치를 결코 깨달을 수 없습니다. 군사 전략 및 전술과 전투는 전쟁의 예술이자 지력과 정조의 결정체라고 할 수 있습니다. 병법이 곧 예술이고 예술이 곧 병법입니다. 다만 보통 사람들은 진정한 무학(武學)을 알지 못하기 때문에 군인을 보면 무서워하고 거칠게만 생각합니다. 참으로 유감스러운 일이지요.

서하(西夏)를 방어하라는 명을 받은 범중엄은 변경 지역에 주둔하면서 국경을 지켰는데, 병사들에게 무섭게 호령하는 한편으로 따뜻하게 보살폈습니다. 심지어 당시 적병이던 강(羌)의 병사들조차 서로 "범 영감의 가슴속에는 수십만의 군사들이 들어 있다[大范老子, 胸中有數十萬甲兵]"라고 말하면서 함부로 그 심기를 건드리지 않았습니다. 그리하여 줄지어 투항해 오는 경우도 많았습니다.

송 인종 시기에는 범중엄 덕분에 변경 지역이 평안했습니다. 그래서 구양수는 다음과 같이 읊기도 했습니다. "수만 필의 말이 군소리 없이 호령 소리를 들으니, 사방팔방에 별다른 일이 없어 간하는 글도 드무네[萬馬無聲聽號令, 八方無事諫書稀]." 바로 범중엄 당시의 모습을 보여 준 것이었습니다. 구양수는 범중엄을 재상으로 기용해야 한다고 적극 추천했습니다. 하지만 범중엄은 간곡하게 사양하고 끝내 맡지 않았습니다. 당시 전선에 있던 범중엄의 심경은 어떠했을까요? 그의 사 두 편을 보도록 하겠습니다.

어가오	漁家傲
변방에 가을이 오니 풍경이 이채롭구나	塞下秋來風景異
햇살 가로지르며 날아가는 기러기는 머무를 뜻이 없어 보이는데	衡陽雁去無留意
사방에서는 연이어 뿔피리 소리 들려오네	四面邊聲連角起
줄지어 늘어선 산봉우리 사이로	千嶂裏
석양빛에 연기 길게 피어오르는 외로운 성은 굳게 닫혀 있다	長煙落日孤城閉
만리 바깥에 있는 집 생각에 탁주 한 사발 기울이노라면	濁酒一杯家萬里
마음이 풀어져 주체할 수 없건만 돌아갈 기약은 없으니	燕然未勒歸無計
오랑캐 피리 소리 아스라이 들려오고 땅에는 온통 하얀 서리로다	羌管悠悠霜滿地
섬사리 잠을 이루지 못하고	人不寐

백발의 장군은 나그네 눈물만 떨구는구나	將軍白髮征夫淚

소막차	蘇幕遮

하늘에는 파란 구름	碧雲天
땅에는 누렇게 시든 나뭇잎	黃葉地
밀려오는 물결에는 추색이 완연한데	秋色連波
물결 위로 피어오르는 차가운 물안개는 푸르기만 하구나	波上寒煙翠
산은 석양빛을 되비추고 하늘은 물에 맞닿았건만	山映斜陽天接水
향기로운 풀은 무정도 하여	芳草無情
지는 해 너머에 있네	更在斜陽外
이별을 슬퍼하는 고향 혼이	黯鄕魂
나그네 마음을 따라다녀	追旅意
밤마다 잠든 꿈속으로 찾아오니	夜夜除非好夢留人睡
달밤에 높은 누대에 홀로 기대어 있다	明月樓高休獨倚
향수에 젖은 창자 속으로 흘러 들어온 술은	酒入愁腸
그리움의 눈물만 만들어 내는구나	化作相思淚

이 두 수의 사는 그가 서북 변경의 전선에 있을 때의 작품입니다. 고향을 그리워하는 눈물도 진짜 눈물이고 국가와 민족을 위하는 마음 역시 진짜 충심이지만, 감정과 이성이 서로 충돌하거나 갈등하지 않고 아주 분명하게 나뉘어 있습니다. 「악양루기」 같은 명문은 여러분도 다 알고 있으니 더 말할 필요가 없을 것입니다.

범중엄이 송 초의 대유학자들을 길러 내다

지금부터 말씀드리려는 것은 범중엄이 높은 지위와 권력을 수중에 넣었던 시기에도 여전히 문화 교육이라는 대업을 잊지 않고 있었다는 사실입니다. 그는 청년들에게 무엇보다 학문에 뜻을 두라고 격려하고 고취했습니다. 그와 관련된 간단한 고사를 두어 가지 소개하고자 합니다. 송 왕조의 문운에 영향을 끼쳤던 사건이기도 합니다.

범중엄에 대한 안수의 칭찬과 신임은 이미 앞에서 말씀드렸지요. 하루는 자신의 딸을 위해 훌륭한 사윗감을 고르고 싶었던 재상 안수가 범중엄을 찾아갔습니다. 그가 가르치는 학생 가운데 어떤 사람이 가장 훌륭한지를 묻자 범중엄은 곧바로 부필을 추천했습니다. 결국 안수는 부필을 사위로 맞아들였습니다. 과연 부필은 그의 기대를 저버리지 않고 훗날 송대의 명신 명재상이 되었습니다. 그뿐 아니라 역사상 가장 훌륭한 외교관이기도 했는데, 나이 여든에 세상을 떠났습니다. "입을 지키기를 병에 마개를 닫듯이 하고, 뜻을 방어하기를 성을 방어하듯이 하라〔守口如瓶, 防意如城〕"라는 명구는 바로 부필이 직접 병풍에 썼던 일생의 수칙이었습니다.

부필이 아직 학생이었을 때의 일입니다. 그는 시험에 합격하지 못하자 곧장 집으로 돌아가려 했습니다. 아직 한 번의 기회가 더 있음을 알게 된 범중엄은 몸소 그를 뒤쫓아 가서 데리고 돌아왔습니다. 그리하여 부필은 "마침내 무재(茂才)[105]에 뛰어난 성적으로 합격하였으니" 요즘으로 말하면 국가 특별 고시에서 뽑혔던 것입니다. 이 일은 범중엄이 후진들을 얼마나 소중히 하고 적극적으로 육성하였는지를 잘 보여 줍니다.

송 초 일대의 유종(儒宗)이던 안정 선생 호원, 태산 선생 손명복, 횡거

---

105 후한(後漢)에서는 수재(秀才)를 무재(茂才)라 칭했다.

선생 장재 역시 그가 배출해 낸 대유학자들입니다.

사료에 의하면 호원은 자가 익지(翼之)로 십삼 세에 오경에 통달하였다고 합니다. 집안이 가난하여 먹고살기 힘들었던 그는 태산에 가서 손명복, 석개(石介)와 함께 공부했습니다. 힘들게 공부하고 거친 음식을 먹으면서 늘 밤을 새우다시피 했고 한번 자리에 앉으면 십 년 동안 집에 돌아가지 않았습니다. 그를 좋아하고 존경했던 범중엄이 소주(蘇州)의 교수로 초빙하여 많은 제자들이 그에게 배웠습니다. 후에 범중엄이 또다시 선생을 추천하여 아무런 관직도 없는 보통 사람의 신분으로 숭정전(崇政殿)에 섰으며—황제와 대화하였으며—비서성교서랑(秘書省校書郎)에 제수되었습니다. 나중에 태자중윤(太子中允), 천장각시강(天章閣侍講), 전관태학(專管太學)을 두루 지내다가 육십칠 세의 나이에 세상을 떠났습니다.

그의 문하에서 나온 사람이 수천이나 되었고 정치에 종사한 사람도 적지 않았으니, 송 초 문인 정부의 풍모에 많은 영향을 끼쳤던 인물이라 하겠습니다. 그가 바로 범중엄이 추천했던 첫 번째 사람이었습니다. 그래서 청 초의 황종희(黃宗羲)는 선종의 공안을 모아 놓은 『경덕전등록』의 방식을 본떠 최초로 『송원학안(宋元學案)』을 편찬하면서, 「안정학안(安定學案)」과 「태산학안(泰山學案)」을 첫머리에 두어 그들이 고평(高平)의 강우(講友)였음을 밝혔습니다. 이른바 고평학안(高平學案)은 바로 범중엄 일파의 학안을 말합니다.

손명복은 진주(晉州) 평양(平陽, 강서) 사람으로, 개봉부(開封府)에서 네 번 과거에 응시하였으나 진사에 급제하지 못하고 물러나 태산에 은거했습니다. 훗날 조래(徂徠) 선생 석개의 추천과 범중엄 및 부필의 진언을 통해 비로소 조정에 그 명성을 드러내게 되었습니다. 국자감직강(國子監直講)을 지내다가 육십육 세에 세상을 떠났는데, 학자들은 그를 태산 선생이라 존칭했습니다.

그는 원래 범중엄과 관계가 있는 인물이었습니다. 하지만 문정공 범중엄은 원래부터 그런 것을 도외시하는 인물이었기 때문에, 학문과 수양으로 명성을 날리며 사도(師道)로 자처하던 태산 선생이 바로 지난날 자신이 길러 낸 사람이라는 사실을 알지 못했습니다. 당초 범중엄이 저양(雎陽)[106]에서 강학(講學)의 직무를 관장하고 있을 때였습니다. 하루는 손수재(孫秀才)라는 사람이 찾아와 다른 지방에서 유학할 비용을 요청하므로 범중엄이 직접 천 문(文)[107]을 그에게 내주었습니다. 그런데 다음 해에 또 왔기에 또다시 그에게 천 문을 내주었습니다. 범중엄은 그에게 왜 여기저기로 유학하며 바쁘게 뛰어다니느냐고 물었습니다. 그러자 손수재는 매우 힘겹게 대답했습니다. "늙으신 어머니를 봉양할 수가 없어서입니다. 만약 하루에 백 전만 있다면 맛있는 음식이 족할 것입니다[母老, 無以爲養, 若日得百錢, 甘旨足矣]."

이 말을 들은 범중엄은 다음과 같이 말했습니다. "내가 그대의 말하는 기색을 보니 구걸하는 사람은 아니다. 이 년 동안 세상일에 허덕거리며 바삐 뛰어다니면서 얻은 것이 얼마나 되는가. 하지만 학문을 팽개친 것은 많도다! 내 이제 자네를 학직에 올리면 매달 삼천 문으로 노모를 공양할 수 있으니, 그대는 편안히 공부할 수 있겠는가[吾觀子辭氣, 非乞客也. 兩年僕僕, 所得幾何. 而廢學多矣. 吾今補子學職, 月可得三千以供養, 子能安於學乎]." 학직에 올린다는 것은 학생 정원 수에 넣는다는 말입니다. 손수재는 크게 기뻐했습니다. 그러고는 『춘추』를 주었더니 그는 주야를 가리지 않고 열심히 공부했습니다. 다음 해에 범중엄은 저양을 떠났고 손수재 역시 그에게 작별 인사를 하고 떠났습니다.

십 년 후 범중엄은 태산에 있는 손명복 선생이 『춘추』를 가지고 학생들

---

106 하남(河南) 경내.
107 돈을 세는 단위.

을 가르치는데 그의 도덕이 고매하다는 소문을 들었습니다. 그는 곧장 부필과 함께 석개를 도와서 황제에게 손명복 선생을 추천했습니다. 조정에서 만난 태산 선생이 지난날 그를 찾아와 유학 비용을 부탁했던 그 손수재일 줄은 꿈에도 생각지 못했습니다. 이 일은 범중엄이 자신의 마음으로 미루어 남을 헤아릴 줄 알며, 재주 있는 자를 아끼는 도량과 덕행을 소유한 인물이었음을 잘 보여 줍니다. 그는 아무런 사심 없이 공정한 마음으로 일대의 학자요 종사(宗師)를 길러 낼 수 있는 덕을 지니고 있었습니다.

범중엄과 장횡거의 고사는 또 경우가 달랐습니다. "장재는 자가 자후이고 대대로 대량[108]에 살았다. 아버지 적은 인종의 조정에서 승으로 있다가 부주[109]의 지사를 지냈는데, 관직에 있다가 세상을 떠났다. 남은 자식들은 모두 어려서 돌아갈 수 없었다. 그리하여 봉상군 횡거진[110]에서 임시로 살았다[張載, 字子厚, 世居大梁. 父, 迪, 仕仁宗朝殿中丞, 知涪州, 卒官. 諸孤皆幼, 不克歸. 以僑寓鳳翔郡橫渠鎭]." 장재의 부친은 재임 중에 돌아가셨는데 남은 자식들은 너무 어려서 고향으로 돌아갈 능력이 없었습니다. 하지만 고아이기는 했어도 대단히 자립적이었던 장재는 품은 뜻이 남달랐고 특히 군사에 관해 토론하기를 좋아했습니다.

강정(康定)[111] 연간에 군사를 모으자 장재는 십팔 세의 나이에 의연히 공명을 세우고자 마음먹었습니다. 지원군을 결성하여 조서(洮西)[112]의 땅을 되찾고자 생각한 그는 범(范)문정공에게 편지를 보내 만나기를 청했습니다. 범중엄은 그를 만나 보자마자 큰 그릇임을 알았습니다. 그래서 "유생

---

108 하남(河南) 개봉(開封).
109 사천(四川) 부릉(涪陵).
110 섬서성(陝西省) 미현(郿縣)의 동쪽.
111 인종(仁宗)의 연호.
112 감숙(甘肅) 경내.

에게는 즐거워할 만한 명교가 있거늘 어찌 군사에 종사하려느냐[儒者自有名敎可樂, 何事於兵]"라고 책망하고는 그에게 『중용』을 건네주었습니다. 그는 범중엄의 의중을 곧바로 깨달았던 것 같습니다. 범문정공의 말을 듣자 군대에 들어가지 않고 곧장 집으로 돌아가 육경을 공부하기 시작했습니다. 또 정호와 정이하고도 교류하더니 훗날 진사에 합격하여 벼슬길에 나갔습니다.

정치적으로 왕안석과 견해가 맞지 않았지만, 그의 학문과 수양은 관중(關中)의 기풍을 열었으며 한 시대의 종사가 되었습니다. 특히 그가 평생 가장 좋아했던 "천지를 위해 마음을 먹고, 백성을 위해 운명을 정하고, 옛 성현을 위해 끊긴 학문을 계승하고, 만세를 위해 태평을 연다[爲天地立心, 爲生民立命, 爲往聖繼絶學, 爲萬世開太平]"라는 명언은 범문정공의 "천하 사람들이 근심하기에 앞서 근심하고 천하 사람들이 즐거워한 후에 즐거워한다"라는 말과 더불어 북송 이후 학자들이 뜻을 세우는 데 모범이 되었으며 영원히 후손들의 존경을 받았습니다.

여러분이 주공과 공자 이후의 유자의 학문이 도대체 어떤 것이었는지 알고자 한다면,『예기』에 들어 있는「학기(學記)」와「유행(儒行)」이라는 두 편의 글만 자세히 읽어 보면 진·한 이전의 이른바 유자(儒者)의 모습을 알 수 있습니다. 오경은 중화 전통문화의 저장고로서, 오경에 완전히 통달한다는 것은 결코 쉬운 일이 아닙니다. 사서는 유학의 실습 경험이니「학기」와「유행」의 속편이라고도 말할 수 있습니다.

송 초 인종 때부터 유학이 번성하기는 했지만 오대유(五大儒)에 앞서 진정한 유종(儒宗)이자 유행(儒行)을 대표할 만한 사람으로는 마땅히 범중엄을 들어야 합니다. 그는 유학 가운데서도『역경』과『춘추』에 조예가 있었으며 경세치용에 뜻을 두었습니다. 범중엄보다 나중에 나왔던 오대유 가운데 정호와 정이 같은 사람들은 자칭 자신이 "불가와 노자를 두루 익히고" 거기에서 나아가 육경을 추구했는데, 결국 도는 그 속에 있었다고 하면서 심성지학(心性之學)을 논의하고 자신이 공맹의 끊긴 학문을 계승하였노라 표방했습니다. 하지만 범중엄은 오로지 실사구시(實事求是)의 태도로 자신이 알고 있는 것과 배운 것만 힘써 행했습니다. 백성을 위하고 사회를 위하고 국가를 위해 "뜻을 성실하게 하고[誠意]" "마음을 바르게 하여[正心]" 실제적인 일을 시행하되, 자신의 온 힘을 다하고 초심(初心)을 저버리지 않기를 추구하였을 뿐입니다. 참으로 진실된 유학의 표준이라 하겠습니다.

그의 일생은 "안으로는 강직하고 겉으로는 온화하며, 백성을 두루 사랑하되 인한 사람을 가까이하고, 선한 일을 즐거워하여 베풀기를 좋아하였다. 시골집에 의로움을 베풀어 그것으로 친족들을 구휼하였다[內剛外和, 汎愛衆而親仁, 樂善好施, 置義莊里中, 以贍族人]"라고 합니다. 범중엄은 고향의 친족들을 위해 밭을 사서 처음으로 사회 복지의 자선 사업을 일으켰습니다. 하지만 그가 죽은 후 그의 집안은 쌓아 둔 재물이 거의 없는 빈털터리였으니 그야말로 선비의 청렴함 그 자체였습니다. 범중엄의 네 아들은 모두 학문적 성취가 뛰어났고 지혜와 용기를 겸비하였으며 공정하고 청렴한 것이 아버지와 꼭 같았습니다. 고금의 학자 가운데 문정공 범중엄처럼 문무의 재능을 겸비하고 순수한 덕행을 지닌 사람이라면 유행(儒行)이라 불러도 부끄러울 것이 없습니다.

북송 후기 유림의 도학 현상

인종이 친정(親政)에 나섰던 서기 1033년으로부터 영종(英宗) 조서(趙曙), 신종(神宗) 조쇄(趙頊), 철종(哲宗) 조후(趙煦)로 이어졌던 육십여 년간의 북송 정권은 문운이 번창하고 이름난 유학자들이 배출되었던 시기였다고 할 수 있습니다. 동시에 중국 역사상 재상의 권한이 가장 존중되었고 문인 학자가 가장 존중받았던 시대였습니다. 하지만 신종에서 철종에 이르는 삼십 년 동안 학자와 대신들은 제각기 자기 견해를 고집하였고, 의식과 주장의 차이로 인해 서로 다투고 대립하다가 마침내는 당화(黨禍)와 함께 도학의 진위(眞僞) 논쟁이라는 비극을 초래했습니다.

신종(神宗) 시대는 요상공(拗相公) 왕안석(王安石)이 집정하였던 시기입니다. 그는 왕도(王道)적인 정전(井田) 제도를 회복하고 예전에 관중이 제나라를 다스렸던 군정(軍政) 관리를 실행하기 위해 보갑(保甲) 제도 등을 설립했으며, 재정 경제 측면에서 전부(田賦) 세수(稅收)를 정비했습니다. 신정(新政)을 대거 추진하기 위해 그는 평소 의기투합했던 이름난 유학자와 대신들의 반대 의견도 묵살했습니다. 그런데 그것이 차츰 계파 간의 투쟁으로 변하고 말았습니다.

당파 간의 대립이 가장 격렬했던 시기는 바로 사마광(司馬光)을 우두머리로 한 낙당(洛黨)과 소식(蘇軾) 형제를 우두머리로 한 촉당(蜀黨)이 서로를 공격하던 때였습니다. 당시 뛰어난 문재(文才)로 명성이 높았던 소식은 그 일로 두세 차례나 조정에서 쫓겨났습니다. 그리하여 광동(廣東) 및 경주(瓊州) 등지와 문화 역사상 뗄 수 없는 인연을 맺게 되었습니다.

그 무렵에 자신이 공맹의 끊긴 학문을 계승하였노라 표방하면서 심성미언(心性微言)을 이야기하던 정호와 정이 형제는, 피차의 관점의 차이로 인해 왕안석과 소식이라는 양대 고명한 인물을 '거짓 도학자'라 비판했습니다. 어찌 보면 그럴 수밖에 없는 결과였습니다. 소식과 왕안석 두 사람은 유학을 종주로 삼기는 했지만 선(禪)과 도(道)에 대한 식견이 정호 형제에 비해 훨씬 뛰어났습니다.

정호는 왕안석의 학술과 정견(政見)에 동의하지 않았습니다. 정이와 소식의 정견 역시 일치하지 않았습니다. 당시 구양수는 불로(佛老)에 반대한 다고 분명하게 밝혔습니다. 하지만 사마광은 거기에 대해 명확한 태도를 취하지 않았습니다. 그가 편찬한 『자치통감』을 보면 『위서(魏書)』 「석로지(釋老志)」를 인용하여 공부하는 이들에게 참고거리를 제공하기는 했지만, 그에 대해 자신의 의견은 별로 덧붙이지 않았습니다.

만약 송 신종 무렵만으로 국한시킨다면, 비교적 순박한 학행으로 오대 유의 우두머리가 될 만한 사람으로 마땅히 주돈이(周敦頤)를 들어야 할 것입니다. 특히 그가 만든 태극도설(太極圖說)은 유·불·음양의 이념을 종합한 것으로서 후세의 도가와 유가에서 늘 인용하고 사용했습니다. 정호와 정이 형제는 어린 시절 그에게 학문을 배운 바 있었지만, 훗날 자화자찬하면서 자신들이 염계(濂溪)의 문하에서 배운 적이 있음을 인정하지 않았습니다. 장재는 정호와 정이 형제의 후배였으며 일찍이 그들에게서 학문을 배웠지만 스스로 일가를 이루었던 인물입니다.

유일하게 남달랐던 사람이 바로 소옹(邵雍)으로, 세상 사람들은 그를 강절(康節) 선생이라 불렀습니다. 그는 평생을 바쳐 역학을 연구하였는데, 특히 상수학(象數學)에서 스승으로부터 전수받은 바가 있었습니다. 그는 송대에만 유종(儒宗)으로 추앙받았을 뿐 아니라 원·명·청을 거쳐 지금까지 천여 년간이나 역학의 술수(術數) 및 방기(方伎)[113] 같은 잡학에서조차 대부분 그의 상수 방법을 표방함으로써 민간 사회의 풍속에도 알게 모르게 많은 영향을 끼쳤습니다.

정호와 정이 형제는 평소 늘 그를 찾아가서 역학 상수의 비밀을 묻고 싶었지만 자존심 때문에 끝내 그의 정미한 학문을 알아내지 못했습니다. 하지만 소강절이 죽기 직전에 마침내 정이는 이렇게 물었습니다. "이제 영

---

113 의약의 기술.

원히 이별할 터인데 더 일러 주실 견해가 있으신지요〔從此永訣, 更有見告乎〕." 그러나 소강절은 두 손을 들어 올려 손짓으로 대답했습니다. 무슨 뜻인지 알지 못한 정이가 "그것이 무슨 이치입니까?" 하고 다시 묻자 소강절은 이렇게 말했습니다. "앞에 있는 길은 모름지기 넓어야 합니다. 좁으면 자신의 몸을 둘 곳도 없거늘, 다른 사람들로 하여금 다닐 수 있게 하겠습니까〔前面路徑須令寬. 窄則自無著身處, 能使人行乎〕."

소강절은 정씨 형제의 학문과 수양에 대해 잘 알고 있었습니다. 특히 자기만 옳다고 고집하고 남의 말에는 귀 기울이지 않는 정이의 성격을 잘 알고 있었기 때문에 이렇게 말했던 것입니다. "앞에 있는 길은 좀 넓게 놔두어야 한다. 너무 좁으면 자신이 서 있을 곳도 없는데 어떻게 다른 사람에게 지나가라고 하겠는가!"

성명의 학설은 자공도 듣지 못했습니다

지금까지 북송 후기에 학술 사상과 정견의 차이로 일어났던 당화(黨禍) 및 후세에 많은 영향을 끼쳤던 오대유에 관해 간략하게나마 소개했습니다. 오대유 가운데 정호와 정이 형제는 "불가와 노자를 두루 익히고 나서 육경을 연구하고" 비로소 공맹의 심법을 깨달았는데 "도는 여기에 있었다"라면서 성리미언(性理微言)을 표방했습니다.

중국 문화사에서 북송 정호와 정이의 이학(理學)과 '정문(程門)'의 심법을 계승한 남송 주희(朱熹)의 유학이 상고 시대 성인들과 공자의 뜻을 이어받았다고 말하는 것은 사실 불가사의한 오해입니다. 선종의 낙포(洛浦) 선사가 "한 조각 흰 구름이 골짜기 입구에 걸쳐 있어, 얼마나 많은 새들이 밤에 둥지로 돌아가는 길을 잃었던가〔一片白雲橫谷口, 幾多歸鳥夜迷巢〕"라고 한탄했던 것과 똑같습니다.

하지만 중국은 원·명·청을 거치면서 천 년이라는 오랜 세월을 주희의 사서장구(四書章句)를 표준 교과서로 삼아 후학들을 가르쳐 왔습니다. 서양 문화의 암흑시대와 스콜라 철학의 시대보다 훨씬 긴 시간이었습니다. 그러다가 이십 세기 초에 일어난 오사 운동에서 "공가점을 타도하자[打倒 孔家店]"라고 외칠 수밖에 없었던 것입니다! 사실 공자는 억울하게 연루되었을 뿐이므로 마땅히 그 명예를 회복시켜야 합니다. 하긴 그로부터 수십 년이 지난 후에 아직도 충분하지 못하다고 여긴 나머지 다시 사인방(四人幇)이 일어나 문화 대혁명이라는 비극을 연출할 줄은 생각도 못 했지만 말입니다.

사실 송 신종 무렵 소식은 이미 이를 바로잡아야 한다고 호소했습니다.

성명의 학설은 자공도 듣지 못했습니다. 그런데 지금의 학자들은 성명에 관해 말하지 않음을 부끄러워합니다. 그 글을 읽어 보면 드넓고 일정함이 없어 그 끝을 다할 수 없습니다. 그 모양을 보면 세속을 초월한 듯 집착하지 않아 잡아당길 수 없습니다. 그것이 어찌 참으로 그런 것이겠습니까! 대개 중인의 본성은 방종한 것을 편안하게 여기고 거짓된 것을 즐거워할 따름입니다! 폐하께서는 또한 어찌 그들을 쓰시겠습니까!

性命之說, 自子貢不得聞. 而今學者, 恥不言性命. 讀其文, 浩然無常而不可窮. 觀其貌, 超然無著而不可挹. 此豈眞能然哉. 蓋中人之性, 安於放而樂於誕耳. 陛下亦安用之.

그의 말은 이런 뜻입니다. 성명의 학문은 공자가 말한 적이 없습니다. 자공같이 훌륭한 제자도 선생님이 성명의 학설에 관해 말하는 것을 들어 본 적이 없습니다. 그러나 지금의 학자들은 유학의 성명의 학문에 대해 말하지 않으면 마치 대단히 부끄러운 것처럼 생각합니다. 그 글을 읽어 보면 드넓고 일정함이 없어서 그 끝을 다할 수 없습니다. 그 모양을 보면 세속을 초월한 듯 집착하지 않아 잡아당길 수 없습니다. 사실 정말로 그들이 성명을 깨달아 아는 데까지 이르렀겠습니까! 이런 사람들은 모두 중등의 자질을 지닌 사람으로 아무렇게나 자기 하고 싶은 대로 행동하고 함부로 허풍이나 떠는 것을 즐거워하니, 황제께서 그들의 고상한 담론과 이치를 들어 보신다 한들 무슨 쓸모가 있겠습니까!

신종은 그의 건의를 듣자 뭔가를 깨달은 듯이 이렇게 말했습니다. "나도 본디 그것을 의심스러워했는데, 그대의 논의를 들으니 미심적은 것이 풀어지는 듯하구나[吾固疑之, 得軾議, 意釋然矣]." 그러고는 다시 그에게 물었습니다. 그대는 "무엇을 가지고 짐을 돕겠는가[何以助朕]." 소식이 말했습니다. "폐하께서는 다스려지기를 구하심이 너무 급하시고, 말을 들음이 너무 넓으시고, 사람을 기용함이 너무 빠르시니, 안정으로써 제어하십시오[陛下求治太急, 聽言太廣, 進人太銳, 鎭以安靜]." 그 뜻은 이렇습니다. 첫째로 당신은 정치 체제를 바꾸고 싶어 하기는 하는데, 치국평천하에 도달하고자 하는 마음이 너무 조급합니다. 둘째로 당신은 서로 다른 의견들을 많이 듣기는 하는데, 그러다 보면 외려 누가 옳고 누가 그른지 판단하기 어렵게 됩니다. 셋째로 당신은 이상에 도달할 목적으로 너무 빨리 인재를 기용하고 승진시킵니다. 황제 당신 자신부터 먼저 진정하는 게 제일 좋을 것입니다.

소식의 말이 틀린 소리는 아니었지만, 역사상 한의 영제(靈帝)나 명의 신종(神宗)처럼 그 시호가 '영(靈)'이나 '신(神)'으로 불린 황제들은 모두 신경질적인 성격에다 비정상적인 감정을 타고났다고 평가합니다. 그러니 "머무를 곳을 안 뒤에야 정함이 있고, 정한 뒤에야 흔들리지 않을 수 있고, 흔들림이 없는 뒤에야 편안할 수 있고, 편안한 뒤에야 생각할 수 있고, 생각한 뒤에야 얻을 수 있다"라는 고명한 지혜의 경지를 어떻게 추구할 수 있었겠습니까!

북송 왕조는 신종에서 철종에 이르는 삼십 년간, 즉 서기 1068년에서 1098년 사이에 학술 사상의 차이와 정치 개혁을 주장하는 신정(新政) 의식으로 인해 서로 충돌하고 다투는 일이 잦았습니다. 하지만 그 때문에 대신이나 학자를 함부로 사형에 처하는 일은 없었습니다. 말하자면 언론의 자유가 상당히 보장되었다고 하겠습니다. 하지만 어차피 "네 노래가 끝나면 내가 무대에 등장하는" 법이므로, 그런 상황이 당시 남북이 대치하던 정국이나 부국강병을 위해서는 결코 좋은 일은 아니었습니다.

　그런데 북송 시기에 이처럼 많은 유림 학자들이 생겨날 수 있었던 까닭은 무엇이었을까요? 그 원인은 세 가지였습니다. 첫째, 앞에서도 말했듯이 오대(五代)에 구경(九經)을 새겨 유통시켰기 때문입니다. 둘째, 송 인종 경력 연간인 서기 1048년경에 필승(畢昇)이 점토를 이용하여 글자를 새기고 활자를 배열하여 책을 찍어 내는 기술을 발명함으로써, 책이 보다 널리 유통되고 고서가 보존되어 전해질 수 있었습니다. 그뿐 아니라 그 기술은 서양에도 신속하게 전해져 활판인쇄술(活版印刷術)이 보급되었습니다. 셋째, 공립 학교와 개인이 강학하는 서원(書院)이 세워져서 문화 교육이 더욱 활발하게 이루어졌습니다.

　옛사람이 말하기를 북송 시기에 오대유가 출현한 것이 천명과 관련된 일이라고 했습니다. 사실 인간사는 모두 사람이 만들어 내는 것이지 어찌 허무맹랑한 천명 따위를 끌어다 붙일 수 있습니까? 이 시기 서양은 여전히 스콜라 철학적 신학이라는 거대한 흐름에 빠진 채 별다른 움직임이 없었습니다. 다만 1095년 무렵에 클레르몽 공의회의 결정에 따라 제1차 십자군 원정을 단행하였는데, 사 년 만인 1099년에 십자군은 예루살렘을 되찾고 예루살렘 왕국을 세웠습니다. 그 일은 서양 역사상 큰 사건으로 동서양의 운명이 서로 비슷했던 부분이기도 합니다.

　그 무렵 동양의 중국에서는 마침 송 휘종 조길(趙佶)이 북송의 제위를 계승하였는데, 전 시기에 벌어졌던 학술 사상적 논쟁과 정체(政體) 변혁의 논의는 이미 시들해졌습니다. 하지만 윗대의 문학과 문화의 영향을 받아 송 휘종 역시 오대 시기 남당의 이후주처럼 명사의 풍류를 지닌 재주꾼 황제였습니다. 그는 서법에 뛰어났고 그림 또한 잘 그렸는데, 그 때문에 천연 기석(奇石)을 좋아했습니다. 그는 궁정 건축에도 관심이 많아서 황궁의 동북쪽 모퉁이에 화원(花園)식 궁전을 새로 건축하고, 많은 재물을 들여 수집한 기석들을 그곳에 쌓아 놓았습니다. 그뿐 아니라 휘종은 도교의 주문(呪文)이 지닌 신통력으로 나라를 안정시키고 금나라 군사를 물리칠 수 있다고 믿었습니다. 그래서 안심하고 당대의 명기 이사사(李師師)와 향락을 즐겼습니다. 어떻게 보면 그는 아주 복이 많았던 인물이라고 하겠습니다. 그렇게 집안을 말아먹으면서도 이십오 년간이나 황제 노릇을 했으니까요. 그런데 뜻밖에도 하늘이 내려보낸 군사들이 금나라의 공격을 막아내지 못하자, 서둘러 황제 자리를 아들인 조환(趙桓)에게 물려주고 흠종(欽宗)이라 칭했습니다. 하지만 채 일 년이 못 되어 휘종과 흠종 부자는 후비·태자·종친 삼천 명과 함께 금나라의 포로로 잡혀갔고, 결국은 동북의 오국성에 갇혀 쓸쓸한 최후를 맞이했습니다.

북송 왕조는 그렇게 해서 역사의 한 획을 그었습니다. 그 뒤를 이었던 강왕(康王) 조구(趙構)는 남쪽으로 천도하여 절강 항주에 새로이 조정을 세우고 남송(南宋) 고종(高宗)이라 칭했습니다. 이것은 남북조 시기 진(晉) 왕조의 상황과 완전히 일치합니다. 전진(前晉)이 북한(北漢)에게 망하자 역사에서는 그것을 구분하여 서진(西晉)이라 부르고 남쪽으로 천도하여 그 뒤를 이었던 왕조를 동진(東晉)이라고 불렀습니다. 게다가 남·북송 시대에 북방에서 차례로 일어나 왕국을 세웠던 요·금 민족 역시 국경 밖에서 중국을 침입했던 외족이 아니었습니다. 사실 그들은 모두 이미 윗대에 중국으로 귀화하여 북방에 거주하고 있던 소수 민족이었습니다. 그들은 문화와 교육에서도 중국 문화의 유가를 위주로 하고 불가와 도가를 보조로 삼는 화하(華夏) 문명에 속했습니다. 요·금의 역사를 주의 깊게 살펴보기만 해도 북송 백여 년간의 이러한 정국이 모두 송 태조 조광윤과 태종 조광의 두 형제가 전략상 결정적인 실책을 저지른 데에서 유래하였음을 알 수 있습니다. 개국 초 기세를 드높여 연운 십육주를 수복하고 나아가서 전국의 강산을 통일하지 못했기 때문입니다.

삼대(三代) 이전에는 덕으로 백성을 교화하고 문치(文治)로 천하를 평정했습니다. 삼대 이후로는 '지과위무(止戈爲武)'[114]의 무공(武功)으로 천하를 평정한 다음에 나라를 다스렸습니다. '공덕병용(功德並用)'[115] '은위병제(恩威並濟)'[116]는 전통 유·도 문화의 최대 원칙이었습니다. 그런데 조송(趙宋) 왕조는 건국 초에 "황포를 몸에 걸쳐 주고" "진교에서 군사들이 변란을 일으켰다"라는 교묘하고 호기로운 정책을 사용하여 천하를 탈취하였으니, 결코 정의로운 군사로 중국을 통일한 것이 아니었습니다. 그로 인해 '언무수문(偃武修文)'[117]을 내세우면서 금전 재화를 사용하여 화의를 맺는 외교 정책을 채택하게 되었고, 그 후 제위를 계승한 조씨 자손 황제들은 하나같이 '수문약주(守文弱主)'를 고수했습니다. 어찌 사필귀정(事必歸正)이 아니라고 하겠습니까?

---

114 '전쟁[戈]'을 '그만두는[止]' 것을 '무(武)'라고 한다.

115 공(功)과 덕(德)을 함께 사용한다.

116 은택과 위엄을 함께 사용한다.

117 무기를 창고에 넣어 두고 학문을 닦아 나라를 태평하게 한다.

56
남송 왕조와 사서장구

남송 고종 조구(趙構)는 흠종과 마찬가지로 휘종의 아들이었습니다. 휘종과 흠종 부자가 금나라의 포로로 사로잡혀서 북으로 간 후, 금나라 군대는 다시 한 차례 남경과 임안(臨安, 항주)을 공격했습니다. 하지만 한세충(韓世忠)과 악비(岳飛) 등에게 저지당하자 즉각 철수하여 북으로 돌아갔습니다. 그 후 금나라는 송의 신하 장방창(張邦昌)을 초제(楚帝)로 옹립하고, 뒤이어 유예(劉豫)를 제제(齊帝)로 옹립했습니다. 꼭두각시 정권을 이용하여 민족 간의 저항 정서를 완화시키고자 했던 것이었습니다.

송 고종은 이처럼 승부가 판가름나지 않는 상황에서 금나라에 맞서자고 주장한 명장 종택(宗澤)의 건의를 듣지 않고, 자신이 처음 강왕(康王)으로 봉해졌던 봉지인 상주(相州)[118]에서 양주(揚州)로 퇴각했습니다. 나중에 다시 절강의 영파(寧波), 온주(溫州)를 거쳐서 마침내 항주(杭州)까지 도망했습니다. 조정에 군주가 없는 상태에서 신하들에게 옹위되어 항주에서 제위를 계승했던 그가 바로 남송의 고종이었습니다.

제위를 계승한 후 고종은 전략 정책에서 중흥은 생각하지도 않았습니

---

118 하남(河南) 탕음(湯陰)으로 지금의 안양현(安陽縣)에 해당한다.

다. 그런 판국에 통일은 더더욱 엄두도 내지 않았습니다. 그가 원했던 것은 오로지 어느 구석에서라도 편안히 살면서 구차하게 목숨을 이어 가는 것이었습니다. 그랬기 때문에 고종 역시 선조의 방법을 답습하여 금전과 재화로 화의(和議)를 맺는 것을 상책으로 여겼습니다. 그리하여 그는 이강(李綱)과 한세충을 파직하고, 진회(秦檜)로 하여금 악비를 죽이게 함으로써 언무수문(偃武修文)의 뜻을 나타내고 화의의 성공을 재촉했습니다. 나라는 망하고 아버지와 형이 포로로 잡혀갔는데도 황제로 있던 삼십육 년은 물론이고, 후에 태자인 효종(孝宗)에게 양위했던 이십오 년까지 합해 도합 팔십일 세를 사는 동안 한 번도 비분강개하는 격앙된 감정을 드러내지 않았습니다. 정말로 그 어떤 것도 마음을 흔들어 놓지 못하는 경지에 이르렀던 역사상 참 드문 황제였다고 하겠습니다.

송나라 때의 사료에 따르면 고종이 출생할 무렵에 그의 부친 휘종이 문득 꿈을 꾸었는데, 오대 말기의 조광윤과 같은 시대의 오월왕(吳越王) 전류(錢鏐)가 궁으로 들어오는 꿈을 꾸고 고종이 태어났다고 합니다. 물론 그 사료는 옛사람들의 미신을 기록한 것이겠지만 어떻게 보면 대단히 흥미로운 이야기입니다. 전류가 송 고종으로 변해서 항주를 변주(汴州)[119]로 만들었다는 내용은 백거이(白居易)의 시에 나오는 내용과 대략 일치합니다. "항주를 버리고 떠나지 못하여 태반이 이 호수에 머무르는구나〔未能抛得杭州去, 大半勾留是此湖〕."

송 고종의 행위를 보면 적잖은 권모술수가 드러납니다. 예를 들어 진회를 시켜 악비를 죽이게 한 후에 고종은 악비의 옛집에다 태학(太學)을 세웠습니다. 사람들에게 악비를 추모하라고 그랬을까요, 아니면 금나라에 저항하려 했던 악비를 배우지 말고 오로지 공부만 열심히 하라고 그랬을

---

119 개봉(開封)을 말한다.

까요? 알 수 없는 일입니다. 사실 고종의 속셈은 적국인 금나라 사람도 훤히 꿰뚫고 있었습니다. 단지 톡 까놓고 말하지 않고 그저 위협만 했던 것입니다.

예를 들어 소흥(紹興) 21년 봄에 한 차례 고종이 자신의 의사를 전달한 적이 있었습니다. 무급(巫伋)이라는 사신을 금나라에 기청사(祈請使)로 보냈던 것입니다. 기청사라는 직책의 명칭이 아주 기괴했는데, '기(祈)'는 기구(祈求)한다는 뜻이고, '청(請)'은 청안(請安)[120]의 뜻입니다. 금나라에 도착한 무급은 우선 정안제(靖安帝) 흠종의 귀국을 요청했습니다. 그러자 금나라 군주는 이렇게 말했습니다. "돌아간 후에는 어느 곳에다 머무르게 할 것인가[不知歸後何處頓收]." 그 말은 너희들이 흠종을 남송으로 모시고 돌아간 후에 과연 어떤 지위로 그를 모실 것이냐 하는 뜻이었습니다. "다시 황제라도 삼을 작정이냐? 고종이 선뜻 양위하려 들겠느냐? 다시 황제로 삼을 것이 아니면 돌아간들 뭣하겠느냐?" 하는 것입니다. 당시 악비는 "황룡을 공격하여 두 황제를 되찾아 오자[直擣黃龍, 迎回二帝]"라고 소리 높여 외쳤기 때문에 결국 죽임을 당할 수밖에 없었습니다. 무급은 금나라 군주의 묻는 말에 아무런 대답도 못하고 그저 "예예" 하고 물러 나오고 말았습니다.

송 고종의 모순된 조서

역사상의 시비는 잠시 따지지 말고 다시 본론으로 돌아가서, 남송 초의 문운과 정주이학(程朱理學)의 흥기로 인해 『대학』과 『중용』이 크게 성행하

---

[120] 안부를 묻다.

게 되고, 심지어 제왕의 영도학(領導學)으로까지 여겨지게 된 유래에 관해 살펴보도록 하겠습니다.

앞에서 설명했듯이 북송 말기에 오대유와 정호와 정이 형제는 자칭 "불가와 노자를 두루 익히고 육경에서 구하다가" 도를 깨닫게 되어, 갑작스럽게 공맹의 끊긴 학문을 계승하고 천고의 심등(心燈)에 불을 붙이게 되었습니다. 지금 우리가 보기에는 그들의 학설이 그저 그런 소리 같고 흰 종이에 검은 글자가 있는 것에 불과하지만, 송대에는 결코 사소한 일이 아니었습니다. 그것은 거의 세상을 뒤흔들 만한 기적이었습니다. 당시 천하 학자들 가운데 실로 적지 않은 수가 정문(程門)을 향해 머리를 숙였습니다.

당시 송 고종은 왕실의 커다란 수치가 되는 것에도 아랑곳하지 않고 금나라와 화의(和議)를 맺을 것을 결심했습니다. 하지만 전국의 민심이 천하가 두셋으로 쪼개지는 국면을 달가워하지 않는다는 사실을 그도 알고 있었습니다. 거기다 주전파와 주화파의 충돌을 조정하는 일 역시 쉬운 일은 아니었습니다. 그래서 그는 선조인 진종(眞宗)의 방법을 배워야겠다고 마음먹었습니다. 어떻게 해야 백성들로 하여금 지금의 일시적인 편안함을 심리적으로 받아들이게 할 수 있을까. 무력은 안 되고 역시 문(文)이 가장 좋은 방법일 듯했습니다. 그러려면 먼저 지식인 계층의 여론을 이끌어 내야 했습니다. 그는 등극한 지 사 년째 되던 해, 즉 연호를 소흥(紹興)으로 고친 원년에 정이(程頤)를 직용도각대학사(直龍圖閣大學士)로 추증(追贈)[121]한다는 조서를 내렸습니다. 그가 내린 명령을 '제사(制詞)'라고도 불렀는데 대략 이런 내용이었습니다.

주나라가 쇠하면서 성인의 도가 전해지지 못하였다. 세상의 학자들은 인의도덕의

---

121 죽은 뒤에 벼슬을 내리는 것.

학설을 듣고 싶어 하지만 누구로부터 그것을 구하겠는가. 또한 누구로부터 그것을 듣겠는가. 그대 이(정이)는 대업에 마음을 두었으니 고명하고 독창적인 학문이 가히 믿어 의심할 수 없다. 그런데 속이 비고 거짓된 무리들이 그 학문과 문채를 세상에 드러내기에 부족함을 스스로 알면서도 그 명성을 빙자하여 자기 자신을 팔고 있다. 겉으로는 조용한 듯 보이지만 속으로는 서로 경쟁하고 있어서 천하의 선비들이 그 이름만 들어도 미워하니 큰 불행이로다! 짐이 (정이를) 기리어 드러내는 까닭은 황제가 주는 바를 밝히고자 함이니, (그 뜻이) 여기에 있지 저기에 있지 않다.

周衰, 聖人之道, 不得其傳. 世之學者, 其欲聞仁義道德之說, 孰從而求之. 亦孰從而聽之. 而爾潛心大業, 高明自得之學, 可信不疑. 而浮僞之徒, 自知學問文采, 不足表見於世, 乃竊借名以自售, 外示恬默, 中實奔競, 使天下之士, 聞其名而疾之, 是重不幸焉. 朕所以振耀褒顯之者, 以明上之所與, 在此不在彼也.

그는 이 '제명(制命)'에서 정이가 천고 이래 끊겼던 주공과 공자의 학문을 계승한 최초의 사람이라고 칭찬했습니다. "오직 정이만이 진정한 유학자이고 나머지 사람들은 모두 거짓 도학자로서 헛된 명성을 팔고 있을 뿐이다. 그러므로 내가 정이를 대학사로 추대하는 것은 모든 사람들이 그와 같아지기를 희망해서이다."

그런데 이 '제명'의 문장을 고종 자신이 직접 쓴 것인지, 아니면 어떤 대신이 대필한 것인지는 알 수 없습니다. 마지막 두 구를 보면 그 표현이 매우 재미있고 우스운 것이 참으로 절묘한 글입니다. 그는 말했습니다. "내가 지금 정이를 기리고자 하는 까닭은 모두로 하여금 황제가 그에게 내린 영예를 알게 하고자 해서이니, 진정한 뜻은 다만 이것 때문이지 다른 뜻이 있어서가 아니다."

믿기지 않으면 원문의 마지막 세 구절을 다시 한 번 읽어 보십시오. 당시 제위에 오른 지 얼마 되지도 않았고 거기다 정국까지 불안하기 짝이 없는 상황에서, 그가 무엇보다 먼저 북송 왕조의 한 유학자를 새로운 성인으로까지 추켜세웠던 것은 무엇 때문이었을까요? 원문 마지막 구절에서 "여기에 있지 저기에 있지 않다"라고 자기 입으로 말했으니 수수께끼의 답을 분명하게 밝힌 것이 아니고 무엇입니까?

정이를 추상한다는 조령(詔令)을 내리고 오 년이 지난 후 진공보(陳公輔)라는 유신(儒臣)이 글을 올려 '정학(程學)'을 금지할 것을 요구했는데, 고종은 그것도 허가해 주었습니다. 진공보의 상소문은 대략 그 내용이 다음과 같았습니다.

지금의 세상은 정이의 학설을 취하여 이천의 학문이라 부르면서 그것을 따르니, 창성하여 대언이 되었습니다. (저들은) 요순문무의 도가 공자에게 전해지고, 공자가 그것을 맹자에게 전하고, 맹자가 그것을 정이에게 전하고, 정이가 죽자 마침내 전해지지 않았다고 말합니다. 이치에 어긋난 허망한 말과 방탕하고 저속한 논설을 일러 "이것은 이천의 글이다"라고 말합니다. 뒤로 넘겨쓰는 은사의 두건과 큰 소매에 시선을 높이 하여 활보하는 것을 일러 "이것은 이천의 행실이다"라고 말합니다. 이천의 글을 배우고 이천의 행실을 흉내 내면 어진 사대부라고 여기고 그것을 버리면 모두 비난합니다. 그것을 금지시켜 주십시오.

今世取程頤之說, 謂之伊川之學, 相率從之, 倡爲大言. 謂堯舜文武之道, 傳之仲尼, 仲尼傳之孟軻, 孟軻傳之頤, 頤死遂無傳焉. 狂言怪語, 淫說鄙論, 曰此伊川之文也. 幅巾大袖, 高視闊步, 曰此伊川之行也. 師伊川之文, 行伊川之行, 則爲賢士大夫, 捨此皆非也. 乞禁止之.

그리하여 고종은 또다시 조서를 내렸습니다. "사대부의 학문은 마땅히 공맹을 스승으로 삼아 말과 행실이 서로 걸맞아야 혼란한 세상을 바로잡는 데 쓰일 수 있다[士大夫之學, 宜以孔孟爲師, 庶幾言行相稱, 可濟時用]." 하지만 당시에 정문(程門)과 관련된 학자이면서 남송 초에 진회를 추천했던 명신 호안국(胡安國)은 상소를 올려 정학(程學)을 변호했습니다. "공맹의 도가 전해지지 않은 것이 오래되었는데, 정이 형제가 처음으로 밝히 설명한 연후에 그것이 배워서 도달할 수 있는 것임을 알았습니다. 이제 학자들로 하여금 공맹을 배우라고 하면서 정이의 학문을 따르는 것을 금한다면, 이는 방에 들어가되 문으로 들어가지 않는 것입니다[孔孟之道, 不傳久矣, 因顯兄弟始發明之, 然後知其可學而至. 今使學者師孔孟, 而禁從頤學, 是入室而不由戶也]." 물론 이 글은 다른 유학자들과 대신들의 반박을 면치 못했습니다. 재주 부리려다 오히려 일을 망친 꼴이었습니다.

주자의 '제왕의 학문'을 평하다

남송 초에 유학을 이용하여 민심에 호소했던 고종의 문화 교육 정책은 이러한 끊임없는 논쟁 속에서 삼십여 년이 흘렀습니다. 그 사이 이정(二程)의 문인과 제자들에 의해 심성미언을 논하는 학풍은 이미 크게 성행하게 되었습니다.

소흥 32년 무렵에 정문(程門)의 재전(再傳) 제자인 주희(朱熹)가 스스로 나서서 봉사(封事)[122]를 올렸습니다. 그는 이 글에서 이렇게 말했습니다. "제왕의 학문은 반드시 먼저 사물의 이치를 궁구하여 지식에 이르러서 그 것으로써 저 사물의 변화를 다하고, 의리가 담겨 있는 것으로 하여금 섬세하게 비추게 하면, 자연히 마음이 성실해지고 뜻이 바르게 되어 천하의 모든 일에 대처할 수 있습니다[帝王之學, 必先格物致知, 以極夫事物之變, 使義

---

122 밀봉하여 천자에게 바치는 상주문.

理所存, 纖細必照, 則自然心誠意正, 而可以應天下之務〕." 그다음으로는 나라 안을 안정시키고 오랑캐를 물리칠 수 있는 이론을 제기했습니다. 또 정부의 관리(官吏)가 관리(管理)와 치권(治權)의 근본임을 주장하였으며, 그 밖에도 조정의 정확한 결책(決策)이 필요하다는 등을 제기했습니다. 주희의 이 글은 그가 『대학』 첫머리에 나오는 "격물치지(格物致知)"를 제왕학의 근본이라고 제기한 점을 제외하면 그 나머지 국가 정치의 도에 관해 논의한 견해들은 지금 우리가 보기에만 평범할 뿐 아니라, 아마 그 당시 사람들이 보기에도 분명 아주 평범했을 것입니다. 게다가 당시 주희의 관직은 남악묘(南嶽廟)[123]를 감찰하던 일개 감관(監官)이었습니다. 지금으로 말하면 호남 형산의 종교국장에 해당합니다. 학술적으로는 '정문'의 제자라는 명성을 누리고 있었지만, 지위가 낮으면 그 의견도 경시되는 법이므로 아무래도 관직이 낮다 보니 당시에는 그리 큰 호응을 얻지 못했습니다. 하지만 후세에 주자의 학설을 추종하는 사람들이 보기에는 더할 수 없는 고견이었습니다. 그도 그럴 것이 『대학』의 "격물치지"를 제왕의 학문으로 여긴 그의 견해는 유학 출신 학자들에게는 자긍심을 불러일으키기에 충분했던 것입니다.

사실 『대학』 본문에는 단지 "천자로부터 서민에 이르기까지 한결같이 몸을 닦는 것을 근본으로 삼아야 한다〔自天子以至於庶人, 壹是皆以脩身爲本〕"라고만 말했지, 『대학』이 바로 천자 노릇을 하기 위한 제왕학이라고 말하지는 않았습니다. 그 말은 국가의 최고 지도자인 황제든 일개 평범한 백성이든 그 사람이 무슨 일을 하든지 간에, 배워서 사람 노릇 하려면 반드시 자신을 닦는 것을 근본으로 삼아야 한다는 뜻입니다. "수신"을 통해 밖으로 "치국평천하"에까지 이르는 것은 학문을 하는 데 있어서 일관된

---

123 남악(南嶽)은 남쪽에 있는 형산(衡山)의 별칭.

도리입니다. 반드시 나가서 벼슬을 하고 사업을 해서 돈을 벌고, 심지어 국가의 최고 지도자인 황제가 되어야만 "명덕(明德)"의 학문이라는 말이 결코 아닙니다. 만약 그렇다면 『대학』의 저자인 증자는 왜 나가서 황제가 되지 않았습니까? 그뿐 아니라 왜 벼슬을 하거나 사업을 해서 돈을 벌려고 하지 않았습니까?

결론적으로 학문과 수양은 황제가 되거나 벼슬을 하거나 돈을 버는 일과는 별개의 일입니다. 학문과 수양을 갖춘 사람이 나가서 황제가 되거나 혹은 관리가 되거나 사업을 해서 돈을 번다면 그것도 물론 좋은 일입니다. 그러나 학문과 수양을 지니지 못했더라도 훌륭한 황제나 관리가 된다면, 그 또한 진정한 학문이고 진정한 수양입니다. 만약 학문과 수양을 지닌 사람이 때를 만나지 못해서 훌륭한 관리가 되거나 큰 사업을 벌이지 못하지만, 스스로 그 도를 잘 지켜 반듯한 사람으로 살아가거나 혹은 사도(師道)로 자처하여 후생들을 교육시키며 "지극히 선한 데 머물러 있으면" 그 또한 '대학지도'의 전형이 아닐 수 없습니다. 증자가 바로 그런 사람이었습니다!

이야기를 다시 주희에게 돌리겠습니다. 그는 고종 때에는 자신의 도를 펼치지 못했습니다. 고종이 죽고 그 뒤를 이은 효종 조척(趙眘)은 중원을 회복할 뜻을 품고 있었습니다. 그래서 군사를 의논할 준비를 하고 무거십과(武擧十科)를 설치하였으며 주희에게 무학박사(武學博士)라는 직함도 내렸습니다. 주희가 고종에게 올렸던 '봉사(封事)'의 글에서 중원의 회복에 관해 말한 적이 있었기 때문입니다. 하지만 아직 군사를 정비하지 못한 상태였기 때문에 송 조정은 또다시 금나라와 화의를 맺게 되었습니다. 게다가 주희는 당시의 재상 및 대신들과 의견이 맞지 않았습니다.

역사에는 이렇게 기록하고 있습니다. "주희는 과거에 급제하고 오십 년 동안 거의 대부분을 조정 바깥에서 벼슬하였다. 조정에 선 것은 겨우 사십육 일이었는데 나아가 말한 것이 일곱 번이니, 말하지 않은 것이 없음을 알겠다〔熹登第五十年, 仕於外僅九考, 入朝纔四十六日, 進講者七, 知無不言〕." 결국 주희는 한탁주(韓侂胄) 등과 의견이 맞지 않아서 파직당했습니다.

광종(光宗) 조돈(趙惇)의 마지막 해에 가서야 겨우 주희를 다시 불러 시강(侍講)의 벼슬을 내렸습니다. 뒤이어 영종(寧宗) 조확(趙擴)이 제위를 계승하고 한탁주가 정권을 잡으면서 조정은 이락(伊洛)의 학문[124]을 '위학(僞學)'이라 하여 엄금했습니다. 그로 인해 또다시 주희의 시강과 수찬(修撰) 관직을 파면했습니다. 그로부터 구 년 후 주희는 칠십일 세의 고령으로 세상을 떠났습니다.

요컨대 남송이라는 새로운 조정이 들어서던 초기에 태어났던 주희는, 고종에서 영종까지 사 대에 걸쳐 국토가 반 동강 난 조정에서 벌어지는 주전(主戰)과 주화(主和)를 둘러싼 전략 다툼과 서로 충신임을 주장하는 정당 간의 다툼을 겪어야 했습니다. 성학(聖學)으로 시대의 폐단을 바로잡으려는 목표를 품고 있었던 그였지만 자신의 힘으로 도저히 어떻게 해 볼 수 없는 처지에 놓여 있었습니다. 하지만 그런 상황에서도 '주경(主敬)'의 수양으로써 자신이 계승한 이정(二程)의 이락의 학문을 굳건히 지켜 나갔으며, '도문학(道問學)'을 통해 성현에 도달할 것을 주장하는 종지를 끝내 포기하지 않았습니다. 그런 태도는 실로 후세 학자의 모범이 되기에 충분하다 하겠습니다. 그가 평생에 걸쳐 저술했던 유가 경학에 관한 저서도 적지 않지만 가장 심혈을 기울였던 것으로는 마땅히 『대학』과 『중용』 장구(章句)를 들어야 합니다.

그는 고본 『대학』과 『중용』을 놓고 새로 장을 나누고 순서를 개편한 다

---

124 이락(伊洛)은 황하의 지류인 이하(伊河)와 그 아래로 흐르는 낙하(洛河)를 가리키는데, 이하가 흐르는 하남성(河南省) 숭현(崇縣)에서 생장한 정호(程顥), 정이(程頤) 형제가 낙양을 중심으로 제자를 가르치고 학문을 연마하였으므로 이들의 학문을 지칭하는 말로 쓰였다.

음 거기에 자신의 주해를 덧붙였습니다. 하지만 주희 자신은 결코 "나 주희가 엮고 주를 붙인 『대학』과 『중용』이야말로 전무후무한 유학의 정종(正宗)이니 후세에 반드시 이것을 표준으로 삼아야 한다"라고 말하지 않았습니다. 그럼에도 불구하고 그가 엮은 『대학』과 『중용』이 후일 원·명·청 육칠백 년에 걸쳐서 어용 교과서로 변하고, 공명을 얻으려는 사상으로 천하의 학자들을 얽어매는 도구로 쓰이게 될 줄 누가 알았겠습니까. 주희의 견해 외에 다른 견해란 있을 수 없었습니다. 하지만 그것이 결코 주희의 본심은 아니었을 것입니다. 그것은 모두 치국의 방법을 배우지 못했던 원·명·청 삼 대의 황제들이 저지른 잘못이었습니다. 그중에서도 특히 명 왕조의 주원장이 만들어 낸 죄과였습니다.

학이치용을 주장했던 이름난 유학자들

사실 남송 초기 사 대에 걸친 팔구십 년 동안에 결코 적지 않은 수의 유학자들이 주희처럼 올바른 학문으로 시대를 구제하겠다는 마음으로 후학들에게 학문과 도를 전했습니다.

예를 들어 중국 문화사 혹은 유가 이학사(理學史)에서 가장 유명한 육구연(陸九淵)은 주희와 완전히 상반된 치학관(治學觀)을 지니고 있었습니다. 그는 학문과 수양의 도에 있어서 '존덕성(尊德性)'을 중심으로 하되 근본만 얻으면 지엽적인 것은 근심하지 않아도 된다고 주장했습니다. 주희가 주장한 '도문학(道問學)'은 학식을 쌓고 거기다가 이성적인 정밀한 사고와 추리를 더함으로써 형이상적인 도의 경지에 도달하는 것인데, 근본을 버리고 말단을 좇는 것으로 시작했다가는 아마도 평생 요령을 터득하지 못할 것입니다. 존덕성은 먼저 '명덕(明德)'을 깨닫기만 하면 자연히 관통하게 되어 모든 학문의 본질에 도달하게 된다는 것입니다. 그리하여 주희와 육상산이 강서의 아호사(鵝湖寺)에서 만나 서로 대화하고 진리를 변증했던 역사상 유명한 학술 회담이 벌어졌습니다. 각자가 뛰어난 논변을 펼쳐서 어느 누가 옳다고 할 수 없었습니다. 주희와 육상산이 만나서 벌였던 '아호회변(鵝湖會辯)'은 남송 초기 이학가들이 보여 준 이성주의의 논리적인 변론이라고 말할 수 있는데, 후세 학자들이 두고두고 칭찬했던 사건입니다. 당시 서양은 아직도 스콜라 철학자들이 신학을 탐구하던 단계였습니다. 육상산과 주희가 죽고 이십 년이 지난 후에야—서기 1214년으로 송 영종 가정(嘉定) 7년에 해당합니다—서양 철학자 로저 베이컨이 태어났습니다. 참으로 재미있는 현상입니다.

사실 남송 초기에는 주희나 육상산처럼 심성미언을 중시하는 이학가 외에도 이름난 유학자들이 적지 않았습니다. 특히 주희와 육상산을 화해시키려 애썼던 여조겸(呂祖謙)은 나중에 절강 동쪽 금화학파(金華學派)의 대표적 인물로 꼽혔습니다. 또 영강학파(永康學派)의 진량(陳亮)은 "공이 완성된 곳이 바로 덕이고 일이 이루어지는 곳에 이치가 있다(功到成處便是德, 事於濟處是有理)"라고 하면서 일의 성취를 주장하여, 주희와 육상산의 논쟁과 함께 당시에 명성을 떨쳤던 인물입니다. 그는 또 이런 말도 했습니다. "의리의 정미함을 연구하고 고금의 차이를 분석하며, 지극히 작은 데까지 마음의 근본을 추구하고 근소한 데까지 이치를 따지고, 쌓는 것을 공으로 여기고 함양하는 것을 위주로 삼아서, 얼굴에 드러나고 등에 나타나는 것에 있어서는 여러 유학자들에게 진실로 부끄러움이 있다. 하지만 사기가 드높은 군진과 가지런히 늘어선 군기, 바람과 비와 구름과 우레가 일어나서 함께 이르고, 용과 뱀과 호랑이와 표범이 모습을 바꿔 가면서 출몰하고, 일세의 지혜롭고 용맹한 자를 밀어 넘어뜨리고, 만고에 빛나는 도량을 개척하는 데 있어서는 스스로가 조금 낫다고 하겠다(研窮義理之精微, 辨

析古今之異同, 原心於秒忽, 較理於分寸, 以積累爲工, 以涵養爲主, 睟面盎背, 則
於諸儒誠有愧焉. 至於堂堂之陣, 正正之旗, 風雨雲雷交發而並至, 龍蛇虎豹變見
而出沒, 推倒一世之智勇, 開拓萬古之心胸, 自謂差有一日之長〕."

　이러한 말은 공자의 제자인 자로(子路)의 호언장담과 아주 비슷합니다.
그는 다급하고 절박하게 일의 성취를 추구하던 인물이라, 당시 절강 남쪽
에 물러나 있던 군사학 전문가이자 시인인 신가헌(辛稼軒)과 왕래하면서
국시(國是)를 의논했습니다. 신가헌은 그가 돌아간 후 자신의 경력을 「파
진자(破陣子)」라는 제목의 한 편의 웅장한 사(詞)로 써서 그에게 보냈습니
다. 그를 칭찬하고 동조한다는 의미라기보다는 다분히 "머무를 곳을 안
뒤에야 정함이 있고 흔들리지 않는다〔知止而后定靜〕"라는 이치로써 그를
권면하는 내용입니다. 사(詞)의 내용은 다음과 같습니다.

취중에 등불 높이 들고 검을 바라보니	醉裡挑燈看劍
꿈인 듯 뿔피리 부는 소리 병영에서 이어지네	夢回吹角連營
팔백 리 휘하의 부하에게 고기를 나누어 주고	八白里分麾下炙
오십 줄 거문고 소리 변새 바깥에서 드날리면	五十絃翻塞外聲
모래사장에는 낙엽같이 뒹구는 병사	沙場秋點兵
말달리며 창 자루 적중시킴이 날듯이 빠르고	馬作的盧飛快
활에서 천둥소리가 나니 활시위가 놀라네	弓如霹靂弦驚
천하를 도모하는 군왕의 일을 끝마치고	了却君王天下事
생전에 죽은 후의 명성을 얻으려 애쓰니	嬴得生前身後名
가련하구나 백발의 서생이여	可憐白髮生

　여조겸과 진량 외에 영가학파(永嘉學派)를 대표하는 인물인 섭적(葉適)
도 대체로 학이치용(學以致用)을 주장하면서, 고상하게 심성에 관해 말하

며 시대의 어려움에는 별다른 도움을 주지 못하는 이학(理學)에는 그다지 동의하지 않았습니다. 그 밖에도 민중학파(閩中學派), 영파학파(寧波學派) 등이 제각기 장점을 바탕으로 세상에 유행했습니다.

어떤 사람은 이렇게 말합니다. "철학자와 문학가는 모두 세상이 어지럽거나 쇠퇴하는 시대에 태어난다." 만약 그런 관점에서 남송과 북송의 문운을 살펴보면 철학자와 문학가가 너무 많은 감이 없잖아 있습니다. 하지만 남송이 항주에 도읍을 세우고 백 년이 지난 십삼 세기 후반에는 중국 문화의 주류인 유·불·도 삼가는 모두 그 세력이 약해져 있었습니다. "강한 쇠뇌로 쏜 화살도 먼 데까지 날아가서 힘이 다하면 노나라에서 생산되는 얇은 비단조차 뚫을 수 없다[强弩之末, 勢不能穿魯縞]"라는 말처럼 말입니다.

이학의 흥기로 말미암아 전통 유학인 오경정의(五經正義)의 경세치용 학문은 이미 몰락해 가는 형국이었습니다. 선종(禪宗) 역시 임안(항주)의 대혜종고(大慧宗杲) 선사 이후로 "이치를 말하는 사람은 많으나 실행하여 깨닫는 사람은 적은" 상태로 접어들었습니다. 도가는 주희와 함께 복건의 무이산(武夷山)에 살았던 백옥섬(白玉蟾)이 후인들에 의해 남종(南宗) 장자양(張紫陽)의 맥을 이었다고 추대된 이후로 한동안 조용하다가, 원 왕조 초기에 왕중양(王重陽)과 장춘진인(長春眞人) 구처기(邱處機)가 창제한 용문파(龍門派) 도교의 시대로 접어들었습니다.

그러나 선종과 도가의 굴레로부터 벗어나서 『대학』과 『중용』이 주도하는 '성리미언(性理微言)'을 앞세우고 어느 날 갑자기 등장한 송의 도학은 그 세력을 막을 수 없었습니다. 그중에서도 특히 주희가 받들었던 이락(伊洛) 학설과 주희 자신이 창립한 도문학(道問學) 중심의 성리학은 후학들에게 더욱 큰 환영을 받았습니다. 주희 이후로는 진덕수(眞德秀)와 위료옹(魏了翁)이라는 두 사람이 주자의 학풍을 추종하여 당대에 가장 뛰어났습니다.

하지만 당시 송 왕실은 이미 세차게 흔들어 대는 비바람에 금방이라도 추락할 것 같은 형세였습니다. 역사상 송 왕조의 멸망을 재촉했다고 평가되는 세 명의 재상 즉 한탁주, 사미원(史彌遠), 가사도(賈似道)는 모두 충간(忠奸)을 구분하지 못하는 인물들이었습니다. 사실 그들은 국가의 부흥에 아무런 공이 없었을 뿐 아니라, 학술 사상과 정치 행태에서 상호 모순을 드러내었기 때문에 결국 망신을 당하고 후세에 오명을 남기게 되었던 것입니다.

남송의 조정이 아무리 어지러웠을지라도, 송 이종(理宗) 조귀성(趙貴誠) 시대에 진덕수는 유가의 이학으로 시대를 구할 수 있다는 마음으로 『대학연의(大學衍義)』라는 명저를 써서 "대학지도(大學之道)"야말로 영원히 변하지 않을 '제왕의 학문'이라고 받들었습니다. 그는 "격물치지, 성의정심, 수신, 제가"를 사 대 강령으로 삼아 증거를 들어 가며 훈계하였는데, 그 요지는 첫째로 지도자인 황제의 군심(君心)을 바로잡고, 둘째로 궁정 내에 제가(齊家)의 도를 엄숙히 하고, 셋째로 총애받는 자들이 정권을 잡는 것을 배격하라는 등 세 가지에 있었습니다. 그 모두가 말기의 어지럽고 쇠약한 상태에 처했던 송 왕실에 대한 논의였기 때문에, 그의 글은 정권을 잡고 있는 사람들이 더욱 꺼리고 싫어했습니다. 역사에는 "조정에 선 지 십 년 동안 상주한 것이 수십만 자에 달하였는데, 하나같이 당장 필요한 일이었다〔立朝十年, 奏疏數十萬言, 皆切中要務〕"라고 기록하고 있습니다. 하지만 끝내 배척당하고 조정에서 쫓겨나기를 면치 못했던 것은 필연적인 결과였습니다.

57

몽고의 서방 원정과 서양인의 오해

그 후의 역사를 대략 소개하자면 다음과 같습니다.

남송 영종(寧宗) 경원(慶元) 6년에 주희가 죽고 한탁주가 정권을 잡은 시대가 시작되었습니다. 서기 1200년이 지나고 칠팔십 년 사이에 북방의 금나라가 몽고족의 원 왕조에게 망했습니다. 남송의 마지막 재상 가사도(賈似道)가 몽고에 화의를 요청하였지만 오히려 원에게 더 빨리 망하는 결과가 되었습니다. 그런 일들이 모두 십삼 세기에 발생하였는데, 동서양 문화사에서 일종의 편견을 만들어 낸 사건이 또 이 시기에 일어났습니다. 그것은 바로 칭기즈칸(成吉思汗)의 서방 원정으로서, 서양인들은 지금까지도 동양인이 황화(黃禍)를 일으켰다고 오해하고 있습니다. 거기다 기독교 『성경』에 나오는 마귀와 중국의 용의 토템을 한데 연결시킴으로써 동양인과 중국인을 두려워하고 미워하는 편견을 만들어 냈습니다.

서양의 역사학자나 철학자는 중국의 역사를 잘 모르고 또 지금껏 자세히 연구한 사람도 없었기 때문에 그럴 수 있다고 생각합니다. 하지만 중국 본토의 학자들조차 아무 생각 없이 서양 학자들의 관점을 따라 중국인을 몽고족으로 통칭하는 사람도 있습니다. 중국 각 민족을 자세히 분석하고 연구해 보고, 특히 한족의 경우에는 인디언과 몽고족 조상과의 혈연관계

등을 잘 살펴봐야 합니다. 장래의 학자들은 이런 문제를 똑바로 보기 바랍니다. 대충 넘어감으로써 인류 사이에 큰 오해를 만들어 내어서는 안 될 것입니다. 만약 이런 일을 빌미로 종족주의를 들먹이는 사람이 나타나든지 혹은 유색 인종과 전쟁이라도 벌인다면 그 죄과는 더욱 커지지 않겠습니까!

지금부터는 십삼 세기에 일어났던 서양의 역사적 사건을 간단히 말씀드리겠습니다.

1203년에 십자군이 콘스탄티노플을 공격했습니다.

1206년에 몽고족의 테무친(鐵木眞)이 몽고 여러 부족을 통일하고 스스로를 '칭기즈칸'이라 칭했습니다. 같은 해에 동로마 황제는 콘스탄티노플에 비잔틴 제국을 세웠습니다.

1209년에 프란체스코회 수도회가 성립되었습니다.

1212년에 스페인 십자군이 일어났습니다.

1215년에 영국 국왕이 대헌장(大憲章)을 선포함으로써 처음으로 헌법이 생겨났습니다.

1219년에 칭기즈칸이 서방 원정에 나섰습니다.

1222년에 몽고는 회회국을 멸하였고 칭기즈칸의 원정군이 인도 부근까지 이르렀습니다.

1224년에 몽고는 남러시아 제후를 굴복시켰습니다.

1227년에 칭기즈칸이 사망했습니다.

1237년에 몽고는 러시아로 진입했습니다.

1238년에 이슬람 교도가 그라나다 왕국을 세웠습니다.

1240년에 몽고의 장수 바투(拔都)가 러시아를 정복하고 삼 년째 되던 해에 킵차크한국을 세웠습니다.

1241년에 몽고는 북유럽 연합군을 대파했습니다.

1245년에 교황 이노센트 사세가 카르피니[125]를 동쪽으로 보냈습니다.

1250년에 이집트 맘루크 왕조가 일어났는데 역사상 유명한 이집트 노예 왕조입니다. 같은 해에 프랑스 국왕 루이 구세가 사절 롱쥐모[126]를 몽고 화림(和林)으로 보냈습니다.

1254년에 제6차 십자군 원정이 끝났고 독일에서는 대공위(大空位) 시대가 시작되었습니다.

1258년에 몽고는 이슬람의 아바스 왕조를 멸하고 일한국을 세웠습니다.

1264년에 쿠빌라이(忽必烈)가 북경에 정식으로 도읍을 세우고 연호를 지원(至元)으로 고쳤습니다.

1265년에 영국은 세계 최초로 국회를 창립했습니다. 같은 해에 이탈리아에서는 시인 단테가 태어났습니다.

1269년에 원 왕조에서는 황제의 스승이던 티베트(西藏)의 승려 파스파(發思巴)가 티베트 문자를 근거로 몽고 문자를 만들었습니다.

1260년에 프랑스 루이 구세가 제7차 십자군 원정을 일으켜서 1272년에야 종결되었습니다.

1273년에 독일에서는 합스부르크 왕가가 시작되었습니다. 루돌프 일세가 독일의 황제로 선출되어 이로써 독일의 대공위 시대가 끝났습니다.

1276년에 남송이 원 왕조에게 멸망당했습니다.

1295년에 마르코 폴로가 중국으로 와서 원 왕조에서 벼슬을 한 후 베니스로 귀향했습니다.

---

125 이탈리아의 프란체스코회 수도사. 교황 이노센트 사세의 명령쪽을 따라 몽고를 여행하고 기록을 남겼다.

126 프랑스의 도미니크회 수도사. 교황 이노센트 사세와 프랑스 왕 루이 구세의 밀명으로 몽고를 방문했다.

간략하게나마 동서양의 역사 문화를 대비시켜 살펴보았는데, 정말 이상하면서도 재미있습니다. 흡사 칭기즈칸 한 사람의 시대라도 되는 것 같았던 십삼 세기를 경계로 하여 중국의 전통문화는 완전히 그 빛을 잃어 갔습니다. 그 이후는 예전과 비교할 수 없는 전환기였다고 하겠습니다.

칭기즈칸은 왜 서방 원정에 나섰는가

중화 민족의 원시 씨족 사회의 연원과 분화를 살펴보고자 하면 문제가 너무 많고 복잡하기 때문에 언급하지 않겠습니다. 만약 중국 북쪽 변방의 몽고, 만주 및 한대(漢代)에 '서남의 오랑캐[西南夷]'라고 칭했던 민족과 묘(苗)·요(傜) 등 소수 민족의 혈연관계를 따져 본다면—옛사람들도 이미 그렇게 말했거니와—그들은 머나먼 원시 시대에 중화 민족과 같은 조상에게서 한 핏줄을 이어받았습니다.

청 왕조 초기의 옹정제(雍正帝)는 만주족과 한족 간의 분쟁의 실마리를 없애기 위해 자신이 직접 「대의각미록(大義覺迷錄)」이라는 글을 썼습니다. 비록 그의 논점이 한족 학자들에게 인정받지는 못했지만 완전히 무시해서는 안 될 것입니다. 민족사학의 관점에서 보면 독창성이 풍부한 논문임을 인정해 주어야 합니다. 원 제국 황제의 스승이었던 파스파는 몽고 민족의 기원을 설명하면서 인도 소승 불학의 관점을 이용하여 "성스러운 경지로까지 높이 끌어올렸지만" 그것은 원이 개국한 데 대한 아첨이었을 뿐입니다. 사실대로 말하면 민족학적으로 아무런 근거도 없는 터무니없는 말이었습니다.

지금부터 말씀드리는 몇 가지 관점은 여러분과 장래의 학자들이 연구하는 데 참고하시기 바랍니다.

1. 몽고(蒙古)라는 명사는 아마도 원래 서한 초기의 '묵돌(冒頓)'이라는 명사의 음이 변해서 이루어졌을 것입니다. 지금 서양인들이 중국을 '차이나'라고 부르는 것이 '진(秦)'이라는 음에서 유래한 것과 마찬가지입니다. 묵돌은 한대(漢代)에 친정(親征)에 나선 한 고조를 백등(白登)에서 포위하였던 바로 그 씨족입니다.

2. 한 이후로 흉노, 오환 같은 부족들은 자신들이 존경하는 우두머리를 '칸(汗)'이라고 높여 부르기를 좋아했습니다. 그런데 이 명칭은 사실 자기들이 한(漢) 왕조를 우러러 흠모한다는 뜻에서 나온 것이었습니다. 한(汗)은 한(漢)과 동음어입니다. 중국 역사에서 한(汗) 자를 채용한 것은 단지 구별을 위한 것이었습니다. 유씨 왕조가 세운 나라에만 '한(漢)' 자를 사용함으로써 그들만이 중화 민족 문화의 정통임을 나타내고자 한 것이지요. 흉노와 돌궐이 한 황실의 위풍을 흠모하여 자신들의 우두머리를 '한(漢)'으로 존칭한 것은 실상 한(漢)의 격을 떨어뜨리는 것이었기 때문에 음이 같은 '한(汗)' 자로써 '한(漢)'을 대체한 것이었습니다.

다시 말하면 '한(漢)' 자를 썼건 '한(汗)' 자를 썼건 결국은 모두가 똑같은 '대한(大漢)'의 민족임을 스스로 인정한 것이었습니다. 그래서 당대(唐代)에 이르면 당 태종 이세민과 이정(李靖)이 지닌 무공의 위엄에 완전히 항복한 돌궐은 당 태종을 천가한(天可汗)이라고 높여 불렀습니다. 중원의 황제를 칭하는 천자(天子)의 '천(天)' 자를 '한(汗)' 자의 앞에다 붙여서 천가한(天可汗)이 되었던 것입니다. 즉 당 태종을 황제 중에 황제로 떠받들었다는 뜻입니다. 십삼 세기 초에 몽고에서 우뚝 일어선 테무친이 스스로를 '칭기즈칸(成吉思汗)'이라고 불렀던 것도 바로 그런 전통 관념에서 유래한 것이었습니다. 따라서 '한마공로(汗馬功勞)'[127]에서 '한(汗)'이라는 이름을

---

127 전쟁에서 세운 큰 공로.

따온 것은 결코 아니었습니다.

3. 동서양의 역사를 보면 원래부터 북방 지역에 거주하던 민족이 일단 우뚝 일어서게 되면 대다수가 반드시 남방을 점령하여 전국을 통일하려고 했습니다. 중국의 역사를 보면 아주 많은 선례가 있습니다. 유럽 각국의 역사 또한 마찬가지였습니다. 심지어 십칠 세기에 새로 일어난 미국도 예외가 아니었습니다. 공자도 일찍이 북방의 강함과 남방의 강함의 차이를 설명한 적이 있는데, 지구의 물리와 지역에 따른 민족성이라는 과학적인 시각 위에서 나온 견해였습니다. 아무튼 이유가 너무 많아서 짧은 시간에 다 말할 수 없는 데다가, 또 이 책의 주제가 아니므로 더 길게 설명하지는 않겠습니다.

삼천 년 중국 역사를 보면 정치의 중심 지역이나 전쟁사를 통해 보더라도 북쪽이 남쪽을 정벌하고 강산을 통일한 경우는 많았습니다. 한·당·원·청이 그러했습니다. 남쪽이 북쪽을 정벌한 경우는, 명대(明代) 한 번은 예외로 치더라도 거의 대부분 실패하고 말았습니다. 그 속에 담긴 이치가 너무 많고 건드리는 범위가 너무 넓어서 이 문제 역시 이쯤에서 끝내겠습니다.

4. 칭기즈칸이 몽고에서 일어난 후 불과 수십 년 사이에 동서양을 정복하고 남북을 정벌하면서 가는 곳마다 승리를 거두었던 까닭은, 하늘이 그를 도와서도 아니었고 몽고군이 특별히 용맹하고 전투를 잘해서도 아니었습니다. 사실대로 말하면 그것은 당시 몽고군이 세상에서 가장 강한 병과(兵科)를 지니고 있었기 때문입니다.

불학에서는 전륜성왕(轉輪聖王)은 모름지기 칠보(七寶) 중의 하나인 마보(馬寶)를 지니고 있어야 한다고 말합니다. 십삼 세기의 동서 각국은 이미 기병(騎兵)을 사용할 줄 알고 있었지만, 전투마를 대량으로 번식시키고 또 말을 타고 활을 쏘는 등의 무공을 엄격하게 훈련시켜 집단적으로 전투를 치르는 기병으로 길러 내는 면에서는 몽고군이 가장 성공적이었습니다. 마치 이십 세기 초에 기계화된 대량의 장갑차 부대가 압도적인 공세로 적의 육군을 섬멸했던 것처럼, 그들이 파죽지세로 밀고 나가는 곳마다 적이 쓰러졌습니다. 하지만 우리가 잊어서는 안 될 것이 있습니다. 군중을 이끌어 나갈 인물은 가슴에 큰 뜻을 품고 뱃속에는 훌륭한 계책을 지니고 있으며 관대하고 솔직한 태도에다 덕과 위엄을 갖추고 있어야 합니다. 사실은 그것이 가장 중요합니다. 칭기즈칸이 바로 그러한 일대의 영웅이었기 때문에 역사에 전례가 없는 위력적인 기병을 양성해 낼 수 있었던 것입니다.

5. 칭기즈칸은 어째서 먼저 남쪽 정벌에 나서서 금나라를 타도하고 곧바로 강남으로 내려가 남송 천하를 통일하지 않고, 굳이 멀리 서역을 정벌하고 북유럽을 타도하려 했을까요? 이 문제에 대해서는 대부분의 사람들이 별로 신경을 쓰지 않습니다. 특히 과거의 서양학자들은 동양과 중국의 역사를 잘 알지 못했기 때문에 황화(黃禍)라는 관념만으로 몽고 혹은 동양을 개괄하였으며, 심지어 모든 중국인을 야만스럽다고 생각했습니다.

만약 중국의 역사를 잘 안다면 멀리 상고 시대나 서주(西周)까지 갈 것도 없이 진·한 시대부터 전개된 역사만 살펴보더라도, 거의 모든 왕조에서 백 년 혹은 수십 년 사이에 소위 흉노니 돌궐이니 하는 부족이 서쪽 국경이나 북쪽 국경에서 침입해 들어온 침략 전쟁이 적지 않았음을 발견할 수 있습니다.

중국 역사상 호인(胡人)은 서쪽 국경과 북쪽 국경에서 중원을 침략했던 각 민족을 가리키는 총칭이었습니다. 게다가 역대 호인들은 대다수가 오랑캐와 한족(漢族) 간의 교류로 인해 생겨난 혼혈 종족이었습니다. 아무튼 서쪽 국경과 북쪽 국경에서 중원으로 침입해 들어오던 호인들은 목축으로 생활하였기 때문에 소나 말, 양 및 낙타의 번식과 생육을 위해서는 무엇보다도 서북과 북쪽 변경의 몽고 초원을 차지해야만 했습니다. 게다가 중국 서북 변경에 펼쳐진 초원은 도저히 엄격한 경계를 그을 수가 없었습니다. 그 때문에 서호(西胡)와 북호(北胡)가 침입하면 가장 먼저 그 공격을 받는 이는 바로 몽고 각 부족이었습니다.

테무친 즉 칭기즈칸은 어린 시절부터 다른 부족의 침략으로 인한 피해를 많이 입었고 거기다 서호(西胡)의 재앙이 특히 심하다는 사실을 알았기 때문에, 궐기하자마자 승리의 여세를 몰아 서쪽으로 내달렸던 것입니다. 그래서 그는 자신에게 정복당한 나라들에 대해 이렇게 말했습니다. "너희들이 하늘까지 닿을 큰 죄를 범했으므로 이에 내가 천명을 받들고 너희들을 징벌한 것이다." 이것이 바로 그가 서방 원정에 나선 까닭입니다.

당시 칭기즈칸은 남쪽의 금나라나 더 남쪽의 송 왕조를 자신이 정벌할 수 있으리라고 생각지 않았습니다. 그가 죽은 후 그의 아들들이 남쪽으로 내려왔다가 금나라에 속했던 동관(潼關)을 공격하고 나서야 비로소 중원 땅도 겨우 이 정도밖에 안 되는구나 하는 것을 알았습니다. 그리하여 감히 중원을 욕심내게 되었는데, 그래도 먼저 사람을 보내 남송과 화친을 맺은 다음에 금나라를 멸했습니다. 송 이종(理宗) 경정(景定) 연간 즉 서기 1260년에 쿠빌라이가 동북의 개평(開平)에 도읍을 세우면서, 비로소 중국으로 들어와 중원의 주인이 되어 천하를 통일할 뜻을 세웠습니다. 쿠빌라이는 삼십오 년 동안 황제를 지냈으며, 그 후 여섯 황제가 혹은 삼 년 혹은 사 년 혹은 십삼 년간 황제 노릇을 했지만 모두 합쳐 봤자 삼십칠년도 안 되었습니다. 마지막에 명 왕조에게 망했던 원 순제(順帝)만이 쿠빌라이처럼 삼십오 년간 황제 자리에 있었습니다.

티베트 밀교하의 유가

　요컨대 원 왕조는 개국 후 겨우 구십여 년, 즉 서기 1277년부터 1367년 까지밖에 지속되지 못했지만 그래도 중국 전통문화에 대단히 큰 상처를 남겼습니다.

　1. 원 왕조 당시의 몽고 민족은 오랜 세월 중국 북쪽 변경의 초원 지대에 살면서 대대로 서호(西胡)와 북호(北胡)의 침략을 당했기 때문에, 방어와 전투가 바로 일상생활이 되다 보니 문화적 기초는 빈약할 수밖에 없었습니다. 요·금 두 민족처럼 일찌감치 화하(華夏) 문화의 영향을 받은 것도 아니었습니다. 그래서 먼저 티베트를 공격했던 쿠빌라이는 티베트 밀교(密敎)의 라마(喇嘛)[128] 문화에 감화되어 깊이 신봉하게 되었습니다. 특히 그는 십오 세의 소년 티베트 승려 파스파의 학식과 신비로움에 감탄한 나머지 그를 국사로 추대하고 그에게 몽고 문자를 만들어 줄 것을 요청했습니다.

　중국을 통일한 이후에는 티베트의 라마와 함께 중국을 다스렸는데, 크고 작은 라마들을 중국 각지에 분포시켜 성(省), 주(州), 현(縣)의 교화를 맡겼습니다. 당시의 라마들은 여전히 원시 티베트 밀교의 홍교(紅敎)를 위주로 하고 있었으므로 대부분의 라마들이 남녀가 함께 참선하는 쌍신법(雙身法)을 받들었습니다. 그러다 보니 행실이 좋지 못한 승려들이 세력을 빙자하여 부녀자를 간음하고 탐욕을 채우는 일이 적지 않았으므로 각지에서 민원이 들끓었습니다. 전통의 선·도·유·불 문화는 밀교에게 크나큰 손상을 입게 되었는데, 거의 나락으로 떨어져서 더 이상 떨쳐 일어설 힘이 없었습니다.

---

128 티베트의 승려.

2. 몽고가 원 왕조를 세울 무렵에 몽고족의 인구는 원래 그리 많은 편이 아니었습니다. 게다가 북유럽 원정에 나서서 북으로 러시아를 정벌하고, 또 남으로 전 중국을 정복하고 난 후 각지에 통치할 인재들을 파견하려고 하니 인물이 더욱 부족했습니다. 그래서 초기의 서방 원정길에서 몽고로 투항해 온 사람들을 중국 각지로 파견하여 통치 관리를 충당했습니다. 마르코 폴로는 바로 그런 사람 중의 하나였습니다. 그랬기 때문에 원 왕조 때부터 정부에서 민간에 내리는 공문서에 각색인(各色人) 혹은 색목인(色目人) 같은 문구가 생겨났던 것입니다. 이른바 '색목(色目)'이란 바로 푸른 눈동자의 사람을 말합니다. '각색인'은 황인종, 백인종, 갈색 및 검은색 인종을 모두 포괄한다는 뜻입니다. 중국의 역사는 원 왕조 시기에 이미 인종과 혈통이 크게 섞이는 경험을 했다고 말할 수 있습니다.

3. 쿠빌라이가 통치하던 원 왕조 초기에는 금나라의 현자인 야율초재(耶律楚材)가 중서령(中書令)이라는 재상의 직책을 맡았습니다. 거기다 승려 출신의 한인 유병충(劉秉忠) 역시 쿠빌라이의 신임을 받았던 사람입니다. 야율초재는 당시 금나라 선종의 정통 대사인 만송수(萬松秀) 선사의 제자였습니다. 그는 선종뿐 아니라 유가, 음양가, 잡가 등의 학설에도 깊은 조예가 있었습니다. 그는 원유산(元遺山)과 마찬가지로 금나라 말기에 중국 전통문화에 대해 깊은 소양을 지니고 있던 학자였습니다. 칭기즈칸의 군대가 인도 변경에 이르렀을 때 인도를 공격하지 않았던 것도 그의 권고 때문이었습니다. 유병충 역시 유가·불가·음양가의 학설에 두루 통달했던 특출한 인물이었습니다. 이런 까닭으로 원 왕조는 차츰 유가 학설의 영향을 받게 되었고 그 덕분에 비교적 원기(元氣)를 보존할 수 있었습니다. 물론 원 왕조 이래의 유가 학설과 이념이 대부분 송대 유학의 전통, 특히 주희의 이학이 중심을 이루기는 했지만 말입니다.

4. 원 왕조의 몽고족은 중원으로 들어온 이후 티베트 밀교의 불법(佛法)

을 숭상하고 티베트 승려인 라마들로 하여금 중국을 통치하게 했던 이외에, 공맹의 도인 유가 문화에도 차츰 눈뜨게 되었습니다. 거기다가 당시의 유학자와 신하들의 영향도 받았습니다. 쿠빌라이가 죽자 그의 셋째 아들이 그 뒤를 이었는데, 역사에서 원 성종(成宗)이라고 하는 테무르(鐵木耳)는 공자를 대성지성문선왕(大成至聖文宣王)에 봉했습니다. 그뿐 아니라 어느 유신(儒臣)의 솜씨였는지는 모르겠지만 그 '제고(制誥)'의 문장이 공자를 봉했던 역대의 어느 조서(詔書)보다 뛰어났습니다.

제고에 말하기를 "공자보다 앞섰던 성인들은 공자가 아니면 그들을 드러낼 수가 없다. 공자보다 나중에 나온 성인들은 공자가 아니면 그들이 본받을 사람이 없다. 이른바 요순에 관해 기술하고 문무를 본받아 밝혀 백왕의 본보기가 되고 만세에 사표가 되는 사람이니, 대성지성문선왕에 봉함이 가하다. 궐리[129]에 관리를 보내어 태뢰[130]로써 제사지내게 하라. 아! 부자지간의 친함과 군신지간의 의는 영원히 준수할 성스러운 가르침이로다. 천지의 큼과 일월의 밝음으로 어찌 명언의 오묘함을 다할 수 있으리. 바라건대 신의 조화를 힘입어 우리 원 황실에 복을 내리소서" 하였다.

制曰, 先孔子而聖者, 非孔子無以明. 後孔子而聖者, 非孔子無以法. 所謂祖述堯舜, 憲章文武, 儀範百王, 師表萬世者也. 可加大成至聖文宣王. 遣使闕里, 祀以太牢. 於戲. 父子之親, 君臣之義, 永爲聖敎之遵. 天地之大, 日月之明, 奚罄名言之妙. 尙資神化, 祚我皇元.

또 여러 왕들에게 『효경』을 내리기도 했습니다. 역사에서 원 인종(仁宗)이라 부르는 아유르바르와다(愛育黎拔力八達)는 제위를 계승한 다음 해에 "주돈이, 정호, 정이, 장재, 소옹, 사마광, 주희, 장식(張栻), 여조겸, 허형

---

129 공자가 탄생한 산동성(山東省) 곡부현(曲阜縣)의 땅.

130 소, 양, 돼지의 세 가지 희생을 모두 갖춘 제수(祭需).

(許衡)을 공자묘에 덧붙여 제사 지내라'라는 조서를 내렸습니다. 그러나 원 조정 내외의 주요 대신 및 친족들은 시종일관 라마의 밀교를 신봉했습니다. 유가를 존중한 것은 단지 사대부들에게 굽실거리는 습관에 지나지 않았습니다.

옛말에 "수영을 잘하는 사람은 물에 빠져 죽는다", "위에서 좋아하는 것이 있으면 아래에서는 반드시 그보다 더 심하다"라는 말이 있습니다. 아니나 다를까 원 순제 시대에 이르면 한산동(韓山童) 등이 백련회(白蓮會)를 결성하여 향을 사르면서 군중을 미혹하였는데, 그들은 천하가 크게 어지러울 때 '미륵불(彌勒佛)'이 인간 세상에 태어나서 세상을 구제할 것이라고 선전했습니다. 뒤이어 방국진(方國珍), 장사성(張士誠), 진우량(陳友諒) 및 주원장 등이 기회를 틈타 반란을 일으켜서 원의 패망을 재촉했습니다.

원이 명에게 망한 때는 이미 십사 세기 초에 접어든 서기 1333년에서 1367년 무렵이었는데, 당시 서양은 이탈리아에서 인문주의가 발달하기 시작하고 상업 도시가 발흥했습니다. 영국과 프랑스 사이에 백년 전쟁이 일어난 것도 바로 이 무렵이었습니다. 독일에서는 제후들의 선거에 의해 황제가 탄생하였고 일본은 남북조 시대였습니다. 서구 문화는 여전히 기독교 신학이 창성하는 단계였습니다. 1378년부터 로마 교회가 크게 분열하기 시작하여 십오 세기 중엽인 1417년까지 분열이 지속되었습니다.

58

명·청의 과거 제도와 송유의 이학

유구한 중국 문화는 원 왕조 백 년에 걸쳐 좌절을 겪었습니다. 그 후 평민 출신으로 난을 일으킨 영웅들은 기본적으로 그 규모가 한·당이 개국할 때보다도 훨씬 못 미쳤습니다. 명 태조 주원장도 예외가 아니었습니다. 한고조 유방의 대범함도 지니지 못한 데다가 당 태종 이세민의 뛰어난 재략도 지니지 못했습니다. 비록 명 왕조가 한·당·원과 마찬가지로 중국을 통일했던 전제 정권이기는 했지만, 이전의 당 왕조나 이후의 청 왕조에 비한다면 문치(文治)에서나 무공(武功)에서나 볼품이 없었습니다. 어떤 사람은 이렇게 말합니다. 한 왕조 사백 년은 유씨가 외척 및 환관과 더불어 천하를 공유하였고, 당 왕조 삼백여 년은 이씨가 여후(女后) 및 번진(藩鎭)과 더불어 천하를 공유하였으며, 명 왕조 삼백 년은 주씨가 환관과 더불어 천하를 공유하였고, 청 왕조 이백여 년은 아이신교로(愛新覺羅)[131]가 소흥(紹興) 사야(師爺)[132]와 더불어 천하를 공유하였다고 말이지요. 지나치게 두루뭉술하고 간략한 견해이기는 하지만 일리가 있는 말입니다.

---

131 청 태조 누르하치가 태어난 만주족 한 부족의 이름으로서 후에 청 왕조의 성(姓)이 되었다.
132 개인적인 막료, 고문.

주원장의 심리를 분석하다

앞에서도 이미 언급한 바 있지만 역사에서 어느 왕조를 보더라도 그 정치 풍조는 개국 군주의 학문 수양과 불가분의 관계가 있습니다. 이것이 바로 『대학』에서 "뜻이 성실해진 뒤에야 마음이 바르게 되고, 마음이 바르게 된 뒤에야 몸이 닦이고, 몸이 닦인 뒤에야 집안이 바로잡히고, 집안이 바로잡힌 뒤에야 나라가 다스려지고, 나라가 다스려진 뒤에야 천하가 화평해진다"라는 말의 원칙입니다.

명 왕조 삼백 년 정권이 그처럼 암담했던 까닭은 완전히 주원장 본인에게 있었습니다. 그는 원 왕조 말기에 세상이 어지러울 때 가난한 평민 가정에서 태어났으며 외롭고 고달픈 어린 시절을 보냈습니다. 그래서 인간 세상은 비참하고 잔혹하다는 생각을 일찍부터 품게 되었습니다. 나중에는 오갈 데도 없고 입에 풀칠은 해야겠고 결국 황각사(皇覺寺)로 가서 승려가 되었습니다.

송·원 이후의 중국 사원들은 여전히 총림 제도의 엄격한 규율이 있는 엄연한 정치 체제적인 조직이었습니다. 윗사람과 각 관할에 대해 계율을 준수하는 한편 집단 노동도 해야 했습니다. 이른바 '경(敬)'과 '숙(肅)'을 준수하는 데에 그 기본 정신이 있었습니다. 그가 승려로 지낸 시간이 그다지 길지 않았기 때문에, 불교의 자비와 인내 같은 내적 수양에 대해 배우기는 했지만 결국은 깊이가 없었습니다. 게다가 황각사의 승려로 있으면서도 어려운 세월 탓에 이리저리 유랑하는 신세를 면치 못하여 각처로 동냥하러 다닐 수밖에 없었습니다. 그러니 여전히 먹고사는 것이 힘들었지요. 결국 군대에 들어가서 평민 의병 행렬에 동참했던 것입니다.

심리학적 관점에서 분석하자면 주원장 같은 성장 배경을 지닌 사람이 만약 사업에서 성취하는 바가 있으면 각기 다른 성격을 지닌 세 부류의 전형으로 변하게 됩니다.

첫째, 사회 성원들을 향해 시종일관 원한과 불신으로 가득 차 있으며 각박하고 인정머리 없는 태도로 변합니다.

둘째, 이와는 반대로 사회 성원들의 고통을 함께 느끼는 동정심을 지니고, 매사에 자신의 경우를 가지고 남을 헤아리며, 자기가 가진 것을 사회에 환원하고 좋은 일을 많이 하기를 바라는 훌륭한 사람이 됩니다.

셋째, 이중인격으로 변하게 됩니다. 원망과 각박함으로 가득 차 있지만 반면에 또 아주 비관적이고 동정심이 풍부합니다. 때로는 인자하지만 때로는 잔인해서 자기 자신도 통제하기 힘듭니다.

『명사(明史)』를 읽고 주원장에 관해 자세히 살펴보기만 하더라도 여러분은 맹자가 말한 "쫓겨난 신하와 서자〔孤臣孽子〕"의 심경을 이해할 수 있을 것입니다. 맹자는 이렇게 말했습니다. "사람 중에 덕의 지혜와 기술의 지식을 가지고 있는 사람은 항상 어려움 속에 있다. 오직 외로운 신하와 서자는 그 마음을 잡음이 위태로우며 우환을 염려함이 깊기 때문에 통달하는 것이다〔人之有德慧術知者, 恒存乎疢疾. 獨孤臣孽子, 其操心也危, 其慮患也深, 故達〕."

하지만 안타깝게도 그는 영웅을 만드는 시대를 만나 황제가 되었으면서도 달관하지는 못했습니다. 그의 총명함과 지혜로 중당(中唐) 시대의 승려가 되었다면 아마 틀림없이 일대 종사가 되어 불가의 조사(祖師)로 불렸을 것입니다. 하지만 그의 근본적인 학식과 습성은 소년 시절 승려 노릇을 할 때 습득한 지식에서 벗어나지 못했습니다. 그 때문에 그가 창건한 명 왕조의 정치 제도 가운데 일부 관직의 명칭이 총림(叢林) 사원의 승직(僧職) 명칭을 그대로 채용한 것이 많았습니다. 예를 들어 도찰원(都察院)이니 도검(都檢)이니 하는 이름이 그러하였고 심지어 승직을 지칭하는 총통(總統)이니 통령(統領)이니 하는 명사도 모두 선림(禪林) 사원에서 사용하는 명칭과 동일했습니다.

그러나 주원장도 처음에 오왕(吳王)을 자칭하다가 나중에 황제 지위에까지 오른 후로는 정말로 분발하여 책도 읽고 열심히 공부했습니다. 하지만 안타깝게도 그에게는 자신을 잘 이끌어 줄 만한 훌륭한 스승이나 벗이 없었습니다. 송렴(宋濂)이나 유기(劉基) 같은 사람들에 대해서도 그는 신하로서만 대했을 뿐, 결코 스승이나 벗으로서 존중하지 않았습니다. 역사에는 두 사람에 대한 주원장의 평가를 이렇게 싣고 있습니다. "송렴은 문인이고 유기는 엄격하고 도량이 좁다〔宋濂文人, 劉基峻隘〕." 그래서 주원장은 그들에게 늘 거리를 두었습니다. 기용하되 친하지 않았으므로 크게 그들의 영향을 받지 못했습니다.

그에게는 최대의 심리적 결함이 있었으니 그것은 바로 시종일관 떨쳐버리지 못했던 '콤플렉스'였습니다. 동서고금을 막론하고 지나치게 오만한 사람은 거의 대부분 심리적으로 콤플렉스가 작용하고 있습니다. 그는 어려서부터 주위 환경이 만들어 준 엄숙하고 각박한 생활 습관으로 인해 자신과 다른 것을 포용할 줄 몰랐습니다. 그러니 "사물의 이치를 궁구하여 지식에 이르는〔格物致知〕" 포용력이야 더 말할 것도 없었습니다.

그런데 황제 자리에 오른 후 그의 머릿속에는 당·송의 개국 황제들처럼 유명한 조상을 찾아내어 자신의 배경으로 삼아야겠다는 생각이 떠나지 않았습니다. 이당(李唐)의 황제가 노자(老子) 이이(李耳)를 찾아내어 도교 교주 '이노군(李老君)'을 자신의 배경으로 삼은 일은 참으로 신기하기까지 합니다. 조송(趙宋) 역시 도교의 제군(帝君)을 이용하여 자기를 돋보이게 했습니다.

주원장은 누구를 찾아냈을까요? 처음에는 주 선생님 즉 주희와의 관계를 이용할 생각이었습니다. 결정을 내리지 못하고 주저하던 무렵이었는데, 마침 자기 머리를 이발하는 직무를 맡은 사람도 성이 주씨라는 것을 알게 되었습니다. 그래서 그 사람에게 이렇게 물었습니다. '너도 주희의 후손이냐?' 그런데 이발사의 대답은 뜻밖이었습니다. "제 성이 주씨이기는 하지만 조상이 다릅니다. 주희는 저와 아무런 관계도 없는데 왜 그가 제 조상이라고 생각하십니까!" 이 말을 들은 주원장은 부끄러웠습니다. 그리하여 주희를 자기 조상으로 만드는 일을 하지 않으리라 결심했습니다. 이 이야기는 터무니없이 날조된 것이 아닙니다. 명나라 사람의 사료에 기록되어 있는데, 제가 잠시 책 이름이 생각나지 않을 뿐입니다. 여러분께서 직접 찾아보십시오. 틀림없이 찾을 수 있습니다.

과거로 선비를 뽑는 제도의 이로움과 폐단

명 왕조가 개국하면서부터 과거로 선비를 뽑는 고시 제도를 도입하고, 주희의 사서장구(四書章句)를 표준으로 삼을 것을 규정했으며, 『대학연의』를 떠받들기 시작했습니다. 이러한 전통은 사실 주원장에게서 비롯되어 그 후 명 왕조에 이어 청 왕조에 이르는 약 육백 년간 변함없이 지켜졌습니다. 하지만 그런 일이 아무런 까닭도 없이 생기지는 않았습니다. 그 밖에 송 이학자들의 준엄한 규범과 사상을 바탕으로 부녀자의 정조 관념을 제정하여 부녀자들을 이중삼중으로 제한한 것도 다 그에게서 시작되었습니다. 여러분이 별 생각 없이 이런 잘못들을 유가의 예교와 공자 맹자 탓으로 돌린다면 그것은 너무나 불공평한 처사입니다.

설명하는 시간을 줄이기 위해 그 방면과 관계있는 명 초 주원장의 사료만 인용하겠습니다. 읽기만 해도 당시의 상황을 짐작할 수 있을 것입니다.

원 순제(順帝) 지정(至正) 26년 즉 서기 1366년 주원장이 스스로를 오왕이라 칭한 지 삼 년째 되던 해에 유서(遺書)를 구한다는 조서를 내렸습니다. 역사에는 이렇게 기록하고 있습니다.

황제께서 곁에서 모시는 신하 섭동 등에게 이르기를 "삼황오제의 글이 세상에 다 전해지지는 않아서 후세에 그 행사를 아는 사람이 드물다. 한 무제가 흩어져 없어진 책들을 구하여 돈으로 사니 이에 육경이 비로소 나오게 되었다. 요순 삼대의 다스림을 비로소 얻어 볼 수 있게 되었다. 무제의 웅대한 재략은 후세에 미칠 자가 드물다. 육경을 드러내어 밝히고 성현의 학문을 열어 넓힘에 있어서 또한 후세에 공을 남겼다. 내가 매번 궁중에 별다른 일이 없을 때마다 공자의 말을 취하여 살펴보는데, '아껴 사용하여 다른 사람을 사랑하고, 백성을 부림에 있어서 때에 따라 하라' 같은 말은 진실로 나라를 다스리는 데 있어서 훌륭한 규범이다. 공자의 말은 참으로 만세의 스승이라 하겠다" 하였다.

上謂侍臣詹同等曰, 三皇五帝之書, 不盡傳於世, 故後世鮮知其行事. 漢武帝購求遺書, 而六經始出. 唐虞三代之治, 始可得而見. 武帝雄才大略, 後世罕及. 至表章六經, 開闡聖賢之學, 又有功於後世. 吾每於宮中無事, 輒取孔子之言觀之, 如節用而愛人, 使民以時, 眞治國之良規. 孔子之言, 誠萬世之師也.

또 곁에서 모시는 신하에게 명하여 『대학연의』를 두 결채의 벽 사이에 쓰게 하였다. 말하기를 "전대의 궁실은 대부분 그림을 그려 놓았다. 내가 이 글을 쓰는 것은 아침저녁으로 보기 위해서이니 어찌 화려한 그림보다 못하겠는가!" 하였다.

又命侍臣書大學衍義於兩廡壁間. 曰, 前代宮室, 多施繪畫. 予書此, 以備朝夕觀覽, 豈不愈於丹靑乎.

그다음 해에 처음 문무과(文武科)로 선비를 뽑는 법을 창제했습니다. 이렇게 기록하고 있습니다.

그러나 이 두 가지는 반드시 삼년 후라야 성과가 있으니, 유사가 미리 권하고 일깨우면 민간의 빼어난 선비와 지혜롭고 용맹한 사람들이 때에 따라 학문에 힘쓸 것이다. 과거가 열리는 해에는 경사가 선비들로 가득 차기를 바란다. 그 과목과 등급은 각기 출신에 따라 차이가 있다.

然此二者, 必三年有成, 有司預爲勸諭, 民間秀士及智勇之人, 以時勉學. 俟開擧之歲, 充貢京師. 其科目等第, 各出身有差.

홍무(洪武) 원년인 서기 1368년에는 이렇게 말했습니다.

학사 주승 등에게 이르기를 "천하를 다스리는 사람은 자신의 수양을 근본으로 하고 집안을 바로 하는 것을 먼저 한다. 역대 궁중을 살펴보면 정치가 안에서부터 나오면서 재앙과 난리가 일어나지 않은 경우가 드물다. 경 등은『여계』및 본받을 만한 현비의 일을 편찬하여 후세 자손들로 하여금 지킬 바를 알게 하라" 하였다.

學士朱升等曰, 治天下者, 脩身爲本, 正家爲先. 觀歷代宮闈, 政由內出, 鮮有不爲禍亂者也. 卿等纂修女誡, 及賢妃之事可爲法者, 使後世子孫知所持守.

홍무 3년에 두 번째로 말했습니다.

과거를 설치하여 선비를 뽑고 과거법을 정하라는 조서를 내렸다. 첫 과장은 각 경서의 뜻 한 가지와 사서의 뜻 한 가지이다. 둘째 과장은 논 한 가지와 조, 고, 표, 전, 내과 한 가지이다. 셋째 과장은 책 한 가지이다. 시험에 합격한 자는 열흘 후에 기, 사, 서, 책, 율의 다섯 가지로 시험을 보았다.

詔設科取士, 定科擧法. 初場, 各經義一道. 四書義一道. 二場, 論一道. 詔誥表箋內科一道. 三場, 策一道. 中式者, 後十日, 以騎射書策律五事試之.

홍무 17년에 세 번째로 말했습니다.

　과거를 시행하여 시험을 치렀다. 삼 년 연속하여 향시를 보았는데, 셋째 과장까지 시험을 보았다.

　頒行科擧成式. 凡三年大比, 鄕試, 試三場.

　팔월 초아흐레에 사서의 뜻 세 가지와 경서의 뜻 네 가지를 시험 보았다. 사서의 뜻은 주자집주를 위주로 하였다. 경서의 뜻은 『시경』은 주자집전을 위주로 하였다. 『역경』은 정주의 뜻[133]을 위주로 하였다. 『서경』은 채씨의 전과 옛 주소를 위주로 하였다. 『춘추』는 좌씨, 공양, 곡량, 호씨, 장흡의 전을 위주로 하였다. 『예기』는 옛 주소를 위주로 하였다.

　八月初九日, 試四書義三. 經義四. 四書義, 主朱子集註. 經義, 詩, 主朱子集傳. 易, 主程朱義. 書, 主蔡氏傳及古注疏. 春秋, 主左氏公羊穀梁胡氏張洽傳. 禮記, 主古注疏.

　열이틀에 논 한 가지와 판어 다섯 가지와 조, 고, 장, 표, 내과 한 가지를 시험 보았다.

　十二日, 試論一. 判語五. 詔誥章表內科一.

　보름에 경사책 다섯 가지를 시험 보았다.

　十五日, 試經史策五.

　예부에서 회시를 시행하였다. 이월에 보았는데 향시와 같았다. 회시를 볼 자격이 있는 사람은 국자감 학생과 부, 주, 현의 학생으로서 유사이지만 아직 벼슬하지 못해 관

---

133 정이(程頤)의 『역전(易傳)』과 주희(朱熹)의 『주자본의(朱子本義)』를 말함.

직에 나아가지 못한 자들이 향시에 응하였다. 학교에서 가르치는 것은 오로지 생도들을 위주로 하였다. 파직당한 관리와 배우 집안 출신과 부모의 상을 입은 자들은 모두 시험 보는 것을 허가하지 않았다.

禮部會試. 以二月, 與鄕試同. 其擧人, 則國子學生, 府州縣學生, 暨儒士未仕, 官之未入流者應之. 其學校訓導, 專主生徒. 罷閒官吏, 倡優之家, 與居父母喪者, 俱不許入試.

그뿐 아니라 이런 일도 있었습니다. 현대인의 시각에서 보면 틀림없이 대단히 어리석게 느껴지겠지만, 과학 기술에 무지하였기 때문에 오히려 과학 기술의 발명과 응용을 제한할 수밖에 없었습니다. 참으로 안타까운 일이 아닐 수 없습니다. 사실 과학 기술의 발전은 인류에게 비할 수 없는 편리함을 가져다주는 등 좋은 점도 많습니다. 사실이 그렇습니다. 하지만 그와 동시에 과학 기술의 발전은 인류에게 정신문명의 타락과 고통을 안겼습니다. 확실히 그러한 반대급부가 있습니다. 그 또한 사실입니다. 그래서 중국 역사를 살펴보면 주원장과 유사한 사고방식을 지니고 있었던 사람이 한둘이 아니었습니다. 그 일에 관해서 역사는 다음과 같이 기록하고 있습니다.

홍무 원년 겨울 시월에 흠천감[134]이 원대에 설치한 수정각루[135]에 기계 장치를 덧붙였다. 가운데에 설치해 놓은 나무 인형 들이 시간에 맞추어 스스로 징과 북을 칠 수 있었다. 황제(주원장)께서 그것을 보고 곁에서 모시는 신하에게 이르기를 "정치상 온갖 중요한 직무를 폐하고 여기에 마음을 쓰는 것은, 이른바 작용에는 더함이 없되 해로움에는 더함이 있는 것이다" 하고 그것을 부수어 버리라고 명하였다.

---

134 천문대(天文臺)를 관장하는 관리.

135 최초로 발명한 자명종.

洪武元年冬十月, 欽天監進元所置水晶刻漏備極機巧. 中設二木偶人, 能按時自擊鉦鼓. 上覽之, 謂侍臣曰, 廢萬機之務, 用心於此, 所謂作無益害有益也. 命碎之.

원 왕조 때부터 서양에서 초기 과학 지식이 전해졌지만, 이런 식이 되다 보니 더 이상 과학 기기를 제작하거나 발명하려는 사람이 없었습니다. 만약 당시에 과거 역사에서 "기이한 재주와 교묘한 기술[奇技淫巧]"이라 하여 과학 기술을 억제하던 정책을 뒤집어 버리고 과학 기술의 발전을 장려했더라면, 아마도 중국의 과학 기술은 일찌감치 세계 각국을 앞질렀을 것입니다.

주원장이 처음 과거 시험을 통해 선비를 뽑는 제도를 제정한 후로, 명 왕조의 역대 직업 황제들은 그것을 굳건히 지켜서 정례화했습니다. 하지만 당시 지식인 가운데는 유학을 송유(宋儒)와 정주(程朱) 일파의 사상에 국한시키는 것이 합당치 못하다고 여긴 사람도 있었습니다.

조카인 건문제(建文帝) 주윤문(朱允炆)을 내쫓은 주태(朱棣)가 스스로 황제라 칭하고 연호를 영락(永樂)으로 바꾼 그다음 해에, 강서 요주(饒州) 파양현(鄱陽縣)의 주우계(朱友季)라는 유생이 "대궐에 이르러 자신이 쓴 책을 바쳤는데 오로지 염락관민[136]의 학설을 공격하였다[詣闕獻所著書, 專毀濂洛關閩之說]"라고 합니다. 대궐에 이르렀다는 것은 북경의 황궁 바깥에 왔다는 뜻입니다. 그것을 본 영락제가 말했습니다. "이 자는 유학자의 적이다. 사람을 보내 묶어서 요주(饒州)로 돌려보내고, 현관(縣官)을 모이게 하여 그 죄를 알리고 매질하며 그 책은 불태워 버려라."

아울러 영락 12년에는 유신(儒臣)들에게 사서오경의 『성리대전(性理大全)』을 편찬하라고 명하고 동화문(東華門) 바깥에 학관을 열었습니다. 책

---

136 차례대로 주돈이, 정호 정이 형제, 장재, 주희를 말함.

이 완성되자 영락제는 직접 서문을 썼습니다. 그로부터 명대의 유학은 오로지 성리의 탐구와 토론에만 치우치게 되었으며 숭고함만을 추구하고 넓어지지는 않았습니다.

사십 년이 지난 후 명 헌종(憲宗) 주견심(朱見深) 성화(成化) 23년에 예부우시랑(禮部右侍郎) 구준(邱濬)이 자신이 지은 『대학연의보(大學衍義補)』라는 책을 올렸습니다. 그는 진서산(眞西山)의 『대학연의』가 비록 제왕학의 중심 사상이기는 하지만 참고할 만한 "치국평천하"의 사적이 부족하다고 생각했습니다. 그래서 경전, 제자서, 역사서 가운데 "치국평천하"와 관련된 사적을 골라서 분류하고 묶은 다음 거기에다 자기 의견을 덧붙여 제왕들이 "치국평천하"에 대해 배울 수 있도록 했습니다. 그 책을 본 헌종은 크게 흡족해하며 그에게 많은 재물을 내리고 예부상서로 높여 주었습니다. 그뿐 아니라 그 책을 간행하여 널리 배포하라고 명했습니다.

구준은 경주(瓊州)[137] 사람으로 어려서부터 신동으로 명성이 자자했던 재기 넘치는 인물이었습니다. 그가 해남도(海南島)의 오지산(五指山)을 읊은 시에 이런 구가 있습니다. "아마도 거대한 신령이 한쪽 팔을 쭉 펼친 듯, 멀리 바다 저쪽에서부터 중원까지 뻗었네[疑是巨靈伸一臂, 遙從海外數中原]." 영남학파 인물의 호방한 뜻과 안하무인의 기개가 넘치는 대목입니다.

양명학의 흥기

그 후 서기 십육 세기 중엽으로 접어든 명 무종(武宗) 주후조(朱厚照)의 시대에 중국 문화사 혹은 철학사에서 유명한 왕양명(王陽明)이 태어났습

---

137 해남도(海南島).

니다. 그의 본명은 왕수인(王守仁)이었는데 유학자들은 그를 양명 선생이라고 불렀습니다. 그는 명대 역사상 강서(江西) 영왕(寧王)의 '신호지란(宸濠之亂)'[138]을 평정하여 유명해졌습니다. 하지만 문화 철학사에서는 '지행합일(知行合一)'의 학설로 당대와 후세에 큰 영향을 끼쳤습니다.

특히 십구 세기와 이십 세기에 걸쳐서 진행된 일본의 메이지 유신의 성공은 양명학을 적극적으로 수용한 결과였습니다. 청나라 말 민국 초에 일본으로 유학을 떠났던 중국 학생들은 메이지 유신의 성공을 보고 돌아와서 양명학을 혁명 구국의 방안으로 부각시켰습니다. 왕양명의 『전습록(傳習錄)』을 읽고 연구할 것을 제창하였고, 심지어 양명의 군사 어록과 증국번의 가서(家書) 등을 모범으로 삼는 분위기는 일본 메이지 유신 초기와 흡사했습니다. 그것으로 서양에서 수입된 각종 문화 조류에 맞섰는데, 결국은 현대사에 너무나 큰 불행을 가져온 비극을 낳고 말았습니다.

왕양명 학설의 유래를 살펴보면, 그 역시 처음에는 송대의 일반적인 이학가들처럼 형이상적 도(道)와 입세치용(入世致用)적 학문의 상호 결합을 추구하기 위해 먼저 도가와 불가의 일반 학리(學理)에서 출발했습니다. 그뿐 아니라 참선과 정좌에도 정진하였는데 그러다가 선견지명의 능력이 생겨나기도 했습니다. 하지만 그는 신묘하고 특이한 능력이 결코 도가 아니라는 사실을 알고 있었습니다. 그래서 중간에 그만두고 유가의 경학에서 도를 구하게 되었는데 깊이 터득한 바가 있었습니다. 때마침 공교롭게도 당시에 권력을 쥐고 있던 환관 유근(劉瑾)의 미움을 사서 귀주(貴州)의 용장역(龍場驛)으로 폄적되어 갔는데, 그 후로 더욱 학문에 정진하게 되었습니다.

어쨌든 왕양명의 심성학(心性學)을 주희가 주장했던 '도문학(道問學)'과

---

138 신호(宸濠)는 영왕(寧王)의 이름.

육상산이 주장했던 '존덕성(尊德性)'에 비추어 보면, 왕양명 역시 존덕성을 근본으로 삼았음을 알 수 있습니다. 하지만 주희나 육상산과 다른 점은 존 덕성으로 도에 들어갈 것과 함께 일의 성취(事功)의 실천을 유달리 강조했 다는 사실입니다. 이는 알면 곧 행한다는 양지양능(良知良能)과 서로 부합 됩니다. 사실 왕양명의 학문적 조예는 선(禪)에서 말미암아 유(儒)로 들어 가고 유(儒)를 끌어다가 선(禪)으로 들어가는 식으로, 선과 유의 상호 결합 을 바탕으로 하였기 때문에 주희의 식견에 비해 뛰어난 곳이 있었습니다.

그는 주희의 '사서장구(四書章句)'의 견해에 극력 반대했습니다. 주희가 주를 붙인 장구(章句)는 그 재앙이 홍수나 맹수보다 훨씬 심하다고 생각했 으므로, 당시 주희 학설을 받들고 정주학파를 숭배하는 사람들과 확연하 게 대립했습니다. 다행히 영왕의 난을 평정한 공이 조야를 뒤흔들었기에 그나마 당시의 정주학파 세상에서도 자신의 위치를 세울 수 있었습니다. 물론 그 일이 결코 우연은 아니었습니다.

명 무종 때 왕양명이 지행합일의 유학을 제창하던 시기를 유럽의 역사 문화와 대비시켜 보면, 십육 세기 초반으로서 서기 1517년에서 1561년 사이에 해당합니다. 바로 독일의 마르틴 루터가 종교 개혁을 추진하던 시 기였습니다. 그 밖에도 서양은 바로 이 시기에 역사 문화적으로 전환기에 접어들게 됩니다.

예를 들면 르네상스가 이 시기에 일어났습니다. 폴란드의 천문학자 코 페르니쿠스가 태양 중심설 및 지동설을 제창했습니다. 아메리고 베스푸 치가 남미 동부 해안을 탐험하였으며 콜럼버스는 중미를 발견했습니다. 마젤란이 이끄는 선대가 세계 일주 항해에 성공하고 귀항했습니다. 포르 투갈 사람들이 광동(廣東)에 와서 마카오를 조차하고 통상의 근거지로 삼 았는데, 근세 유럽인이 중국에 온 최초의 사건이었습니다. 포르투갈 사람 들은 다시 일본의 다네가 섬(種子島)으로 가서 동양의 무역권을 장악했습니다. 에스파냐 사람들은 멕시코를 정복했습니다. 영국의 메리 여왕은 왕위에 오르자 기독교 신앙을 금지시켰습니다. 이어서 즉위한 엘리자베스 여왕은 신교(新敎)인 영국 국교회를 힘써 추진했습니다. 독일에서는 종교회의가 열렸고 신앙의 자유를 허락함으로써 신교와 구교를 둘러싼 다툼도 종결되었습니다. 프랑스에서는 신교와 구교 사이에 전쟁이 시작되었습니다. 이 시기에 서양의 유럽에서 발생한 사건들이 바다 건너에 있는 중국과 무슨 관계가 있냐고 말하겠지만 실은 관계가 있습니다. 그러니 주의 깊게 들어 보십시오.

명 무종 때 출현한 왕양명의 학설은 도가와 불가의 출가한 승려, 도사들에게도 영향을 미쳤습니다. 왕양명에게 참선과 도를 배우려는 출가인도 있었습니다. 왕양명은 송유(宋儒)들처럼 왼쪽으로는 불가를 공격하고 오른쪽으로는 도가를 공격하는 태도를 취하지 않았으며, 불가와 도가에 대해 약간의 미언(微言)도 남겼습니다. 하지만 그는 송대 이학자들과 마찬가지로 성명지리(性命之理)와 인간의 생명지학(生命之學)에 대해 여전히 의심을 지니고 있었습니다. 그는 만년에 도가의 외단(外丹)을 연구하였는데, 불로장생을 증명하려다가 결국은 비상에 중독되어 죽고 말았습니다.

양명학에 대한 시비는 거론하지 않겠습니다. 요컨대 명 왕조 삼백 년 이래 주자가 주를 붙인 사서(四書)를 특별히 중시하였던 명대의 유학은 만명(晩明) 시기까지 그 영향을 미쳤습니다. 명 왕실에 큰 영향력이 있던 불교 대사 감산덕청(憨山德淸)은 유·불·도 삼교를 일치시킨 관점을 바탕으로 『중용직지(中庸直指)』 및 『노자도덕경해(老子道德經解)』, 『장자내칠편주(莊子內七篇註)』 등을 저술했습니다. 얼마 후 그의 재전 제자인 우익(藕益) 법사가 다시 『사서우익해(四書藕益解)』 등의 저작을 남겼습니다.

이런 사실들은 초당(初唐) 서기 627년부터 명 말 청 초인 서기 1644년까지 천여 년간이나 분쟁이 지속되었던 유·불·도 삼가의 학설이 비로소 하나로 합류하여 집대성되었음을 설명해 줍니다. 중국 문화의 주류를 이루었던 유·불·도 삼가가 제각기 다른 길을 걷다가 이제 일치점을 찾기 시작한 것입니다. 물론 도가인 노자나 장자의 관점에서 보자면 "완성한다는 것은 파괴하는 것[成者毀也]"이므로, 완성되는 순간에 파괴는 시작됩니다. 유럽에서 물질문명의 발전이 가져왔던 유물 사상의 찬란한 빛이 지평선 서쪽에서 떠올랐다가 십육 세기 이후로는 차츰 동쪽으로 옮겨 오기 시작했습니다.

명 왕조의 정치 문화를 총결하다

이제 더 이상 역사를 읽으며 눈물을 흘리고 옛사람을 위해 근심할 필요 없습니다. 명 왕조 삼백 년의 정치 문화에 대해 간단한 결론을 내리자면 다음과 같습니다.

첫째, 명 왕조의 문운(文運)은 홍무(洪武) 주원장과 영락(永樂) 주태 부자가 송대 정주이학(程朱理學)을 중심으로 한 유학을 제정한 후부터, 재상의 권한을 존중하지 않았을 뿐 아니라 문신 학자들을 경시했습니다. 주씨 자손인 열다섯 명의 직업 황제들은 태감과 궁녀의 손에서 놀아났던 것 외에는 역사 사회에 대해 훌륭한 공헌을 했던 군주는 거의 하나도 찾아볼 수 없습니다.

물론 그중에 두세 명은 특별한 재능을 타고나기도 했습니다. 예를 들어 영종(英宗) 주기진(朱祁鎭)은 만약 황제가 되지 않고 오로지 천문(天文)을 공부했더라면 아마 틀림없이 유명한 천문학자가 되었을 것입니다. 신종(神宗) 주익균(朱翊鈞)은 황제가 되지 않고 전문적으로 경영을 했거나 혹은 산서의 표호(票號)[139]에서 배웠더라면, 금전을 목숨처럼 아끼는 그의 성격으로 보아 틀림없이 상업으로 크게 치부했을 것입니다. 희종(熹宗) 주유교(朱由校)는 황제가 되지 않고 건축 설계나 토목 공정을 배웠더라면 아마 틀림없이 큰 업적을 남겼을 것입니다. 하지만 애석하게도 그들은 모두 제왕의 집안에서 태어나 직업 황제가 되고 말았으며, 그리하여 오히려 역사에 좋지 못한 발자취만 남기고 말았습니다. 참으로 불행이 아닐 수 없습니다.

둘째, 주원장은 불문의 승려 출신으로 황제가 된 이후 스스로 지나치게 엄격하고 너무 많은 사람을 죽여서 후대에 각박하고 인정머리 없는 황제의 표본이 되었습니다. 그 외의 공과(功過)와 선악에 있어서도 평가를 내리기가 쉽지 않습니다. 주원장의 최대 결함은 바로 '불학무술(不學無術)'이었습니다. 그런데 "불문의 낟알 한 알갱이는 크기가 수미산 같아서, 금생에 도를 깨닫지 못하면 털을 뒤집어쓰고 뿔을 달고 돌아온다〔佛門一粒米, 大如須彌山, 今生不了道, 披毛戴角還〕"라고 했습니다. 그러니 그의 자손은 반드시 출가하여 승려가 되어 그 인과를 갚아야 했습니다. 처음에는 그의 손자인 건문제(建文帝) 주윤문(朱允炆)이 영락제의 핍박으로 출가하였고, 마지막에는 숭정제(崇禎帝)의 공주가 아버지에게 팔이 잘린 채 출가하여 불문의 공안(公案)을 끝마쳤습니다.

셋째, 명조 삼백 년의 문운은 송대 이학의 범위 안에서만 지켜졌기 때문에 전통의 제자백가 학문은 더욱이 발휘될 여지가 없었습니다. 『명사(明史)』에 나오는 유신(儒臣) 가운데 우겸(于謙), 해서(海瑞), 왕양명(王陽明), 장거정(張居正) 등 소수의 특별한 경우를 제외하면 나머지 대다수 유학자들은 자신의 장기를 펴지 못했습니다. 그리하여 한 시대를 대표하는 문학에서도 특별히 뛰어난 부분이 없었습니다. 가령 당시(唐詩), 송사(宋詞), 원곡(元曲)을 제외하고 명대를 대표할 수 있는 유일한 문예는 소설이었습

---

139 개인 금융 기관의 일종.

니다. 『삼국지연의(三國志演義)』, 『수호전(水滸傳)』, 『서유기(西遊記)』, 『봉신방(封神榜)』, 『금병매(金甁梅)』 등이 바로 명대의 작품입니다. 이러한 저작들은 명대 일반 지식인의 심정, 즉 자신의 힘으로는 어떻게 해 볼 수 없는 시대에 태어난 지식인의 반감과 슬픔을 대변하는 것이었습니다.

그리하여 신종(神宗) 가정(嘉靖) 연간에는 세상을 혐오하는 이지(李贄) 같은 학자가 출현했습니다. 이지는 당시의 도학 선생들을 가리켜 "비유(鄙儒), 속유(俗儒), 부유(腐儒)"라고 분명히 말했습니다. 그들은 "말은 행실을 돌아보지 않고 행실은 말을 돌아보지 않으며, 양으로는 도학을 하면서 음으로는 부귀를 도모하고, 입은 옷은 고상한 유생이나 행동은 개돼지 같은〔言不顧行, 行不顧言, 陽爲道學, 陰爲富貴, 被服儒雅, 行若狗彘〕"사람이라고도 말했습니다.

그런데 그는 도학만 반대하였을 뿐 아니라 "도도 믿지 않고 신선도 부처도 믿지 않는다〔不信道, 不信仙釋〕"라고 하면서 도사나 승려를 봐도 싫어했습니다. 물론 도학 선생은 그보다 더 싫어했습니다. 그는 육경을 배척하고 오로지 공자의 시비(是非)만 추종해서는 안 된다고 여겼습니다. 결국은 "명교에 죄를 얻어 탄핵을 받아 옥에 갇혔다가 자결하고〔得罪名敎, 遭劾繫獄, 自勿而死〕" 말았습니다. 옛사람들의 이른바 "명교(名敎)"라는 말은 유가 공맹의 가르침을 가리키는 의식 형태입니다. 때로는 '명(名)'이라는 한 글자만으로도 윤리 관념을 나타내기도 합니다. 탄핵을 받았다는 뜻의 "조핵(遭劾)"은 당시 조정의 유신(儒臣)들이 그가 의식 형태상 크나큰 반동 죄를 범했다고 하면서 탄핵한 것을 말합니다. 그 결과 이지는 옥에 갇히고 말았습니다.

사실 그는 처음에 왕양명의 학설에서 출발하여 두각을 나타낸 인물이었습니다. 하지만 시대와 사회에 대한 불만이 지나치게 과격하다 보니 광기 어린 태도를 취하게 되었습니다. 그 밖에 신종 만력(萬曆) 연간의 원종도

(袁宗道), 원굉도(袁宏道), 원중도(袁中道) 삼형제가 모두 재주로 명성을 얻었는데 당시 사람들은 그들을 삼원(三袁)이라고 불렀습니다. 특히 둘째인 원굉도의 명성이 더욱 높았습니다. 하지만 그 역시 시대에 대한 불만으로 일찌감치 관직에서 물러 나와 벼슬을 하지 않았습니다. 세속과 더불어 다투지 않았고 오로지 시문(詩文)으로만 이름이 났습니다.

명대의 문운이 대략 이러했기 때문에, 만력 후기에 와서는 태감의 우두머리인 위충현(魏忠賢)이 고헌성(顧憲成), 고반룡(高攀龍) 등 이백여 명의 학자들을 동림당(東林黨)으로 몰아 옥사를 일으키고, 함부로 유신(儒臣)과 학자들을 정죄하고 죽이는 일도 벌어졌습니다. 이자성(李自成)의 민병이 북경에 들어와서 숭정제 주유검(朱由檢)이 자살하고, 뒤이어 만주족이 산해관(山海關)을 통해 중원으로 들어오고 나서야 비로소 황각사(皇覺寺)에서 시작하여 동림서원(東林書院)을 거쳐 동림당으로 변했던 당쟁이 끝났습니다. 아울러 주씨가 태감들과 더불어 천하를 공유했던 삼백 년 명 왕조도 끝장이 났습니다.

그 사건은 고정림(顧亭林), 이이곡(李二曲), 부청주(傅靑主), 왕선산(王船山) 같은 명 말 청 초의 유로(遺老)들을 자극하였고, 마침내 그들로 하여금 오로지 성리(性理)의 의리만을 따지던 병폐를 버리고 실용과 고거(考據)의 학문을 중시하게 만들었습니다. 중국 문화는 청나라 때부터 의리(義理), 고거(考據), 사장(詞章)이라는 삼 대 학문으로 되돌아가기 시작했습니다. 그리하여 과거에 급제하여 공명을 얻기 위한 팔고문(八股文) 따위는 뒷전으로 물러나게 되었습니다.

59

유학을 표방하고 불가와 도가를 사용했던 청조

이미 그 수명이 다한 명대(明代)를 이어 만주족의 아이신교로(愛新覺羅) 가 중원을 차지한 사건은 중국 근대사와 현대사의 관건이 되었습니다. 만주족이 중원에 들어와서 황제라 칭한 이후로 과거 이백여 년간 만주족과 한족 간의 민족의식과 정서상의 투쟁은 언제나 존재해 왔습니다. 하지만 만주족의 입장에서는 이렇게 말할 수 있습니다. "당시 명나라 정권은 이미 스스로 부패하여 벌레가 생겨나기 시작했지만 자기 자신이 수습하지 못하는 처지에 놓여 있었습니다. 그래서 우리 만주족에게 중원으로 들어와서 집안을 깨끗하게 해 달라고 부탁했던 것입니다. 우리는 모두 염황(炎黃)[140]의 자손이고 천하는 본시 천하 사람들의 것이니 덕이 있는 자가 그것을 차지하는 것이 뭐가 틀렸다는 말입니까." 이런 관점에서 출발한 것이 바로 옹정제의 「대의각미록(大義覺迷錄)」의 논지입니다.

사실 중화 민족의 발전사라는 측면에서 말한다면 위진 남북조 시기는 접어 두더라도 당 말 오대에서부터 남·북송, 요·금·원까지 대략 삼백 년 간은 겉으로 보기에 정권의 교체와 민족 간의 쟁탈이라는 양상을 띠고 있

---

140 염제(炎帝)와 황제(黃帝).

습니다. 하지만 화하(華夏) 문화적 측면에서 보면 요·금·송·원·명·청 가운데 어느 시기를 막론하고 하나같이 유·불·도 삼가가 혼합된 문화적 기초 위에서 변화 발전했습니다. 다만 공간적으로 남과 북이라는 지역적 차이가 있고 시간의 궤도에서 왕조의 구분이 있었을 뿐, 중화민족 전체의 통일된 문화라는 각도에서 보면 항상 일치했습니다. 특히 만주족과 요·금 민족은 씨족의 혈통 체계상 한족과의 관계가 더욱 밀접합니다. 그것은 또 다른 문제이므로 다음 기회로 미루지요.

　명 신종(神宗) 만력(萬曆) 16년인 서기 1588년에 건주위(建州衛)[141]를 통일한 누르하치(努爾哈赤)는 가장 먼저 불사(佛寺) 및 옥황관(玉皇觀) 등의 사묘(寺廟)를 건축했습니다. 만력 27년인 서기 1599년부터 몽고 문자를 만들었던 방법을 모방하여 만주 문자를 창제했습니다. 하지만 그것은 단지 언어 독음의 구별이라는 측면에서 문자의 부호 체계를 만든 것에 불과했습니다. 정치 체제를 포함한 인문 문화에서는 여전히 화하 문화의 전통을 학습한 것이었지 만주족의 문명이 따로 있었던 것은 결코 아니었습니다. 만력 44년인 서기 1616년에 청 태조(清太祖) 누르하치는 스스로 '칸(汗)'이라 칭하면서 연호를 정하고 국호를 '후금(後金)'이라 했습니다. 그것은 스스로가 금나라의 후예임을 분명하게 시인한 것이었습니다.

　명 희종(熹宗) 7년인 1627년에 누르하치가 죽자, 그 뒤를 계승한 홍타이지(皇太極, 태종)는 연호를 천총(天聰)이라 정하고 정치 체제를 더욱 한족화했습니다. 특히 천총 3년에는 문관(文館)을 설립하고, 아울러 예전에 명나라를 공격했을 때 포로로 잡아 온 유생 삼백 명에게 시험을 치르게 하여 우열을 정한 다음 점차로 그들을 기용했습니다. 천총 4년에는 관제(官制)를 정하고 이부(吏部)·호부(戶部)·예부(禮部)·병부(兵部)·형부(刑

---

141 길림성(吉林省).

部)·공부(工部)의 육부(六部)를 설립하였는데, 모두 명 왕조의 체제를 그대로 배워 왔습니다. 아울러 만주족 자제들에게 책을 읽으라고 명했습니다. 당시에 처음 세워졌던 문관은 나중에 제도를 더 보완하다가 중원으로 들어온 이후 순치(順治), 강희(康熙) 때에 이르러서는 정식으로 확충하여 내각(內閣)이 되었습니다. 따라서 만주족이 막 중원으로 들어올 당시의 유신(儒臣)들, 예를 들어 범문정(范文程)이나 고팔대(顧八代) 같은 사람들은 모두 양황기(鑲黃旗)[142]에 속하는 명대 유생의 후손들이었습니다.

그렇다면 왜 홍타이지는 천총 5년부터 만주족 자제들에게 책을 읽어야 한다는 명을 내렸을까요? 사료에는 이렇게 실려 있습니다.

황제(홍타이지)께서 여러 패륵[143]에게 이르시기를 "우리나라의 패륵과 대신의 자식에게 책을 읽기를 명하였는데, 들으니 (자식을) 지나치게 사랑하는 탓에 좇지 않는 사람이 있어, (그들이) 말하기를 비록 책을 읽지 않았어도 일찍이 일을 그르친 적은 없다고 한다. (그들은) 지난날 우리 군대가 난주[144]의 네 성을 버린 것이 모두 영평[145]에 주둔하여 지키던 패륵들이 학문을 하지 않아서 의리에 통달하지 못하였기 때문임을 알지 못한다. 지금 우리 군대가 (명나라의) 대릉하[146]를 포위한 지 넉 달이 넘었으나 그들은 서로를 잡아먹기까지 하면서 끝내 죽음으로써 지키고 있다. 구원병이 이미 패배하고 능하가 이미 항복하였는데도, 금주와 송행[147]이 아직 함락되지 않는 것이 어찌 책을 읽어

---

142 청 태조가 제정한 만주족의 병제(兵制)를 팔기(八旗)라 하는데, 총군(總軍)을 기(旗)의 빛깔에 따라 여덟 부대로 편제하였다. 곧 정황(正黃), 정백(正白), 정홍(正紅), 정람(正藍), 양황(鑲黃), 양백(鑲白), 양홍(鑲紅), 양람(鑲藍)을 말한다.

143 여기서는 친왕(親王)의 아들을 호칭하는 말.

144 하북(河北) 지역.

145 하북(河北) 노룡(盧龍).

146 요녕(遼寧).

147 모두 요녕(遼寧)에 있다.

서 이치에 밝아 (명) 조정을 위해 충성을 다하기 때문이 아니겠는가? 무릇 십오 세 이하 팔세 이상의 자제들은 모두 책을 읽기를 명하노라" 하였다.

上論諸貝勒曰, 我國諸貝勒大臣之子, 令其讀書, 聞有溺愛不從者, 不過謂雖不讀書, 亦未嘗誤事. 不知昔我兵之棄灤州四城, 皆由永平駐守貝勒, 未嘗學問, 不通義理之故. 今我兵圍大淩河, 越四月, 人相食, 竟以死守. 雖援兵已敗, 淩河已降, 而錦州松杏猶未下, 豈非讀書明理, 爲朝廷盡忠之故乎. 凡子弟十五歲以下, 八歲以上, 皆令讀書.

홍타이지는 당시에 이미 책을 읽어서 이치에 밝은 것이 애국 충정의 정조와 중요한 관계가 있음을 몸소 깨달아 알고 있었습니다. 그래서 그처럼 만주족 자제들에게 책을 읽으라고 했던 것입니다. 나중에는 무장들에게도 책을 읽으라고 요구하기에 이르렀습니다. 하지만 당시에 그들이 읽었던 책은 기본적으로 공맹의 도를 가르치는 사서(四書)가 중심이었습니다.

문관을 세우고 동북 지역의 명나라 유생들을 등용하여 만주 팔기 아래로 귀속시킨 지 이삼 년이 채 못 되어, 과연 그들은 청 왕조를 위해 책략을 세우고 문식(文識)과 무략(武略)을 다하는 중견 간부가 되었습니다. 예를 들어 영완아(寧完我)는 상소를 올려서 한인을 후히 대우할 것을 건의했습니다. 이어서 패륵 악탁(岳託)은 혼인을 비롯하여 한인을 우대하는 방법에 관해 제안했습니다. 그 후 주연경(朱延慶)과 장문형(張文衡) 등이 차례로 상소를 올려서 즉시 명나라를 공격할 것을 건의했습니다. 그들은 물론 문관 출신 명유(明儒)의 후손들이었습니다. 하지만 홍타이지의 머리는 그렇게 단순하지 않았습니다. 웅대한 재략을 갖춘 지도자의 풍모를 잃지 않은 채 명나라를 공격하자는 회의에서 다음과 같은 말을 했습니다. 참으로 볼 만한 대목입니다.

진언하는 자들은 모두 짐이 속히 군사를 출병시켜서 대업을 완수하기를 바라고 있다. 짐이 어찌 그것을 원하지 않겠는가! 하지만 지금 차하르가[148]가 새로 귀화해 왔으나 항복한 무리를 아직 어루만져 주지 못하였고 성곽도 아직 수리하지 못하였는데 어찌 가벼이 군사를 출동시키겠는가! 짐이 옛사람이나 새사람에 대해 모두 재물을 아끼지 않고 그들을 돌보는 것은 인심이 (나에게) 기울어져 따르게 하고자 해서일 따름이다. 만약 인심이 화합하지 못한다면 비록 군사를 일으키고 무리를 움직인들 어찌 반드시 이길 수 있겠는가? 짐이 반복하여 생각하건대, 우리나라가 이제 안정되었는데 큰 군사를 일으켰다가 저 명나라의 군주가 북경을 버리고 달아난다면 그를 쫓아갈 것인가, 아니면 쫓지 않고 경성을 공격할 것인가? 아니면 포위만 하고 지킬 것인가? 만약 (저들이) 화의를 청하고자 한다면 마땅히 그것을 허락할 것인가, 아니면 거절할 것인가? 만약 북경이 괴로움에 지친 나머지 어쩔 수 없이 화의를 요청해 온다면 또 마땅히 어떻게 대처해야 하는가? 만약 하늘의 도움을 입어 북경을 얻게 된다면 그 백성들을 어떻게 편안하게 해 줄 것인가? 우리나라의 패륵과 공주들은 모두 얻기를 탐하는 마음을 지니고 있는데 무슨 방법으로 금지시킬 것인가? 너희 고홍중, 포승선, 영완아, 범문정 등은 이러한 것들을 참작하여 논의하고 아뢰도록 하라.

進言者, 皆欲朕速出師, 以成大業. 朕豈不願出此. 但今察哈爾新歸附, 降衆未及撫綏, 城郭未及修治, 何可輕於出師. 朕於舊人新人, 皆不惜財帛以養之, 欲使人心傾向耳. 若人心未和, 雖興師動衆, 焉能必勝. 朕反覆思維, 我國旣定, 大兵一擧, 彼明主若棄北京而走, 追之乎. 抑不追而攻京城乎. 抑圍而守之乎. 若欲請和, 宜許之乎. 抑拒之乎. 若北京被困, 逼迫求和, 更當何以處之. 倘蒙天佑, 克取北京, 其人應作如何安輯. 我國貝勒及諸姑格格等, 皆以貪得爲心, 宜作何禁止. 爾高鴻中鮑承先寧完我范文程等, 其酌議以聞.

---

148 몽고 부족의 이름.

동시에 문관의 여러 신하들에게 일러 역사에서 요긴한 대목들을 가려내어 번역하게 하여 학습용 책으로 엮으라고 명했습니다.

짐이 한문으로 된 역사서들을 살펴보니 수식하는 말이 유난히 많아 비록 전체를 다 본다 해도 이익이 없다. 이제 요·송·원·금의 네 역사에서 요긴한 부분을 가려내되, 예를 들면 잘 다스려지기를 부지런히 추구하여 국조가 번창했던 부분이나, 혹은 행하는 바가 도에 어긋나서 기강이 무너진 부분, 군사를 쓰는 책략 및 군주를 도와서 나라를 잘 다스린 충성스럽고 훌륭한 신하와 나라를 어지럽힌 간사하고 아첨하는 무리에 관한 것들을 잘 모아 번역하여 책으로 만들어 살펴볼 수 있게 하라. 또 한인들은 그 군주를 칭하여 도가 있는 자이건 도가 없는 자이건 막론하고 모두 천자라고 말하는데, 그가 하늘의 아들인지 어떻게 아는가? 대개 천하라는 것은 한 사람의 천하가 아니라 오직 덕을 지닌 사람만이 차지할 수 있다. 또한 오직 덕을 지닌 사람만이 천자라 칭해질 수 있다. 이제 짐이 하늘의 도움을 입어 나라의 주인이 되었으나 어찌 감히 함부로 하늘의 아들이라 하면서 하늘의 친히 여김을 받겠는가.

朕觀漢文史書, 殊多飾詞, 雖全覽無益也. 今宜於遼宋元金四史, 擇其緊要者, 如勤於求治而國祚昌, 或所行悖道而統緖墜, 與其用兵行師之方略, 及佐理之忠良, 亂國之奸佞, 彙譯成書, 用備觀覽. 又見漢人稱其君者, 無論有道無道, 槪曰天子, 安知其卽爲天之子耶. 蓋天下者, 非一人之天下, 惟有德者能居之. 亦惟有德者乃可稱天子. 今朕蒙天佑, 爲國之主, 豈敢遽以爲天之子, 爲天所親乎.

이어서 귀화한 한인 관리들을 각 부의 승정(承政)으로 삼았습니다. 또 대학사 범문정을 보내어 선사(先師) 공자에게 제사를 올렸습니다.

청이 천하를 얻은 것은 드물고 특별한 경우였다

사실 그 무렵 만주족은 명나라 조정에 두세 차례 편지를 보내서 화의를 청했습니다. 하지만 명 조정은 이를 거들떠보지도 않았으며 정식 회답은 더욱이 없었습니다. 그래서 계책에 만전을 기한 후에야 비로소 만몽(滿蒙) 부대를 단계적으로 파견하여 산해관 근처까지 침략해 들어갔습니다. 하지만 공공연히 명나라를 공격하는 거사는 여전히 일으키지 않았습니다.

홍타이지가 세상을 떠난 후 여섯 살이던 아홉째 아들 복림(福臨)이 제위에 오르고 도르곤(多爾袞)이 섭정을 하는 사이에, 이자성의 민병이 북경으로 진격해 들어가 명의 마지막 황제인 숭정제가 매산(煤山)에서 목을 매어 죽자 오삼계(吳三桂)는 청에 군사를 요청했습니다. 마침 고아와 과부가 정치를 떠맡는 위기에 처해 있던 청나라 조정은 그 기회를 놓치지 않고 오삼계를 선두에 세운 채, 명분도 당당하게 산해관을 지나서 북경으로 들어가 황제의 보좌를 차지했습니다.

청 왕조에서 최초로 중국의 주인이 된 황제는 연호를 순치(順治)로 정했습니다. 수천 년 중국 역사에서 이처럼 쉽고도 운 좋게 천하를 차지하기는 정말 드물고 특별한 경우였습니다. 정밀하고도 간략한 고문의 설법에 따르면 그런 경우를 '이수(異數)'라고 부릅니다. 즉 사람의 힘으로 억지로 할 수 있었던 것이 아니라 특별히 운이 좋았던 것이라는 뜻입니다.

만주족이 산해관을 넘어 들어와서 복림이 북경에서 황제 자리에 오르고 연호를 순치라고 정한 것은 이미 십칠 세기 중엽으로 서기 1644년이었습니다. 그 무렵 수도 북경을 제외한 중국의 각 성과 주, 현은 아직 청 왕조에 의해 완전히 통일되지 않았습니다. 해산시킨 이자성과 장헌충(張獻忠) 등의 민병 세력이 아직 평정되지 못한 데다 남방에는 남명(南明) 임시 정권이 자리 잡고 있었습니다. 게다가 각지의 반청 세력들도 아직 무마시키지 못한 상태였습니다. 따라서 순치제가 황제 자리에 있었던 십팔 년 동안 전국은 여전히 병마가 날뛰는 전쟁 상태에 있었고, 청 왕조의 황권(皇權) 역시 위태로운 처지에 놓여 있었습니다.

군사적 무력이라는 측면에서 말한다면 산해관을 넘어 들어올 무렵의 만주 팔기(八旗) 자제들은 그 수가 삼만 명에 불과했습니다. 홍타이지 시대에 귀순을 받아들여서 별도로 십일기(十一旗)[149]로 편성한 카라친 몽고의 장정 일만 육천구백십삼 명을 더한다 하더라도, 그 총수가 오만에 미치지 못했습니다. 당시 몽고의 인구가 대략 사십만 명에 달했지만 전원이 다 만주족에 귀순한 것은 아니었습니다. 그러니 노약자와 부녀자를 제외하면 동원할 수 있는 병력이 지극히 제한되었습니다. 그런데도 어떻게 그들은 십여만 명의 무력—아주 넉넉하게 계산해서—으로 중원에 들어와서 당시 삼사 억에 이르렀던 중국을 통치할 수 있었을까요?

이 문제를 이해하기 위해서는 무엇보다 먼저 세계 전쟁사에서 최초로 대리전쟁이라는 전략을 운용한 민족이 바로 만주족이었다는 사실을 알아야 합니다. 그들은 동북 지역에 주둔하면서 명 왕조의 동북 지역 요새를 탈취하던 홍타이지 시대부터 이미 몽고의 기병(旗兵)을 전투에 참가시켰습니다. 중원으로 들어온 이후에는 남북 원정에 모두 몽고 기병을 참여시켰습니다. 하지만 한족의 입장에서는 만주 기병이든 몽고 기병이든 통칭하여 만청(滿淸) 기인(旗人) 혹은 기병(旗兵)이라 불렀습니다. 후일 남방을 평정하여 전국을 통일하는 데 있어서는 한족 군사를 기용하여 대리전쟁의 선두로 삼기도 했습니다. 홍승주(洪承疇)를 비롯해서 오삼계(吳三桂), 상가희(尙可喜), 공유덕(孔有德), 경중명(耿仲明)의 번진사왕(藩鎭四王)이 바로 가장 두드러진 예입니다.

---

149 몽고족으로 구성된 부대.

정성공(鄭成功)이 대만에서 수사(水師) 십칠만을 이끌고 북상하여 양자강에 이르러 남경을 포위하는 작전을 펼쳤을 때 북방을 지키던 기병은 겨우 일만 명이 못 되었습니다. 그것도 대부분이 노약자와 부상병이었습니다. 당시 순치제와 황태후는 겉으로는 태연한 척했지만 내심으로는 상황이 부득이하면 산해관을 넘어 되돌아갈 준비를 하고 있었습니다. 하지만 결과는 예상 밖이었습니다. 정성공의 군대는 갑작스러운 기상 변화로 때가 불리해진 데다 설상가상으로 정확하게 정탐한 정보마저 없었습니다. 그런 상황에서 정성공의 군대를 반격한 것은 바로 한족 군사였습니다. 결국 정성공은 신속히 퇴각할 수밖에 없었습니다. 인사(人事)라고 말하지만 어찌 천명이 아니겠습니까!

그런데 북경의 순치 황제에게 더 큰 근심거리는, 재위 십팔 년 동안 중국 각지에서 일어난 통일 전쟁이 아니었습니다. 그의 근심거리는 바로 아이신교로 내정의 제가(齊家) 문제였습니다. 『청사(清史)』를 읽다 보면 맨 처음 등장하는 의문스러운 사안은 바로 순치제의 생모 황태후가 도르곤에게 재가했는가 아닌가 하는 점과, 아울러 순치제가 젊어서 죽은 데는 다른 원인이 있지 않은가 하는 것입니다. 심지어 민간에서는 순치제가 충격을 받아서 오대산으로 출가해 승려가 되었다는 이야기를 믿기도 합니다. 물론 그런 이야기가 근거가 있어서 떠도는 것은 아닙니다. 청대 소흥(紹興) 사야(師爺)가 사건을 처리했던 방식처럼, 일이 일어나는 데는 반드시 그 원인이 있지만 조사해 보면 실질적인 근거가 없을 뿐입니다.

하지만 순치제가 장성한 이후에 선종의 불법을 좋아했다는 것은 확실한 사실입니다. 그는 일찍이 당시에 명성이 높던 선사, 예를 들어 감박성총(憨璞性聰), 옥림통수(玉琳通秀), 목진도민(木陳道忞) 같은 큰스님들을 황궁으로 불러들여 그들에게 불법을 배웠습니다. 그뿐 아니라 스스로를 '치도인(癡道人)'이라 부르면서 제자 복림이라 일컬었는데, 그 정(情)이 세속의 자제들과 똑같았습니다. 순치제가 출가하면서 쓴 시편들은 이백여 년간 중국 불교의 사묘(寺廟)에 전해져 왔는데, 문자옥(文字獄)의 제재를 받지 않았을 뿐 아니라 임의로 벽에 붙여서 유통되어 왔으니 어찌 괴이한 일이 아니겠습니까!

구절이 이해하기 쉬운 점을 보면 홍타이지가 처음 한문을 배웠을 때의 필법과 비슷합니다. "천하의 총림은 밥이 산과 같아서 밥그릇만 있으면 사방이 그대의 찬이로다[天下叢林飯似山, 鉢盂到處任君餐]." "짐은 본시 서방의 승려였거늘 어찌하다 제왕의 집에 떨어졌는가[朕本西方一衲子, 如何落在帝王家]." "오직 처음의 일념이 어긋나서 황포를 자색 가사로 바꾸었네[只因當初一念差, 黃袍換卻紫袈裟]." "태어나기 전에는 누가 나였으며 태어난 후에 나는 누구인가[未生之前誰是我, 旣生之後我是誰]." 그의 손자 옹정제가 아직 제위에 오르기 전에 모아 놓은『열심집(悅心集)』의 문구와 더불어 백화로 된 훌륭한 운문이라 하겠습니다.

역사로서만 평가한다면 청 초의 강희제·옹정제·건륭제 삼대의 통치는 만주족과 한족 간의 민족 분쟁만 제외하면, 판도의 통일이나 정치적 청명함 내지는 문치무공(文治武功)의 성취에서 한·당에 손색이 없었을 뿐 아니라 심지어 그보다 더 나았다고 말할 수 있습니다. 예를 들면 여화(女禍), 외척, 태감, 번진과 같은 역대 왕조의 폐해가 청조에는 거의 없었습니다. 이처럼 훌륭한 기초는 강희제 시대부터 세워졌습니다.

다만 옥에 티라면 산해관을 넘어 들어왔던 초기에 만주족의 삐뚤어진 습성을 버리지 못했다는 점입니다. 중국 전통의 명대(明代) 의관을 바꾸도록 하지 않았더라면, 그래서 전 국민에게 머리를 깎고 변발을 땋으라는 명령을 내리지 않았더라면 천하를 통일하는 과정에서 틀림없이 많은 수고를 덜고 훨씬 순조로웠을 것입니다. 우리가 역사 문화를 연구하려고 들면 반드시 한 국가나 민족의 '의관문물(衣冠文物)'이라는 네 글자가 상징하는 생활 문화의 중요성에 특별한 주의를 기울여야 합니다.

예를 들어 만주족이 산해관을 넘어 들어온 초기에는 그다지 큰 저항을 만나지 않았습니다. 하지만 머리를 깎고 복제(服制)를 바꾸라는 명령을 내리면서부터 온 백성이 반감을 갖게 되었고, 투항에 항거하는 의식이 갑자기 팽배해졌습니다. 이러한 생활 문화적 습성과 관련된 군중심리 문제는 언뜻 보기에 작은 일 같지만 사실은 나라를 다스리는 데 관건이 됩니다. 보통 사람들은 알아채지 못하였지만 영명했던 강희제나 옹정제는 그러한 사실을 잘 알고 있었습니다. 하지만 그들도 선조의 제도를 감히 어기지는 못했지요. 결국 정치적으로 불필요한 수고를 보태야 했습니다.

제가 직접 봤던 우스운 사건을 하나 말씀드리겠습니다. 어렸을 때이니 청조는 이미 무너졌고 민국이 들어선 지도 벌써 십여 년이 흘렀을 무렵입니다. 그런데도 우리 마을의 친척 가운데는 청조의 유로(遺老)들이 아직 남아 있었습니다. 수재(秀才)니 거인(擧人)이니 하는 두세 사람은 끝내 변발을 자르려 들지 않았습니다. 나중에 현실적인 환경 때문에 어쩔 수 없이 변발을 자르게 되자 얼른 도사(道士)의 의관으로 갈아입고서 자신은 여전히 민국에 투항할 의사가 없음을 나타냈습니다. 그것으로 자신이 청조의 유로임을 자처한 것이었습니다. 그때 제 아버지가 말했습니다. "저 노인장은 도사의 의관이 바로 명조(明朝) 지방 유지의 평상복이라는 사실을 잊으셨네그려!" 청조의 유로임을 자처한답시고 명나라의 의관을 입을 게 뭐랍니까! 의관문물이 민족 정서와 심리에서 보이지 않는 중에 불가사의한 정신적 작용을 한다는 것을 보여 주는 일화라 하겠습니다.

치학에 근면했던 강희제

강희제는 불과 십삼 세의 나이에 할머니로부터 권력을 물려받아 친정(親政)을 하게 되었습니다. 하지만 당시 청의 국세는 여전히 내우외환이 쌓여 있어서 위태롭기 그지없었습니다. 그는 장성한 이후 안으로는 권신 오배(鰲拜)를 제거하고, 밖으로는 대만 및 삼번(三藩)의 난을 평정하고 몽장(蒙藏)[150]을 위로하여 전국을 안정시키는 등 육십일 년간이나 창업 황제 노릇을 했습니다. 실로 쉽지 않은 일이었습니다. 게다가 그는 학식을 수양하는 데 있어서도 유난히 부지런했는데 천문과 수학 같은 외래 학문에 특히 주의를 기울였습니다. 중국 전통의 유가와 이학에 대해서도 마음을 썼는데, 특히 송대 정주(程朱)의 『대학』과 『중용』에서 말한 수양에 대해 깨달은 바가 있었습니다. 만약 제왕의 통치술이라는 관점에서 말한다면 그는 정말로 훌륭한 황제였습니다. 오직 문치(文治)라는 각도에서만 보더라도 대략 다음과 같았습니다.

강희 9년에 송유(宋儒)의 후예로써 오경박사직을 계승하게 했습니다. 아울러 순치 시대의 향약(鄕約)을 확충시켜서 각 지방관들에게 향약을 책임지고 구성하라 명했습니다. 매달 삭망이 되면 이들을 공공장소에 모은 다음 자신이 반포한 훈유 십육조(訓諭十六條)를 강연하게 하여 전 국민 생활 교육의 지표로 삼았습니다. 훈유 십육조란 다음과 같습니다.

① 효제(孝弟)를 돈독히 하여 인륜을 중시한다. ② 친족에 정성을 기울여 화목함이 빛나게 한다. ③ 향당(鄕黨)을 화해시켜 분쟁과 소송을 종식시킨다. ④ 농업과 양잠을 중시하여 의식을 충족시킨다. ⑤ 근검절약을 숭상하여 재용(財用)을 아낀다. ⑥ 학교를 일으켜 선비의 풍습을 바로잡는

---

150 몽고와 서장.

다. ⑦ 이단을 축출하여 정학(正學)을 숭상한다. ⑧ 법률을 강연하여 우매함과 완고함을 경계한다. ⑨ 예의를 밝혀 풍속을 두터이 한다. ⑩ 본업에 힘써서 백성의 뜻을 안정시킨다. ⑪ 자제를 훈육하여 해서는 안 될 것을 금한다. ⑫ 없는 일을 꾸며 내어 고소하는 일을 그치게 하여 선량함을 보전한다. ⑬ 숨겨 주거나 달아나게 하는 것을 경계하여 연루자를 모두 처벌하지 않도록 한다. ⑭ 돈과 곡식을 잘 보전하여 조세 상납을 재촉하는 일이 없게 한다. ⑮ 보갑(保甲)[151]을 잘 연계시켜 도적이 그치게 한다. ⑯ 원한을 풀어 주어 목숨을 중시한다.

강희 17년, 『명사(明史)』를 편찬하라는 조서를 내렸습니다.

강희 18년, 박학홍유과(博學鴻儒科)를 실시하여 명조의 유로(遺老) 및 투항하려 들지 않는 모든 지식인들을 망라했습니다.

강희 23년, 겨울에 남쪽 순수에 나섰다가 남경에 이르자 명 태조(주원장)의 능을 찾아가서 직접 제사를 지냈습니다.

강희 24년, 송유(宋儒) 주돈이의 후예에게 오경박사직을 제수했습니다. 아울러 늑덕홍(勒德洪), 왕희(王熙) 등에게 명하여 『정치전훈(政治典訓)』을 편찬하게 했습니다. 또 사서(四書), 역(易), 상서(尚書)를 백록동서원(白鹿洞書院)에서 강의하라고 반포했습니다.

강희 25년, 공림지(孔林地) 십일 경(頃)을 늘리고 아울러 그 세금을 면제하라는 조서를 내렸습니다. 유서(遺書)를 널리 구하라는 조서를 내렸습니다. 무직(武職) 관원들에게 서적을 열람하고 대의(大義)를 연구하라는 조서를 내렸습니다.

강희 26년, 송유(宋儒) 장재의 후예에게 오경박사직을 제수했습니다.

강희 28년, 항주를 순수하고 돌아가는 길에 남경에 들러서 명 태조(주원

---

151 지방의 안녕과 질서를 유지시키기 위한 의용병.

장)의 능에 또 제사를 지냈습니다.

강희 31년, 다음과 같은 조서를 내렸습니다.

대학사 등에게 이르노니, 전자에 명사 여러 권을 바쳤기에 웅사리에게 명하여 교정을 보게 하였더니 사리가 표제를 써서 바쳤는데 홍무, 선덕 본기에 헐뜯고 비난하는 말이 매우 많았다. 짐이 생각하건대 홍무제는 명의 기틀을 열었던 조상으로서 그 공덕이 융성하다. 선덕제는 창업한 뒤를 이어받아 지켰던 현명한 군주였다. 짐이 스스로 자신을 돌아보면 옛 성군에 대해 미치지 못하거늘 어찌 감히 전대의 훌륭한 군주들을 가벼이 비난하겠는가. 만약 홍무제와 선덕제를 기리는 일이라면 짐이 시문을 짓는 사람에게 지시하여 글을 지어 그 아름다움을 칭송하라 할 것이다. 하지만 잔혹하게 의론하는 일이라면 짐은 본시 그런 덕이 없고 그런 재주가 없을 뿐 아니라 또한 뜻을 내어 차마 할 수 있는 바가 아니다. 창업하였던 여러 신하들의 경우에도 만약 문신의 일이 무신보다 뛰어났다고 쓴다면 그 의론은 형평성을 잃은 것으로서 믿을 만한 역사라 하기 어렵다. 너희들은 마땅히 그것을 알아야 할 것이다.

論大學士等云, 前者, 進呈明史諸卷, 命熊賜履校讐, 賜履寫籤呈奏, 於洪武宣德本紀, 訾議甚多. 朕思洪武係明開基之祖, 功德隆盛. 宣德乃守成賢辟. 朕自反厥躬, 于古聖君, 亦不能逮, 何敢輕議前代令主. 若表揚洪武, 朕尚可指示詞臣, 撰文稱美. 倘深求刻論, 朕不惟本無此德, 本無此才, 亦非意所忍爲也. 至開創諸臣, 若撰文臣事實優於武臣, 則議論失平, 難爲信史, 爾等當知之.

강희 51년, 송유 주희(朱熹)를 공묘(孔廟)에 배향(配享)하고 그 위치를 대성전의 십철(十哲) 다음에 두었습니다.

강희 54년, 송유 범중엄(范仲淹)을 공묘에 종사(從祀)[152]했습니다.

---

152 덧붙여 제사 지내는 것.

강희제의 이러한 행동은 모두 유학을 정치사상의 중심으로 삼았던 전통 문화를 존중한 데에서 비롯되었습니다. 실제로 강희제는 참된 유학은 반드시 내적 수양과 외적 실천을 서로 결합시키는 것이어야 한다는 사실을 잘 알고 있었습니다. 공자가 "내가 헛된 말에다 (내 뜻을) 싣고자 하지만, 딱 들어맞고 잘 드러나는 행사에 나타나게 하는 것만 못하다〔我欲載之空言, 不如見之於行事之深切著明也〕"라고 말했던 것처럼 말입니다.

한번은 문화전(文華殿) 대학사 장옥서(張玉書)에게 이렇게 물었습니다. "이학이라는 명칭은 송에서 시작되지 않았는가〔理學之名, 始于宋否〕." 장옥서가 대답했습니다. "도리는 본디 사람의 마음에 있는 것으로, 송유들은 더욱 상세하게 설명하였을 뿐입니다〔道理自在人心, 宋儒講辯加詳耳〕." 그러자 강희제가 말했습니다. "날마다 쓰고 늘 행하는 것 가운데 그런 이치가 아닌 것이 없다. 이학이라는 명목이 생겨나면서 피차간에 변론하였지만, 말과 행동이 부합되지 않는 사람이 매우 많았다. 만약 학문을 강연한다고 자처하지 않으면서도 그 행사가 성실하고 합당하면, 그것이 바로 참된 이학인 것이다〔日用常行, 無非此理. 自有理學名目, 彼此辯論, 而言行不符者甚多. 若不居講學名, 而行事允合, 此卽眞理學也〕." 이 말을 보면 그는 이미 공맹의 도와 송유 이학 사이에서 명확한 구분이 서 있었음을 알 수 있습니다. 다만 백성의 풍속을 바로잡고 민심에 순응하기 위해서 그렇게 하였을 뿐입니다.

중국의 근심은 변방에 있었다

이야기가 나온 김에 여러분에게 반드시 일러둘 말이 있는데, 바로 수천 년간 중국의 재앙은 모두 변경 문제로부터 비롯되었다는 사실입니다.

진·한 이래의 변경의 재앙, 예를 들어 남북조·오대·요·금·원 시대를 보면 그 재앙이 서북과 동북 및 북방 변경에서 일어났습니다. 명·청 시대에 오면 서장(西藏) 고원에서 아래로 신강(新疆)과 몽고를 거쳐 흑룡강에서 바다에까지 이르는 연속적인 정벌을 통한 혼합이 일어났습니다. 그런데 청 중엽 이후로 바닷길이 열리게 되면서 새로운 근심거리가 생겨났는데, 바로 서남에서 동북까지의 만 리에 달하는 바다 변경이었습니다. 그러나 이십 세기 삼사십 년대 초에 일본이 중국을 침략했던 전쟁은 여전히 만주와 몽고를 기점으로 한 것이었습니다. 과거에도 그러했고 앞으로도 그러하지 않으리라 보장할 수 없습니다. 그러니 나라를 도모할 뜻이 있는 사람이라면 무엇보다도 중국의 변방 정치 문제에 신경 쓰지 않을 수 없습니다. 옛사람이 하던 말에 "하늘이 무너짐은 서북에서, 땅이 가라앉음은 동남에서"라는 것이 있는데, 참으로 심사숙고해 볼 만한 말입니다.

앞에서 강희제가 청을 통일했던 내정(內政)과 유가 문화의 관계를 말씀드렸는데, 사실 만주족과 몽고족은 당시까지도 여전히 두마음을 품은 채서로 화합되지 않았습니다. 게다가 몽고와 서장은 종교상으로 한집안이라 서로 남다른 정이 있었기 때문에 대처하기가 결코 쉽지 않았습니다. 하지만 누르하치와 홍타이지 부자에게는 이미 속셈이 있었습니다. 몽고와 서장을 정복하는 최고 전략은 바로 불교임을 알고 있었던 것입니다. 불교 중에서도 바로 바라밀교(婆羅密敎)였습니다.

과거 역사에서 남북조의 북위(北魏)나 남·북송 시기의 요·금·원이 비록 유·불·도 삼가의 문화적 기초에 귀향하기는 했지만, 북방 민족들은 정서적으로 유가보다는 불가와 도가에 훨씬 치중했습니다. 그것은 역사의 관례이자 서북에서 동북에 이르는 각 민족의 습성이었습니다. 이 문제도 연구하려 들면 결코 간단한 일이 아닙니다. 밀종 라마교의 발전 기원과 관련이 있으면서도 전문적인 문제에 속하므로 이쯤에서 끝내도록 하겠습니다.

강희제는 그런 문제들을 잘 알고 있었습니다. 그는 남방을 평정하고 중국을 통일한 이후 바로 돌아와서 몽고와 서장을 확실하게 정리하기 시작했습니다. 강희 35년에 몸소 가르단(噶爾丹)을 정복함으로써 먼저 무력을 과시했습니다. 그 후에는 라마교를 존중하는 방식을 사용하여 오래도록 다스리는 정책으로 삼았습니다. 강희제는 다륜(多倫)에서 몽고 각 부족의 왕공(王公)들을 소집하고는, 명 영락제 때 총카파(宗喀巴)가 창시한 황교(黃教) 일파로서 강희제 당시 몽고에 살고 있던 제2대 창카(章嘉) 아왕락상각단(阿旺洛桑卻丹)을 국사(國師)에 봉했습니다. 창카로 하여금 전장(前藏)의 달라이 라마(達賴喇嘛), 후장(後藏)의 판첸 라마(班禪喇嘛)와 더불어 변경 지역을 안정시키고 몽고와 서장 사이의 갈등을 화해시키는 일을 맡겼습니다. 그렇게 해서 군정(軍政)의 노역과 경비를 줄일 수 있었습니다.

몽고의 제1대 창카 후투그투(胡圖克圖)는 이름이 장가찰파아파(章嘉扎巴俄巴)로서 청해(青海) 홍애자구(紅崖子溝) 장가촌(張家村) 사람이었습니다. 그래서 원래는 그를 장가활불(張家活佛)이라고 불렀습니다. 가르단을 정벌했던 강희제는 장가활불이라는 명칭이 별로 고상하지 못하다고 생각해 제2대부터 창카(章嘉)라고 명칭을 바꾸었습니다. 국사로 봉해진 후 제2대 창카는 변방의 일로 황궁을 분주히 드나들며 강희제의 두터운 신임을 얻었습니다. 사실 제2대 창카 라마는 도를 터득한 고승이기도 했습니다.

서장의 제5대 달라이 라마였던 나왕 롭상 갸초(羅卜藏嘉穆錯)는 불법의 수양이나 세법(世法)에 대한 견해에서 뛰어난 조예를 지닌 인물이었습니다. 제2대 창카는 일찍이 그에게서 학문을 배웠습니다. 제5대 달라이 라마는 홍타이지 시기에 이미 사람을 성경(盛京)[153]에 파견하여 서신을 바치고 조공을 진상했습니다. 순치 9년에는 제5대 달라이 라마가 직접 북경으

---

153 요녕성(遼寧省) 심양(瀋陽).

로 와서 황제를 알현했습니다. 순치제는 상빈(上賓)의 예로 대접하고 황궁 안 태화전에 머물게 했습니다. 또 일부러 서황사(西黃寺)라는 절을 세우게 하여 그에게 주지를 맡겼으며 서천자재대선불(西天自在大善佛)에 봉했습니다.

강희 34년에 달라이 라마를 모시던 권신 제파(第巴)가 비밀리에 가르단 등과 결탁하여, 달라이 라마의 명의를 빌려 서장과 청해 등지에 파견해 놓은 군사를 철수시켜 줄 것을 청 조정에 요청했습니다. 강희제는 그 내막을 알게 되자 제파를 엄히 나무라고 그의 요청을 수락하지 않았습니다. 곧이어 어가를 앞세우고 가르단 정벌에 나섰습니다. 제5대 달라이 라마가 죽은 후 전장(前藏)을 좌지우지하게 된 제파는 환생한 제6대 달라이 라마가 진짜와 가짜의 쌍둥이라는 설을 만들어 냈는데, 이것이 바로 서장에서 역대로 전해 내려오는 제6대 달라이 라마에 관한 민간 고사입니다. 그 일로 서장 지역이 시끄러워지자 강희 49년에 다시 의정대신(議政大臣)들의 회의를 거쳐 라짱(拉藏) 및 판첸 후투그투가 서장 여러 사찰의 라마들과 함께 서장의 사무를 관리하게 했습니다.

"이제 시랑 혁수가 상주하여 청하거니와, 파극탑 후비르칸[154]이 전에는 나이가 어린 까닭에 몇 년을 기다린 후에 봉한다는 황제의 뜻을 받들었다. 하지만 이제는 경전을 훤히 알아서 청해의 여러 무리들에게 존경을 받으니, 청함을 받아들여 칙서와 인장을 내려 주고 제6대 달라이 라마에 봉한

---

154 라마교에서는 현세의 달라이 라마를 살아 있는 부처(活佛)로 생각하고 국왕이자 관세음보살의 화신으로 믿고 있으며, 달라이 라마가 죽고 나서 사십구 일이 지나면 다른 몸에 수태되어 다시 어린아이로 이 세상에 환생한다고 믿는다. 그 아이가 자라서 오 세쯤 되면 자연스럽게 용모와 행실이 그 이전의 달라이 라마를 닮게 되어 라마교 고승들의 눈에 띄고, 이어서 사전에 정해진 전통적인 방식에 따라 확인을 거쳐 다음 달라이 라마로 추대된다. 달라이 라마의 환생이라고 추정되는 어린아이를 가리키는 몽고어 호칭 '후비르칸'을 한자로 음역한 것이 호필이한(呼畢爾罕)인데, 청조와 중화 민국 초기에는 호필납한(呼畢納罕), 호필륵한(呼畢勒罕) 등 비슷한 음의 글자들로 음역되었다. 현재는 '전세영동(轉世靈童)'이라는 명칭으로 통일되었다.

다〔今經侍郎赫壽奏請, 波克塔胡必爾汗, 前因年幼, 奉旨俟數年後授封. 今旣熟諳
經典, 爲靑海諸衆所重, 應如所請, 給以冊印, 封爲第六世達賴喇嘛〕."

그 후로 역대 달라이 라마는 거의 모두가 선출에서 시비가 일었습니다.
건륭 57년에 금병(金瓶)을 내려 주어 추첨하게 하면서 비로소 모두가 승
복하는 해결 방법이 정해졌습니다. 건륭 시대에 내려 준 금병은 현재까지
도 그대로 사용되고 있습니다. 『주석청감집람(注釋淸鑑輯覽)』에 실린 사료
에 따르면 아래와 같습니다. 괄호 안은 원서의 주석이니 참고하시기 바랍
니다.

건륭 57년 십일월에 후비르칸의 후계자를 잇는 제비뽑기의 예를 정하였다.
구르카가 평정되자 황제께서는 군사의 남은 위력을 이용하여 서장의 오랜 폐단을
혁파하고자 하였다. 그리하여 군대를 남겨 두어 서장을 지키게 하고 서장에 주둔하는
대신의 권한을 달라이 라마, 판첸 라마와 동등하게 하여 그로 하여금 통제하였다. 예전
에 총카파가 황교를 제창하고 취처를 금하면서, 교왕은 세세토록 환생할 것이니 육신
으로 세습할 필요가 없다고 말했었다. 그 대제자가 둘 있으니 하나는 달라이 라마이고
또 하나는 판첸 라마인데, 라싸[155]에 살면서 총카파의 법을 계승하고 황교도의 종주가
되었다. 총카파가 입적할 때 달라이 라마와 판첸 라마에게 유언을 남기기를, 세세토록
후비르칸이 환생하여 대승교를 펼쳐 중생을 제도할 것이라 하였다. 후비르칸은 중국
말로 하면 화신이라는 말이다.

(처음에 외국의 고승 파스파發思巴가 제사帝師 대보법왕大寶法王이 되어서 서장
땅을 다스렸는데, 후사가 그 이름을 세습하여 서장에서 처음으로 석교釋敎 종주가
되었으며 그 받드는 바가 모두 홍교紅敎였습니다. 후사들에 이르러서는 점차 사치
스러운 풍조로 흘러가고 기강이 무너지면서 불교의 본래 취지를 잃어버렸습니다.

---

155 티베트의 수도.

그때 총카파가 타쉬룬포사札什倫布의 살가묘薩迦廟에서 경전을 배웠는데, 시수時數에 깊이 달관하여 불교를 개혁하려 마음먹고 이에 대설산大雪山에 들어가서 고행을 하였습니다. 도가 완성되자 이민족들이 존경하고 신뢰하니 이에 별도로 종파를 창시하였습니다. 환술幻術을 배격하고 취처娶妻를 금하면서 스스로 황포와 황모를 써서 구별하여 황교黃敎라 불렀습니다. 이에 구교 라마교는 홍교紅敎라 부르게 되었습니다.)

제1대 달라이 라마는 겐둔 두파라 하였는데, 토번[156] 왕실의 후예였고 대대로 서장의 왕 노릇을 하여 이로부터 황교도의 세력이 더욱 확장되었다. 제5대 달라이 라마 나왕롭상 갸초가 세상을 떠나자 제파가 국사를 독점하였다.

(달라이 라마, 판첸 라마는 모두 종교적인 일만 관장하고 세상일은 관여하지 않았습니다. 그래서 제2대 달라이 라마 겐둔 가쵸가 처음으로 제파 등의 관리를 두어 정사를 맡게 하였습니다.)

가르단을 부추겨 노략질하게 하니 서장 땅이 크게 어지러워졌다. 후에 제파는 라쌍 칸에게 죽임을 당하였으나 서장이 세운 제6대 달라이 라마를 여러 몽고 부족들이 믿고 존경하지 않고 따로 이당의 겔상 갸초를 진짜 달라이 라마로 받들면서 서장이 세운 달라이 라마를 놓고 그 시비를 논하였다. 아마도 총카파가 일화오엽에 관한 예언을 남겼기 때문에 6대 이후로 달라이 라마의 자리에 오른 사람들은 더 이상 오묘한 이치를 직관하지 못하고 단지 수종에게 의탁하여 지시하였을 것이다. 수종이란 내지의 무사와 같은 것이다.

(달라이 라마의 화신인 제1대와 제2대는 후장後藏에서 나왔고 제3대는 전장前藏에서 나왔으며 제4대는 몽고에서 나왔고 제5대는 전장에서 나왔으니, 달라이 라마의 출신은 한 종족 한 땅에 한정되어 있지 않았습니다. 이때에 이르러 폐단이 생겨났는데 형제나 아들이나 조카가 법좌를 계승하는 일이 왕왕 있었으니 이를테면 세

---

156 지금의 투루판.

습과 같았습니다. 달라이 라마와 판첸 라마의 친족들은 연줄을 이용해 요직을 차지하고 권력과 이익을 독점하였습니다.)

황제께서 오래도록 그 폐단을 살피시어 그것을 혁파하고자 하였으나 기회를 잡지 못하였다. 이때에 이르러 특별히 제비 뽑는 법을 창제하고 금병을 내려 주어 서장의 대초사에 모셔놓았다. '후비르칸'이 세상에 나오게 되면 그 서로 다른 자들을 보고하게 하여, 제비를 금병 속에 넣어 두고 불경을 읽어 신이 내려오게 하였다. 대신이 달라이 라마, 판첸 라마와 더불어 총카파의 앞에서 그것을 뽑았다.

(먼저 수중垂仲 네 사람으로 하여금 신이 내려오게 하는 설법을 강연하게 하였습니다. 달라이 라마가 입적하면 수중이 '후비르칸呼畢納罕'의 성명, 생년, 월, 일을 각기 하나의 제비에 기록하여 금병 안에 넣었습니다. 라마 승려들이 칠일 동안 불경을 읽은 후에 각 '후투그투胡圖克圖'를 불상 앞에 소집하고는 서장에 주둔한 대신이 동석한 후에 제비를 뽑았습니다. 만약 네 사람이 지명하는 '후비르칸呼畢勒罕'이 동일한 사람이라면 아무것도 쓰지 않은 제비 하나를 병 속에 넣습니다. 만약 그 빈 제비를 뽑게 되면 부처의 도움이 없는 것이라 여기고 다시 다른 제비를 뽑았습니다.)

각 자사크이 받드는 '후투그투'는 '후비르칸'이 세상에 나오면 이번원에 그 이름을 보고하고 북경에 있는 창가 '후투그투'와 함께 제비를 뽑았는데, 금병은 옹화궁에 모셔놓았다.

乾隆五十七年十一月, 定呼畢納罕嗣續掣籤例.

廓爾喀旣平, 帝欲乘用兵餘威以革藏中積弊, 故留兵戍藏, 使駐藏大臣之權與達賴班禪相埒, 以控制之. 先是宗喀巴倡黃敎, 禁娶妻, 倡言敎王乃世世轉生, 不必以肉身世襲. 其大弟子有二. 一曰達賴喇嘛一曰班禪喇嘛, 並居拉薩, 嗣宗喀巴法, 爲黃敎徒宗主. 宗喀巴圓寂之時, 遺囑達賴班禪, 世世呼畢納罕轉生, 演大乘敎, 以濟度衆生. 呼必納罕者, 華言化身也.

達賴一世曰根敦珠巴, 故吐藩王室之裔, 世爲藏王, 自是黃敎徒之勢益張. 傳至第五世曰羅卜藏嘉穆錯, 及卒, 有第巴專國事.

唆準噶爾使入寇, 藏中大亂. 後第巴爲拉藏汗所誅, 而藏中所立之第六世達賴喇嘛, 諸蒙古不復敬信, 而別奉裏塘之噶爾藏嘉穆錯爲眞達賴, 與藏中所立, 互相是非. 蓋宗喀巴有一花五葉之讖, 故自六世以後, 登座者無復眞觀密諦, 祇憑垂仲神指示. 垂仲者, 猶內地巫師也.

帝久悉其弊, 欲革之而未有會也. 至是特創掣籤法, 頒金奔巴瓶一, 供于西藏大招寺, 遇有呼畢納罕出世, 互報差異者, 納籤瓶中, 誦經降神. 大臣會同達賴班禪于宗喀巴前掣之, 而各札薩克所奉胡圖克圖其呼必納罕將出世, 亦報名理藩院與住京之章嘉胡圖克圖掣之, 瓶供雍和宮.

몽고와 서장 두 지역에서는 원(元)·명(明) 이래로 줄곧 라마교를 최고의 밀법(密法)으로 굳게 믿었습니다. 그래서 선종을 제외하고는 내지(內地)의 불교 각 종파를 모두 경시하고 배척했습니다. 강희제는 몽고와 서장 두 지역의 후투그투들을―최고의 대사(大師)라는 뜻으로 세속에서는 "살아 있는 부처[活佛]"라 칭했습니다―각기 다른 방식으로 대우할 줄 알았습니다. 그의 평소 태도로 말하자면 그는 절대로 모르는 것을 안다고 우기는 사람이 아니었습니다. 물론 그 역시 불학에 대해 한층 깊이 있는 이해가 필요했지만 평소에는 입을 다물고 언급하지 않았습니다.

그는 사찰의 편액(扁額)을 직접 써 주기를 좋아했습니다. 특히 그는 일생 동안 세 번이나 오대산(五臺山)에 올랐는데, 실로 예전의 제왕에게서 찾아보기 힘든 행동이었습니다. 첫 번째는 강희 22년으로 그의 나이 삼십세 때였습니다. 대만과 삼번의 난을 평정한 후 오대산에 올라가서 약 한 달을 머물렀습니다. 후세 사람들은 그가 쓴 글을 근거로 하여 출가한 부친 순치제를 만나러 간 것이라고 말합니다. 두 번째는 강희 37년 정월로서 가르단을 평정한 다음 해에 역시 오대산에 올라갔습니다. 세 번째는 강희 41년 봄 정월에 역시 오대산에 가서 십여 일을 머물렀습니다.

오대산은 중국 불교의 사대 명산 가운데 하나입니다. 불교도들은 불경의 서설(敍說)에 의거하여, 오대산은 대지(大智) 문수사리보살의 도량이고 사천의 아미산(峨嵋山)은 대행(大行) 보현보살의 도량이며 절강의 보타산(普陀山)은 대비(大悲) 관세음보살의 도량이고 안휘의 구화산(九華山)은 대원(大願) 지장보살의 도량이라고 생각했습니다. 문수사리보살은 또한 몽고와 서장 두 지역의 라마 밀교가 가장 숭상하는 선조였습니다. 과거 오대산에 있던 사찰들은 대부분 밀종의 라마묘(喇嘛廟)였고 내지(內地)와 같은 선종 사찰은 소수에 불과했습니다. 강희제가 오대산을 아꼈던 것은 출가한 부황(父皇)을 만나러 가기 위해서였다기보다, 그 기회에 마음과 생각을 정리하고 몸소 '내성외왕(內聖外王)'의 도를 체득하기 위해서였다고 말해야 할 것입니다. 내지를 다스리는 데 있어서는 모름지기 유가를 사용하고, 만주·몽고·서장 지역을 다스리는 데 있어서는 반드시 불교를 사용해야 했습니다. 물론 이것은 강희제 시대에 겉으로는 유학을 표명했지만 안으로는 불로(佛老)를 이용했던 사실을 설명한 것일 뿐입니다.

60
옹정제에서 건륭제까지

강희제는 십삼 세 때부터 친정을 했기 때문에 오랜 기간을 내우외환 속에서 보내야 했습니다. 그가 실천을 통해 터득한 경험들은 그의 넷째 아들 옹정제에게 영향을 미쳤습니다. 어린 시절부터 옹정제가 학문을 중시하고 특히 선종의 불법에 심취했던 것은 이치상으로 극히 자연스러운 현상이었습니다. 그러나 옹정제는 어릴 적 왕자의 신분이었을 때부터 불가 경전에 푹 빠졌었고, 훗날 친왕(親王)에 봉해진 뒤로는 더욱 진지해져서 공공연히 자신의 저택에서 일부 신하들을 거느리고 불학을 배우고 참선을 행했습니다. 그 중에는 출가한 승려들도 끼어 있었으니 괴이한 일이 아닐 수 없었습니다. "아들을 아는 데는 아버지만 한 사람이 없다"라고 했는데, 영명했던 강희제가 아들의 그런 행동을 그냥 묵과했을 리 없습니다. 그런데 실제로는 옹정제의 참선이나 학불(學佛)에 대해 그는 가타부타 아무런 말도 하지 않았습니다. 훈계를 한 적도 없었습니다. 그러니 알고도 일부러 내버려 두었다고 말하지 않을 수 없습니다. 적어도 반대하지는 않았던 것입니다.

하지만 청 초의 역사를 소설로 쓰는 사람들은 대부분 옹정제의 참선과 학불이 정권 쟁탈의 수단이었던 것으로 묘사합니다. 뒤로 한 걸음 물러서는 것이 바로 앞으로 한 걸음 나아가기 위한 권모술수였다고 생각하는 것입니다. 사실 강희제 시대에는 황태자 자리에 관한 밀지(密旨)를 먼저 작성해서 '정대광명(正大光明)'이라는 편액 뒤에 넣어 두는 방식이 전혀 없었습니다. 그러한 방법은 옹정제 본인이 처음 만들어 낸 것이었습니다. 그는 역사상 황태자 자리를 놓고 다툰 사례들을 거울삼았습니다.

예를 들어 당 태종 이세민 역시 태자를 세우는 일 때문에 골치깨나 아팠던 인물입니다. 그랬는데 자신의 대에 와서도 황태자를 세우고 태자를 폐위시키는 일로 많은 형제들 사이에 알게 모르게 분쟁이 벌어지는 비통한 사정을 직접 목격하고는, 옹정제는 자신이 제위에 오르던 그해 팔월에 바로 총리대신 등에게 명을 내렸습니다. 황태자를 세우는 일에 관한 교지를 밀봉해서 넣어 둔 작은 비단 상자를 건청궁(乾淸宮)의 '정대광명'이라는 편액 뒤에 감추어 두라는 것이었습니다. 아울러 그것이 "불우에 대비한 것[以備不虞]"임을 명확히 말했습니다. '불우(不虞)'란 생각지도 못한 일이라는 뜻입니다. 사람의 생명은 원래 무상(無常)합니다. 하물며 높은 지위에 있다 보면 생각지 못한 변고가 더욱 많기 마련입니다. 만일에 자신의 몸을 보존하지 못할 경우가 생겼는데 후계자가 없다면 일이 더 어려워집니다. 그뿐 아니라 자신이 미리 정해 놓은 사람이 있는데도 주변 환경 때문에 변괴가 생겨 다른 사람으로 바꾸려고 든다면 그 역시 큰 혼란을 일으키게 됩니다. 그렇기 때문에 "범사에 미리 계획을 세워 둠으로써 나중에 고생하지 않는다"라는 말처럼 그러한 공개적이면서도 비밀스러운 방법을 사용하여 미리 준비해 두는 편이 훨씬 낫다고 생각했던 것입니다. 그런데 청 말 이후로 사람들은 역사의 전후 관계를 전도시키고서, 옹정제가 편액 뒤에 감추어 놓은 유조(遺詔)를 고치는 수법을 써서 황제 자리를 빼앗았다고 말하고 있으니 참으로 공정하지 못하다 하겠습니다.

주야로 부지런히 노력하여 "일을 반듯하게 처리하다"

하지만 지금 제가 말씀드리고자 하는 문제는 그러한 역사적 미스터리에 관한 것이 아니라, 청 초 강희제의 뒤를 이어 옹정 왕조에서 더욱 두드러 졌던 현상에 관한 것입니다. 즉 겉으로는 유학을 표명하면서 안으로는 불가와 도가를 이용했던 문화 정치적 함의에 관한 이야기입니다. 하지만 그 이유와 사실을 자세히 설명하려고 들면 그것만으로도 하나의 복잡한 문 젯거리가 되므로, 여기서는 그저 여러분의 주의를 환기시키는 정도로만 그치겠습니다.

현재까지 고궁에 보존되어 있는 역대 공문서 가운데 옹정제가 재위 13 년간 결재해 준 상주문들을 자세히 살펴보면, 그가 역대 제왕 가운데 가장 성실하고 부지런했으며 생활은 비교적 검소하고 소박했고 기호 역시 상 당히 담백했던 황제임을 인정하게 될 것입니다. 만약 그에게 성심으로 일 을 처리하려는 진정과 남다른 정력이 없었다면 그렇게 밤낮으로 부지런 히 문서를 읽고 처리하지 못했을 것입니다.

하지만 그는 황제로 있는 동안 다량의 공문서를 결재한 동시에 처리한 상주문의 분량보다 훨씬 더 많은 선종 불학 방면의 서적을 편집하고 저술 했습니다. 상주문을 처리하고 서적을 편집 저술하는 일은 모두 머리를 굴 리고 직접 손으로 글을 쓰는 일입니다. 타자기도 없고 컴퓨터는 더더구나 없던 시절이었습니다. 존귀한 제왕의 신분으로 하루에 처리해야 할 일은 또 얼마나 많았겠습니까. 하지만 십여 년간 두문불출하면서 전심으로 글 을 쓴 사람이라 할지라도 그처럼 정교하면서 풍부한 성취를 거두지는 못 했을 것입니다. 물론 선불(禪佛)에 관한 옹정제의 학문과 수양이 어느 정 도 깊이에 도달했는지에는 장차 전문가가 나와서 연구하게 되리라고 믿 습니다. 그러니 더 이상 토론할 것 없이 이쯤에서 끝맺도록 하겠습니다.

다만 한 가지만 더 보충해서 말씀드리자면, 옹정제의 서법(書法)은 부친의 자체(字體)를 열심히 배운 것으로서 단지 필력의 기세가 조금 다를 뿐이었습니다. 그래서 고궁에 보존되어 있는 강희제 시대의 상주문 가운데는 강희제 만년에 옹정제가 부친을 대필(代筆)하여 처리한 자료들도 찾아볼 수 있습니다. 강희제가 일찌감치 그의 재능을 알아내고 후계자로 키우고자 했던 마음이 있었음을 엿볼 수 있습니다. 그랬으니 임종을 앞두고 강희제가 얼마나 다급하게 옹정제를 불러들여 자신의 뒤를 이을 것을 분부했을지 짐작이 갑니다.

청 초 강희제 시대의 정치는 내란을 평정하고 전국을 통일하는 데 그 중점이 두어졌습니다. 그뿐 아니라 그가 가장 주력했던 부분은 황하와 운하의 재난을 다스리는 일이었는데 이 분야에 많은 정력을 들여야만 했습니다. 전국 지식인들의 반청 복명(反淸復明) 사상이나 만주족과 한족 사이를 감돌던 긴장된 정서에 대해서는 오로지 회유하고 다독거리는 정책을 사용했습니다. 즉 박학홍사과(博學鴻詞科)를 시행하면서 시간을 두고 완화시키는 방법을 썼던 것입니다.

하지만 옹정제는 황제 자리에 오르기 전 왕자의 신분으로 있으면서 이미 사십오 년에 걸친 경험과 경력을 쌓았던 터라, 여러 형제들 사이에서 벌어졌던 분쟁 및 팔기 자제와 만주족과 한족 간의 상황에 대해 그 폐단을 잘 알고 있었습니다. 특히 만주 팔기 자제들의 탐욕과 부패상에 대해서는 그의 선조 홍타이지가 "우리나라의 패륵과 공주들은 모두 얻기를 탐하는 마음을 지니고 있으니"라고 말했던 것처럼 반드시 손을 써야겠다고 생각했습니다. 그리하여 제위를 계승하자마자 엄격하고도 신속하게 행동에 옮겼습니다. 인정사정 보지 않고 먼저 종실부터 정리하기 시작했습니다. 이어서 팔기 자제들의 나태함과 탐심을 말끔히 처리했습니다. 그랬기 때문에 그가 맨 먼저 자신의 적으로 만든 사람들은 한족이 아니라 오히려 종실과 만주족 팔기였습니다. 그 결과 종실 친척들은 한족 신하와 결탁하여 유언비어를 만들어 그를 중상 모략했습니다. 심지어는 그가 간사한 방법을 이용해 권력을 탈취하였노라고 선전하기도 했습니다.

다음으로, 강희제 말년에 이미 조정에서 거두어들인 세금 및 국고 보유 은(銀)의 부족 현상이 나타나기 시작했고 아울러 지방의 각 성(省)과 세금 문제로 갈등이 생겼습니다. 강희 48년에 호부(戶部) 및 각 성에 조서를 내려 "천천히 신중하게 협의 검토할 것"을 명했습니다. 종실과 중신(重臣) 및 각 성 관리들의 탐욕스러운 실상에서부터 연갱요(年羹堯) 같은 권신과 융과다(隆科多) 같은 외척들이 딴마음을 품고 있는 사실에 관해 옹정제는 친왕의 신분으로 있을 때부터 이미 훤히 알고 있었습니다. 하지만 당시는 강희제가 관대함을 표방한 데다 또 옹정제 자신이 대신들과 형제들로부터 권력 분쟁을 둘러싸고 의심을 받는 위치에 있었기 때문에 명확한 태도를 표명하지는 않았습니다.

그러나 황제 자리에 오르자마자 옹정제는 만주족과 한족의 권신(權臣)들을 엄격하게 처리하고 조세와 재정 문제를 정비하기 시작했습니다. 설사 형제나 종실이라 할지라도 예외를 두지 않았습니다. 역대로 정치 기강을 바로잡고 탐관오리를 숙청하겠다고 나섰던 사람 치고 실망스럽게 끝나지 않은 사람이 거의 없었습니다. 송대의 포증(包拯)은 포청천(包靑天)이라고 불리기도 했지만 그 역시 재경(財經) 문제는 정리하지 못했습니다. 만약 그가 재경 문제를 정리하려고 들었다면 제아무리 구름 한 점 없이 '푸른 하늘(靑天)'이었다 할지라도 틀림없이 바람과 먹구름이 몰려왔을 것입니다. 하지만 옹정제는 그 어떤 것도 돌아보지 않고 자신이 직접 나서서 처리했습니다. 그 덕에 청조의 국고는 가득 차게 되었고 탐관오리들은 가산을 몰수당했습니다.

만주족과 한족 반대파의 분노와 원한이 그의 일신에 집중된 것은 물론이었습니다. 하지만 그는 불학을 공부하고 참선을 했던 사람으로, 영가(永嘉) 선사가 말했던 '판사정(辦事定)'[157]의 학문 수양을 깊이 체득하고 있었습니다. "흐르지 않는 물이 물결조차 맑아 만상이 거기에 비추어 보는〔止水澄波, 萬象斯鑑〕"것처럼 말입니다. 식견이 올바르고 행실이 분명한 데다 장자가 말했던 "온 세상이 그를 칭찬하여도 따르지 않고, 온 세상이 그를 비난하여도 꺾이지 않는〔擧世而譽之而不加勸, 擧世而非之而不加沮〕"결심을 지녔기에 의연하게 실행해 나갔던 것입니다.

옹정제는 어떻게 평천하하였는가

옹정 원년 정월, 아직 정식으로 정치를 하기 앞서 유지십일도(諭旨十一道)를 반포하여 총독(總督), 순무(巡撫), 제독(提督) 이하 각 관리들을 훈계했습니다. 그것은 바로 선수를 쳐서 상대의 기선을 제압하는 방식이었는데, 말하자면 정리하고 숙청하는 작업을 시작하겠노라 하는 자신의 뜻을 알리는 것이었습니다. 요즘 식으로 말한다면 지도자의 자리에 오르면서 시정보고(施政報告)의 방향을 먼저 선포한 셈이었습니다. 지금부터는 사료에 실린 것을 바탕으로, 그의 주요한 시정 몇 가지만 뽑아서 간단히 설명하겠습니다.

우선 농업을 발전시켜 백성을 이롭게 하는 일에 관해서는 '기과지례(起科之例)'[158]를 정했습니다. "각 성에 개간할 만한 땅이 있으면 백성들에게 알려 땅의 마땅함을 측량하게 하고 스스로 개간하여 보고하게 하라. 지방

---

157 일을 반듯하게 처리하다.
158 세금을 부과하기 시작하는 예.

관은 강탈해서는 안 되고 서리(하급 관리)들도 방해해서는 안 된다. 세금을 바치는 예에 있어서는, 수전은 육 년부터 세금을 부과하기 시작하고 한전(旱田)은 십 년부터 세금을 부과하기 시작하라. 기록하여 예로 삼으라(諭各省凡有可墾之處, 聽民相度地宜, 自墾自報. 地方官不得勒索, 胥吏不得阻撓. 至升科之例, 水田仍以六年起科, 旱田以十年起科, 著爲例〕."

한 사람에게 권력이 집중되어 있던 전제 정치 시대에는, 이십 세기 민주 시대처럼 민의(民意)의 대표들이 제안을 하고 다시 의결 과정을 거쳐 시행한 것이 아니었습니다. 옹정제는 깊은 궁중에서 태어나 황족의 가정에서 성장하였지만 백성들의 사정을 깊이 살핀 후에 이처럼 독단으로 실행에 옮겼습니다. 특히 그는 지방관들의 강탈하는 습성과 기층 간부들의 고의적인 방해를 분명히 지적하면서 그러한 행위를 허락하지 않았는데, 참으로 칭찬받을 만한 일이었습니다.

사월, 날마다 황제의 언행을 기록하는 직책인 기거주관(起居注官)을 부활시켰습니다. 그것은 스스로 고생을 자초한 것이라고 할 수 있는데, 대신에게 자신의 생활과 처리한 일의 시비에 관해 수시로 기록하게 하는 것을 말합니다. 그런 다음에야 비로소 "건청궁에 나가 정무를 보았다"라고 합니다. 뒤이어 "산서와 섬서의 교방 악적을 없애고 양민으로 고치라"라는 명령을 내렸습니다. 교방(敎坊) 악적(樂籍)이란 당시에 배우 노릇을 하거나 민간의 혼례와 상사에서 전문적으로 음악을 연주해 주던 천민으로 심지어 창기까지도 포함합니다. 명조 이래의 폐습으로서 전쟁 포로와 죄인의 친척을 그러한 호적에 집어넣어 자자손손 영원히 고개를 들지 못하는 빈민으로 만들었습니다. 하지만 옹정제는 불가의 자비와 유가의 인덕(仁德)을 베풀어 그들을 해방시켜 주라는 명령을 내렸습니다. 요즘 우리가 하는 말로 그는 이미 공산주의 또는 사회주의 의식을 지니고 있었던 것입니다.

유월, 경사(京師)[159]의 팔기 군사 가운데 항산(恒産)이 없는 자들에게 열하(熱河)[160]의 객자하둔(喀剌河屯)[161] 화유구(樺楡溝)로 이주하여 밭을 개간하라 명했습니다. 그의 이런 명령은 국경을 넘어왔던 정벌 전쟁에서 공을 세웠던 만주 팔기의 특권 자제들에게 크나큰 원망과 분노를 불러일으켰습니다. 하지만 그는 굳건하게 밀어붙였습니다. 결국 많은 사람들의 원한을 한 몸에 받게 되기는 했습니다만.

팔월, 염상(鹽商)들을 잘 단속하여 사치를 엄금하고 분수를 지킬 것을 명하는 염정(鹽政)[162]을 내렸습니다. 과거 중국의 역대 재정 경제에서 가장 중요한 재화는 소금과 철이었습니다. 소금과 철을 생산하고 무역하는 일은 큰 장사였습니다. 예를 들어 "스물네 개의 다리 위로 밝은 달이 뜬 밤, 내 님은 어느 곳에서 피리를 불고 계실까〔二十四橋明月夜, 玉人何處教吹簫〕"라고 하던 양주(揚州)는 바로 큰 염상(鹽商)들이 모여들던 상업 도시였습니다. 염상 가운데는 한 나라에 견줄 만한 부를 축적한 거상도 있었습니다. 돈을 벌면 소주(蘇州)에 원림(園林)을 짓는 등 왕후장상 부럽지 않은 사치한 생활을 누렸습니다. 염도(鹽道)[163]를 지내는 관리들은 황제보다도 훨씬 호화로운 생활을 했습니다. 하지만 옹정제는 관리와 상인이 서로 결탁하여 비리를 마구 저지르는 상황을 그냥 묵과하지 않았습니다. 하지만 그러한 개혁 명령 역시 그들의 원망을 초래했습니다. 황태자를 세우는 일을 기록해 놓은 비단 상자를 건청궁의 '정대광명' 편액 뒤에 감추어 두는 일도 바로 그 달에 시행되었습니다.

구월, 소흥부(紹興府)의 타민(惰民)과 개적(丐籍)을 없앴습니다. 역시 가

---

159 북경(北京).

160 중국 동북부의 성(省).

161 군대가 진을 친 곳을 '둔(屯)'이라고 한다.

162 염무(鹽務)와 관련된 명령.

163 관직명. 염정(鹽政)을 관리하는 직책.

난한 백성을 억압에서 해방시켜 주었던 인정(仁政)이었습니다. 이른바 절강(浙江)의 타민과 개적은 원래 그들의 조상이 명 초 장사성(張士誠)의 부하로 있다가 포로가 되었던 패잔병들이었습니다. 그 일부가 절강의 소흥에 모여 살았는데 항산(恒産)이 없는 데다 생계를 꾸려 갈 기술도 없었기 때문에 결국 영원히 하는 일 없이 빈둥거리는 가난뱅이로 변하고 말았습니다. 심한 경우에는 거지가 되기도 했습니다. 명 왕조부터 청 초까지 계속해서 그들을 타민 혹은 거지의 호적으로 편성하여 관리하는 바람에 그들은 영원히 해방될 수 없었습니다. 그런데 옹정제가 그런 호적을 없애라는 명령을 내려 그들로 하여금 일반 양민이 되게 하였으니 그것이 인정이 아니라고 말할 수 있겠습니까?

이어서 십일월에는 "건달들이 중국의 어린 계수나무를 사사로이 몽고의 관문에 판매하는 것을 금지한다. 조사해서 붙잡지 않는 관원과 병졸들은 의논하여 처벌하라. 기록하여 예로 삼으라[禁止奸棍私販中國幼欅出口, 賣與蒙古關口. 官員兵丁, 不行查拿者, 分別議處. 著爲例]"라고 했습니다. 이른바 "기록하여 예로 삼으라"는 말은 영구히 법으로 만들라는 뜻입니다.

십이월, 당시 서양인이 내지(內地)에서 천주교를 몰래 전파하는 일이 있었습니다. 절민(浙閩)[164] 총독 각라만(覺羅滿)이 상소를 올려 그들이 민심을 선동할 우려가 있으므로 국경 밖으로 쫓아낼 것을 요구했습니다. 하지만 옹정제는 종교가 다른 외국인이라는 이유만으로 그들을 적대시하지 않았습니다. 각 성의 지방관에게 명령을 내려 서양인들을 잘 돌보아 주게 하고, 그들을 마카오로 옮겨 거주하게 함으로써 관대함을 보여 주었습니다.

옹정 2년 사월, 만주족과 한족 양측에 명하여 각기 종학(宗學)을 설립하게 하고, 종실에서 사 인을 뽑아 정교장(正敎長)을 삼고 십육 인으로 부교

---

164 절강성(浙江省)과 복건성(福建省).

장(副敎長)을 삼아서 각기 청서(淸書)와 한서(漢書)를 가르치게 했습니다.

유월에는 내무부에 명하여 남아도는 땅 천육백여 경(頃) 및 관지(官地) 이천육백여 경에 정전(井田)을 설립하고, 팔기 가운데 땅이 없는 사람들로 십육 세 이상 육십 세 이하인 사람들을 보내어 경작하게 했습니다. 만주 오십 호(戶), 몽고 십 호, 한군(漢軍) 사십 호였습니다. 삼 년 후, 경작한 공전(公田)의 곡식에 대해 세금을 징수했습니다. 이 일은 그가 쓴 문서에 '공력동양(共力同養)'할 것을 요구한다는 말로 기록되어 있습니다. 현대인의 관점에서 보면 옹정제가 가장 먼저 공산주의적 실험 농장을 시행하였다고 말할 수 있습니다. 이런 사실들을 보면 실질적으로 그가 팔기 자제에 대한 정리와 관리 교육을 차근차근 실천해 나갔음을 알 수 있습니다.

구월에는 가장 먼저 산서(山西)의 정은(丁銀)[165]을 전부(田賦)[166]에 분담하여 징수하라고 명했습니다.[167]

옹정 3년 정월, "직예 고안현에 관리를 파견하여 관지 이백 경을 골라 정전으로 만들고 팔기 가운데 부동산이 없는 사람들에게 경작하라 명하였다〔遣官於直隷固安縣擇官地二百頃爲井田, 命八旗無産之人受耕〕."

삼월에는 주식(朱軾)의 요청을 받아들여 절강 항주부(杭州府)와 강남 화정현(華亭縣) 등에 방파제를 수축하여 조석(潮汐)을 막았습니다.

옹정 4년 이월, 섬서 연안부(延安府) 십칠 주현(州縣)의 정은을 정하되 그 한도를 이 전(錢)으로 했습니다.

사월에는 운남(雲南) 전체의 정은을 전답에 분담하여 징수하라고 명했습니다.

---

165 성년 남자에게 부과하는 세금. 인두세(人頭稅).

166 전답의 세금.

167 사람에게 부과하는 정은(丁銀)을 없애고 전답에 부과하는 지은(地銀)으로 통합한 이 정책을 지정은제(地丁銀制)라고 한다. 번다한 세금을 한 가지로 통일하는 차원에서 실시되었다.

유월, 도박을 금하고 관리들이 도박장에서 "몰수한 은전은 관에 바치지 않아도 됨을 허가했습니다. 도박하는 사람을 체포한 사람에게 상을 내림으로써 장려하고[所獲銀錢, 不必入官. 即賞給拿獲之人, 以示鼓勵]" 영원히 정례로 삼았습니다.

십이월에 양절(兩浙)[168] 염상들이 은을 바치니 양회(兩淮)[169] 염의창(鹽義倉)의 예를 좇아 항주부(杭州府)에 창고를 짓고 쌀을 사들여 비축해 두었다가 수시로 평적(平糴)[170]을 실시했습니다.

옹정 5년 삼월, 강서(江西)의 정은을 전담해 분담하여 징수하라 명했습니다.

사월, 강남(江南)의 휘주(徽州)와 영국(寧國) 등에 사는 반당(伴儅)과 세복(世僕)이라는 명칭을 없앴습니다. 유지(諭旨)에 이르기를 "짐은 풍속을 바꾸는 데 마음을 두어, 무릇 오래도록 이어 온 습속에 묶여서 스스로를 구제하지 못하는 자들에게 새로운 길을 열어 주었다. 가령 산서의 악호와 절강의 타민은 모두 그 미천한 호적을 없애 버리고 양민으로 만들어 줌으로써 염치를 장려하고 널리 교화시켰다. 근자에 들으니 강남 휘주부에는 반당이 있고 영국부에는 세복이 있어, 본지에서는 그들을 세민이라고 부른다 하니 악호나 타민과 거의 비슷하다 하겠다. 게다가 더 심한 경우에는 성씨가 다른 두 마을이 나란히 있는데, 이 성씨가 저 성씨의 반당 세복인지라, 저 성씨에게 혼인이나 상사가 생기면 이 성씨가 가서 부역을 한다. 조금이라도 흡족치 못한 경우에는 볼기를 치기도 하는데, 언제부터 그렇게 부역하기 시작했는지 물으면 모두 멍한 얼굴로 모른다고 말한다. 이는 상하의 구분이 있는 것이 아니라 악습을 이어 온 것에 불과하다[朕以移風易俗爲心,

---

168 전당강(錢塘江)을 경계로 한 절동(浙東)과 절서(浙西).
169 회수(淮水)를 경계로 한 회남(淮南)과 회북(淮北).
170 풍년에 곡식을 사들였다가 흉년에 내다 팔아 쌀값을 조절하는 정책.

凡習俗相沿, 不能振拔者, 咸與以自新之路. 如山西之樂戶, 浙江之惰民, 皆除其賤籍, 使爲良民, 所以勵廉恥而廣風化也. 近聞江南徽州府則有伴儅, 寧國府則有世僕, 本地呼爲細民. 幾與樂戶惰民相同. 又其甚者, 如二姓丁戶村莊相等, 而此姓乃彼姓伴儅世僕, 凡彼姓有婚喪之事, 此姓卽往服役. 稍有不合, 加以箠楚, 及訊其僕役起自何時, 則皆茫然無考. 非有上下之分, 不過相沿惡習耳"라고 했습니다. 그리하여 해당 총독에게 알려 조사하고 처리하게 했습니다.

구월, 각 성의 기근으로 살던 곳을 떠난 백성들에게 농기구와 종자를 주어 황무지를 개간할 것을 명했습니다.

시월, 팔기학사(八旗學舍)를 세울 것을 명했습니다. 즉 팔기 자제들에게 공부할 것을 독촉했습니다. 또 가흥부(嘉興府), 호주부(湖州府)의 세금 징수액에서 십 분의 일을 감했습니다. 유지에 이르기를 "각 성 중에서 세금이 가장 많은 곳을 조사해 보니 강남의 소주와 송강, 그리고 절강의 가흥과 호주가 많게는 은 수십만 냥에 이르러, 그 지방 백성들이 세금을 바치는 데 어려움을 면치 못한다 한다. 그 세금이 가중된 연유는 명 초에 시작되었다. 네 부의 백성들이 장사성을 지지하였기 때문에 평정된 후로 부유한 백성의 논을 몰수하여 관의 논으로 만들어 버린 것이다. 그러고는 사사로운 조세 방식에 의거하여 세금액을 정했다. 명 왕조 이백여 년 동안 세금을 감해 주는 것이 고르지 않았다. (…) 가흥의 징수액이 은 칠만 이천구백여 냥이고 호주의 징수액이 은 삼십구만 구천구백여 냥이니, 그 십 분의 일을 줄여 주면 두 부 합쳐서 모두 은 팔만 칠천이백 냥을 덜게 된다. 영원히 기록하여 예로 삼으라[査各省中賦稅之最多者, 莫如江南之蘇松, 浙江之嘉湖, 每府多至數十萬兩, 地方百姓, 未免艱於輸將. 其賦稅加重之由, 始於明初. 以四府之人爲張士誠固守, 故平定之後, 籍富民之田, 以爲官田. 按私租爲額稅. 有明二百餘年, 減復不一……. 査嘉興額徵四十七萬二千九百餘兩, 湖州額徵銀三十九萬九千九百餘兩, 俱著簡十分之一, 二府共免銀八萬七千二百兩有寄, 永著爲

例]"라고 했습니다.

십이월에는 강소(江蘇)와 안휘(安徽)의 정은을 전답에 고루 분담하여 징수하라 명했습니다.

옹정 7년 삼월, 호광(湖廣)의 무한(武漢)과 운양(鄖陽) 등 구 부주(府州)와 무창(武昌) 등 십 위소(衛所)의 정은을 전답에 분담하여 징수하라 명했습니다.

옹정 8년 팔월, 경사(京師)의 기장(旗莊)[171]을 팔기(八旗)로 나누고 관리를 두어 다스리게 했습니다. "경사에는 각기 군대가 주둔한 곳이 있어서 군사들의 사무가 번다하다. 마땅히 삼백 리 이내를 일 로(路)로 하여 팔 로로 나누고, 관원 여덟을 두어 각기 나누어 처리하게 할 것이다[京畿各有莊屯之地方, 旗人事務繁多. 應以三百里內爲一路, 分爲八路, 設官八員, 分司辦理]."

옹정 11년 정월, 각 성에 서원을 설립할 것을 명했습니다.

사월에는 서울에 있는 삼 품 이상 관원 및 외성(外省) 총독 순무에게 조서를 내려 학정(學政)[172]들을 모이게 하고 박학홍사(博學鴻詞)를 천거하게 하였으니, 강희 17년의 일을 그대로 답습했습니다.

옹정 12년 구월, 각 성 생동(生童)에게 유지를 내려 시험 거부를 허락하지 않았습니다. 즉 학생의 시험 거부 운동을 엄격히 금했습니다.

시월에는 섬서의 총독 순무에게 주현(州縣)에 흉년이 든 곳을 조사하여 세금을 면제해 주고 구휼할 것을 명했습니다.

옹정 13년 사월, 열녀를 표창하는 예를 중지시켰습니다. 이것은 부녀자를 해방시키는 덕정(德政)이었습니다. 말하자면 죽음으로써 삼종지도를 지켜 낸다는 헛된 명예의 속박에서 벗어나게 해 주었던 것입니다.

---

171 군대가 있는 마을.

172 교육 행정 관원.

뒤이어 건륭 원년에는 "사건을 심사하여 부녀자를 연루시켜 처벌하지 못하게" 하였는데, 역시 선례를 답습하여 법으로 정했던 것입니다.

역대 역사나 소설을 보면 옹정제의 사납고 잔인했던 통치 수단이 묘사되어 있습니다. 그런데 그 대부분은 옹정 3년에 권신 연갱요의 막료였던 왕경기(汪景祺)가 쓴 『서정수필(西征隨筆)』과 옹정 4년에 명사이자 명관이었던 예부시랑 사사정(査嗣庭)이 쓴 개인적인 일기, 그리고 옹정 7년에 호남의 생원 증정(曾靜)으로 인해 그 화(禍)가 여류량(呂留良) 부자와 가족에게 미쳤던 일, 이 세 가지의 문자옥(文字獄)을 들면서 옹정제가 용서할 수 없는 죄를 저질렀다고 말합니다. 이 세 가지 사건은 모두 당시의 만주족과 한족 간의 분쟁과 관계가 있었습니다. 하지만 누가 옳고 그르며 또 누가 선하고 악한지는 자못 복잡한 문제이므로 더 이상은 깊이 들어가지 않겠습니다.

옹정제가 불학에 귀의한 선자(禪者)였다는 입장에서 말한다면, 물론 옹정제는 이천여 년 전에 석가모니께서 이미 민족 간의 차별이나 국토의 경계를 없애고 모든 중생은 평등하다는 이치를 설법했음을 알고 있었습니다. 하지만 그는 만주족 조상이 제정한 가법에서 벗어나지 못한 채 준엄한 형법이라는 수단으로 사건을 처리하고 말았습니다. 그러니 그 내심의 갈등과 고통은 가히 짐작할 수 있습니다. 그랬기 때문에 그는 더욱 심혈을 기울여 직접 『대의각미록』이라는 책을 써서 민족 평등 문제를 변호했던 것입니다. 그 책은 청 왕조 이백여 년 동안은 별다른 주목을 받지 못했습니다. 하지만 민국 초기에 거론되었던 오족공화(五族共和)나 현재의 크고 작은 민족으로 구성된 공화국에 대한 전주곡이었던 셈입니다.

비록 그렇기는 하더라도 옹정제는 "덕을 행함이 두루 미치지 못하고 인을 행함이 널리 미치지 못했다(爲德不周, 爲仁不達)"라는 여한을 남기고 말았습니다. 하지만 그 문제 역시 한 발짝 물러나서 말하자면, 과거 동서고금의 영웅이나 제왕들의 통치 수법은 하나같이 삼국 시대 유비가 솔직히 말했듯이 "문을 가로막고 있는 난초는 뽑아 버리지 않을 수 없다(芝蘭當門, 不得不鋤)"라는 식이었습니다. 죄가 있건 없건 마찬가지였습니다. 그래서 불가와 도가에서는 사람들에게 때를 알고 분수를 알아서 명철보신(明哲保身)하며 영달을 구하지 말고 자기 한 몸이나 잘 간수하라고 가르칩니다.

하지만 불행하게도 천하 사람들을 돌봐야 하는 지위에 오르게 되면 수시로 난처한 일을 만나게 됩니다. 깨진 기왓장과 황금이 똑같이 쓸모없는 물건이 되고 마는 것입니다. 요순 같은 성인이라 할지라도 네 명의 흉악한 인물들을 처벌하였고, 공자 역시 소정묘(少正卯)를 죽인 일이 있습니다. 옹정제가 비록 불학을 공부하고 참선을 했다 하지만 요순이나 공자에 비할 수는 없으니, 마땅히 후세의 비판을 받아야 하겠지요.

대선사가 불교를 정리하다

그러나 십삼 년간 청조의 수성(守成) 황제 노릇을 했던 옹정제가 당대 지식인 및 후세 사람들의 공격을 받은 진짜 원인은 바로 그가 불교 선림(禪林)을 엄격히 정리한 데 있었습니다. 명나라 중엽부터 왕양명의 이학이 일어나 선종의 종지인 명심견성(明心見性)을 유학에 귀납시키고 유학의 양지양능(良知良能)을 선종에서 깨달음을 얻는 원칙으로 삼았습니다. 그 결과 양명학의 유폐(流弊)는 명 말에 이르면 거의 광선(狂禪)의 무리와 비슷해져서 어디를 가든 다 마찬가지였습니다. 당시 어떤 사람은 명 말 유가의 상황을 비꼬아서 "성인이 거리를 가득 메우고 있고 현인은 개처럼 많다"라고 말했습니다.

당시 선종의 지도자이던 밀운원오(密雲圓悟) 선사는 선림에서 명망이 높기는 했지만, 당대(唐代) 선종 육대 조사이던 혜능 대사처럼 유림의 명사(名士) 신분에서 출가한 사람이 아니었습니다. 하지만 그에게서 학문을 배우던 사람들은 대부분 명 말의 당쟁을 피해 불가로 피신하였던 학자요 명사였습니다. 그 가운데는 이름난 유학자였다가 머리 깎고 승려가 된 법장(法藏)이라는 제자도 있었는데, 밀운원오 선사도 자신에게서 깨달음을 얻어 불법을 터득한 제자로 인정하는 사람이었습니다. 그래서 진사니 거인이니 하는 사람들이 분분히 법장의 문하로 몰려들었습니다. 그들은 선종의 관습을 좇아 법장을 한월장(漢月藏) 혹은 삼봉장(三峰藏) 선사로 존칭했습니다. 삼봉(三峰)이나 한월(漢月)은 바로 그가 잠시 머물렀던 강소(江蘇)에 있는 암자 이름입니다.

한월의 제자 가운데는 학자가 많았는데, 그 세력이 날로 성해지자 선에 관해 이야기하는 저서가 나오게 되었습니다. 당·송 이후 선종 오대가들의 종지를 설명하면서 동그라미 하나를 목표로 삼으라고 표방하거나 혹은 평범하게 옷 입고 밥 먹는 생활을 하면서 아는 것을 곧바로 실천하라고 말하기도 했습니다. '지금 바로 이 순간[當下卽是]'이 불법(佛法)의 선(禪)이라는 것이었습니다. 사실 다른 사람에게 법이나 도를 전수해 주어 수양하고 터득하게 한다는 것 자체가 이미 불교 선종과는 한참 거리가 먼 것이었습니다. 밀운원오 선사도 크게 잘못되었다는 것을 알고 글을 써서 그들을 비판했습니다. 하지만 한월장의 제자들은 굴복하지 않고 책을 써서 사조(師祖)인 밀운원오 선사를 반박했습니다. 『옹정어록(雍正語錄)』에서 언급한 『오종구(五宗救)』, 『벽망(闢妄)』, 『벽망구(闢妄救)』 등의 책은 바로 그런 배경에서 유래했습니다.

그런데 만주족이 산해관을 넘어온 이후로 한월파 제자들은 갈수록 많아졌습니다. 그중 대부분은 '반청 복명(反淸復明)'의 지식인이었습니다. 출가하여 승려가 된 것으로 자신을 숨기려는 사람도 있었고, 거사(居士)의 신분으로 선림사원에 살면서 반청 복명의 기회를 노려 움직이려는 사람도 있었습니다. 명 말의 유명한 시승(詩僧) 창설(蒼雪) 대사는 '삼봉' 및 '반청 복명' 지식인들과 밀접하게 왕래하였지만, 서로 시문으로 교류할 뿐 세상 일에는 관여하지 않는다는 것으로써 방패막이를 삼았습니다. 창설 대사의 『남래당시집(南來堂詩集)』에 실린 시에는 명 말의 인물에 관해 많은 자료가 들어 있습니다. 한월장 계파는 후에 선종 오종(五宗)의 조동종(曹洞宗)을 표방하기도 했는데, 그것은 임제종(臨濟宗) 측에서 한월장을 전승하는 것을 막고자 해서였습니다.

옹정제는 왕자의 신분으로 있을 때부터 참선을 하고 불학을 배웠으며 터놓고 왕래하는 승려 역시 적지 않았습니다. 그뿐 아니라 장가(章嘉) 대사의 깨우침과 인가를 받은 후로는 선의 깨달음에 대해 이미 자신은 삼관(三關)[173]을 깨트리고 확실히 깨달은 사람이라고 생각했습니다. 그래서 그는 공공연하게 거사(居士), 제왕(帝王), 선사(禪師)의 신분으로 출가한 스님들을 거두어 자신의 제자로 삼았습니다. 따라서 그는 명 말 청 초 불교의 선종 총림(叢林)과 몽고와 서장의 밀종 교법(敎法)에 대해 그 이해득실은 물론이고 진짜와 가짜가 한데 섞여 있는 실정에 관해서도 너무나 훤히 알고 있었습니다.

옹정제는 황제 자리에 오른 이후 선사이자 제왕의 입장에서 불교의 선림을 과감하게 정돈하기 시작했습니다. 한월장 계파의 『오종구』, 『벽망

---

173 선종에서는 본래 깨달음의 단계를 정하지는 않았다. 그러나 조사들이 배우는 사람들의 방편으로서 제시한 것이 삼관(三關)이다. 이 설은 백장(百丈) 선사의 삼구(三句)로부터 시작했으며 후에 간화선(看話禪)이 일어나면서 참선의 세 단계로 자리 잡았다. 삼관 중 초관은 반야의 공성(空性)에 들어 반야의 지혜를 얻는 것이고, 이관은 반야의 지혜로써 번뇌를 소멸시키는 것이고, 삼관은 번뇌를 소멸시켜서 속세로부터 자유롭게 되는 것이다. 삼관에 대한 해석은 각 종파에 따라 약간씩 달라지기도 했다.

구』같은 저서들을 없애 버리고, 한월장 계파의 출가 승려들을 모두 임제종 문하로 들여보내라고 명했습니다. 황제의 교지라는 위엄도 있었지만 그보다 옹정제 스스로가 식견 있는 종사(宗師)임을 자처했기 때문에, 만약 그의 식견에 잘못이 있다고 생각하는 노스님이 경사(京司)까지 일부러 그를 찾아와서 잘못을 지적한다 할지라도 출가한 승려의 입장에서 만났지 결코 황제의 권위로 상대방을 누르려 들지 않았습니다.

요컨대 어떤 사람이 그에게 불법을 강론하려고 들면 그는 자신이 일개 선사 혹은 거사라는 생각으로 만났지 결코 존엄한 군주의 입장에서 대하지 않았습니다. 하지만 당시에는 옹정제처럼 참선과 불학에 대해 참되고 성실하게 수련한 출가인이 그리 많지 않았습니다. 그러니 남북조와 당대의 선사들처럼 낡은 승복 걸치고 짚신에 지팡이 하나 달랑 짚고서 제왕의 면전에서도 거칠 것 없이 불법을 논변할 만한 인물은 더더구나 찾아볼 수 없었습니다.

그리하여 옹정제는 자신에게서 여러 해 동안 참선과 불학을 배운 승려 제자들을 강소, 절강 및 다른 성에 나누어 파견하여 선사(禪寺) 총림의 주지를 맡게 했습니다. 아울러 총독 순무(巡撫) 이하 각 관리들에게 그들을 잘 돌봐 줄 것을 명했습니다. 말하자면 관리들을 불법(佛法)의 보호자로 삼았던 것입니다. 가령 양주의 고민사(高旻寺), 항주의 정자사(淨慈寺), 숭산의 소림사(少林寺) 등이 모두 그가 파견한 승려 제자들이 정돈했던 사찰들입니다. 경비는 지방 재정의 여유분으로 충당하거나 모집을 했습니다. 때로는 황실에서 직접 경비를 대 주기도 하였는데 모두 옹정제 본인이 심사하여 결정했습니다. 그러나 옹정제가 불교와 선종을 정리한 이후 중국 선종은 고민사(高旻寺)의 선당(禪堂)에만 국한되었고, '염불시수(念佛是誰)'[174]의 화두(話頭)만 붙들고 있는 것이 참선의 규정이 되어서 현재까지도 이어지고 있습니다. "훌륭한 대장장이 집 문 앞에는 무디어진 쇳덩이가 많고, 훌륭한 의사 집 문 앞에는 병든 사람이 많다"라는 옛말이 딱 맞습니다.

그런데 우리가 반드시 알아야 할 것이 있습니다. 옹정제가 불교와 선종의 총림사원을 정돈했던 것을 불법의 측면에서 보면, 그가 확실히 올바른 식견을 지니고 있었던 것이지 잘못한 일이 아니었습니다. 하지만 반청 복명의 뜻을 품고 불문에 귀의했던 지식인들, 임시로 참선하고 불학을 배우는 승려로 가장했던 사람들로서는 더 이상 갈 곳이 없어지고 말았습니다. 농담이 진담이 된다는 말처럼 진짜 승려가 되는 수밖에 없었던 것입니다. 그 결과 반청 복명을 꾀했던 조직들은 훗날 불문(佛門)과의 관계를 벗어나지 못했습니다.

그런데 안타깝게도 과거에 역사를 기록했던 대유학자들은, 불교와 도교는 공자가 말한 '이단'이라는 기존의 선입견만을 고집하고 그것이 중국의 정치 문화와 중요한 관련이 있음에는 관심을 두지 않았습니다. 따라서 깊이 연구하려 들지도 않았습니다. 특히 청사(淸史)의 경우를 보면, 산해관을 넘어올 무렵 백여 년간의 삼사대 황제들은 모두 선종과 밀종의 연원에 대해 잘 몰랐기 때문에 그들의 논단이 비전문가의 수준에 머물렀던 것은 당연한 일이었습니다.

중국 역사상 특히 불교 역사상 불교를 가장 심하게 파괴한 사건으로는 '삼무일종(三武一宗)의 법난'을 듭니다. 하지만 옹정제가 시행하였던 일은 불교 역사상 재난이라고 말하지 않습니다. 사실 삼무일종 사건은 문화적 충돌이자 불교와 도교 간의 종교 분쟁이었으며, 당대의 어리석은 군주가 제대로 정리할 줄 몰라서 빚어진 결과였습니다. 결코 정치적인 행동이 아

---

174 "지금 염불하고 있는 자가 누구인가"라는 의미인데, '누구인가'라는 반문을 통하여 자신의 본래 면목을 깨닫고자 하는 것이다.

니었습니다. 그러나 옹정제가 불교 선림(禪林)을 정돈한 일은 전문가의 자격으로 전문가들을 처리한 사건이었습니다. 그의 본심은 불법을 유지시키려는 데 있었으므로 그를 종교를 박해하였던 인물로 논단해서는 안 됩니다.

그런데 옹정제가 불교 선림을 정돈한 것과 관련된 고사가 있습니다. 제가 지금까지 수십 년을 쭉 추적해 봤지만 여전히 "일이 일어난 데는 원인이 있게 마련이지만 조사해 보면 실제 근거는 없는" 미스터리에 속하는 일입니다. 바로 중국 불교의 출가인들은 왜 빡빡 깎은 머리에다 계(戒) 흉터를 만드는가 하는 것입니다.

게다가 그런 관습은 어느 왕조부터 시작되었을까요? 불경 대승과 소승의 계율 및 인도 원시 불교와 몽고 및 서장 등지의 불교 전승을 근거로 해답을 찾아보았지만, 출가인이 머리를 빡빡 깎는 것을 제외하면 그런 규정은 어디에도 없었습니다. 오십여 년 전에 몇 분의 선배들을 찾아가서 물어보기도 했는데 모두 답을 주지 못했습니다. 그러다가 한 번은 아미산에서 노스님 한 분과 이 일을 토론했습니다. 그 스님 말이 틀림없이 청 왕조가 중원으로 들어온 이후로 시작되었으며, 아마도 옹정 시대부터 시작되었으리라는 것이었습니다.

만약 그렇다면 바로 옹정제가 한월 계파를 정리하여 모두 임제종의 문하로 들어가게 한 뒤부터 시작되었을 것입니다. 그는 만주족과 한족 간의 분쟁을 완화시키기 위해 인정을 베풀기도 했는데, 재위 13년 여름에는 두 차례에 걸쳐서 옥문을 열어 죄수를 석방해 주라는 명령을 내렸습니다. 만약 진심으로 죄를 뉘우치고 불문에 들어가 수행하겠다고 한다면 말이지요. 하지만 끝내 반청 복명의 뜻을 버리지 못하는 사람들이 중간에서 선동할 것을 염려한 나머지, 옹정제는 강남 일대에 주지 스님으로 파견한 승려 제자들에게 다음과 같은 명을 내렸습니다. 『법화경(法華經)』, 『약사경(藥師

經)』과 『범망경보살계(梵網經菩薩戒)』의 사신참죄(捨身懺罪)[175]와 연등공불(燃燈供佛)[176]을 본받아 삼단대계(三壇大戒)[177]를 받는 동시에 자기 몸에서 가장 중요한 정수리 위에 등을 피움으로써 성실함을 나타낼 것을 제창하게 했습니다. 그렇게 함으로써 출가한 이후에 다시 머리를 길러 환속하고 반청 복명 운동에 종사하는 사람이나, 혹은 나쁜 짓을 저지르고도 뉘우치지 않는 사람들이 신분 검사라는 법망에서 달아나지 못하게 만들었습니다. 그 후로 몽고와 서장의 라마승을 제외한 내지의 한인 승려들은 모두 정수리 위에 계(戒) 흉터를 만들어 표지로 삼았습니다.

그것 말고도 선당에서 참선에 들어간 승려들을 경계시키는 향판(香板) 역시 옹정제와 관련이 있습니다. 그가 자신의 저택에서 수행을 지도하고 있을 당시의 일이었습니다. 하루는 보검 한 자루를 승려 제자에게 건네주며 이렇게 말했습니다. "만약 칠 일 이내에 깨달음을 얻지 못한다면 이 칼로 자결하여라!" 과연 그 승려는 기대를 저버리지 않았습니다. 후에 선당에서 집단으로 참선할 때에 그 형식을 변경하여 칼 모양의 향판으로 만들었다고 하니, 이 역시 '옹정 선사'의 걸작이라 하겠습니다. 이 두 가지 일은 저도 감히 확정을 내리지는 못하는 것이니 그저 촌 늙은이의 말이거니 하고 참고하시면 됩니다.

훗날 역사 소설을 쓰는 사람들은 옹정제가 소림사에서 무술을 배웠으며, 남경의 대(大)협객 감봉지(甘鳳池), 백태관(白泰官) 및 요인(了因) 대사와 교류하였고 또 여사랑(呂四娘)의 복수를 해 주었다는 등 흥미진진하고 재미있게 이야기를 엮어 나갔습니다. 심지어는 건륭제(乾隆帝) 역시 일찍이 소림사에서 예술을 공부하였으며, 홍희관(洪熙官)과 모종의 관계가 있

---

175 자신의 몸을 희생하여 죄를 참회하다.

176 등을 켜서 부처에게 바치다.

177 사미계(沙彌戒), 비구계(比丘戒), 보살계(菩薩戒)를 말함.

어서 그 때문에 소림사를 불태웠다는 등의 이야기가 이루 헤아릴 수도 없습니다.

선을 배우는 행자(行者)였던 옹정제는 황제 자리에 오르기 전에 편집했던 『열심집(悅心集)』에 "천 년의 공훈과 명성은 모두 육신 바깥의 그림자이고, 백 년의 영욕은 거울 속의 꽃이로다(千載勳名身外影, 百年榮辱鏡中花)"라는 말과 같이 세상을 일깨우는 명언을 수록하기도 했습니다. 그런 그에게 후인들의 비난과 칭찬이 무슨 이야깃거리가 되겠습니까!

천하를 장악한 채 가업을 발전시켰던 뛰어난 인재

옹정제는 황제로 있는 동안에 역대 다른 제왕들만큼은 아니었지만 항상 유학자 출신 대신들의 건의를 잘 들어주었고, 중국 문화사상 역대로 존경을 받아 온 유가 전통과 선사(先師) 공자에 대해 존중하는 뜻을 나타냈습니다. 또 강희제의 뒤를 좇아 몇 가지 일을 실행하였는데, 말하자면 유가 문화에 대한 사무를 인계했다고 하겠습니다.

예를 들어 옹정 원년 유월에는 공자의 오 대 조상까지 모두 왕작(王爵)에 봉했습니다. 이 일은 그 솜씨가 범상치 않았는데, 공허한 명분을 이용하여 실질적인 명예를 얻는 기발한 발상이었습니다. 옹정 2년 팔월에는 공묘(孔廟)에 삼십일 인을 덧붙여 제사 지내게 했습니다. 거기에는 정현(鄭玄)과 제갈량(諸葛亮)을 비롯하여 청 초의 명유 채청(蔡淸), 육롱기(陸隴其) 등이 포함되어 있었습니다.

옹정 3년 정월에는 몸소 교육 행정(學政) 관원들의 문예 시험을 실시했습니다. 이르기를 "예전에는 학정을 선발하는 데 고과를 위주로 하였으므로 그 사람됨이 근신한 자를 보내고 시험을 치르지 않았는데, 그 중에는 글을 지을 줄 모르는 사람도 있었다. 혹은 시험에 합격한 후로 내버려 두고 멀리한 세월이 오래된 까닭에서이다. 관직에 나간 한림 및 진사 출신의 각 부와 원의 관원들을 조사하여 아뢰도록 하라. 짐이 문예 시험을 본 후에 다시 직무를 맡기겠다〔因從前學政主考, 皆就其爲人謹愼者派往, 並未考試, 其中並有不能衡文者. 或因中式之後, 荒疏年久者故耳. 著將應差之翰林, 並進士出身之各部院官員查奏. 俟朕試以文藝, 再行委差〕."

옹정 6년 유월에는 선현 염옹(冉雍)의 후예를 찾아내어 그에게 세습되는 오경박사를 제수했습니다. 옹정제는 무슨 생각에서 불현듯 공자 문하의 칠십이현 가운데서도 염옹을 그처럼 존경했던 것일까요? 그의 속셈은 과연 어디에 있었을까요? 유일하게 추정해 볼 수 있는 답은 이러합니다. 그는 아마도 덕과 학식을 지닌 제왕의 재목은 참으로 얻기 어렵다고 느꼈을 것입니다. 공자는 일찍이 "옹은 가히 천자의 지위에 오를 만하다〔雍也可使南面〕"라고 칭찬했는데, 그래서 그런 명령을 내렸을 것입니다.

앞에서 말씀드린 관점에 의거하여 재위 십삼 년 동안 옹정제가 전통문화를 정리하였던 행위를 총결하자면 다음과 같습니다. 명유(明儒) 왕양명이 처음으로 선학(禪學)을 유리(儒理)에 융합시킴으로써 생겨난 유폐에서부터 명 말 만력·숭정 연간의 당쟁 및 순치·강희 왕조로 들어선 이후 유학에서 선학으로 달아났던 전명(前明)의 유로(遺老)와 유소(遺少)에 이르기까지, 그 모든 것이 '옹화궁원명거사윤정옹정파진대선사(雍和宮圓明居士允禎雍正破塵大禪師)'의 봉할(棒喝)[178] 하에 이 세상에서는 숨을 곳을 찾을 수 없게 되었습니다.

동시에 승록사(僧錄司)를 설치하여 불교 사무를 관리하게 하였는데, 그 내부를 선세(善世)·천교(闡敎)·강경(講經)·각의(覺義)로 나누고 좌우 두

---

178 '몽둥이〔棒〕로 때리거나 큰 소리로 '꾸짖어〔喝〕' 깨닫게 하는 선가(禪家)의 수행법.

사람씩 두어 승록팔좌(僧錄八座)라고 불렀습니다. 출가한 승관(僧官)을 선임할 때에는 먼저 예부에서 시험을 치른 다음 이부로 문서를 보냈는데, 마지막에 내무부(內務府)[179]의 장의사(掌儀司), 예부의 사제사(祠祭司)가 모여서 심사한 다음, 다시 내무부 대신에게 보고하여 허가를 받아야만 이부에서 부찰(符札)을 발급해 주면서 임무를 맡겼습니다. 그런 식으로 해서 승관을 장악한 실제 권력은 모두 내무부에 있었습니다. 그것은 황제가 모든 것을 직접 관리하고 감독했다는 말입니다. 각 성의 지방 승관을 선임하는 권한은 총독 순무에게 주어 결정하게 했습니다.

옹정제가 직접 주관했던 참선을 통해 그에게 인정을 받았던 선사 승려들에 대해서는 찾아볼 만한 자료들이 있습니다. 옹정제가 몸소 파견하여 강남의 이름난 사찰을 맡았던 사람으로는 성음(性音), 명정(明鼎), 초성(超盛) 및 염화사(拈花寺) 방장 초선(超善), 만수사(萬壽寺) 방장 초정(超鼎), 성인사(聖因寺) 방장 명혜(明慧)와 원일(元日), 초원(超源), 실철(實徹), 오수(悟修) 등 열 명의 승려가 있었는데 말하자면 출가한 십대 제자였다고 하겠습니다. 그들은 외부로 파견되어 민정을 시찰하는 옹정제의 눈과 귀 역할을 했습니다. 만주족과 한족 대신(大臣) 가운데 장정옥(張廷玉), 악이태(鄂爾泰), 복팽(福彭), 윤록(允祿), 윤례(允禮), 천신(天申), 원수(圓壽)와 옹정제의 아들 보친왕(寶親王) 홍력(弘曆)[180] 등 여덟 사람은 말하자면 출가하지 않고서 불법을 깨우친 제자였는데, 나라를 다스리는 데 그의 왼팔 오른팔 역할을 했습니다. 그를 좇아 참선을 하고 불학을 공부했던 수많은 비(妃), 궁인, 태감들은 그의 선불장(選佛場)에 이름도 올리지 못했습니다.

청 왕조가 관문을 넘어 들어와서 천하를 장악한 지 팔십 년 만에, 시나

---

179 황궁의 내무를 주관하는 기구.
180 훗날의 건륭제.

문장을 짓는 일이라면 어떤 한림 진사에도 뒤처지지 않고, 선이나 도를 이야기하는 것이라면 선문(禪門) 종사(宗師)와 견주어 손색이 없는 황제가 나타났습니다. 정치의 도에 있어서는 다른 사람들이 감히 속이지 못하고 또 속일 수도 없었습니다. 안으로 세도가를 숙청함에 있어서는 아무리 가까운 사이라도 봐주지 않았으며 밖으로 기강을 세움에 있어서는 불타는 태양처럼 빛났습니다. 그런 방식으로 가업을 발전시켰으니 안팎이 두루 엄숙하고 경건하여 감히 어느 누구도 대항하지 못했습니다.

흔히 옹정제가 한대의 문제(文帝)와 경제(景帝) 비슷하다고 평론하지만 그런 평가는 시기심의 발로에 지나지 않습니다. 그는 사람을 기용하는 데 있어서 참으로 "현명한 사람이 높은 지위에 있고 유능한 사람이 직무를 맡는다[賢者在位, 能者在職]"라는 원칙을 실천했던 인물입니다. 다시 말해 그는 외부로 파견하여 일을 처리할 인재가 필요하면 "차라리 교활하더라도 유능한 사람을 기용할지언정 어리석으면서 청렴한 사람을 기용하려 들지 않았다"라고 합니다. 예를 들어 학문이 훌륭하고 높은 덕을 지닌 장정옥 같은 사람에게는 시종일관 높은 지위를 내려 주어 조정 안에 머물게 했습니다. 출신이 그다지 높지 않더라도 확실하게 재능을 지니고 있는 사람, 가령 전문경(田文鏡)과 이위(李衛) 같은 사람에게는 중임을 맡겨 바깥으로 보냈습니다. 과거에 급제하여 올라온 사람들은 비록 그 시문이 화려하더라도 문관의 직무만 주어 한림(翰林) 관직에만 배치했습니다.

재위 십삼 년 동안 자신은 수도에 주재하여 지키면서 막북(漠北)[181]의 만주족을 든든한 후원자로 삼아서 오른쪽으로는 서북을 장악하고 왼쪽으로는 동남을 움켜었습니다. 만약 서남에 일이 생기면 단지 한 명의 유능한 신하와 일군의 용맹한 군사를 보내어 손쉽게 해결했습니다. 그는 진실로

---

[181] 고비 사막 북쪽의 땅 즉 외몽고를 말함.

청 왕조의 기틀을 잘 세워 자손에게 넘겨주었으니, 참으로 천하를 장악하고 가업을 발전시킨 역대 제왕 가운데서도 가장 뛰어난 인재였다고 하겠습니다. 역대의 직업 황제들 가운데 둘도 없는 사람이었습니다.

만약 "수신, 제가, 치국"의 도를 가지고 말한다면 그는 확실히 『시경』에서 "자신의 아내에게 형벌을 내리고 형제에게도 이르렀네〔刑於寡妻, 至於兄弟〕"라고 한 말을 실천했습니다. 하지만 "격물, 치지, 성의, 정심"의 도를 가지고 말한다면 "고요히 생각한 뒤에야 얻을 수 있다〔靜慮而后能得〕"라는 틀에 너무 사로잡히고 말았습니다. "백성과 친하게〔親民〕"하여 "지극히 선한 데에 머무르는〔止於至善〕" 실제적인 외용(外用)에 있어서는 유감스러운 곳도 없지 않았습니다.

명대(明代) 유학자로서 불가와 도가에도 두루 통달했던 홍자성(洪自誠)의 말이 딱 맞습니다. "세상일을 겪음이 얕으면 물드는 것 또한 얕고, 세상일을 겪음이 깊으면 기교 또한 깊어진다. 그러므로 군자는 숙련되고 통달한 것이 순박하고 미련한 것만 못하다. 세밀하고 신중한 것이 지나치게 소탈한 것만 못하다〔涉世淺, 點染亦淺. 歷事深, 機械亦深. 故君子與其練達, 不若樸魯. 與其曲謹, 不若疏狂〕." 황제 지위를 계승한 후의 옹정제의 선병(禪病)은 바로 지나치게 숙련되고 통달한 동시에 세밀하고 신중하다는 소용돌이 속에 빠져 있으면서도 스스로가 그것을 깨닫지 못했던 데에 있었습니다.

그렇다면 그는 도대체 어떻게 해서 죽었습니까? 이미 깨달음을 얻은 사람이 어떻게 겨우 오십팔 세의 나이에 죽을 수 있습니까? 아마도 여러분은 그런 의문을 가지실 것입니다. 하지만 참선을 하고 깨달음을 얻는다는 것이 신선이 되거나 불로장생을 추구하는 것은 결코 아닙니다. 어떤 사람이 십여 년 동안이나 크고 작음을 막론하고 무슨 일이든지 몸소 처리하려 들고 날마다 주야로 쉬지 않고 부지런히 정무를 돌본다면, 그 사람은 죽지

않으면 반신불수가 될 것입니다. 게다가 그는 마음과 뜻을 다해 불법에 정
진하고 또 수양하였지만 대가의 수준에는 이르지 못하고 말았습니다. 그
로서는 남에게 말할 수도 없고 어디 가서 물어볼 수도 없는 노릇이었을 것
입니다. 그는 도대체 어떻게 해서 죽었을까 하는 수수께끼는 어쩌면 먼 장
래에는 혹 풀릴지도 모르겠습니다.

완벽한 노인 건륭제

옹정제의 뒤를 이은 사람은 바로 아버지로부터 선종 삼관(三關)을 이미
깨뜨렸다고 인정받았던 넷째 아들 보친왕 홍력, 즉 만년에 '십전노인(十全
老人)'[182]을 자칭했던 건륭제(乾隆帝)였습니다. 사실 진·한 이후의 역사에
서 육십 년간이나 편안하게 천자 노릇을 하면서 팔십여 세까지 살고, 또
황제 자리를 아들 가경(嘉慶)에게 물려준 이후에는 태상황(太上皇)의 신분
으로 여전히 정치에 간여했던 인물은 거의 없었습니다. 숙명론을 믿는 역
술가들은 그의 팔자가 '자오묘유(子午卯酉)'라는 사정(四正)의 명을 타고났
다고 합니다. 꼭 그렇지만은 않겠지만 일리가 있는 것도 같습니다.

하지만 건륭제의 일평생을 놓고 보면 그는 정말로 조상이 세운 공로의
도움을 받았던 사람입니다. 흔히 하는 말처럼 그는 조상 덕을 많이 봤습니
다. 그의 조부 강희제가 통일의 기초를 세웠으며 부친 옹정제는 가업을 잘
발전시키고 재정, 경제, 이치(吏治)의 기초를 잘 다져 놓았습니다. 덕분에
건륭제는 젊은 나이로 황제 지위를 계승하여 육십 년이나 자리를 지켰습
니다. 그의 시대에 『사고전서(四庫全書)』를 편집함으로써 중국 문화에서

---

182 완벽한 노인.

최대의 공헌을 세우기도 했습니다. 그리고 명 말 유로(遺老)의 삼 세대에게 또다시 박학홍사과를 실시하여 반청 복명의 사상을 지니고 있던 한족 지식인들을 모조리 받아들였습니다.

그 후로 청 왕조의 문운(文運)은 "천하 영웅의 기를 녹여 버리는 팔고의 문장과 대각체[183]의 글〔銷磨天下英雄氣, 八股文章臺閣書〕"이 성행하게 되었습니다. 경서를 공부한 지식인들은 과거에 급제한 후 대부분 벼슬길을 전전하거나 아니면 문학으로 전향하여 문예상의 성취를 이루는 데 뜻을 두었습니다. 유가의 사서오경에 관한 의리지학(義理之學)은 오로지 『십삼경주소(十三經註疏)』, 『황청경해(皇淸經解)』 같은 고증학의 노선을 걸었습니다. 송대와 명대의 이학가나 선종 대사 같은 인재들이 배출되어 서로 종횡무진 변론하는 일도 거의 없었습니다. 하지만 깊고 넓은 학식, 정교하고 상세한 고증, 화려한 문사, 넘치는 풍류를 자랑하던 기윤(紀昀), 왕문치(王文治), 서위(舒位), 원매(袁枚), 조익(趙翼), 장문도(張問陶) 같은 일군의 인재들이 나오기도 했습니다. 그들이 시문에서 거둔 성취를 보면 어떤 이는 기존의 규칙을 약간 변경하였고 어떤 이는 성령(性靈)[184]에 치중하는 등 조금씩 달랐지만 공통적으로 "쫓겨난 신하와 서자〔孤臣孽子〕"의 정서가 잠재되어 있었습니다. 따라서 청 초 건륭제 무렵의 문학은 그 경지가 중당(中唐)의 격조에 뒤지지 않으며 그 나름의 특색을 지니고 있어서 감상해 볼 만합니다.

건륭제는 자신이 직접 역사에 평어(評語)와 주해(註解)를 단 『어선통감집람(御選通鑑輯覽)』을 편찬한 것 이외에 역사를 평론한 시 또한 많이 지었

---

183 대각체(臺閣體) 시가는 청의 정치적 안정과 경제적 번영으로 인해 나타났다. 양사기(楊士奇), 양영(楊榮), 양부(楊溥)를 삼양(三楊)이라고 일컬었는데 대각체라는 말은 이들이 조정의 총애를 받는 높은 벼슬아치들이었기 때문에 얻은 이름이다.

184 청대 원매(袁枚) 등이 주장한 문학 비평 용어이다. 원래 영혼이나 정신을 의미하는 말인데, 시인의 진실한 감정을 자연스럽게 유출하는 것을 강조하였다.

습니다. 그뿐 아니라 그는 궁중에 수집되어 있는 역대의 명화들을 꺼내어 임의로 빈 여백에 제시(題詩)를 쓰거나 글자를 써넣고는 '건륭어보(乾隆御寶)'라는 도장을 찍었습니다. 스스로는 자신이 아주 예술적이라고 생각하였겠지만 사실은 예술 작품을 파괴한 용감무쌍한 장거(壯擧)였습니다. 또 신하들에게 『어제문집(御製文集)』을 편집하게 하여 자신은 '한림천자(翰林天子)'로서 진사 장원 출신의 문인들과 재주를 겨룰 뜻이 있음을 자랑했습니다.

그러나 건륭 시대의 내정(內政)에 대해 말한다면 실로 확실한 태평성세였습니다. 그가 당시에 썼던 춘련(春聯)에는 그런 현실 상황이 잘 나타나 있습니다. "하늘이 세월을 더하고 사람은 수명을 더하네. 봄이 천지에 가득하고 복은 문에 가득하네〔天增歲月人增壽, 春滿乾坤福滿門〕." "천지에는 봄이 넘쳐 나고 문치는 날로 빛나네〔乾坤春浩蕩, 文治日光華〕." "문장은 나라를 빛내고 시와 예는 집안 대대로 전해지네〔文章華國, 詩禮傳家〕." "나라가 맑으니 재주 있는 사람이 고귀해지고, 집안이 부유하니 어린 아들이 교만해지네〔國淸才子貴, 家富小兒驕〕."

그래서 그는 만년에 이르자 스스로를 '십전노인(十全老人)'이라 칭했습니다. 또 옥새를 아들 옹염(顒琰)에게 넘겨주어 황제 지위를 물려주고 연호를 가경(嘉慶)으로 고친 다음에는 스스로를 '천고제일전인(千古第一全人)'이라 칭했습니다. 십전노인보다 더 완전해졌다는 의미입니다. 사실 그가 말한 '십전(十全)'은 이전 강희제와 옹정제 이 대에 걸친 공적과 업적을 포함한 것으로, 청 왕조의 무공(武功)을 가리켜 말한 것이지 결코 문치(文治)를 뜻한 것은 아니었습니다.

청대 강희제·옹정제·건륭제 삼대에 걸친 영토 확장으로 인해 중국의 판도가 동으로는 오호츠크 해와 동해, 조선과 사할린 섬(庫頁島)에 이르렀습니다. 남으로는 월남(安南), 미얀마(緬甸), 태국(暹羅)에 이르렀습니다.

서쪽의 아프가니스탄(阿富汗), 키르기즈스탄(吉爾吉斯), 우즈베키스탄의 코칸트(浩罕)과 서남의 구르카(廓爾喀)[185], 철맹웅(哲孟雄)[186], 부탄(不丹)이 모두 중국을 신하의 예로 섬겼습니다. 북으로는 시베리아와 경계가 맞닿았습니다. 원 왕조를 제외하면 중국 역사상 판도가 가장 넓었던 시기였습니다. 건륭제 시대에 스스로가 자랑하던 무공(武功)은 바로 준가르(準噶爾), 사천의 대금천과 소금천, 구르카를 각기 두 차례나 정복한 일입니다. 또 위구르(回部), 대만, 미얀마, 월남이 각기 굴복해 와서 신하의 예로 섬겼습니다. 이런 일들 때문에 스스로 자랑하면서 '십전무공'이라 칭했던 것입니다.

하지만 그는 부친 옹정제처럼 '보월(寶月) 거사'라는 신분으로 선(禪)과 불(佛)에 관해 이야기하지는 않았습니다. 다만 서장 문자에 능통하였기 때문에 서장에 전해지던 밀종의 수양에 관심을 기울였습니다. 그는 서장의 황교(黃敎)에서 중시하던 수법(修法) '염만덕가(閻曼德迦)'[187] 『십삼존대위덕수지의궤(十三尊大威德修持儀軌)』를 번역하기도 했습니다. 전해지는 바에 따르면 가경제가 즉위하고 백련교도들이 난을 일으키자 당시 태상황의 신분으로 영수궁(寧壽宮) 황극전(皇極殿)에 있던 건륭제는 손에 염주를 들고 가부좌를 한 채로 청 왕조의 평안함을 위해 밀법(密法)을 수양했다고 합니다.

요컨대 순치제 때부터 계산해서, 그러니까 서기 1644년부터 가경 말

---

185 지금의 네팔.

186 나라 이름. 일명 서금(西金)이라고도 한다. 티베트 남쪽 인도 북쪽에 있었고 청 말 영국에 멸망했다.

187 오 대 명왕 중 하나인 대위덕명왕을 일컬음. 존상은 3면(面) 6비(臂)의 분노 형상이고 검(劍), 봉(鋒), 윤(輪), 저(杵) 등을 들고 있으며 수인을 맺고 있다. 모든 독사와 악룡을 항복시키기 때문에 분노의 존상을 하고 있다. 밀교 태장경 만다라에 속한다. 항염마존(降焰摩尊), 육족존(六足尊)이라고도 한다.

1799년까지 청 왕조는 백여 년간이나 태평세월을 누렸는데 시대적으로는 이미 십구 세기로 진입했습니다. 건륭, 가경 이후로 청 왕조는 번영에서 쇠퇴의 길로 접어들었습니다. 전체 중국 문화가 르네상스 이후 서양의 상공업과 과학 문명의 충격을 받게 되었고, 그로 인해 원하든 원하지 않든 변할 수밖에 없었습니다. 만약 중국의 근대사 혹은 현대사를 이야기하려고 한다면 정확하게는 마땅히 가경 시대부터 시작해야 합니다. 함풍(咸豊), 동치(同治) 시대에 처음 시작된 것이 아니었습니다.

그러나 사서오경의 문화, 특히 주희가 주를 붙인 '사서장구(四書章句)'와 명·청 이 대에 걸친 '팔고문(八股文)'의 결합은 광서(光緖) 말년에 가서야 비로소 일단락을 고했다는 사실을 알아야 합니다. 그런데 중국 사람들은 아직까지도 경서를 읽어야 하느냐 아니냐를 놓고 끊임없는 논쟁을 벌이고 있습니다. 사실 사서오경을 읽는 것은 자기 민족 문화의 근본을 알기 위해서이지, 그것을 국가의 흥망성쇠 및 국운의 강약과 연결시켜서 이야기해서는 안 됩니다. 모든 일은 사람이 만드는 것이지 책이 만드는 것이 아니지 않습니까! 전통문화의 시서(詩書)는 결코 사람을 상하게 하지 않습니다. 다만 스스로 잘난 척하는 사람이 시서의 정밀한 뜻을 상하게 할까 염려스러울 뿐입니다.

청 왕조는 가경제부터 시작하여 백 년이라는 세월 동안 도광제(道光帝), 함풍제(咸豊帝), 동치제(同治帝), 광서제(光緖帝)를 거쳐 선통제(宣統帝)가 즉위하였지만 이 예닐곱 명의 '아이신교로(愛新覺羅)'의 후손 직업 황제들은 하나같이 별 볼 일 없는 인물이었습니다. 게다가 같은 시각 세계의 인류 문화는 시시각각으로 변하고 있었습니다. 중국을 비롯한 모든 동양 국가의 문명은 마치 "밝은 해가 산 아래로 지고[白日依山盡]" "아침 햇살이 서해에서 떠오르는[朝陽西海昇]" 형국이었습니다. "큰비가 오려고 바람이 누각에 가득하다[山雨欲來風滿樓]"라는 말처럼 바로 뒤이어 중국은 커다란 혼란과 충격 속으로 빠져들고 말았습니다.

지금부터는 십육 세기 르네상스 이후 십칠 세기부터 시작된 서양 문명의 흥기가 어떻게 차츰차츰 동쪽으로 건너왔으며 또 우리에게 어떤 영향을 미쳤는지를 살펴보겠습니다.

제9편

서양문화와 중국

61

서양 문화의 변천을 조감하다

중국 문화의 입장에서 서양 문화를 이야기하자면 일반적으로 청 도광(道光) 19년에서 22년까지, 즉 서기 1839년부터 1842년 사이에서부터 말해야 합니다. 임칙서(林則徐)가 광주(廣州) 호문(虎門)에서 영국 상인의 아편을 불태운 일로 중국과 영국 간에 아편 전쟁이 일어나고, 그로 인해 남경 조약을 체결하게 되었습니다. 그 일로 충격을 받은 중국인들은 양무(洋務)에 치중하게 되었고, 그 중에서도 기선과 대포를 제조하는 기술을 배우기 시작했습니다. 그 후 지금까지 대략 백육십여 년이 지나도록 중국은 여전히 중서(中西) 문화 혹은 동서(東西) 문화의 문제를 토론하고 있습니다. 사실 문화(文化)라는 이 명사는 여러 측면에서 의미를 내포하고 있습니다. 예를 들어 정치·경제·군사·교육·법률·문학·예술에서부터 한 국가와 민족의 생활 습관·언어 문자 등에 이르는 모든 것의 총화를 가리키는 말입니다. 동양과 서양 모두 오천 년의 문화 역사를 지니고 있기 때문에 간단한 부호 하나로 문화의 전모를 개괄할 수는 없습니다.

게다가 서양 문화라는 명사를 우리는 아무렇게나 사용하고 있지만, 그것이 유럽의 모든 국가와 민족의 문화를 가리키는 것인지, 아니면 이백여 년 전에 북미에서 새로 일어난 미국의 문화를 가리키는 것인지를 분명히 구분해야 할 것입니다. 엄격히 말하면 그 둘을 아무렇게나 섞어서 말해서는 안 됩니다. 정식 서양 문화를 이야기하려고 하면 당연히 수천 년 전의 유럽으로 거슬러 올라가야 합니다. 하지만 그들은 기원전 2205년부터 씨족들에게 영토를 분봉해 주기는 했지만 국토가 이미 통일되어 있었고, 게다가 하·상·주 같은 통일된 왕조가 계승되었던 중국과는 달랐습니다. 만약 문화적 충돌이 있었다고 말한다면 그것은 표면적이고 일시적인 현상이었을 뿐입니다. 앞으로 틀림없이 충돌로부터 교류와 융합을 거쳐 인류 세계의 온전한 문명을 구성해 나갈 것입니다.

유럽은 상고 시대에 각각의 민족이 독립되어 있었고 왕국이 서로 나뉘어졌고 언어 문자 또한 제각기 달랐습니다. 예를 들면 기원전 401년부터 246년 사이에 중국은 주·진 무렵으로 전국의 정권이 통일되고 문자도 통일되었습니다. 하지만 상대적으로 유럽은 지금까지도 그러한 상황이 출현한 적이 없습니다. 게다가 유럽 각국의 서로 다른 언어 문자도 그 근원을 거슬러 올라가 보면 라틴어입니다.

간략하게 살펴보고자 이집트와 인도 문화는 잠시 제쳐 두고, 서양 문화의 시작이자 가장 영광스러운 시기인 스파르타와 아테네의 그리스 문화에서부터 이야기를 시작하겠습니다. 그것도 문화라는 말을 학술 사상의 범위로만 한정시켜 살펴보겠습니다.

기원전 640년, 즉 중국으로 하면 동주(東周) 양왕(襄王) 12년에 그리스의 저명한 철학자 탈레스가 일원론적인 자연 철학을 창립했습니다. 기원전 470년, 즉 중국 동주 원왕(元王) 8년에는 그리스의 저명한 철학자 소크라테스가 활동했습니다. 기원전 403년, 즉 중국 동주 위열왕(威烈王) 23년에 아테네가 스파르타에게 패배한 이후로 가장 두드러진 사건은 아테네가 민주 정치를 회복한 일이었습니다. 그리고 그다음 해에 소크라테스가 재판을 받고 끝내는 스스로 목숨을 끊었습니다. 이어서 플라톤의 저서

『국가(國家)』가 세상에 나왔습니다. 그 후 철학자 아리스토텔레스가 활동하고, 마케도니아의 유명한 왕 알렉산더가 왕위에 올랐습니다. 이런 찬란한 그리스 역사가 모두 기원전 399년부터 기원전 337년까지, 즉 동주 안왕(安王) 3년부터 동주 현왕(顯王) 32년 사이에 펼쳐졌었습니다. 그 후 비교적 두드러진 사건은 바로 로마 제국의 흥망과 관련된 일들로서, 현재 여러 종류의 로마 제국 흥망사가 번역되어 나와 있으므로 상세히 설명할 필요는 없을 것입니다.

중국 서한 평제(平帝) 원년에 이르면 왕망(王莽)이 안한공(安漢公)을 칭했습니다. 예수 그리스도가 이 세상에 태어난 지 삼 년째 되던 해, 바로 후세에 서기 1년의 시작으로 정했던 해였습니다. 서기 392년, 즉 중국 동진 효무제(孝武帝) 14년에 로마가 기독교를 국교로 정한 이후, 중국의 남북조 시대 제(齊)를 이어 양 무제(梁武帝)가 왕위에 오를 무렵인 서기 502년까지 로마 제국이 지속되었습니다.

유럽은 오 세기에 로마 제국이 와해되면서부터 신생 국가가 여기저기에서 생겨나고 전쟁이 끊이지 않았습니다. 국민의 생활은 날로 힘들어지고 문화도 타락해 갔습니다. 서양 역사에서 '암흑시대'라고 부르는 시기가 오백 년이나 지속되다가 십 세기에 이르렀습니다.

그 뒤를 이은 것은 서양 역사에서 중세 유럽이라고 부르는 시대입니다. 모든 문화가 "철학이 곧 신학"이라는 사상을 토대로 하였으며 기독교의 교리를 목적으로 삼았습니다. 일체의 문화가 선교사들의 집회인 경원(經院, Scholar)에서 비롯되었습니다. 서양 문명 사상 '스콜라 철학 시대'라고 부르는 이 시기는 육백 년간이나 지속되었는데, 대략 구 세기에 시작되어 십오 세기까지 이어졌습니다. 이렇게 로마 문명에서 암흑시대를 거쳐 또다시 스콜라 철학 시대로 진입하는 등, 서양 유럽의 문화는 대략 천이백 년간이나 지속되었습니다. 마치 『역경』 둔괘(屯卦)의 단사(彖辭)에서 말했던 "하늘이 새로운 세상을 만듦에 있어 마땅히 제후국을 세우되 평안하지는 않다[天造草昧, 宜建侯而不寧]"라는 단계와 같았습니다. 하지만 동서 양방의 접촉으로 말하자면 여전히 피차 아무런 관심도 두지 않았으니, 제가 어릴 적에 외우던 『유학경림(幼學瓊林)』의 "삼성과 상성 두 별은 그 나타남과 사라짐이 서로를 볼 수 없네[參商二星, 其出沒不相見]"라는 말과 똑같았다고 하겠습니다. 중국이 서양 유럽 문화의 영향을 받기 시작한 시기는 십육 세기 이후로서, 즉 명대(明代) 가정(嘉靖) 연간 이후였습니다.

지금부터는 좀 더 상세히 알아보기 위해, 먼저 응용 과학에 관한 것에서부터 시작해서 사회 과학이나 정치사상 같은 인문 문화까지 살펴보겠습니다.

명·청 무렵의 동서 문화 교류

십오 세기 중엽에서 십육 세기 초까지는 명 경태(景泰)[188]에서 가정(嘉靖)[189]에 이르는 시기이니 서기 1451년부터 1536년 사이입니다. 서양의 이탈리아와 독일에서 처음 시작되어 온 세상을 놀라게 하고 나아가 동서양 문명을 변화시키기 시작했던 큰 사건은, 바로 이탈리아 사람 콜럼버스가 지구는 둥글다는 견해를 깊이 믿었던 일이었습니다.

1492년에 콜럼버스는 에스파냐 국왕 페르디난드 오세와 그 왕후 이사벨라의 후원으로 세 척의 범선—당시는 아직 기선이 발명되지 않았습니다—을 이끌고 대서양을 횡단하여, 1502년에 마침내 북미 바하마 군도에 도착했습니다. 그 후 또 다른 사람이 계속하여 수차례 탐험에 나서서 서인

---

188 경제(景帝) 시대.
189 세종(世宗) 시대.

도 제도와 남미 연안 등을 발견했습니다. 이것이 바로 후세에 콜럼버스가 신대륙을 발견했다고 말하는 역사적 대사건입니다. 그 후로 서양이 항해를 통해 무역을 하고 식민지를 개척함으로써 세계의 낙후된 민족의 토지와 재물을 탈취하는 새로운 시대가 펼쳐지게 되었습니다.

하지만 이탈리아 본토에서는 여전히 분란이 지속되었고 정치 경제는 쇠퇴해 갔습니다. 거기다 교회는 계속해서 말썽을 일으키고 있었습니다. 학자이면서 정치가였던 마키아벨리는 1469년부터 1527년에 걸쳐, 국가를 영도하는 군주는 마땅히 모략에 밝고 권모술수를 잘 운용하여 무력 충돌은 피하면서 국가를 통치할 수 있어야 한다고 주장하며 『군주론』이라는 명저를 저술했습니다. 후세에 스스로 자기가 잘났다고 생각한 영웅들이 그 영향을 많이 받았는데, 예를 들면 프랑스의 루이 십사세와 나폴레옹, 이탈리아의 무솔리니, 독일의 히틀러 같은 사람이 그랬습니다. 하지만 이 책을 『춘추』, 『좌전』, 『전국책』 같은 책들과 비교해 보면 번데기 앞에서 주름잡는다는 생각을 떨칠 수 없습니다. 다만 우리가 책을 잘 읽지 않으니 서로 비교할 수 없는 게 안타까울 뿐입니다.

이어서 1473년에서 1543년 사이에 독일의 천문학자 겸 수학자인 코페르니쿠스가 『천체의 운행에 관하여』라는 책을 써서 당시 널리 퍼져 있던 프톨레마이오스의 천문학설을 뒤집으며, 태양은 움직이지 않고 지구와 나머지 행성이 태양의 둘레를 운행한다고 주장했습니다. 그의 학설은 근대 천문학에서 이른바 '지동설'의 기초가 되었습니다. 하지만 당시에는 옛것에만 매달려 변화를 거부하던 천문학자와 교회의 공격을 받았습니다.

1488년에서 1546년 사이에는 독일의 마르틴 루터가 가톨릭 교회에 반대하여 종교 개혁을 일으키고 신교를 세웠습니다. 하지만 콜럼버스가 지구를 탐험하고, 코페르니쿠스가 하늘과 땅을 뒤집고, 마키아벨리가 군왕이 권모술수를 이용할 것을 가르치고, 마르틴 루터가 종교 개혁을 일으킨 그 모든 것은 『음부경(陰符經)』에서 말한 것과 딱 맞아떨어집니다. "하늘이 살의를 일으키면 별자리가 바뀐다. 땅이 살의를 일으키면 용과 뱀이 땅에서 일어선다. 사람이 살의를 일으키면 하늘과 땅이 뒤집어진다[天發殺機, 移星易宿. 地發殺機, 龍蛇起陸. 人發殺機, 天地反覆]."[190] 그리하여 십육세기 이후의 인류 사회는 당연히 하늘과 땅이 뒤집어지고 많은 변화가 일어났습니다.

사실 십육 세기 중엽인 1535년부터 1556년 사이에 이미 중국은 일본 및 포르투갈과 충돌했습니다. 당시 일본은 도요토미 히데요시(豐臣秀吉)가 정권을 쥐고 있었는데, 조선과 중국을 침략하여 점령하려 했습니다. 명 가정 연간의 명장 유대유(俞大猷), 척계광(戚繼光)이 일본에 맞서 전투를 벌인 바로 그 시기입니다. 포르투갈은 복건성 장주(漳州)를 침입하여 마카오(澳門)를 점령했습니다. 동시에 일본 해안의 다네가 섬(種子島)에도 출몰했습니다. 중국의 명 말 청 초 시기인 서기 1639년에 일본의 에도(江戶) 막부가 쇄국령을 발포하면서 청조 이백 년간은 다행히 해안의 근심거리가 줄었습니다. 후에 일본이 미국의 압력을 받아 다시 문호를 개방한 것은 1853년의 일이었습니다.

그러나 유감스럽게도 동서양의 문명 충돌에 관심을 기울이는 사람들조차 콜럼버스가 신대륙을 발견하기 팔십 년 전인 명 영락(永樂)에서 선덕(宣德) 초에 이르는 시기, 그러니까 1405년부터 1430년 사이에 삼보태감(三保太監) 정화(鄭和)가 이미 황제의 명을 받들고 남양(南洋)에 사신으로 나갔다는 사실을 잊어버리고 있습니다. 정화의 일행은 강소·절강·복건을 거쳐 남쪽으로 내려가면서 남양 군도를 두루 거치고, 아프리카 동쪽 해안

---

190 『음부경』은 판본이 여러 종류가 있다. 어떤 판본에는 "하늘이 살의를 일으키면" 다음에 "별이 떨어진다[星辰殞伏]"라는 구절이 나오고, 어떤 판본에는 바로 "용과 뱀이 땅에서 일어선다"라는 구절로 이어지면서 "사람이 살의를 일으키면"이라는 말이 없다.─원주.

및 인도와 페르시아 동해안에까지 이르렀습니다. 그는 모두 일곱 차례에 걸쳐 사신으로 나가서 삼십여 개 국가를 두루 돌았습니다.

특별한 임무를 띠었다고는 하지만, 그 임무라는 것이 단지 국가의 위엄을 선양하고 널리 덕화(德化)를 베푸는 데 있었으니 그저 시험 항해일 뿐이었습니다. 남의 땅을 차지하려 했던 것도 아니었고 다른 나라의 재화를 탐내어 무역을 하려고 했던 것은 더더욱 아니었습니다. 오히려 명 왕조를 대신하여 약소 민족 국가들을 잘 다독거리고자 했을 뿐이었습니다. 그래서 지금까지도 인도네시아 국경 지역에는 원주민들이 정화를 기념하기 위해 건축한 신묘(神廟)가 남아 있습니다. 정화가 남양 군도를 돌아본 일은 소설로 나와서 이제는 모두 다 아는 이야기가 되었습니다.

하지만 냉정하게 생각하면 정화의 항해는 콜럼버스가 신대륙을 발견한 일과 비교하여 그 성격이 완전히 달랐습니다. 그 일은 본래부터 평화를 사랑하고 불의의 재물은 탐내지 않는 중화 민족의 습성을 보여 줍니다. 그것은 중화 민족의 전통적 문화 교육에 있어서 깊고 견고한 뿌리라고도 말할수 있습니다. 그런데 그것을 두고 중화 민족은 원래 상업적 이익에 대해 무지했다든지 혹은 민족성의 취약점이라고 말해서는 안 됩니다. 참고로, 정화가 일곱 번째 사신으로 나갔을 때는 바로 프랑스의 성녀 잔 다르크가 백년 전쟁으로 희생되었던 시기입니다.

이어서 명 말 천계(天啓) 연간에서 청 초 순치 연간에 이르는 시기에는 독일의 천주교도인 탕약망(湯若望)[191]이 중국에 와서 선교 활동을 전개했는데, 그는 명나라에 대포 만드는 기술과 서양의 역법도 전해 주었습니다. 명이 망하고 청이 들어서자 탕약망은 흠천감(欽天監) 정직(正職)에 임명되어 천문을 관장했습니다.

---

191 청(淸)에서 활동한 독일 출신의 예수회 선교사. 탕약망은 중국식 이름으로 원래 이름은 요한 아담 샬 폰 벨이다.

뒤이어 중국으로 건너온 벨기에 예수회 선교사인 남회인(南懷仁)[192]은 순치에서 강희에 이르는 시기에 수리(數理)를 가르쳤으며, 흠천감 부직(副職)에 임명되었다가 후에 흠천감 정직에 발탁되었습니다. 강희제는 그들에게 천문과 수학을 배웠으며 아울러 천문 역법상의 양대 거작인『신제영대의상지(新製靈臺儀象誌)』열여섯 권과『강희영년역법(康熙永年曆法)』서른두 권을 완성했습니다.

그와 동시에 이탈리아 신부이자 예술가인 낭세녕(郞世寧)[193] 또한 강희·옹정·건륭 삼대에 걸쳐 화원(畫院)에서 벼슬을 하면서 서양의 화법을 전수해 주었습니다. 또 그는 중국의 화법을 배워 서양 화법과 융합시킨 다음 그것을 토대로 중국 궁정화(宮庭畫)의 규범을 세우기도 했습니다. 이 모두가 초창기의 동서 문화 교류였는데 거기에는 화약 냄새라고는 조금도 없었습니다.

1645년에서 1716년 사이인 순치·강희 시대에 독일의 철학자이자 수학자인 라이프니츠가 미적분(微積分) 수학을 발명하고 선천설(先天說)을 주장하였는데, 그는 관념론으로써 영국의 유물론과 경험론에 대항했습니다. 어떤 사람은 그를 아리스토텔레스 이후의 최고 철학자라고 칭찬하기도 합니다. 하지만 그는 자신이 미적분 수리를 발명한 것은 중국의『역경도설(易經圖說)』의 영향을 받은 것이며, 그 책 전체를 다 보지 못한 것이 못내 아쉽다고 밝혔습니다. 그의 최고 명저로는『신인간오성론(新人間悟性論)』,『신악론(神惡論)』,『단자론(單子論)』등이 있습니다. 그는 탕약망 및 남회인과 동시대 사람이었는데, 그가 언급한『역경도설』은 아마 그들 두

---

192 청(淸)에서 활동한 벨기에 출신의 예수회 선교사. 남회인은 중국식 이름으로 원래 이름은 페르디낭드 페르비스트이다.

193 청(淸)에서 활동한 이탈리아 밀라노 출신의 예수회 선교사 겸 화가. 낭세녕은 중국식 이름으로 원래 이름은 주세페 카스틸리오네이다.

사람을 통해 서양에 전해졌을 것입니다. 물론 그 당시 세계는 넓은 바다를 사이에 두고 있었기 때문에 동서 문화의 교류 사적을 정확히 고증하기란 쉽지 않습니다.

청 초 이래 서양 국가의 중대한 변혁

아무튼 사람들이 흔히 십칠 세기라고 부르는 청 초 순치제 재위 십팔 년 간, 즉 서기 1646년에서 1661년까지는 남명(南明)의 네 진(鎭)이 아직 평 정되지 않았기 때문에 청조의 정권이 완전히 통일되지는 못했습니다. 그 런데 당시 유럽도 상황이 거의 비슷했습니다.

예를 들어 1646년에 영국은 내란이 끝나고 찰스 일세가 스코틀랜드로 도망갔습니다. 1648년에 독일에서는 삼십년 전쟁이 끝나고 베스트팔렌 조약이 체결되었습니다. 영국에서는 찰스 일세가 사형에 처해졌고 공화 제를 선포했습니다. 이를 청교도 혁명이라 합니다. 네덜란드와 스위스가 독립했습니다. 1654년에 네덜란드가 영국의 항해 조약을 승인하였고 그 후 영국은 해상을 제패하게 되었습니다. 러시아가 중국에 사절을 파견했 습니다. 1660년에 영국은 왕정복고를 실시하고 찰스 이세가 즉위했습니 다. 1661년에 프랑스의 루이 십사세가 친정(親政)을 했습니다.

그러나 유럽의 영국·프랑스·독일의 국제 정국이 동란에 처해 있을 무 렵 인문과 과학 방면에서는 새로운 국면이 열리고 있었습니다. 순치 초기 인 서기 1649년에 프랑스의 철학자이자 수리학자인 데카르트는 해석 기 하학을 수립하고 처음으로 좌표 공식을 만들어 내어 수학의 신기원을 열 었습니다. 동시에 연역법에 중점을 둔 『방법서설』, 『성찰』 등을 저술하여 심물이원론(心物二元論)을 주장했습니다. 특히 이성을 중시하여 이후의 서양 사상에 지극히 심원한 영향을 끼쳤습니다. 하지만 오늘날 서양에는 그런 사조에 대해 반성과 비판을 제기하는 학자도 있습니다. 서양 철학사에서 그보다 일찍 등장한 영국의 철학자 프랜시스 베이컨은 귀납법을 주장하였는데, 귀납법은 그 후 과학 방법론의 중요한 토대가 되었으며 역시 심원한 영향을 미쳤습니다. 그리하여 데카르트와 베이컨은 근대 철학의 아버지라 불리게 되었습니다.

십칠 세기—순치 시기

순치 3년(1646)에 영국은 내란이 종식되고 찰스 일세가 스코틀랜드로 도망갔습니다. 명 말에 주순수(朱舜水)가 일본으로 가서 군사를 요청하자 일본인들은 그에게서 경술(經術)을 배우면서 스승의 예로 대해 주었습니다. 하지만 일본은 군사를 출병하지 않았고 그는 끝내 일본에서 늙어 죽었습니다. 정성공(鄭成功)도 일본에 군사 원조를 요청하였으나 막부에게 거절당했습니다.

순치 5년(1648)에 독일에서는 베스트팔렌 조약이 성립되어 삼십년 전쟁이 끝났습니다. 영국에서는 국왕 찰스 일세가 사형에 처해졌습니다. 영국이 공화제를 선포하였으니 이른바 청교도 혁명입니다. 네덜란드와 스위스의 독립이 승인되었습니다.

순치 11년(1654)에 네덜란드가 영국의 항해 조약을 승인함으로써 그 후로 영국이 해상을 제패했습니다. 러시아가 중국에 사절을 파견했습니다.

순치 17년(1660)에 영국은 왕정복고를 실시하였고 찰스 이세가 즉위했습니다.

순치 18년(1661)에 정성공이 대만을 점거하고 네덜란드인을 쫓아냈습니다. 프랑스에서는 루이 십사세가 친정을 했습니다.

십칠 세기—강희 시기

강희 3년(1664)에 영국이 네덜란드인의 거주지 암스테르담을 점령하고 뉴욕이라 개칭했습니다.

강희 7년(1668)에 프랑스는 영국·네덜란드·스웨덴 삼국과 동맹을 맺었고 에스파냐는 포르투갈의 독립을 승인했습니다.

강희 21년(1682)에 러시아의 표트르 대제가 그의 형 이반과 함께 왕위에 올랐고, 그 누나 소피아가 섭정했습니다.

강희 23년(1684)에 영국의 뉴턴이 만유인력의 법칙을 발견했습니다.

강희 24년(1685)에 청나라 군대가 시베리아에 있는 알바진이라는 성에서 러시아와 전쟁을 해서 이겼습니다. 영국 국왕 제임스 이세가 즉위했습니다.

강희 25년(1685)에 영국이 인도에 캘커타 부(府)를 세웠습니다.

강희 26년(1687)에 러시아가 중국의 흑룡강 지역을 침략하고 화해를 요청해 왔습니다.

강희 27년(1688)에 영국에서 명예혁명이 일어났습니다. 프랑스의 루이 십사세가 제3차 침략 전쟁을 일으켰습니다.

강희 28년(1689)에 중국과 러시아 간에 영토를 확정짓는 네르친스크 조약이 수립되었습니다. 영국에서 권리 장전(權利章典)을 발표했습니다. 러시아의 표트르 대제가 친정(親政)을 시작했습니다.

십팔 세기—강희 시기

강희 40년(1701)에 프로이센이 왕국이라 칭했습니다. 영국 국회에서 왕위 계승 조례를 통과시켰습니다. 에스파냐에서 왕위 계승 전쟁이 일어났습니다. 마침 청(淸) 궁정에서도 역시 태자 계승 문제가 발생했습니다.

강희 43년(1704)에 베이컨의 뒤를 이은 영국 경험론 철학자이자 민주주의의 창시자 가운데 한 사람이던 존 로크가 죽었습니다. 저서로『인간오성론』,『통치론』,『교육론』등이 있습니다. 영국이 지브롤터를 점령했습니다.

강희 46년(1707)에 잉글랜드와 스코틀랜드가 합쳐서 대(大)브리튼 왕국이라 칭했습니다.

십팔 세기 ― 옹정 시기

옹정 7년(1729)에 영국 등이 중국이 와서 장사하는 것을 허락했습니다. 에스파냐가 지브롤터를 영국에게 양도했습니다.

옹정 11년(1733)에 조지아 식민지가 설립되어 북미 십삼 주가 형성되었습니다. 영국의 케이가 베를 짜는 '플라잉셔틀' 즉 '자동북'이라는 기계를 발명했습니다.

십팔 세기 ― 건륭 시기

건륭 7년(1741)에 카를 칠세가 독일의 황제가 되었습니다.

건륭 8년(1743)에 영국이 아메리카에 있는 프랑스의 식민지를 탈취했습니다.

건륭 10년(1745)에 영국과 프랑스가 인도에서 식민지의 권리를 쟁취하기 위해 교전을 벌였습니다.

건륭 13년(1748)에 프랑스 사상가 몽테스키외가 쓴『법의 정신』이 출판되었습니다.

건륭 16년(1751)에 프랑스에서『백과전서』가 출판되었습니다.

건륭 17년(1752)에 미국의 프랭클린이 번개와 전기가 동일한 물체임을 증명했습니다.

건륭 20년(1755)에 프랑스와 영국이 아메리카 식민지에서 전쟁을 일으켰습니다.

건륭 24년(1759)에 영국군이 퀘벡을 점령함으로써 영국이 캐나다를 통치했습니다.

건륭 27년((1762)에 러시아 표트르 삼세가 제위를 계승하였으나, 그 황후 예카테리나가 곧 남편을 폐위하고 스스로 황제의 지위에 올랐습니다. 프랑스의 루소가 쓴 『사회 계약론』이 출판되었습니다.

건륭 28년(1763)에 영국과 프랑스의 식민지 전쟁이 종결되고 파리 조약이 체결되었습니다.

건륭 29년(1764)에 영국의 와트가 증기 기관을 발명했습니다.

건륭 30년(1765)에 인도의 무굴 황제가 방글라데시 등의 지역을 영국의 동인도 회사에 넘겨주었습니다. 영국이 인지세(印紙稅) 조례를 공포하자 미국 식민지인들이 불복하고 반대 운동을 벌였습니다.

건륭 32년(1767)에 영국인 하그리브스가 '제니' 방적기를 발명하여 한번에 열여덟 가락의 실을 뽑게 되었는데, 그 작동이 쉬워서 어린아이라도 할 수 있었습니다.

건륭 33년(1768)에 러시아와 터키가 전쟁을 벌였습니다.

건륭 37년(1772)에 영국의 제임스 쿡이 태평양 군도를 탐험했습니다. 폴란드에서는 제1차 분할이 일어났습니다.

건륭 38년(1773)에 프랑스의 루이 십육세가 즉위했습니다. 러시아와 터키가 강화를 맺었습니다.

건륭 41년(1776)에 북미 십삼 주가 독립 선언을 발표했습니다. 영국에서는 애덤 스미스의 『국부론(國富論)』이 출판되어 자유방임주의를 강하게 주장하는 동시에 고전 경제학의 토대를 구축했습니다. 북미 대륙 회의에서 독립 선언을 통과시키고 공포하였으며 연방 규약을 제정했습니다.

건륭 43년(1778)에 프랑스와 에스파냐가 미국의 독립을 승인했습니다. 영국의 제임스 쿡이 하와이 군도를 발견했습니다.

건륭 44년(1779)에 영국에서 팔만의 군중이 모여 기계를 파괴하려는 운동이 일어났는데, 그로부터 이른바 '산업 혁명'이 시작되었습니다.

건륭 48년(1783)에 영국이 미국의 독립을 승인했습니다.

건륭 52년(1787)에 미국이 새로운 헌법을 제정했습니다. 러시아와 터키가 다시 전쟁을 선포했습니다.

건륭 53년(1788)에 미국은 제1차 국회를 열었습니다. 영국은 오스트레일리아에 식민지를 개척하기 시작했습니다.

건륭 54년(1789)에 워싱턴이 미국 초대 대통령에 당선되고 다음 해에 수도를 워싱턴 시에 정했습니다. 프랑스에서는 부르주아 대혁명이 시작되었습니다. 제헌 의회에서 「인권 선언」을 발표했습니다. 독일 철학자 칸트의 『순수이성비판』과 『실천이성비판』 등의 저서, 시인 겸 소설가 괴테의 『젊은 베르테르의 슬픔』, 그리고 염세주의 혹은 비관주의 철학자라고 불리는 쇼펜하우어의 『의지와 표상으로서의 세계』 등이 모두 이 시기를 전후해 발표되었습니다.

건륭 56년(1791)에 프랑스에서는 입법 의회가 열렸습니다.

건륭 57년(1792)에 프랑스에서 군주제가 폐지되었고 프랑스 국민 공회가 열려 제1차 공화정이 수립되었습니다. 유럽 국가들의 대불동맹(對佛同盟)과 제1차 전쟁이 일어났습니다.

건륭 58년(1793)에 프랑스의 루이 십육세가 사형에 처해졌습니다. 폴란드에서는 제2차 분할이 일어났습니다.

건륭 60년(1795)에 영국이 아프리카의 희망봉을 차지했습니다. 폴란드에서는 제3차 분할이 일어나서 나라가 망하고 말았습니다.

십팔 세기―가경 시기

가경 원년(1796)에 프랑스의 나폴레옹이 제1차 이탈리아 원정에 나서 이듬해인 1797년까지 계속했습니다.

가경 2년(1797)에 프랑스가 베네치아 공화국을 멸망시켰습니다.

가경 3년(1798)에 나폴레옹이 이집트 원정에 나섰습니다. 영국 장군 넬슨이 프랑스 해군을 나일 강 하구에서 격파시켰습니다.

가경 4년(1799)에 건륭 황제가 세상을 떠나고 건륭제의 총애를 받았던 화곤(和珅)이 옥에서 죽었습니다. 영국이 제2차 대불동맹을 결성하고 전쟁을 일으켜 1802년까지 계속했습니다. 프랑스의 나폴레옹이 무능한 독재 정부를 쓰러뜨리고 통령 정부(統領政府)를 수립하여 제1통령에 취임했습니다.

가경 5년(1800)에 프랑스는 제2차 이탈리아 원정에 나섰습니다. 그 결과 북이탈리아가 프랑스에 귀속되었습니다.

십구 세기 — 가경 시기

가경 6년(1801)에 영국이 아일랜드와 합병했습니다. 프랑스의 나폴레옹이 교황과 화약을 맺고 가톨릭 교회를 부활시켰습니다.

가경 8년(1803)에 프랑스의 나폴레옹이 스위스를 점령했습니다. 미국이 나폴레옹으로부터 루이지애나를 사들였습니다. 미국 선박이 일본 나가사키(長崎)에 들어와서 통상을 요구했습니다.

가경 9년(1804)에 프랑스의 나폴레옹이 『법전』을 반포하고 황제의 지위에 올랐습니다. 무굴 제국이 영국의 보호를 받게 되었습니다.

가경 11년(1806)에 제4차 대불동맹이 결성되었습니다. 신성로마 제국이 멸망했습니다. 나폴레옹이 대륙 봉쇄령을 공포했습니다.

가경 12년(1807)에 미국의 풀턴이 증기 기선을 발명했습니다. 독일 철학자 피히테가 프랑스군 점령하의 베를린에서 「독일 국민에게 고함」이라는 연설문을 발표하여 국가주의 교육을 제창했습니다. 그 글은 훗날 히틀러 같은 국가주의자에게 영향을 미쳤습니다.

가경 15년(1810)에 프랑스는 네덜란드를 병합했습니다. 이때가 나폴레옹의 전성기였습니다.

가경 17년(1812)에 영국과 미국이 영미 전쟁을 벌였습니다. 프랑스의 나폴레옹이 모스크바로 진격하였으나 후퇴하고 말았습니다.

가경 18년(1813)에 영국이 제5차 대불동맹을 결성하여 프랑스를 공격하였고 프랑스군이 대패했습니다.

가경 19년(1814)에 청 조정이 영국 상선의 활동을 제한하였으며 아편의 밀매를 금했습니다. 유럽 동맹군이 프랑스 파리를 공격하여 나폴레옹을 엘바 섬에 유배시켰습니다. 이로써 나폴레옹의 전공은 십구 년의 역정으로 끝났습니다. 영국의 스티븐슨이 기차를 발명했습니다.

가경 20년(1815)에 프랑스의 나폴레옹이 유배지에서 탈출하여 다시 유럽 동맹군과 전쟁을 벌였으나, 워털루에서 크게 패하고 다음 해에 죽었습니다. 독일 장군 카를 폰 클라우제비츠가 『전쟁론』을 썼습니다.

가경 21년(1816)에 영국이 금 본위제를 채택했습니다.

가경 23년(1818)에 독일의 관념론 철학자 헤겔이 베를린 대학 교수가 되었습니다. 이후 그가 쓴 『법철학』, 『미학』 등의 저서가 세상에 나왔습니다.

십구 세기 — 도광 시기

도광 3년(1823)에 미국이 먼로주의 선언을 발표했습니다. 멕시코 공화국이 성립되었습니다. 영국의 시인 바이런이 죽었습니다.

도광 10년(1830)에 프랑스에서 칠월 혁명이 일어났습니다.

도광 11년(1831)에는 이탈리아에서 마치니의 주도하에 청년이탈리아당이 건립되었습니다. 프랑스의 리옹에서 노동자들이 봉기했습니다. 미국 버지니아에서는 흑인들이 봉기했습니다. 중국 광동에서 여족(黎族)과 요족(瑤族)이 봉기했습니다.

도광 13년(1833)에 영국에서 발전기가 발명되었습니다.

도광 15년(1835)에 미국의 모스가 전보를 발명했습니다.

도광 17년(1837)에 영국의 빅토리아 여왕이 즉위했습니다. 그로부터 이십삼 년 후에 청나라에서도 자희 태후가 수렴청정을 실시했습니다. 영국에 산업 위기가 발생했습니다. 기계와 기술의 발명으로 인한 변혁을 산업혁명 혹은 실업 혁명이라고 부릅니다. 영국에서 최초로 발생하였으나 차츰 세계 각국에 전파되었습니다. 그 특징은 다음과 같습니다. ① 수공업이 대부분 기계 공업으로 변했습니다. ② 가내 공업이 공장 공업으로 변했습니다. ③ 향촌 인구가 감소하고 도시 인구가 증가했습니다.

도광 18년(1838)에 청 조정에서는 임칙서(林則徐)를 광동으로 파견하여 아편 밀매 사건을 조사하고 처리하도록 했습니다. 기선이 처음으로 대서양을 항해했습니다. 프랑스에서 사진술이 발명되었습니다.

도광 20년(1840)에 중국과 영국 간의 아편 전쟁이 일어났습니다. 영국이 상하 캐나다를 통일했습니다.

도광 22년(1842)에 아편 전쟁이 끝나고 중국과 영국 간에 남경 조약이 체결되었습니다.

도광 27년(1847)에 마르크스와 엥겔스가 「공산당 선언」을 함께 기초했습니다. 독일에서 혁명이 일어나자 마르크스는 고국으로 돌아갔습니다. 돌아가는 길에 파리에서 『자본론』을 저술했습니다. 엥겔스는 공상적 사회주의에서 과학적 사회주의로의 발달에 관한 글을 발표했습니다.

도광 28년(1848)에 프랑스에서 이월 혁명이 일어나서 제2차 공화정이 수립되었습니다.

도광 30년(1850)에 홍수전(洪秀全)이 태평천국의 난을 일으켰습니다. 임칙서가 세상을 떠났습니다.

십구 세기 — 함풍 시기

함풍 원년(1851)에 영국과 프랑스가 전신(電信) 교통을 시작했습니다.

함풍 3년(1853)에 일본이 항구를 개방하여 미국 함선이 우라가(浦賀)에 도착했습니다. 러시아가 터키에 선전 포고를 하고 크리미아 전쟁이 시작되었습니다. 독일이 관세 동맹을 다시 맺었습니다. 태평천국이 남경에 도읍을 정했습니다. 복건과 상해의 소도회(小刀會)[194]가 봉기했습니다. 운남의 이족(彝族)이 봉기했습니다. 염군(捻軍)[195]이 봉기했습니다.

함풍 4년(1854)에 영국과 프랑스가 러시아에 선전 포고를 했습니다. 미국 캔자스 주에서 내전이 발생했습니다. 청 조정에서 처음으로 외국인을 세무사(稅務司)로 기용했습니다.

함풍 7년(1857)에 영국과 프랑스 연합군이 광주를 공격하여 양광 총독 섭명침(葉名琛)을 포로로 잡아갔습니다. 유럽과 미국에는 경제 위기가 닥쳤습니다.

함풍 8년(1858)에 프랑스가 월남을 침략했습니다. 영국의 동인도 회사가 없어지고, 인도는 영국 정부의 직할지로 귀속되었습니다. 또한 최초로 진화론을 제창했던 영국의 생물학자 다윈이『인류의 기원』,『인간과 동물의 감정 표현에 대하여』등의 책을 출판했습니다. 그의 학설은 '생존경쟁(生存競爭)', '적자생존(適者生存)' 등의 개념을 내놓았습니다. 영국의 생물학자이자 철학자인 헉슬리가『과학과 교육』,『진화와 윤리』등의 저서에서 진화론을 더욱 널리 알림으로써, 그 후 진화론은 전 세계에 거대한 영향을 미쳤습니다. 그 무렵 영국의 철학자이자 과학자이면서 진화주의를 제창한 스펜서도『종합철학』을 비롯한 수십 종의 서적을 출판하고 진화론

---

194 청 말의 비밀결사. 반청 복명을 부르짖은 복건의 천지회(天地會)의 일파로, 허리에 단검을 차고 있어서 이와 같은 이름이 붙었다.

195 가경 연간에 산동(山東), 강소(江蘇), 안휘(安徽)에서 일어난 난민.

자의 대열에 합류했습니다. 독일에서는 철학자 헤겔, 엥겔스, 마르크스 등이 세상을 놀라게 하는 학설을 발표하였는데, 모두 십구 세기 말에서 이십 세기로 넘어오는 시기에 유물론에 치중했던 사상가와 사회학자들이었습니다. 하지만 끊임없이 변화하는 인류 문화를 놓고 보면 그 시비득실에 대해 아직은 뭐라고 단정할 수 없습니다.

함풍 9년(1859)에 마르크스가 『정치경제학 비판』을 출판했습니다. 수에즈 운하의 공정이 시작되었습니다. 다윈의 『종의 기원』이 출판되었습니다. 미국의 존 브라운이 노예 제도에 반대하는 운동을 일으켰습니다.

함풍 10년(1860)에 미국의 링컨이 대통령에 당선되었습니다. 미국 남부에서 독립 운동이 일어났습니다. 영국과 프랑스 연합군이 중국을 침략하여 천진을 함락시키고 북경으로 진격하여 원명원(圓明園)을 불태웠습니다. 일본은 아직 '존왕양이(尊王攘夷)'[196] 말기에 처해 있었습니다.

함풍 11년(1861)에 미국에서 남북 전쟁이 시작되어 1865년까지 계속되었습니다. 자희 태후가 정치를 맡았습니다.

십구 세기—동치 시기

동치 원년(1862)에 프랑스가 월남 남부를 제압하고 양자 간에 조약을 체결했습니다. 비스마르크가 프로이센의 총리가 되었습니다.

동치 2년(1863)에 미국의 대통령 링컨이 노예 해방을 선언했습니다.

동치 4년(1865)에 미국에서는 남북 전쟁이 정부군의 승리로 끝났습니다. 링컨이 저격당했습니다. 일본이 통상을 개방했습니다. 영국이 부탄을 침략했습니다.

동치 5년(1866) 유럽과 미국에 경제 위기가 닥쳤습니다. 스웨덴 화학자

---

196 천황을 받들어 오랑캐를 물리치자는 사상.

노벨이 '황색 폭약' 일명 다이너마이트를 발명하면서 인류 사회는 '흑색 폭약' 시대를 마감했습니다.

동치 6년(1867)에 마르크스의 『자본론』 1권이 출판되었습니다. 독일의 오토가 세계 최초로 엔진을 제조했습니다. 미국이 러시아로부터 알래스카를 사들였습니다. 청 조정이 동문관(同文館)[197]을 설립했습니다.

동치 7년(1868)에 중국과 미국이 천진 조약을 체결했습니다. 일본은 왕정복고가 일어나고 메이지 유신이 시작되었습니다. 독일 철학자 니체는 쇼펜하우어의 '생(生)에의 의지' 이론에서 출발하였으나 '해탈'을 이상적인 목적으로 여기는 것에서 변화하여, '권력에의 의지'가 인간 세상의 지고한 원리이자 모든 가치의 근원이라고 주장했습니다. 그는 또 자아를 지니고 세계와 투쟁하여 본능을 만족시키는 것이 인생의 목적이라고 하였으며, 사람은 동물이 진화한 것이고 여기서 더 진화하면 초인이 된다고 했습니다. 그의 초인 철학은 여기에서 출발했습니다. 무솔리니와 히틀러의 파시즘은 니체 철학의 영향을 깊이 받았습니다.

동치 8년(1869)에 수에즈 운하가 개통되었습니다.

동치 10년(1871)에 이월부터 오월까지 파리에서 프롤레타리아 혁명이 일어나고 파리 코뮌이 조직되었습니다.

십구 세기—광서 시기

광서 2년(1876)에 영국 빅토리아 여왕이 인도의 왕을 겸할 것을 선포했습니다. 청 조정에서 영국 상인이 놓은 오송철로(吳淞鐵路)를 회수하고 파괴했습니다. 미국의 벨이 전화기를 발명했습니다.

광서 3년(1877)에 미국의 에디슨이 유성기를 발명했습니다.

---

[197] 최초의 관립 외국어 학교.

광서 5년(1879)에 미국의 에디슨이 전구를 발명했습니다.

광서 6년(1880)에 열강이 아프리카를 분할하기 시작했습니다. 러시아에 니힐리스트가 출현했습니다. 또 이때를 전후해 러시아 사상가이자 대문호인 톨스토이가 『안나 카레리나』 및 『참회록』, 『부활』, 『어둠의 힘』 같은 명작을 발표했습니다.

광서 10년(1884)에 그리니치 자오선을 만국 기본 자오선으로 정했습니다. 독일이 유럽과 아프리카를 식민지화하기 시작했습니다. 일본이 이토 히로부미를 중국에 파견하여 조선 문제를 담판지었습니다.

광서 11년(1885)에 마르크스의 『자본론』 2권이 출판되었습니다.

광서 14년(1888)에 빌헬름 이세가 독일 제국의 황제로 즉위했습니다. 철혈 재상 비스마르크가 계속 재상의 자리에 있었습니다.

광서 16년(1890)에는 유럽에 경제 위기가 닥쳤습니다.

광서 19년(1893)에 하와이가 왕정을 폐지하고 공화제를 수립했습니다. 독일 의회에서 군비 확장을 통과시켰습니다.

광서 20년(1894)에 중일 전쟁이 시작되었습니다. 손중산(孫中山)이 단향산(檀香山)에서 홍중회(興中會)를 발족했습니다. 마르크스의 『자본론』 3권이 출판되었습니다.

광서 21년(1895)에 미국이 하와이를 침략했습니다. 독일의 물리학자 뢴트겐이 엑스선을 발견했습니다.

광서 23년(1897)에 일본이 금 본위제를 실시했습니다. 이탈리아의 마르코니가 무선 전신을 발명했습니다.

광서 24년(1898)에 영국, 러시아, 프랑스, 일본이 중국에서의 세력 범위를 나누었습니다. 청 조정이 영국과 독일에서 천육백만 파운드의 차관을 들여왔습니다. 청 조정이 담사동(譚嗣同) 등 육 인을 처형했습니다. 무술변법(戊戌變法)이 실패로 돌아가고 강유위(康有爲)와 양계초(梁啓超)가 국외로 도망했습니다. 하와이가 미국에 합병되었습니다.

광서 25년(1899)에 미국이 중국에게 문호를 개방할 것을 강요했습니다. 제1차 만국 평화 회의가 헤이그에서 열렸습니다. 세계 경제에 위기가 닥쳤습니다.

이십 세기—광서 시기

광서 26년(1900)에 의화단(義和團)이 외국 연합군의 침략에 저항했습니다. 팔국 연합군이 천진과 북경을 점령했습니다. 자희 태후와 광서제가 서안으로 피난했습니다. 미국이 금 본위제를 채택했습니다.

광서 30년(1904)에 일본과 러시아가 중국 영토에서 전쟁을 벌이자 청 조정은 중립을 선포했습니다. 프랑스의 마리 퀴리 부부가 라듐을 발견했습니다.

광서 33년(1907)에 세계 경제에 위기가 닥쳤습니다. 중국의 개량파가 각 성에서 입헌 기구의 설립을 준비했습니다.

선통 2년(1910)에 삼월 팔일을 세계 여성의 날로 정했습니다.

선통 3년(1911)에 신해혁명(辛亥革命)으로 청 왕조가 막을 내렸습니다.

민국 3년(1914)에 제1차 세계 대전이 발발했습니다. 독일의 수학자이자 물리학자였던 아인슈타인이 상대성 이론을 발표했습니다.

민국 6년(1917)에 러시아에서 사회주의 시월 혁명이 성공하여 소비에트 정부가 들어섰습니다.

민국 8년(1919)에 파리 강화 회의가 열렸습니다. 이탈리아에서 파시스트당이 결성되었습니다. 민국의 남북 정부가 각기 대표를 파견하여 상해에서 화의를 맺었습니다. 미국의 실용주의 철학자이자 교육자인 듀이가 오사 운동 초기에 중국을 방문했습니다. 그는 북경 대학의 철학 교수 및 북경고등사범 교육연구소의 교육학 교수로 있다가 1921년에 고국으로 돌아갔습니다. 듀이는 실용주의 및 도구주의를 제창했습니다. 경험이 곧 생활이고 생활은 환경에 대처하는 것이며 환경에 대처하는 것 중에서도 사상이 가장 중요하므로, 따라서 사상이 곧 환경에 대처하기 위한 도구라고 주장했습니다. 또 비현실적이고 현학적인 철학 연구는 그만두고, 인생의 실제 문제를 해결하는 것을 철학의 종지로 삼아야 한다고 주장했습니다. 그의 주요 저작으로는 『학교와 사회』, 『사고의 방법』, 『민주주의와 교육』 등이 있습니다. 그는 이십 세기 미국과 중국의 교육에 많은 영향을 끼쳤습니다. 미국인이 현실 생활을 중시하는 경향은 바로 듀이 교육 철학의 결과입니다. 표면상 보면 실천과 경험을 중시하는 것이 왕양명의 지행합일설과 비슷합니다. 하지만 꼭 그렇지만은 않습니다. 듀이주의는 당시 교육상 드러나던 증상만 치료하고 근본 원인은 치료하지 못하는 약제에 불과했으며, 그 시비득실 및 폐단은 마땅히 따로 연구해야 할 것입니다. 결코 인도주의적 교육론은 아니었습니다.

　민국 9년(1920)에 영국 철학자이자 수학자인 러셀이 중국에 와서 강연을 하였는데 자못 호감을 얻었습니다. 러셀은 1950년에 노벨상을 수상했습니다. 그는 철학상으로는 실재론(實在論)을 주장하고 정치상으로는 개인을 극단적으로 중시했습니다. 주요 저작으로는 『정치 이상론』, 『정신의 분석』, 『사회 개혁 원리』 등이 있습니다.

　민국 25년(1936)에 영국 경제학자 케인스가 명저 『고용, 이자 및 화폐의 일반 이론』을 출판하여 세상을 놀라게 하였는데, 이십 세기는 케인스 혁명의 시대라고 불립니다. 그는 정부가 경제의 위축을 헤아려 대처해야 한다고 주장함으로써, 정부는 경제에 간섭해서는 안 된다는 유럽의 고전 경제학파 이론에 반대했습니다. 그 학설의 주요 내용은 이러합니다. ① 유동

성의 편호(偏好)로써 화폐 수량을 대신한다. ② 소득이 저축과 투자를 결정하는 것으로써 이율이 저축과 투자를 결정하는 것을 대신한다. ③ 화폐와 임금의 신축이 결코 완전 고용을 보장하지는 못한다. 화폐의 조건·가치가 경제 동태의 결정자라고 여겼는데, 화폐 정책을 중시하는 것이 케인스 경제 정책의 특징입니다. 상공업계에서 흔히 말하는 "소비가 생산을 촉진시킨다"라는 말도 바로 케인스 경제 이론이 낳은 견해입니다.

1940년대의 서양 문화 가운데 인류 사회에 비교적 큰 영향을 끼친 학설이 두 가지 있습니다.

하나는 오스트리아 심리학자 프로이트의 '정신 분석학'입니다. 그는 꿈과 정신병이 모두 평소 억압된 욕망과 감정이 반영된 것이라고 생각했습니다. 특히 본능적인 성적 욕구 즉 리비도의 표출이라고 여겼습니다. 그리하여 현대 심리학의 주류 학리(學理) 가운데 하나가 되었습니다. 그뿐 아니라 프로이트의 이론과 소련 생리학자 파블로프의 조건 반사 이론을 합쳐서 이야기하기도 하는데, 당대 인문 사상에 극히 거대한 영향을 미쳤습니다.

또 하나는 덴마크 사상가 키르케고르가 십구 세기에 제창한 '실존주의'입니다. 제2차 세계 대전 후에 프랑스, 독일 및 미국 각지에서 유행하였는데, 소설과 희극을 통해 그 이론을 천명하여 한 시대를 풍미했습니다. 실존주의는 인간 생명 존재를 회의하고 탐구하는 사상입니다. 인간은 무목적의 우주 안에서 생존하는 일개 개체이며, 현존 개체의 진정한 자아를 깨달아야만 한다고 했습니다. 그들은 맹종에 반대하고 내재적인 자유 의지를 중시했습니다. 하지만 그와 동시에 개인은 자유로운 행동이 가져올 결과에 책임을 져야 합니다. 우리는 제2차 세계 대전 후에 미국과 일본 등지에서 실존주의의 영향을 받은 '히피'들을 보았습니다. 그들은 하나같이 폭음하고 마약을 흡입하고 퇴폐적인 생활을 했습니다. 하지만 이십 세기 후반에는 주식과 금융 시장의 영향으로 신흥 젊은 자본가들의 '여피' 시대로 접어들었습니다.

미국 문화와 미국식 맹주

1914년에 제1차 세계 대전이 시작되었습니다.

1915년에 독일의 지구 물리학자 베게너가 『대륙과 대양의 기원』을 출판했습니다.

1928년에 영국의 플레밍이 항생 물질인 페니실린을 발견했습니다.

1930년에 영국의 채드윅은 중성자를 발견했습니다. 미국의 미즐리가 프레온 가스에 대한 논문을 발표하였는데, 그 후로 냉장고와 에어컨이 가정에도 들어오게 되었습니다.

1932년부터 1935년 사이에 플라스틱, 인공합성섬유, 합성고무의 삼대 유기 합성 기술이 발명되었습니다.

1936년에 미국의 조르킨이 전자식 텔레비전을 발명했습니다.

1937년에는 칠칠 사변이 일어나서 일본이 노구교(盧溝橋)에서 중국에 대한 침략을 시작했습니다. 일본은 이어서 상해와 남경을 점령하였고 국민당 정부는 중경으로 후퇴했습니다.

1945년 칠월 십육 일에 미국이 원자 폭탄 실험에 성공했습니다. 이로써 제2차 세계 대전이 끝났습니다.

1946년에 최초의 컴퓨터가 세상에 나왔습니다.

1950년 초에 영국에서 세계 최초의 비디오 기기를 만들었습니다.

1957년에 과거 소련 연방이 최초의 인공위성 발사에 성공했습니다.

1960년 초에 신경 회로망 식의 집적 회로가 세상에 나왔습니다. 미국

과학자 메이먼이 세계 최초의 레이저 기기를 제조하여 레이저 기술의 서막을 열었습니다.

1969년에는 미국이 우주선을 발사하여 인류 최초의 달 탐사를 시도했습니다.

이상으로 삼백 년 서양 문화와 문명의 대강을 간략하고도 농축시켜서 열거해 보았습니다. 이른바 서양 문화 및 과학 기술 문명의 발전과 그 속에 포함된 내용을 대략 알게 되셨으리라 생각합니다. 동시에 그 삼백 년 동안 중국은 왜 허약해져 갔는지 그 원인을 반성해야 할 것입니다. 그런데 근대 십팔 세기 이후로 세계 인류 역사의 거대한 변화에 맞닥뜨리게 된 중화 민족이 어떻게 그 사나운 파도 속에서도 요행히 쓰러지지 않을 수 있었던 것일까요? 이른바 중국의 혹은 동양의 문화 역량이란 것은 도대체 어떤 역량을 말하는 것일까요? 게다가 더욱 잊어서는 안 될 것이 있습니다. 그것은 바로 우리가 여전히 위험하고 어려운 우환 속에 처해 있다는 사실입니다. 자기만이 옳다고 생각하고 문을 걸어 닫은 채 으쓱거려서는 절대 안 됩니다. 저는 옛 선사들이 읊조리던 백화사(白話詞) 한 수를 곧잘 인용하곤 합니다. "어젯밤 세차게 쏟아진 비에 포도나무 버팀목이 쓰러졌네. 일 맡은 사람은 일꾼들에게 힘내라고 두루 청하네. 떠받쳐라, 괴어라, 날이 새도록 떠받치고 괴었건만 가엾게도 그대로일세〔昨夜雨滂亭, 打倒葡萄棚. 知事普請, 行者出力. 拄底拄, 撑底撑, 撑撑拄拄到天明, 依舊可憐生〕." 사실 우리 민족은 자신이 아직도 이러한 상황에 처해 있음을 확실히 알아야 합니다. 어찌 "편안한 처지에 있을 때에만 위험할 때를 미리 생각하고 경계할〔居安思危〕"뿐이겠습니까?

일반인들은 미국 문화가 전체 서양 문화를 대표한다고 생각합니다. 특히 미국인들은 미국식 민주주의를 전 세계에 자랑하고, 심지어 세계 각국이 자신들의 미국식 민주주의를 배울 것을 요구합니다. 십여 년 전 제가 미국에 잠시 머물던 시절이었습니다. 미국 학생들과 그 문제를 놓고 한담을 나누기도 했는데, 민주 공화제 얘기만 나오면 그들은 만면에 희색을 띠고 아테네와 그리스 문화에 관해 떠들어 댔습니다. 자신들이 그리스의 영광을 재현하고 있기라도 하다는 듯이 말입니다. 그럴 때면 저는 그들에게 이렇게 말했습니다.

"십칠 세기 이후의 프랑스 문화, 즉 루소 시대의 문화와 더불어 프랑스인들이 당신들을 도와 신대륙에서 영국을 몰아낸 것 덕분에, 비로소 오늘날 아메리카 공화국의 영광을 일구어 내게 되었다고 말하는 편이 맞지 않습니까? 당신들은 분명 서양의 여러 문화가 혼합되어 탄생한 자랑거리입니다. 하지만 그렇다고 해서 당신들이 인류 문화의 좌표를 세웠다고는 말할 수 없습니다. 게다가 미국식 민주주의의 기원을 살펴보면 최초로 건너왔던 영국의 청교도들을 본받아 유럽 각지에서 끊임없이 신대륙으로 건너왔던 형형색색의 개척자들이 오늘날의 미국식 민주주의를 형성했습니다. 당신들은 고유의 통일된 문화를 지닌 통일된 민족이 아니었기 때문에 현재의 구조를 지니게 된 것입니다. 지금까지 제가 보기에는 당신들 자체 내에 잠재되어 있는 문제들이 참 많습니다. 하지만 저는 외국인이고 또 전문가가 아니기 때문에 뭐라고 길게 말씀드리지는 못하겠습니다."

지금부터 소개 드릴 북아메리카 이민에 관한 역사 자료만 가지고도 여러분은 미국 사회의 민주 문화가 어떻게 형성되었는지를 알 수 있을 것입니다.

1619년은 바로 명(明) 신종(神宗) 47년이기도 합니다. 이해 칠월 삼십일, 북미 버지니아 이민 지구에서는 두 명의 대표를 선출하여 총독의 참사회(參事會)와 함께 서머스의 교회당에서 회의를 거행했습니다. 바로 제1차 버지니아 의회로서 북미 최초의 민주적인 대의제 기구였습니다. 훗날 미국에서 민선 기구의 전통이 되었습니다.

1620년에 런던을 출발한 로즈 호가 미국 북동부에 도착하여 플리머스 식민지를 세웠습니다. 식민지 건설자들은 선상 토론을 거쳐서 '로즈 호 공약'을 통과시켰습니다. 공약에 들어 있는 민주 사상과 1619년 버지니아 의회의 방식이 바로 훗날 미국에서 민주 제도를 형성하는 토대가 되었습니다.

아래의 내용은 이미 작고한 오랜 친구가 저에게 보내 준 자료로서, 미국 초기의 상황을 잘 설명해 주고 있습니다.

십팔 세기 즉 1776년에 북미의 영국 식민지가 독립 운동을 전개하였다. 칠 년간의 투쟁 끝에 미합중국이 인류 역사의 무대에 등장하게 되었다. 이 신대륙의 공화국은 그 영토가 미시시피 강 동쪽 연안의 토지가 전부였고 인구도 백만에 불과하였으며 영국인의 혈통이 우세를 점했다. 하지만 십구 세기 초에 이르러 공화국은 자신의 면모를 바꾸어 가기 시작했다. 먼저 1803년에 나폴레옹으로부터 루이지애나를 사들여 미시시피 강 서쪽 연안으로 영토를 확장했다. 1815년에는 구백만의 인구를 지니게 되었는데 프랑스인, 독일인, 흑인이 섞여 있었다. 1819년에 에스파냐로부터 플로리다를 사들여 남쪽의 멕시코 만에까지 손을 뻗었다. 1823년에 먼로주의를 선포하였다. 1846년부터 1848년까지는 서부 개척을 완성하기 위해 멕시코와 전쟁을 벌였고, 전쟁에서 승리한 후에는 텍사스와 캘리포니아를 손에 넣었다. 그 무렵 공화국은 태평양 동쪽 연안의 대국이 되었다.

서쪽으로 나아가기 위해 1867년에는 백사십오만 파운드를 들여 러시아로부터 알래스카를 사들였다. 1875년에 공화국은 하와이를 삼켰다. 1878년에는 인구가 오천만으로 증가하였는데, 유럽 여러 나라 가운데 러시아를 제외하면 최고였다. 오랜 유럽 문화의 산물인 이 신생 대국은 영국, 프랑스와 함께 유럽의 패권을 다투느라 십구 세기에는 동쪽을 돌아볼 수 없었다. 하지만 서쪽으로 진출할 기회는 있었다. 기록에 따르면 이미 1784년에 다이아나 호가 중국에 도착하였으며, 바다표범 가죽을 가지고 광주에서 나는 찻잎과 다른 물품으로 교환하였다고 한다. 1791년에는 미국인이 남태평양에서 향유고래 서식지를 발견하였다. 그 일에 고무되어 미국 포경선이 끊임없이 태평양에 출몰하였다. 1820년에서 1821년 사이에 일본 측에서 발견한 미국 배가 삼십여 척이나 되었다. 그러나 아직 대일(對日) 무역을 시도하지는 않았다.

1840년대에 이르자 상황은 크게 달라졌다. 대륙에서는 서쪽으로 진출하려는 사람들이 무리를 이루었는가 하면, 태평양 해상에는 포경선과 무역선이 크게 늘었다. 통계에 따르면 1847년에 태평양을 항해한 구백 척의 포경선 가운데 미국 포경선이 팔백 척에 달하였다고 한다. 투자액은 이천만 달러에 달하였으며 매년 포획량은 천삼백만 달러에 이르렀다. 미국의 무역선은 네덜란드인에게 고용된 경우가 많았는데, 나가사키를 경유하여 처음 광주에 왔던 배는 다섯 척이었으나 1831년에서 1833년 사이에 육십 척으로 늘었다. 당시의 항해 기술로는 그토록 많은 배가 장거리 항해를 하려면 정박할 장소와 연료 보급지가 필요하였다. 지도를 펼쳐서 들여다볼 것 같으면 가장 이상적인 정박소와 연료 보급지는 바로 유구(琉球)와 일본이다.

그런 원인 때문에 미국은 일본의 개항을 원했다. 게다가 대(對)중국 무역의 격증으로 인해 그 희망은 더욱 절실해졌다. 1834년 즉 청 도광 14년에 중국 광주에서의 무역액이 이미 천칠백만 달러에 이르렀다는 사실을 우리는 알아야 한다. 태평양에서의 이익에 관심이 있던 미국 대통령 잭슨은 일찍이 1832년에 로웰을 파견하여 인도양의 무역과 일본의 대(對)네덜란드 및 중국 무역의 실황을 조사하게 하였다.[198] 같은 해에 국무장관 리

빙스턴도 각 방면의 보고를 종합하여, 대통령 대표단을 일본에 파견하여 일본 천황에게 문호 개방을 요구할 것을 요청하였다. 얼마 후 중국에서 아편 전쟁이 일어났다. 미국인이 청 조정과 체결한 조약은—아편 전쟁의 제1차 불평등 조약은 1842년에 체결되었습니다—1860년까지 외국인이 중국과 교섭하는 표본이 되었다. 자연히 미국은 그것을 일본에 응용하기를 희망하였다. 1845년에 국회의원 블라트는 정부가 확정적인 방침을 채택하여 일본 및 조선과 통상 관계를 맺을 것을 요구하였다.

1900년, 팔국 연합군이 천진과 북경으로 진공할 때에도 미국은 힘들이지 않고 원하던 바를 손에 넣었습니다. 금 본위제를 실시했습니다. 1914년 제1차 세계 대전에서부터 1942년 일본이 진주만을 습격하기까지의 삼십 년 동안, 미국은 본국의 육·해·공 삼군의 장비를 확충하는 동시에 기회만 되면 국제 분쟁의 무기 창고 노릇을 했습니다. 세상에서 전쟁만큼 사치스러운 낭비는 없습니다. 저 멀리 북미 신대륙에 위치한 방대한 무기 창고는 후진국의 내전과 침략 방어용 수요 때문에 떼돈을 벌었습니다. 소비가 생산을 촉진시킨 셈입니다. 게다가 군수 산업은 과학 기술 문명의 신속한 발전과 결합하여 무엇보다 먼저 원자 폭탄의 제조에 성공했습니다. 1945년 미국은 일본에 원자 폭탄을 투하함으로써 제2차 세계 대전을 끝냈습니다. 그 뒤부터 국제 사회를 깔게 된 미국은 어느 날 갑자기 세계 맹주의 자리에 올랐습니다. 각국의 민주제를 통제하는 패주(覇主)를 자처

---

198 1832년에 미국은 태국과 조약을 체결하기 위해 로웰을 파견하였는데, 그는 일본과의 통상에 관한 대통령의 훈령(訓令)을 받았다. 로웰은 일본의 특수한 상황으로 인해 맡은 바 사명을 진행시키지 못하였다. 이 년 후 상술한 조약의 비준서를 교환하기 위해 미국 정부는 다시 로웰을 파견하였다. 그는 대통령이 장군에게 보내는 한문과 라틴어 편지를 지니고 있었으며, 아울러 에도[江戶]로 가서 담판을 지으라는 훈령도 받았다. 로웰은 일만 달러짜리 선물을 사서 출발하였으나 1836년에 마카오에서 객사하는 바람에 대통령의 훈령을 전달하지 못하였다.—원주

하면서 천하를 호령하고 비바람을 불러일으키게 되었습니다. 그 나머지
는 여러분이 『미국사』나 『세계사』 같은 책을 읽어 보면 이백여 년 이래로
미국식 민주 문명과 문화 발달의 개요를 알 수 있을 것입니다.

62

반성하고 검토해야 할 세 가지 큰 문제

이상으로 십오 세기부터 시작된 이른바 서양 문화를 대표하는 영국, 프랑스, 독일, 이탈리아 같은 문명 대국과 네덜란드, 에스파냐, 미국 등의 문명 발전사를 대단히 간략하게 서술했습니다. 간략하게 줄이고 또 줄였지만 그래도 많은 시간이 걸렸습니다. 기타 관련된 유럽 국가의 사적 및 중요한 군사 무기의 발전에 관해서는 언급하지도 않았습니다. 생략하고 언급하지 않았기에 망정이지 안 그랬다가는 얼마나 많은 시간을 더 들였어야 할지 모릅니다.

지금부터는 그러한 역사 발전의 대요를 이해하기 위해 몇 가지 중요한 문제를 반성하고 검토하도록 하겠습니다.

국제 형세에 관한 문제

유럽 국가라고 했지만 기원전 삼천여 년의 원시 역사는 잘라 내고 언급하지 않았으며 기원전 팔백여 년부터 시작했습니다. 중국으로 말하면 믿을 만한 역사 시대인 서주(西周)에서 공화제를 실행하던 시기인데, 제1회올림픽 경기가 열렸던 그리스의 기원이 시작되는 시기이기도 합니다. 서기 249년에 이르면 중국은 이미 동주(東周) 시기의 춘추 전국 시대, 즉 문화사에서 백가쟁명(百家爭鳴) 시기라고 부르는 단계에서 진시황제가 창건한 "봉건제를 폐하여 군현제로 바꾸고 문자와 도량형을 통일하는" 전국 통일의 국면으로 접어들게 됩니다. 비록 한·당·송·원·명·청 등의 왕조 변화를 거치기는 했어도, 이른바 중국 문화와 통일된 강산은 이천여 년을 지나도록 변함이 없었고 큰 차이도 없었습니다. 하지만 유럽은 어떠합니까? 십육 세기 르네상스 이후로 지금까지 여전히 언어 문자가 서로 다르고 각 지역에서는 수시로 종족 문제, 영토 문제가 일어나고 있습니다. 심지어는 국제 간의 이해 충돌과 같은 각종 갈등이 존재하고 있습니다. 어제는 영국과 프랑스 간에 백년 전쟁이 계속되더니 내일은 영국과 프랑스 간에 동맹이 맺어집니다. 오늘은 독일과 이탈리아가 동맹하더니, 모레는 독일과 프랑스가 화의를 맺습니다. 완전히 이천 년 전 중국의 춘추 전국 시대처럼 연합, 분열, 이간, 포섭 등 온갖 수단이 다 동원되고 서로 속고 속이는 행태가 난무하여 어느 누구도 믿을 수 없습니다.

십칠 세기와 십팔 세기 사이에는 그들 중 강한 나라들이 동양의 인도, 일본과 중국, 심지어 오스트레일리아, 뉴질랜드와 동남아 각지로 방향을 돌려 서로 세력을 다투었습니다. 『열자(列子)』에 나오는 "벌건 대낮에 사람들 앞에서 손을 뻗어 시장의 금을 낚아채면서도 아무런 거리낌이 없었던 사람"과 꼭 같다고 하겠습니다. 서양 문화가 낳은 혼혈아인 미국은 당시 유럽 국가들에 비하면 비교적 점잖기는 했지만, 큰 것을 얻기 위해 먼저 미끼를 던져 주는 교만하고 방자한 기질이 자라나고 있었습니다. 십구 세기의 영국처럼 미국 역시 자신의 국기를 지구 위에 당당히 꽂고 영원히 해가 지지 않기를 원하는지도 모르겠습니다. 이것이 바로 서양 문화의 현 주소입니다. 만약 지금 우리가 자강불식(自強不息)하기 위해서 서양의 선진 문화를 학습해야 한다고 말한다면 과연 서양의 어느 국가, 어느 모범을 배워야 진정으로 먼저 나아가는 야인(野人)이 — 공자가 말하기를 예악(禮樂)에 먼저 나아가는 자는 '야인(野人)'이요 나중에 나아가는 자는 '군자(君子)'라고 했습니다 — 될 수 있을까요?

서양 문화와 문명

서양 문화와 문명이라고 할 것 같으면, 생각할 것도 없고 의문의 여지도 없이 바로 십칠 세기 이후로 우리에게 가장 결핍된 자연 과학과 발전된 과학 기술을 말합니다. 하지만 그것은 유럽의 모든 국가 및 신흥 미국의 과학 문화와 문명을 다 포함합니다. 결코 서양의 어느 한 국가에 한정된 것이 아닙니다. 하지만 유념해야 할 것이 있습니다. 우리가 과학 문명의 발전을 따라잡는다면 우리 자신이나 인류에게 전에 없는 생활상의 편리를 가져다주겠지요. 하지만 우리 자신이나 인류에게 영원한 행복을 가져다줄지는 알 수 없습니다. 현대의 지식인들은 이미 알고 있습니다. 결국에는 과학이 철학과 만나서 인류의 인문과 인생의 참뜻을 위해 결론을 내려야만 되리라는 사실을 말입니다.

과학 기술 발전의 최고 목표는 경제 가치나 시장 경쟁을 위해 도구로 사용되는 것이 아닙니다. 먼저 이 과제를 확실히 알아야지 '따라잡는다'는 말을 할 자격이 있습니다. 이른바 '따라잡는다'는 말은 다른 사람이 이미 걸어간 길이므로 더 이상 노력을 들이지 않고 그저 다른 사람의 경험을 사용하기만 하면 시대의 선두에 서서 한 걸음 앞서 갈 수 있다는 뜻입니다.

제가 수십 년간 묵묵히 관찰해 본 결과 중국의 젊은 학자들은 확실히 그런 능력을 지니고 있습니다. 거기에 대해서는 선배들에게 감사해야 할 것입니다. 그들이 정치 투쟁을 너무 지나치게, 또 너무 오래도록 하다 보니 두려움과 염증을 느낀 젊은 학자들이 현실에서 벗어나 연구에 침잠할 결심을 하게 되었고, 결과적으로 그러한 조용한 성과를 거둔 것입니다. 다만 안타까운 것은 소리 높여 과학을 제창하는 사람들이 과학의 함의와 정신을 모르기 때문에, 청년 과학자들의 재능을 충분히 발휘시키고 배양시키지 못했다는 사실입니다. 그러니 과학과 과학 기술 교육을 어떻게 철학과 인문 문화와 합류시킬 것인지, 그리하여 어떻게 전에 없는 대사업을 일으키고 인류를 위한 큰 공헌을 할 것인지에 관해 멀리 내다보고 설계하지 못한 것은 말할 것도 없습니다. 만약 그렇게 하지 않는다면 과학 발전은 고삐 풀린 야생마와 같아서 인류 자신에게 파괴적인 재앙을 가져올 것입니다.

인문 문화와 정치 사회에 관하여

앞에서도 언급했지만 중국은 아편 전쟁 이후로 비로소 경각심을 지니고 양무운동(洋務運動)에 치중하기 시작했습니다. 동치 6년(1867)에 동문관을 개설하여 서양 서적을 번역하는 동시에 소수의 만주인과 한인을 유럽으로 파견하여 서양 문화를 고찰하고 학습하도록 했습니다.

먼저 일본에 대해 이야기하겠습니다. 일본도 그 시기에 유럽으로 유학생을 보내 서양 문화를 학습하고 있었습니다. 그 보잘것없던 동양의 섬나라는 서기 1868년, 그러니까 청 동치 7년에 왕정복고를 실시하고 메이지 유신이라는 변혁을 일으키더니 일약 동양의 강대국의 선두로 뛰어올랐습니다. 그전에 일본은 큰 소리로 '존왕양이(尊王攘夷)'를 제창하며 구미 문화의 동래(東來)를 완강히 반대하지 않았습니까? 그랬던 그들이 어떻게 그토록 빨리 존왕양이에서 메이지 유신의 국면으로 변화할 수 있었을까요? 우리는 먼저 이 문제를 해결해야 그 속에 담긴 이치를 깨닫게 될 것입니다. 그와 관련해서는 일본 역사를 살펴보는 것이 가장 좋은 방법입니다. 하지만 이 자리에서는 간단하면서도 직접적인 핵심만 끄집어내어 설명하도록 하겠습니다.

자고이래 일본인들의 진정한 신앙은 자기네 본토의 '신도(神道)'였음을 알아야 합니다. 불교를 국교로 삼은 것이 절대 아닙니다. 일본의 소위 만세 천황의 세통(世統)을 보면 원래 신과 인간이 나누어지지 않았습니다. 천인일체(天人一體)의 천황은 바로 대신(大神)의 상징입니다. 그것은 중국의 상고 문화와 관련이 있는데, 이른바 황제를 천자(天子)라고 칭했던 것과 마찬가지입니다.

하지만 일본 역사에서는 중국의 송·원 이후로 천황의 권위가 점차 추락하여 메이지 유신 이전 오륙백 년 동안 천황은 유명무실한 상징에 불과했습니다. 이른바 치국과 군정(軍政)의 대권은 모조리 일본식 번진(藩鎭)이었던 '막부'의 수중에 있었습니다. 심지어 몇 대(代)의 천황과 궁정은 막부에서 그들의 생활비를 대 주기도 했습니다. 하지만 그나마도 충분치 않았기 때문에 이름뿐인 가련한 천황은 글씨를 팔아 생계를 유지해야 했습니다. 손수 글씨를 쓰고 거기다 천황의 도장을 찍은 다음 궁녀들을 시켜 바깥으로 가지고 나가 팔게 하여 생활을 해 나갔습니다. 한번은 이런 일도 있었습니다. 막부에게 핍박을 받던 황실이 이에 반항하려다 실패로 끝나자, 황후가 어린 천황과 함께 옥새 보검을 지닌 채 바다로 뛰어들어 자살하기도 했습니다.

그런데 서기 1644년경 그러니까 청 순치(順治) 초에 결정적인 사건이 일어났습니다. 전 왕조에 대한 충정을 버리지 않은 중국의 유로(遺老) 주순수(朱舜水)가 반청 복명을 위해 일본으로 건너가서 군사를 요청하였는데, 두 차례나 갔지만 목적을 달성하지 못하고 그만 영원히 일본에 머무르게 되었습니다. 그는 일본 조야의 존경을 받으며 유가의 학리를 전수해 주었습니다. 그 후로 일본 문화의 중심은 거의 유가 학술이 차지하게 되었습니다. 그 후 일본은 다시 명유(明儒) 왕양명의 지행합일 학설을 받아들였고 한층 더 유학을 존중했습니다. 그랬기 때문에 서양의 구미 문명이 동쪽으로 건너와서 일본에게 쇄국주의를 버리고 문호를 개방할 것을 요구하자, 춘추대의(春秋大義)의 정신을 바탕으로 전국의 지식인이 분노하면서 일어나 존왕양이(尊王攘夷)를 제창했던 것입니다. 그들은 서양 오랑캐의 침략에 저항하기 위해서는 스스로 강해져야 한다고 주장했습니다.

그런데 공교롭게도 그 무렵 일본 최후의 막부는 그 권세가 몰락하고 있었습니다. 바로 일본의 가장 유명한 도쿠가와 이에야스(德川家康)가 세웠던 에도 막부였는데, 그 후손인 도쿠가와 요시노부(德川慶喜)가 한 구국 지사에게 감동을 받아 스스로 천황에게 "정치로 돌아올 것을 주청"했습니다. 그렇게 해서 메이지 유신이 일어나게 되었고 메이지 천황은 진정한 일본의 천황이 되었습니다. 게다가 온 나라 사람들이 '양이(攘夷)'는 불가능하다는 사실을 알게 되었습니다. 그래서 아예 태도를 바꾸어 '존왕사이(尊王師夷)' 하기로 결정하고 유학생을 유럽으로 보내기 시작했던 것입니다.

예를 들어 이토 히로부미(伊藤博文)는 유럽에서 헌정(憲政)을 연구하고 돌아온 후, 오스트리아 정치 제도의 양식을 채택하여 입헌 군주제를 확립하고는 내정을 개혁하고 군비를 정돈했습니다. 얼마 후인 1894년(광서 20년)에 조선에서 벌어진 일로 청나라와 전쟁을 벌여서 승리를 거두었습니다. 해군과 육군이 모두 패배한 청 조정은 그 일로 낙담하여 그 후에는 함부로 일본에 정면으로 맞서지 않았습니다. 그들은 1897년(광서 23년)에 영미를 흉내 내어 금 본위 화폐 제도를 채택했습니다. 다시 1904년에는 일본이 러시아와 중국 북동부 영토에서 전쟁을 벌여 승리를 거두었습니다. 그 후로 동아시아의 강국이 되어 더욱 발호하고 방자히 날뛰게 되었습니다.

민국 초기, 청 조정이 처음 유럽으로 유학생을 파견한 주요 목적은 해군과 육군의 군비(軍備)를 학습시키는 데 있었습니다. 정치 체제와 사법 행정 방면에는 조금도 주의를 기울이지 않았고 과학 기술에는 더욱 소홀했습니다. 당시 청 조정은 자희 태후가 권력을 잡고 있었는데, 세상 물정 모르는 우물 안 개구리 같았던 그녀는 항상 황실의 기초는 영원히 견고하므로 절대 멸망하지 않을 것이라고 생각했습니다. 나중에 청일 전쟁에서 일본에게 굴욕감을 맛본 후에야, 다시 광서(光緒) 시기에 유학생을 독일과 일본 등지로 보내 헌정을 공부하고 그것으로 변법유신(變法維新)을 준비시켰습니다. 하지만 궁극적인 목적은 일본의 입헌 군주제를 배워서 청의 황위(皇位)를 보존시키는 데 있었습니다. 특히 이홍장(李鴻章)이 주축이 되어 건설했던 북양해군(北洋海軍)과 무비학당(武備學堂) 등은 군대를 정비하여 자강을 도모하는 데 그 목적을 두었습니다. 동시에 청 조정에서는 장패륜(張佩綸)을 복건 마미(馬尾)로 파견하여 남양해군(南洋海軍)을 창립하고 외국인 교사를 초빙하여 가르치게 했습니다. 하지만 북양해군이건 남양해군이건 잠시 후 청 조정이 막을 내리면서 해산되고 말았습니다.

그런데 그 북양해군과 육군 학생들이 자기네 스스로 조직을 결성하여 서로 연락하면서 청조가 무너진 이후의 정국에 큰 영향을 미치는 중요한 세력을 형성하게 되었습니다. 특히 해군이 남겨 준 몇 척의 전함은 남쪽의 국민당 혁명을 지지하느냐, 아니면 북양을 옹호하느냐 하는 남북 승부의 기로에서 즉시 효과를 나타냈습니다. 게다가 육군 측에서는 북양의 무비학당 이후로 다시 보정군관학교(保定軍官學校)를 열어서 자체적으로 실력을 배양하여 중원의 패권을 다툴 준비를 했습니다.

그리하여 민국 초에서 민국 37년에 이르는 동안―1912년부터 1948년까지―북양 정부는 물론이고 국민당 정부에서도 최고 상층의 신구(新舊) 군벌과 관료는 모두가 보정군관 계통이었습니다. 바꾸어 말하면 독일과 일본 군국주의의 찌꺼기였다고 하겠습니다. 청 말 이전까지 각 성에 설치했던 강무당(講武堂)이나 육군소학(陸軍小學) 등은 모두 보정군관 계통의 부속물이 되어 단결된 힘을 보여 주지 못했습니다.

　지금부터는 인문(人文) 방면을 살펴보겠습니다. 광서 시기의 무술정변(戊戌政變)이 실패하고 정변의 지도자였던 강유위와 양계초는 국외로 망명했습니다. 청 말 민국 초에 사람들은 모두가 새로운 중국을 건립하고 싶어 했는데 그러려면 가장 필요한 것은 바로 정치, 사법, 교육 방면의 인재였습니다. 그런 까닭에 민국 초에 가장 인기 있는 학교와 학생은 서양이나 동양으로 유학했던 유학생도 아니었고, 북양 경사대학당(京師大學堂)에서 변한 북경 대학의 학생도 아니었습니다. 가장 인기를 누린 사람은 바로 법정(法政)학교와 각지의 사범학교 학생들이었습니다. 그들은 졸업한 후 정부에 취직하거나 새로 세운 학교의 교장으로 나갔습니다. 청화(淸華), 연경(燕京), 남개(南開) 대학은 모두 그 후의 일이었습니다. 하지만 법정학교이건 사범학교이건 그들이 초기에 받아들였던 서양 문화 및 자연 과학은 대부분 일본에서 유학하고 돌아온 사람들, 그것도 청의 유로(遺老)들이 교사가 되어 가르쳤습니다. 따라서 그들이 받아들인 신식 서양 문화라는 것은 모두 일본이 번역해 놓은 것의 중역본이지 영국, 독일, 프랑스 등지에서 직접 가져온 원본이 아니었습니다.

　그 무렵 서양 서적을 번역하는 데 있어서 가장 인기와 명성을 누렸던 인물은 남양해군학교 출신으로 국비로 영국에 유학했던 엄복(嚴復)과, 자비로 유학했던 고홍명(辜鴻銘) 두 사람이었습니다. 다른 사람이 구어로 번역해 주는 것을 듣고 그 내용을 고문(古文)으로 옮겨 놓은 임서(林紓)의 번역본도 있었는데, 그의 『다화녀(茶花女)』 같은 책은 일시를 풍미한 새로운 학문이요 지식이었습니다. 엄복이 번역한 스펜서의 『군학이언(群學肄言)』은 서학의 경전으로 간주되기도 했습니다. 그런데 민국 초에 아주 기이한 책이 나와서 일시를 풍미했는데 바로 『셜록 홈즈의 사건집』이라는 책이었습니다. 거의 모든 국민당과 공산당 혁명 선배들이 읽었던 그 소설은 부정적인 영향도 많이 끼쳤는데, 바로 민국 초의 혁명과 당쟁 과정에서 수단을 가리지 않고 상대를 암살하는 풍조를 형성했던 것입니다. 실로 본받아서는 안 될 글이었다고 하겠습니다.

그러고 보니 이제는 팔구십 년 이래의 중국 현대사와 현대 동서 문화의 변천에 관해 객관적으로 토론할 차례가 되었군요. 하지만 저는 문득 "폭군 걸을 비난하고 성군 요를 칭찬한들 끝내는 옳지 못하니, 다행한 건 온전한 몸으로 깊은 구름 속에 누워 있는 것일세[毁桀譽堯終未是, 有身贏得臥深雲]"라는 한탄과 함께 비감을 느끼게 됩니다. 게다가 그 문제는 너무나 크고 복잡한 데다 제가 알고 지내 왔던 많은 선배와 동료 및 후배들의 공과시비까지 논하게 되는지라 참으로 이야기를 꺼내기가 쉽지 않습니다. 또 제가 보고 듣고 아는 바를 뒷받침해 줄 자료들도 아직은 충분치가 않습니다. 위에서 이야기했던 내용 중 단지 우연히 현장에 있었던 기억을 근거로 한 것이라 혹 틀린 곳이 있을지도 모릅니다. 여러분의 질정을 바랍니다.

63

중국은 평화 공존의 세계를 희망한다

끝으로 이런 말씀을 드리고자 합니다. 민국 초에서 민국 26년(1937)까지 중국 민족은 수천 년이나 된 전통문화가 시대의 충격, 사회의 변화, 교육 정책의 착오로 인해 근근이 명맥만 유지하는 모습을 지켜봐야 했습니다. 고유의 전통문화는 혁명으로 타도되고 새로 일어난 문화는 아직 새로운 기초를 세우지도 못한 상태에서, 일본인의 침략에 맞닥뜨리게 된 중국 국민은 항일성전(抗日聖戰)에 참가해야 했습니다. 중화 문화의 재건과 동서 문화의 교류, 융화 작업은 아직 발걸음도 떼지 못했습니다.

아무튼 민국 초에서 1937년까지 서학동점(西學東漸)의 주류는 대체로 독일과 일본 유학생 및 신구 군벌이었습니다. 팔 년간의 항일성전이 끝나갈 무렵에 가서야 비로소 영국과 미국 유학생들이 들여온 서양 문화의 학술 사상으로 방향을 전환했습니다. 특히 정치사상에 영향을 미치는 철학 사상 예를 들어 칸트, 헤겔, 쇼펜하우어, 니체, 마르크스, 엥겔스 등의 학설 및 앞에서 열거했던 십육 세기 이래 서양의 명저들과 경제, 정치 관련 서적들이 유행하기 시작했습니다. 소련 유학생들이 문화 사상과 정치의식에 관한 학술 사상을 들여온 것도 1937년 이후의 일이었습니다. 그 외 프랑스 유학생의 영향은 사회 정치 혁명의 실천에 관한 것으로 본론과는 다소 거리가 있습니다.

　제가 이제 새삼스럽게 유가 공자 계열의 『대학』을 끄집어내어 역대의 역사적 현실 변화와 대조해 가면서 설명한 것은, 여러분들이 다음의 사실을 분명히 알았으면 해서입니다. 중국은 수천 년 이래로 인의(仁義)가 풍부하고 관용(寬容)과 인양(忍讓)을 굳게 지켜 온 민족으로서, 이 세상의 인류가 진정한 평화 공존의 세계에 도달할 수 있기를 바라고 있습니다. 중국 민족은 다른 국가의 이익을 침범하지도 않았으며 다른 민족을 압박하려는 야심도 품지 않았습니다. 동시에 자신이 천하제일이라는 미친 마음도 품은 적이 없었습니다. 다른 사람은 참을 수 없는 것을 참아 내고 다른 사람은 실행할 수 없는 일을 실행하는, 치욕을 참아 가며 큰일을 도모하는 문화적 뿌리를 가진 중국은 또한 불합리한 침략과 압박을 결코 달갑게 받아들이지 않습니다. 비록 극도의 고난과 위험이 도사리고 있더라도 반드시 분발하여 끝내는 덕으로 다른 사람들을 감화시키고 예로써 사양하여 서로 편안하게 만들고야 말 것입니다.

　아무튼 이번 『대학』 강의에서는 인용과 논의가 비교적 방대하고 복잡했는데, 그 주요 원인은 삼천 년 중국 문화를 가지고 역사 발전을 인증(引證)하고 내성외왕(內聖外王)의 이치를 설명하고자 했던 데에 있습니다. 맹자가 말한 "벼슬길이 막히면 자기 자신을 잘 보존하고, 높은 지위에 오르면 천하를 두루 잘 다스린다(窮則獨善其身, 達則兼善天下)"라는 이치 말입니다. 『대학』은 사람 노릇을 하는 데 있어서 중요한 강령입니다. 그것은 우리에게 어떻게 하면 사람 노릇을 제대로 할 수 있는지, 어떻게 하면 집안을 제대로 다스릴 수 있는지 말해 줍니다. 나라를 잘 다스리고 천하를 태평하게 만드는 것은 성인(聖人)의 일이요 내성(內聖)의 발휘일 뿐입니다. 저는 이번 원본 『대학』 강의를 통해 『대학』의 본래 모습을 찾아 주고자 했으며, 아울러 중국인이 본국의 문화 정신을 잘 이해하여 앞으로 나아가야 할 길을 개척해 주기를 바랍니다. 또 선입견이나 편견을 지니고 있는 외국인들이 이번 기회에 중국 문화의 정신 및 중국의 민족성을 잘 이해할 수 있기를 바랍니다. 이 지구상의 모든 국가와 민족이 서로를 잘 이해하고 서로 교류하고 융합함으로써 인류의 평화와 번영을 촉진시킬 수만 있다면, 그것이야말로 이번 원본 『대학』 강의의 목적이며 제가 수십 년간 축수해 온 염원이기도 합니다.